컴퓨터활용능력 1급
실기 기본서

2권 · 데이터베이스

"이" 한 권으로 합격의 "기적"을 경험하세요!

YoungJin.com Y.
영진닷컴

차례

PART 01 데이터베이스 합격 이론

2권 · 데이터베이스

CHAPTER 01 DB 구축 ▶

CHAPTER 02 입력 및 수정 기능 구현 ▶

CHAPTER 03 조회 및 출력 기능 구현 ▶

CHAPTER 04 처리 기능 구현 ▶

PART 02 데이터베이스 대표 기출 따라하기

PART 03 데이터베이스 상시 기출 문제

PART 04 데이터베이스 기출 유형 문제

회별 숨은 기능 찾기

기출문제 따라하기

	DB 구축	입력 및 수정 기능 구현	조회 및 출력 기능 구현	처리 기능 구현
따라하기	1번 : 테이블 완성(입력마스크 등) 2번 : 추가 쿼리(Not In) 3번 : 관계 설정(기본 키 지정)	1번 : 폼 완성(하위 폼, Count 등) 2번 : 콤보 상자 변환 3번 : 조건부 서식(Left)	1번 : 보고서 완성(정렬 등) 2번 : OpenReport 매크로	1번 : 쿼리(DateSerial, Like 등) 2번 : 매개 변수 쿼리 3번 : 쿼리(Like, Mid) 4번 : 크로스탭 쿼리 5번 : 업데이트 쿼리

상시 기출 문제

	DB 구축	입력 및 수정 기능 구현	조회 및 출력 기능 구현	처리 기능 구현
1회	1번 : 테이블 완성 2번 : 조회 속성 3번 : 관계 설정	1번 : 폼 완성 2번 : 조건부 서식 3번 : 매크로(OpenReport)	1번 : 보고서 완성 2번 : 이벤트 프로시저 (ApplyFilter)	1번 : 쿼리(Between) 2번 : 하위 쿼리(Not In) 3번 : 크로스탭 쿼리 4번 : 업데이트 쿼리 5번 : 테이블 생성 쿼리
2회	1번 : 테이블 완성 2번 : 외부 데이터 가져오기 3번 : 관계 설정	1번 : 폼 완성 2번 : 조건부 서식 3번 : 매크로(OpenReport)	1번 : 보고서 완성 2번 : 이벤트 프로시저 (DLookup)	1번 : 쿼리(Avg, Right) 2번 : 크로스탭 쿼리 3번 : 쿼리(Replace) 4번 : 매개변수 쿼리 5번 : 업데이트 쿼리
3회	1번 : 테이블 완성 2번 : 외부 데이터 가져오기 3번 : 관계 설정	1번 : 폼 완성 2번 : 컨트롤(DSUM) 3번 : 매크로(OpenForm)	1번 : 보고서 완성 2번 : 이벤트 프로시저(OrderBy)	1번 : 업데이트 쿼리 2번 : 크로스탭 쿼리 3번 : 쿼리(요약) 4번 : 매개변수 쿼리 5번 : 단순 쿼리
4회	1번 : 테이블 완성 2번 : 외부 데이터 가져오기 3번 : 관계 설정	1번 : 폼 완성 2번 : 조건부 서식 3번 : 매크로(OpenReport)	1번 : 보고서 완성 2번 : 이벤트 프로시저	1번 : 업데이트 쿼리 2번 : 크로스탭 쿼리 3번 : 매개변수 쿼리 4번 : 쿼리(요약) 5번 : 테이블 생성 쿼리
5회	1번 : 테이블 완성 2번 : 조회 속성 3번 : 관계 설정	1번 : 폼 완성 2번 : 컨트롤 속성(DLookup) 3번 : 매크로(OpenForm)	1번 : 보고서 완성 2번 : 이벤트 프로시저 (RecordSource)	1번 : 쿼리(Like) 2번 : 테이블 생성 3번 : 크로스탭 쿼리 4번 : 쿼리(Is Null) 5번 : 업데이트 쿼리
6회	1번 : 테이블 완성 2번 : 외부 데이터 가져오기 3번 : 관계 설정	1번 : 폼 완성 2번 : 컨트롤 속성(DLookup) 3번 : 매크로(OpenForm)	1번 : 보고서 완성 2번 : 이벤트 프로시저 (RecordSource)	1번 : 쿼리(날짜 조건) 2번 : 매개변수 쿼리 3번 : 쿼리(Is Null) 4번 : 크로스탭 쿼리 5번 : 업데이트 쿼리
7회	1번 : 테이블 완성 2번 : 외부 데이터 가져오기 3번 : 관계 설정	1번 : 폼 완성 2번 : 조건부 서식 3번 : 매크로(OpenReport)	1번 : 보고서 완성 2번 : 이벤트 프로시저 (DLookup)	1번 : 단순 쿼리 2번 : 매개변수 쿼리 3번 : 크로스탭 쿼리 4번 : 쿼리(Is Not Null) 5번 : 업데이트 쿼리
8회	1번 : 테이블 완성 2번 : 조회 속성 3번 : 관계 설정	1번 : 폼 완성 2번 : 조건부 서식 3번 : 매크로(OpenReport)	1번 : 보고서 완성 2번 : 이벤트 프로시저(DoCmd, Close)	1번 : 쿼리 2번 : 테이블 생성 쿼리 3번 : 크로스탭 쿼리 4번 : 쿼리(Like) 5번 : 업데이트 쿼리
9회	1번 : 테이블 완성 2번 : 조회 속성 3번 : 관계 설정	1번 : 폼 완성 2번 : Docmd, RunSQL, Requery 3번 : 매크로(OpenForm)	1번 : 보고서 완성 2번 : 이벤트 프로시저(Filter, FilterOn, OrderBy, OrderByOn)	1번 : 쿼리(Like) 2번 : 쿼리(요약) 3번 : 크로스탭 쿼리 4번 : 매개변수 쿼리 5번 : 업데이트 쿼리
10회	1번 : 테이블 완성 2번 : 조회 속성 3번 : 관계 설정	1번 : 폼 완성 2번 : Filter, FilterOn 3번 : 조건부 서식	1번 : 보고서 완성 2번 : 매크로(OpenReport)	1번 : 매개변수 쿼리 2번 : 쿼리(요약, 정렬) 3번 : 쿼리(Weekday) 4번 : 크로스탭 쿼리 5번 : 쿼리(Day, Hour)

기출 유형 문제

	DB 구축	입력 및 수정 기능 구현	조회 및 출력 기능 구현	처리 기능 구현
1회	1번 : 테이블 완성(중복 데이터 등) 2번 : 추가 쿼리(Not In) 3번 : 필드 속성(목록 상자, 행원본)	1번 : 폼 완성(레코드 원본 등) 2번 : 하위 폼 추가 3번 : RecordSource	1번 : 보고서 완성(누적합계 등) 2번 : 컨트롤 원본(Iif)	1번 : 쿼리(조건) 추가 2번 : 업데이트 쿼리 3번 : 쿼리(Month) 4번 : 크로스탭 쿼리(Iif, Month) 5번 : 업데이트 쿼리
2회	1번 : 테이블 완성(유효성 검사 등) 2번 : 추가 쿼리 3번 : 관계 설정	1번 : 폼 완성 2번 : 하위 폼 추가 3번 : Close, acForm, acSaveYes	1번 : 보고서 완성(Sum, [page] 등) 2번 : Filter, FilterOn	1번 : 쿼리(요약, 필드별명) 2번 : 쿼리(Left, >=조건) 3번 : 크로스탭 쿼리 4번 : 매개 변수, 테이블 생성 쿼리 5번 : 업데이트 쿼리
3회	1번 : 테이블 완성 2번 : 추가 쿼리(>=조건) 3번 : 관계 설정	1번 : 폼 완성 2번 : MsgBox, If문, Close 3번 : 컨트롤 원본(Iif)	1번 : 보고서 완성(Avg 등) 2번 : Filter, FilterOn	1번 : 쿼리(조건) 추가 2번 : 쿼리(Not In) 3번 : 업데이트 쿼리 4번 : 매개 변수 쿼리 5번 : 크로스탭 쿼리
4회	1번 : 테이블 완성 2번 : 추가 쿼리 3번 : 필드 속성(콤보 상자, 행원본)	1번 : 폼 완성(컨트롤팁 텍스트 등) 2번 : 컨트롤 원본(Dsum) 3번 : After Update, If문	1번 : 보고서 완성(조건부 서식 등) 2번 : OpenReport 매크로	1번 : 업데이트 쿼리 2번 : 쿼리(요약, 정렬) 3번 : 쿼리(Is Null조건) 4번 : 크로스탭 쿼리 5번 : 쿼리(Not In)
5회	1번 : 테이블 완성 2번 : 연결 테이블 3번 : 관계 설정	1번 : 폼 완성(Date 등) 2번 : 명령 단추 만들기 3번 : 콤보 상자 변환	1번 : 보고서 완성 2번 : 하위 폼 추가	1번 : 매개 변수 쿼리 2번 : 크로스탭 쿼리 3번 : 매개 변수, Replace 4번 : 테이블 생성 쿼리 5번 : 업데이트 쿼리
6회	1번 : 테이블 완성 2번 : 외부데이터 가져오기 3번 : 필드 속성(콤보 상자, 행원본)	1번 : 폼 완성 2번 : 조건부 서식 3번 : Select Case, OrderBy, OrderByOn	1번 : 보고서 완성 2번 : OpenReport	1번 : 매개 변수 쿼리(Like) 2번 : 쿼리(Is Null) 3번 : 크로스탭 쿼리 4번 : 쿼리(요약) 5번 : 업데이트 쿼리
7회	1번 : 테이블 완성 2번 : 관계 설정 3번 : 연결 테이블	1번 : 폼 완성 2번 : 목록 상자 속성 3번 : If문, Null, FilterOn	1번 : 보고서 완성 2번 : Filter, FilterOn	1번 : 쿼리(Is Null) 2번 : 테이블 만들기(생성) 쿼리 3번 : 매개 변수 쿼리 4번 : 크로스탭 쿼리 5번 : 업데이트 쿼리
8회	1번 : 테이블 완성 2번 : 관계 설정 3번 : 필드 속성(콤보 상자 등)	1번 : 폼 완성(Password 등) 2번 : 하위 폼 추가 3번 : 명령 단추 만들기	1번 : 보고서 완성 2번 : OpenReport	1번 : 크로스탭 쿼리 2번 : 쿼리(요약, 개수) 3번 : 쿼리(요약, 개수, 정렬, 상위 값) 4번 : 매개 변수 쿼리 5번 : 업데이트 쿼리
9회	1번 : 테이블 완성 2번 : 필드 속성(콤보 상자 등) 3번 : 관계 설정	1번 : 폼 완성 2번 : 하위 폼 추가 3번 : ApplyFilter	1번 : 보고서 완성 2번 : Filter, FilterOn	1번 : RunSQL, Insert Into 2번 : 매개 변수 쿼리 3번 : 크로스탭 쿼리 4번 : 쿼리(요약) 5번 : 업데이트 쿼리
10회	1번 : 테이블 완성 2번 : 관계 설정 3번 : 추가 쿼리	1번 : 폼 완성 2번 : 하위 폼 추가 3번 : OpenForm	1번 : 보고서 완성 2번 : OpenReport	1번 : 쿼리(Not In) 2번 : 쿼리(Left Join 등) 3번 : 쿼리(요약) 4번 : 매개 변수 쿼리 5번 : 업데이트 쿼리

작업별 구성 요소 및 배점

문제1 DB구축(25점)

데이터베이스 시스템을 사용하기 위해서 데이터베이스를 구축하는 문제가 출제

구성 요소	세부 항목	배점
테이블 완성	• 기본 키, 필드의 제약 요건을 설정 • 필드의 데이터 형식을 변환	15점
관계	• 두 테이블 간의 관계 및 참조 무결성이 유지되도록 설정	• 2문제 출제 • 10점(5점씩)
외부 데이터	• 외부 데이터를 가져오기 및 연결 테이블로 생성	
조회 필드	• 조회 필드의 속성(행 원본 형식, 행 원본, 열 개수, 열 너비, 바운드 열, 목록 너비, 목록 값만 허용)을 설정	

문제2 입력 및 수정 기능 구현(20점)

테이블에 들어 있는 데이터를 조작하기 위한 폼에 대한 문제가 출제

구성 요소	세부 항목	배점
폼 완성	• 폼의 속성을 설정 • 바운드 컨트롤, 계산 컨트롤(합, 평균, 개수)을 작성 • 컨트롤 작성 및 속성, 탭 순서 설정	9점
컨트롤 하위 폼	• 기본 폼에 하위 폼을 작성 • 하위 폼 속성(하위 폼 이름, 하위/기본 필드 연결)을 설정	• 2문제 출제 • 6점, 5점
조회 필드	• 조회 필드의 속성(행 원본 형식, 행 원본, 열 개수, 열 너비, 바운드 열, 목록 너비, 목록 값만 허용)을 설정	
기능 구현	• 명령 단추에 폼 작업, 레코드 작업 등의 기능을 구현	
조건부 서식	• 필드 값, 식이, 필드에 포커스가 있음 등으로 조건에 만족한 컨트롤에 서식 지정	

문제3 조회 및 출력 기능 구현(20점)

테이블에 들어 있는 데이터를 폼에서 조회하고 결과를 보고서에 출력하는 문제가 출제

구성 요소	세부 항목	배점
보고서 완성	• 정렬 및 그룹화, 보고서와 컨트롤의 속성, 계산 함수를 이용하여 계산 컨트롤(합, 평균, 개수)를 작성	15점
조회 기능	• RecordsetClone 속성, FindFirst 메서드, 필터(Filter 속성)나 레코드 원본(Record Source 속성) 재설정을 이용하여 레코드를 검색	• 1문제 출제 • 5점
출력 기능	• 이벤트 프로시저나 매크로 함수를 이용하여 보고서를 출력하거나 미리보기 기능을 구현	

문제4 처리 기능 구현(35점)

쿼리를 이용하여 쿼리를 작성하고 데이터의 처리를 자동화하는 문제가 출제

구성 요소	세부 항목	배점
쿼리 작성	• 테이블/쿼리를 원본으로 크로스탭 쿼리, 합계 쿼리, 매개 변수 쿼리 등을 작성 • 쿼리를 작성하여 조인 속성, 조건식을 설정	• 5문제 출제 • 각 7점
처리 기능	• 매크로나 이벤트 프로시저를 이용하여 실행 쿼리를 자동으로 실행하도록 작성	

액세스 작업 방법에 관련된 사항

Q 테이블 완성 문제에서 2개 필드 값을 비교하는 유효성 검사 규칙 문제는 어디서 설정하나요?

A [테이블 디자인] 탭의 [속성 시트]를 클릭하여 '유효성 검사 규칙'에 작성합니다.

Q 테이블 완성 문제에서 기본값에 오늘 날짜 Date 함수를 입력할 때 ()이 생략이 가능하나요?

A Now 함수는 ()을 생략해도 Now()로 입력이 되지만, Date 함수는 Date만 입력하면 "Date"로 문자로 인식합니다. 반드시 Date()로 작성하셔야 합니다.

Q 콤보상자에 값 목록으로 작성할 때 큰 따옴표를 생략해도 되나요?

A 값 목록을 작성할 때 큰 따옴표를 생략하셔도 됩니다. 구분 기호로 세미콜론, 쉼표 모두 사용이 가능합니다. 다음 예시 모두 결과는 동일합니다. (예 : A;B;C 또는 A,B,C 또는 "A";"B";"C")

Q 액세스에서 조건부 서식을 작성할 때 =를 입력하나요?

A 조건부 서식을 작성할 때 엑셀은 =로 시작하고, 액세스는 = 없이 시작합니다.

Q 정렬에서 오름차순 ASC는 생략이 가능하나요?

A 네, 오름차순 정렬 ASC는 생략이 가능합니다. [정렬 기준 : 아이디, 이름 DESC]는 아이디는 오름차순, 이름은 내림차순으로 정렬을 의미합니다.

Q 보고서에서 매 페이지마다 반복하여 표시하는 지시사항이 있을 때 어떻게 해야 하나요?

A 페이지 머리글은 매 페이지마다 반복하여 표시되므로, 보고서 머리글의 내용을 이동해 주시면 됩니다. 보고서 머리글의 높이는 0으로 설정하시면 됩니다.

그룹 머리글을 반복하여 표시하는 지시사항이 있을 때 반복 실행 구역과 페이지 바꿈을 설정해 주시면 됩니다.

Q 　**작성한 매크로를 수정하거나 이름을 변경할 수 있나요?**

A 　수정하거나 이름을 바꿀 매크로를 선택한 후 마우스 오른쪽 버튼을 클릭하여 [디자인 보기] 또는 [이름 바꾸기] 등을 실행
하여 수정할 수 있습니다.

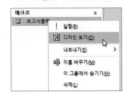

Q 　**조회 이벤트 프로시저를 실행하면 값이 변경되나요?**

A 　이벤트 프로시저를 실행한 상태에서 값을 조회한다고 해서 그 값이 변경되어 저장되는 것은 아닙니다.

Q 　**쿼리를 작성한 후에 반드시 실행을 해야 하나요?**

A 　일반 쿼리는 작성하고 저장을 하시면 됩니다.
테이블 만들기 쿼리는 작성하신 후에 반드시 실행하여 문제에서 요구한 테이블 이름으로 생성하셔야 합니다.
실행 쿼리(추가, 삭제, 업데이트)는 쿼리를 작성하신 후에 문제에 실행하라는 지시가 있다면 반드시 실행하셔야 합니다.

Q 　**업데이트 쿼리를 여러 번 실행하면 감점이 되나요?**

A 　업데이트 쿼리를 통해 값을 찾아 다른 값으로 변경하는 쿼리는 여러 번 실행해도 동일한 값으로 변경되기 때문에 감점이
되지 않습니다. 하지만, 계산식을 통해 값을 변경하는 쿼리이면 실행할 때마다 값이 변경되기 때문에 감점이 될 수 있습니
다. 계산식을 통해 값을 변경하는 쿼리는 감점이 되지 않도록 한번만 실행하셔야 합니다.

데이터베이스
합격 이론

CHAPTER 01

DB 구축

DB 구축 작업은 주어진 테이블을 완성하는 단계이며, 다른 작업(문제)에 영향을 끼칠 수 있으므로 확실한 학습이 필요합니다. 또한 생소한 액세스(DBMS)를 익히는 첫 관문이므로 되도록 손으로 실습하는 절차를 꼭 밟아야 합니다. 최근 출제되는 문제를 살펴보면, 용어(기능)의 개념이해가 필수적이기 때문에 풀이 과정을 단순 암기하는 형태는 지양하고, 항상 생각하면서 실습하는 자세로 학습에 임해야 하겠습니다.

▶ 합격 강의

작업파일 [2025컴활1급₩2권_데이터베이스₩이론₩1.DB구축₩Section01] 폴더에서 작업하시오.

출제유형 ❶ 학사관리를 위해 데이터베이스를 구축하였다. 다음 지시사항에 따라 '출제유형1.accdb' 파일을 열어 〈성적〉, 〈학생〉 테이블을 완성하시오.

❶ 〈성적〉 테이블의 '학번', '과목코드' 필드를 기본 키(PK)로 설정하시오.

❷ 〈성적〉 테이블의 '수강년도' 필드에 새로운 레코드를 추가하면 자동으로 현재 날짜의 년도가 입력되도록 설정하시오.

❸ 〈성적〉 테이블의 '등급' 필드에는 'A', 'B', 'C', 'D', 'F' 중 하나가 입력되도록 설정하시오.

❹ 〈성적〉 테이블의 '점수' 필드에는 0~100까지의 정수가 입력되도록 설정하시오.

❺ 〈성적〉 테이블의 '학번' 필드에는 10자리의 숫자가 공백 없이 '2021-01-0001' 형태로 필수 입력되도록 입력 마스크를 설정하시오.

❻ 〈성적〉 테이블의 '학번' 필드는 반드시 값이 입력되도록 설정하시오.

❼ 〈성적〉 테이블의 '학번' 필드에 대하여 중복 가능한 인덱스를 설정하시오.

❽ 〈성적〉 테이블의 '과목코드' 필드는 숫자 3자리 형태로 표시되도록 설정하시오.
  ▶ 값이 10이면 '001'로 표시

❾ 〈학생〉 테이블의 '주민등록번호' 필드는 필드 이름은 그대로 두고 레이블만 '주민번호'로 표시되도록 설정하시오.

❿ 〈학생〉 테이블의 '성별' 필드에는 두 가지 값 중 하나만 입력할 수 있도록 적당한 데이터 형식을 설정하시오(yes(-1)은 '남', No(0)은 '여'를 의미).

01 〈성적〉 테이블이 들어있는 '출제유형1.accdb' 파일 열기

① [시작] 버튼을 클릭하고 [Access]을 찾아서 클릭하거나, 작업표시줄 검색창에 직접 msaccess를 입력한 후 Access을 클릭하여 액세스를 실행한다.

② 액세스가 열리면 [열기]를 클릭하여 '출제유형1.accdb' 파일이 들어있는 경로로 이
동한 후 해당 파일을 선택하고 [열기]를 클릭한다.

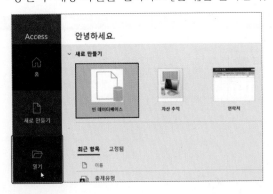

파일을 열 때 '보안 경고' 메시지가 나타날 경우

보안 경고 메시지 표시줄의 [콘텐츠 사용]을 클릭한다. 이렇게 하지 않는 경우 비활성화 된 콘텐츠(데이터를 삽입·삭제·변경하
는 쿼리, 매크로, VBA코드 등)를 사용할 수 없게 된다.

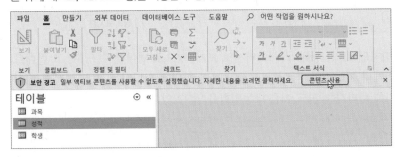

보안 경고 메시지 나타나지 않도록 하기

리본 메뉴 [파일] 탭의 [옵션]을 클릭한다. [Access 옵션] 대화상자에서 [보안 센터] – [보안 센터 설정] 버튼을 클릭한다. [보안 센
터] 대화상자가 열리면 [메시지 표시줄]을 클릭하고 '차단된 내용에 대한 정보 표시 안 함'을 선택하면 된다. 다만 더 이상 보안 설
정에 관계없이 경고 메시지 표시줄이 나타나지 않으므로 바람직한 방법은 아니다.

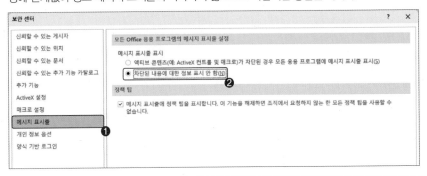

③ 〈성적〉 테이블을 문제의 지시사항대로 디자인(수정)을 하기 위해, 탐색 창의 〈성적〉 테이블에서 마우스 오른쪽 버튼을 눌러 [디자인 보기]()를 클릭한다.

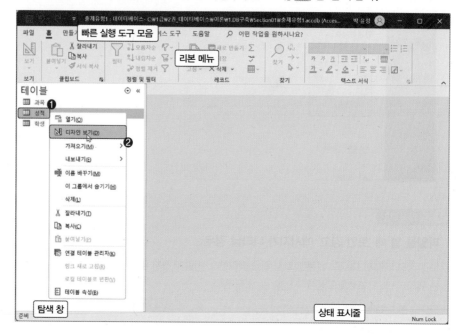

④ 테이블 [디자인 보기] 창에서 [데이터시트 보기] 창으로 넘어갈 수 있고, 그 반대로의 전환도 언제나 가능하다. 테이블 디자인 보기 화면에 나타나는 필드 이름과 데이터시트 보기에 나타나는 필드 이름이 동일함을 알 수 있다.

02 기본 키 설정

⑤ '학번' 필드를 선택한 후, Ctrl을 누른채 '과목코드' 필드의 행 선택기를 클릭하여 2개 필드가 선택된 상태에서 [테이블 디자인]-[도구] 그룹의 [기본 키](🔍)를 클릭한다.

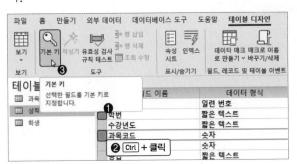

🅑 기적의 TIP

[기본 키 설정]
Ctrl을 누른 채로 바로 가기 메뉴를 불러서 [기본 키]를 클릭해도 됩니다.

➕ 더 알기 TIP

다중 필드 선택하기

두 개 이상의 필드를 선택하여 기본 키를 지정하거나 다른 작업을 해야할 때 다음과 같은 방법으로 여러 필드를 선택할 수 있다.

1. Shift 이용 : 연속된 여러 행을 선택할 때 사용하며, 시작 행 필드를 선택한 후 범위 끝 행 선택기를 Shift를 누르면서 클릭한다.

2. Ctrl 이용 : 떨어져 있는 행을 선택할 때 사용하며, 첫 번째 행 필드를 선택한 후 Ctrl을 누르면서 2행 이후의 행 선택기를 클릭한다.

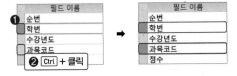

3. 행 선택기에서 드래그 : 행 선택기를 클릭 후 드래그하면 연속된 여러 개의 필드를 선택할 수 있다.

기적의 TIP

• Year(날짜인수) : 날짜인수에서 연도 값을 반환
• Date() : 현재 시스템의 날짜 값을 반환
• Now() : 현재 시스템의 날짜와 시간 값 반환

따라서 =Year(Date())는 현재 시스템의 날짜 값으로부터 연도 값을 반환합니다.

기적의 TIP

오늘 날짜를 입력하는 함수
• 엑셀 : TODAY( )
• 액세스 : DATE( )
• VBE : DATE

⑩ 기본값 설정

③ '수강년도' 필드를 선택한 후, '필드 속성'의 [일반] 탭에서 '기본값' 속성 입력란에 =Year(Date()) 또는 =Year(Now())를 입력한다.

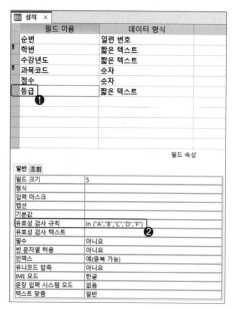

⑩ 유효성 검사 규칙

기적의 TIP

유효성 검사 규칙의 경우 일련 번호와 OLE 개체 데이터 형식에는 사용할 수 없음을 기억하세요.

④ 필드에 유효한 값만 입력되도록 강제하는 기능이다. 강제한 규칙에 어긋날 경우 유효성 검사 텍스트에 설정한 메시지를 출력할 수 있다. '등급' 필드를 선택한 후, '필드 속성'의 [일반] 탭에서 '유효성 검사 규칙' 속성 입력란에 In(A,B,C,D,F)를 입력한다.

기적의 TIP

In(A,B,C,D,F)
• 입력 후 Enter 를 누르면 「In ("A","B","C","D","F")」로 변경됩니다.
• 「"A" or "B" or "C" or "D" or "F"」와 같은 의미로 사용됩니다.

05 유효성 검사 규칙

⑤ '점수' 필드를 선택한 후, '필드 속성'의 [일반] 탭에서 '유효성 검사 규칙' 속성 입력란에 Between 0 And 100을 입력한다.

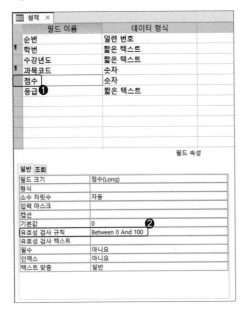

🅑 기적의 TIP

Between 0 And 100
· 0보다 크거나 같고 100보다 작거나 같은 값만 입력받을 수 있도록 합니다.
· 「>=0 and <= 100」과 같은 의미로 사용됩니다.

🅐 24년 출제

〈성적〉 테이블에서 '비고' 필드에 '@' 앞 뒤에 최소 1문자씩 입력되도록 설정하시오.
유효성 검사 규칙 : Like "?*@*?"

필드 이름	데이터 형식
등급	짧은 텍스트
비고	짧은 텍스트

일반 조회

유효성 검사 규칙	Like "?*@*?"

06 입력 마스크

⑥ 입력 마스크는 입력하는 틀(마스크)을 제공하는 기능이다. '학번' 필드를 선택한 후, '필드 속성'의 [일반] 탭에서 '입력 마스크' 속성 입력란에 0000-00-0000을 입력한다.

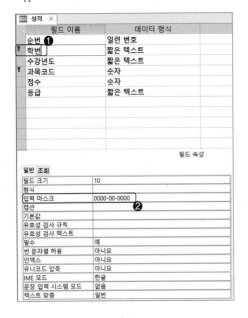

🅑 기적의 TIP

문자
· L : 필수 요소, 문자
· ? : 선택 요소, 문자
· A : 필수 요소, 문자, 숫자
· a : 선택 요소, 문자, 숫자

숫자
· 0 : 필수 요소, 숫자
· 9 : 선택 요소, 숫자나 공백
· # : 선택 요소, 숫자나 공백, 덧셈과 뺄셈 기호 사용 가능

대소문자
· > : > 이후의 문자를 모두 대문자로 변환
· < : < 이후의 문자를 모두 소문자로 변환

모든 문자
· & : 필수 요소, 모든 문자, 공백
· C : 선택 요소, 모든 문자, 공백
· ₩ : ₩ 바로 다음에 오는 문자가 그대로 표시

🅑 기적의 TIP

0000-00-0000
'0'은 숫자 필수 입력 마스크로 10자리의 숫자를 4자리-2자리-4자리로 분리 입력합니다.

🅑 기적의 TIP

'입력 마스크' vs '형식'
입력 마스크 속성은 필드에 입력되는 문자를 제한하는 것이고 형식 속성은 이미 입력된 내용의 표시 방법을 정의해 주는 속성입니다.

07 필수 입력

⑦ '학번' 필드가 선택된 상태에서, '필드 속성'의 [일반] 탭에서 '필수' 속성 입력란의 목록 단추(▼)를 클릭하여 '예'를 선택한다.

🎖 24년 출제

〈회원〉 테이블에서 '종료일' 필드가 '가입일' 필드보다 크거나 같은 값만 입력되도록 유효성 검사 규칙을 설정하시오.

[테이블 디자인] 탭의 [속성 시트] 유효성 검사 규칙 : [종료일]>=[가입일]

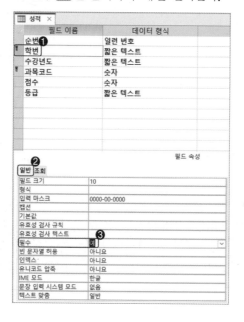

08 인덱스

⑧ '학번' 필드가 선택된 상태에서, '필드 속성'의 [일반] 탭에서 '인덱스' 속성 입력란의 목록 단추(▼)를 클릭하여 '예(중복 가능)'를 선택한다.

🅑 기적의 TIP

인덱스 : '예(중복 불가능)' 시험 출제 문구
인덱스의 고유를 '예'로 설정하시오.
동일한 값이 두 번 이상 입력되지 않도록 설정하시오.
기본 키가 아니면서 중복된 값이 입력되지 않도록 설정하시오.

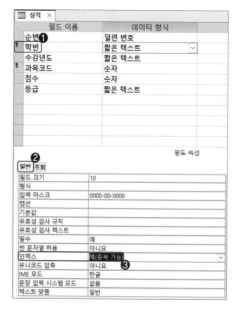

09 형식

⑨ '과목코드' 필드를 선택한 후, '필드 속성'의 [일반] 탭에서 '형식' 속성 입력란에 000을 입력하고 테이블 [디자인 보기] 창의 [닫기]를 클릭하고 변경된 내용을 저장한다.

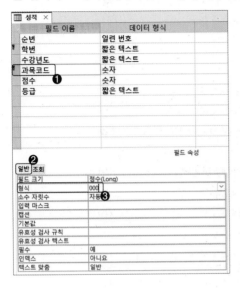

🅱 기적의 TIP

000

형식에서 '0' 문자는 숫자를 표시하는 문자로 유효 자릿수가 없는 경우에도 0의 개수만큼 0을 표시하므로 항상 3자리 숫자로 표시됩니다.

🅱 기적의 TIP

⟨성적⟩ 테이블 저장할 때 다음과 같은 메시지가 표시되면 [예]를 클릭한다.

10 캡션

⑩ 탐색 창의 ⟨학생⟩ 테이블에서 마우스 오른쪽 버튼을 눌러 [디자인 보기](N)를 클릭한다.

⑪ '주민등록번호' 필드를 선택한 후, '필드 속성'의 [일반] 탭에서 '캡션' 속성 입력란에 **주민번호**를 입력한다.

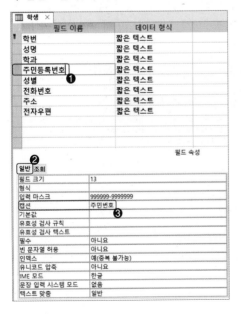

🏛 24년 출제

⟨학생⟩ 테이블이 로드될 때 '성명' 필드를 기준으로 오름차순 정렬되도록 설정하시오.
[테이블 디자인] 탭의 [속성 시트] 정렬 기준 : 성명 ASC
(참고 : 성명 DESC는 내림차순)

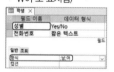
⑪ 데이터 형식

⑫ '성별' 필드를 선택한 후, '데이터 형식' 입력란의 목록 단추(🔽)를 클릭하여 'Yes/No'를 선택한다.

⑬ 테이블 [디자인 보기] 창을 종료하고 [예]를 눌러 저장한다.

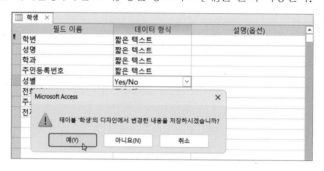

⑭ '성별' 필드에서 '짧은 텍스트'에서 'Yes/No' 형식으로 바뀌면서 데이터의 일부가 손실될 수 있다는 메시지 상자가 표시되면 [예]를 누른다.

홈페이지 회원 관리를 위해 데이터베이스를 구축하였다. 다음의 지시사항에 따라 '출제유형2.accdb' 파일을 열어 〈회원〉 테이블을 완성하시오.

❶ '학번'과 '전화번호' 필드를 기본 키(Primary Key)로 설정하시오.

❷ '코드' 필드에는 숫자 4자와 영문 대문자 1자가 필수 입력되도록 설정하시오.

❸ '보호자연락처' 필드의 왼쪽 3글자는 0부터 100 사이의 숫자만 입력되도록 설정하시오.
  ▶ 유효하지 않은 값이 입력되면 '국번이 불분명합니다.'라고 메시지를 출력 할 것

❹ '성명' 필드의 이름 사이에 공백이 입력되지 않도록 유효성 검사 규칙을 설정하시오.
  ▶ Not, Like 연산자를 사용 할 것
  ▶ 이름 사이에 공백을 입력하면 '공백이 허용되지 않습니다.'라고 메시지를 표시 할 것

❺ '전자우편' 필드의 문자 사이에는 공백을 입력 할 수 없고, 반드시 '@'가 포함되도록 유효성 검사 규칙을 설정하시오.
  ▶ InStr, And 함수와 Like 연산자를 사용 할 것
  ▶ 유효하지 않은 값이 입력되면 '올바른 형식으로 입력하세요.'라고 메시지를 출력 할 것

❻ '코드' 필드는 반드시 값이 입력되도록, '전자우편' 필드는 영문 입력 상태가 되도록 설정하시오.

❼ '성명' 필드에 대해서는 중복 가능한 인덱스를 설정하시오.

기적의 TIP

[테이블 디자인 보기]
① [탐색] 창의 [테이블] 개체 선택
② 대상 테이블 선택 후 바로 가기 메뉴에서 [디자인 보기] 클릭

기적의 TIP

Ctrl 은 비연속적인 선택, Shift 는 연속적인 선택을 할 때 이용됩니다.

01 기본 키 설정

① '2025컴활1급₩2권_데이터베이스₩이론₩1.DB구축₩Section01' 폴더의 '출제유형2.accdb' 파일을 더블클릭합니다.

② [출제유형2 : 데이터베이스] 탐색 창의 〈회원〉 테이블에서 마우스 오른쪽 버튼을 눌러 [디자인 보기](📄)를 클릭한다.

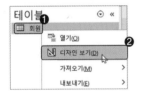

③ 행 선택기의 마우스 포인터가 ➡ 모양일 때 Ctrl 을 누른 채로 '학번', '전화번호' 필드를 클릭하여 선택하고 [테이블 디자인]-[도구] 그룹에서 [기본 키](🔑)를 클릭한다. 해당 필드의 행 선택기에 열쇠 모양이 나타나면 설정이 완료된 것이다.

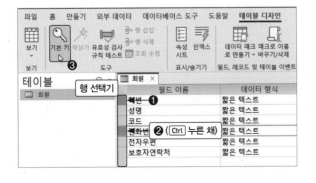

24년 출제

〈회원〉 테이블이 로드될 때 '전화번호' 필드가 '098'로 시작하는 자료만 표시되도록 폼 필터를 설정하시오.
① 〈회원〉 테이블을 더블클릭하여 [데이터시트 보기]로 연 후에 [홈] 탭의 [고급]-[폼 필터를 클릭

② 전화번호 필드에 098*을 입력하고 [홈] 탭의 [필터 적용/해제]를 클릭

③ 〈회원〉 테이블을 [디자인 보기]로 연 후에 [테이블 디자인] 탭의 [속성 시트]를 클릭하여 '로드될 때 필터링'에 '예'를 선택

02 입력 마스크

⑥ 입력 마스크는 입력하는 틀(마스크)을 제공하는 기능이다. 행 선택기에서 '코드' 필드를 선택하고, '입력 마스크'에는 0000>L을 입력한다.

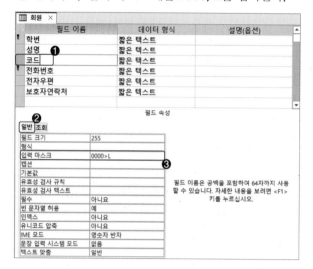

03 유효성 검사 규칙

⑦ 필드에 유효한 값만 입력되도록 강제하는 기능이다. 강제한 규칙에 어긋날 경우 유효성 검사 텍스트에 설정한 메시지를 출력할 수 있다. 행 선택기에서 '보호자연락처' 필드를 선택하고, 유효성 검사 규칙에는 Left([보호자연락처],3)>=0 And Left([보호자연락처],3)<=100을 유효성 검사 텍스트에는 **국번이 불분명합니다.**를 입력한다.

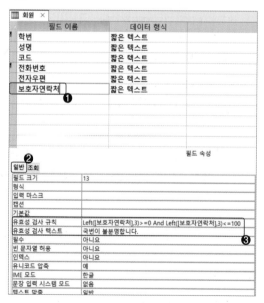

- Left([보호자연락처],3)>=0 And
  Left([보호자연락처],3)<=100
- 국번이 불분명합니다.

⑧ 행 선택기에서 '성명' 필드를 선택하고, 유효성 검사 규칙에는 Not Like "* *"을 유효성 검사 텍스트에는 **공백이 허용되지 않습니다.**를 입력한다.

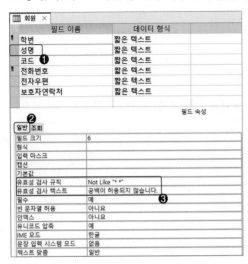

⑨ 행 선택기에서 '전자우편' 필드를 선택하고 유효성 검사 규칙에는 InStr([전자우편]," ")=0 And Like "*@*"을 유효성 검사 텍스트에는 **올바른 형식으로 입력하세요.**를 입력한다.

- InStr([전자우편]," ")=0 And Like "*@*"
- 올바른 형식으로 입력하세요.

🅑 기적의 TIP

Like 연산자
Like 뒤에 사용자가 지정한 문자(열)를 비교하고 검색하는 역할을 수행합니다.

🅑 기적의 TIP

＊(Asterisk;별표)
와일드카드 문자로 하나 이상의 문자를 대체하기 위해서 사용합니다. 공백(띄우기)도 공백문자로 분류됩니다.
Like "서울＊" : 서울로 시작하는 값 검색(◉ 서울시, 서울시 동작구)
Like "＊구청" : 구청으로 끝나는 값 검색(◉ 강남구청, 마포구청)
Like "＊군＊" : 군을 포함하는 값 검색(◉ 전차군단, 용인군민)
Like "＊ ＊" : 공백(띄우기)을 포함하는 값 검색(◉ 서울 사람)
Not Like "＊ ＊" : 공백을 포함하지 않는 값 검색

🅑 기적의 TIP

InStr 함수
찾는 문자(열)가 처음으로 나타나는 위치를 반환하는 함수입니다. InStr("ABC", "B")라고 한다면 "ABC" 문자(열)에서 찾는 문자(열)인 "B"가 처음으로 나타난 위치 2를 반환합니다. 같은 방법으로 InStr([필드], " ")=0이란 [필드]에 입력된 문자(열)에서 " "(공백)을 찾아보았지만 그 반환 값이 0이란 의미며, 그 말은 " "(공백)을 찾을 수 없다는 뜻입니다.

04 필수 및 IME 모드 속성 설정

⑩ 행 선택기에서 '코드' 필드를 선택하고, 필수를 '예'로 지정한다.

기적의 TIP

문제에서 '반드시 값이 입력되도록 하라' 대신에 'Null 값이 입력되지 않도록 하고, 빈 문자열이 입력되지 않도록 설정하라'고 언급이 되어도 필수는 '예'를 선택합니다.

⑪ 행 선택기에서 '전자우편' 필드를 선택하고, IME 모드를 '영숫자 반자'로 설정한다.

기적의 TIP

일반적으로 반자는 1바이트, 전자는 2바이트 처리를 의미합니다. 영문자와 숫자는 문자 가독성과 프로그램 인식 측면에서 반자 처리가 유리합니다.

기적의 TIP

IME 모드는 해당 필드에 이동되었을 때 바로 설정된 언어의 종류를 지정한다. 따로 한/영 키를 눌러 변경하지 않아도 됩니다.

24년 출제

〈회원〉 테이블의 '학번' 필드는 첫글자가 대문자로 변환되도록 형식을 설정하시오.
형식 : 〉

05 인덱스 속성 설정

⑫ 행 선택기에서 '성명' 필드를 선택하고, 인덱스를 '예(중복 가능)'으로 설정한다.

기적의 TIP

인덱스는 정보 도달에 편리하도록 색인화 하는 작업을 말하며, 인덱스를 설정하게 되면 테이블에서 어떤 정보를 검색할 때 검색 속도가 향상되고, 정렬 및 그룹화 작업 속도도 빨라집니다.

06 저장 및 확인

⑬ 모든 설정이 끝났다면 빠른 실행 도구 모음에 있는 [저장](圖)을 클릭하여 변경한 내용들을 저장하도록 한다. 이 때 데이터 규칙과 관련된 경고 메시지가 뜰 수 있는데 [예]를 눌러주면 된다.

기적의 TIP

기존에 없던 규칙, 즉 유효성 검사 규칙이 설정되어 나타나는 메시지입니다. 오류가 아니라 확인하는 절차로 이해하면 됩니다.

⑭ [테이블 디자인]–[보기]–[데이터시트 보기]를 선택한 후 '전자우편' 필드에 공백을 입력하면 유효성 검사 규칙에 어긋나기 때문에 유효성 검사 텍스트에 설정한 메시지가 출력됨을 알 수 있다.

기적의 TIP

학번이 002104인 이성진의 전자우편 주소의, h 다음에 공백을 입력해 보면 확인할 수 있습니다.

문서 창 옵션

[파일]–[옵션]–[현재 데이터베이스]의 '문서 창 옵션'을 통해서 다음과 같이 작업 환경을 선택 할 수 있다. 해당 옵션을 적용하려면 현재 데이터베이스를 닫고 다시 열어야 한다.

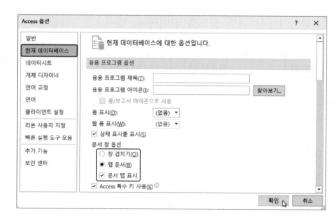

창 겹치기	Access에서 여러 화면을 열어 놓고 작업을 하고자 할 때
탭 문서	한 번에 한 개체씩 탭 형식으로 표시하고자 할 때 Access의 기본 옵션임

데이터 형식에 따른 필드 크기

입력할 데이터에 맞추어 적절한 데이터 형식으로 바꾸는 문제가 출제되고 있다.

• 100 이내의 숫자를 입력할 수 있는 데이터 형식과 필드 크기는? 데이터 형식 : 숫자, 필드 크기 : 바이트
• 100자 정도의 글자를 입력하기에 적절한 데이터 형식은? 짧은 텍스트
• 사진 파일을 첨부할 수 있도록 데이터 형식을 변경한다면? OLE 개체

데이터 형식	크기	
짧은 텍스트	255자까지 입력 가능	
긴 텍스트	64,000자 정도까지 입력 가능	
숫자	바이트	1바이트 : 0 ~ 255까지
	정수	2바이트 : −32,768 ~ 32,767
OLE 개체	스프레드시트, 문서, 그림, 사운드 등의 이진 데이터	

유효성 검사 규칙 예제

유효성 검사 규칙은 다양한 형태로 출제되므로 여러 조건에 따른 지정 방법을 반드시 알아두어야 한다.

유효성 검사 규칙 예제	설명
〈 〉 0	0이 아닌 값을 입력할 수 있도록 함
〉1000 Or Is Null	1,000 보다 큰 값을 입력하거나 비워두어야 함
〉= 0 And 〈= 1000 Between 0 And 1000	0보다 크거나 같고 1,000보다 작거나 같은 값을 입력하라는 뜻으로 'Between 시작값 And 종료값' 형태로도 사용함
〉= #2025–01–01# And 〈= #2025–12–31# Between #2025–01–01# And #2025–12–31#	• 2025년대 값 즉, 2025년 1월 1일보다 크거나 같고 2025년 12월 31일보다 작거나 같은 날짜를 입력힘 • 날짜 자료 앞뒤에는 # 기호를 붙여야 함
"서울" Or "부산" Or "대전" In ("서울", "부산", "대전")	'서울', '부산', '대전' 중에서 입력
Len([상품코드])=5	[상품코드] 필드의 유효성 검사 규칙에서 사용할 때 [상품코드] 필드의 값을 5글자로 입력

필드 조회 속성 설정

▶ 합격 강의

작업파일 [2025컴활1급₩2권_데이터베이스₩이론₩1.DB구축₩Section02] 폴더에서 작업하시오.

출제유형 ❶ '출제유형1.accdb' 파일을 열어 〈회원〉 테이블의 '동아리코드' 필드에 대해서 다음과 같이 조회 속성을 작성하시오.

▶ '동아리코드' 필드에 값을 입력할 때 〈동아리〉 테이블의 '동아리명' 필드의 값을 콤보 상자의 형태로 표현하여 한 가지만 선택하도록 설정하시오.
▶ 컨트롤과 바운드된 테이블의 '동아리코드'가 저장되도록 설정하시오.
▶ 목록 이외의 값은 입력되지 않도록 하시오.

기적의 TIP

[조회 속성 만들기]
① 대상 테이블 선택 후 바로 가기 메뉴에서 [디자인 보기] 클릭
② 해당 필드의 속성에서 [조회] 탭 선택
③ 컨트롤 표시에서 텍스트 상자, 목록 상자, 콤보 상자를 선택

① 탐색 창의 〈회원〉 테이블에서 마우스 오른쪽 버튼을 눌러 [디자인 보기](N)를 클릭한다.

기적의 TIP

콤보 상자
콤보 상자는 목록 상자와 텍스트 상자를 결합시켜 놓은 모양입니다. 즉 텍스트 상자처럼 직접 값을 입력할 수도 있고, 펼침 목록들 중에서 원하는 항목을 선택할 수도 있습니다.

② '동아리코드' 필드를 선택한 후, 테이블 [디자인 보기] 창의 필드 속성에서 [조회] 탭을 클릭하고, '컨트롤 표시'를 '콤보 상자'로 선택한 후 '행 원본'의 [작성기](⋯)를 클릭한다.

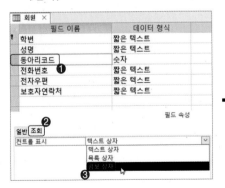 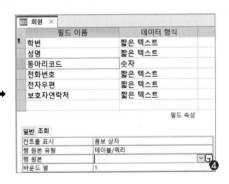

기적의 TIP

행 원본
콤보 상자의 펼침 목록으로 보일 항목을 정해주는 속성입니다. 문제에서 지시하길 〈동아리〉 테이블로부터 '동아리코드'와 '동아리명' 필드 값을 가져와서 표현하라고 했기 때문에 SQL 문을 통해서 표현해야겠네요.

③ [테이블 추가]에서 〈동아리〉 테이블만 추가하고, [닫기]를 눌러서 창을 닫는다.

기적의 TIP

디자인 눈금에 추가
필드를 더블클릭하여도 디자인 눈금에 추가됩니다.

④ '동아리코드'와 '동아리명' 필드를 드래그하여 [쿼리 작성기] 창의 디자인 눈금에 위치시킨다.

기적의 TIP

쿼리 작성기
SQL 문을 시각적으로 디자인 할 수 있는 도구입니다. SQL문은 SQL 명령을 정의하는 식을 말하며, SQL(구조적 쿼리 언어)은 데이터베이스에서 사용되는 일종의 프로그래밍 언어입니다.

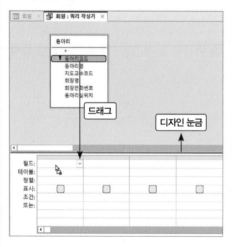

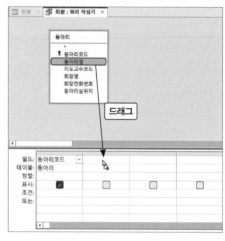

⑤ [쿼리 작성기] 창을 닫고, 변경된 사항은 [예]를 클릭하여 저장한다.

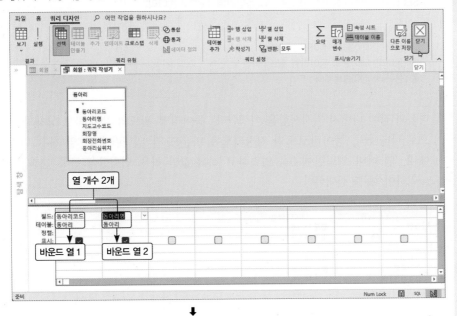

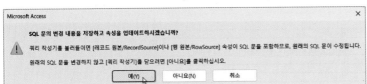

⑥ 쿼리 작성기로 디자인한 SQL 문이 행 원본으로 지정되었음을 알 수 있다.

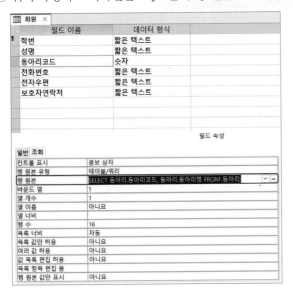

기적의 TIP

바운드(Bound)
바운드(Bound)되었다는 것은 서로 연결되어 있다는 의미입니다. 콤보 상자 컨트롤과 〈동아리〉 테이블이 바운드되었으므로 '동아리명', '동아리코드' 필드는 당연히 가져와서 보여줄 수 있겠지요?

기적의 TIP

행 원본의 쿼리 작성기 창에서 작업한 내용이 무엇을 의미하는지 잘 알고 있어야 합니다. 〈동아리〉 테이블로부터 두 필드를 가져왔고, 그것이 곧 콤보 상자의 목록이 되는 것입니다.

SELECT 동아리.동아리코드, 동아리.동아리명 FROM 동아리;
　　　①　　　　　　②　　　　　　　③　　　　　　　　④

① 검색하라.
② 〈동아리〉 테이블의 '동아리코드' 필드
③ 〈동아리〉 테이블의 '동아리명' 필드
④ 〈동아리〉 테이블로부터

기적의 TIP

• 〈동아리〉 테이블로부터 가져온 두 열(필드) 중에서 먼저 검색된 '1'번 열(동아리코드)을 '바운드 열'로 삼았습니다.
• '열 개수'를 '2'로 지정하여 두 열이 다 표시되도록 설정하였습니다.
• 하지만 첫 번째 열의 너비를 '0cm'로 두어, 실제로는 두 번째 열(동아리명)만 표시되도록 하였습니다.

⑦ 다음과 같이 나머지 지시사항을 이행한다. '동아리명' 필드의 값이 콤보 상자의 목록으로 나타나되, '동아리코드'가 저장되도록 '바운드 열' 입력란에 1, '열 개수' 입력란에 2, '열 너비' 입력란에 0을 입력하고 '목록 값만 허용' 입력란에 목록 단추(▼)를 클릭하여 '예'를 선택한다.

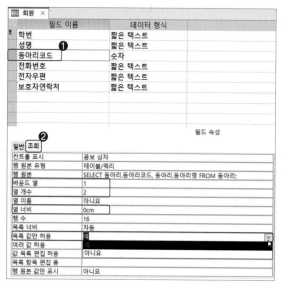

기적의 TIP

열 너비 속성에서 '0'만 적으면 'cm'는 자동으로 붙습니다. 원칙은 0cm;로 표현하여 세미콜론의 앞쪽이 첫 번째 열, 세미콜론의 뒤쪽이 두 번째 열이 되어야 합니다만, 아무것도 적지 않으면 액세스가 알아서 자동으로 기본 열 너비를 부여합니다.

⑧ [테이블 디자인 보기] 창의 [닫기]를 누르고, 변경된 내용은 [예]를 클릭하여 저장한다.

기적의 TIP

목록 값만 허용한다는 것은, 목록 이외의 값은 입력되지 않게 한다는 말입니다.

기적의 TIP

조회 속성을 완성하는 문제는 행 원본, 바운드 열, 열 개수, 열 너비의 상호 관계를 잘 알고 이해하고 있어야 해결할 수 있습니다.

⑨ 다음과 같이 〈회원〉 테이블의 '동아리코드' 필드에 콤보 상자를 통해서 값을 입력할 수 있는 상태가 되었다. 콤보 상자의 목록 행에는 〈동아리〉 테이블의 '동아리명' 필드에 있는 값들이 나타난다.

회원 ×		
학번	성명	동아리코드
002104	이성진	스킨스쿠버
002110	박민식	등산
002201	김승희	스킨스쿠버
002218	이승영	인라인스케이.
002323	김희정	테니스

만약 행 원본의 쿼리 작성기 창에서 필드(열)를 가져올(바운드 될) 때 '동아리코드', '동아리명'의 순서가 아니라 '동아리명', '동아리코드'의 순서로 가져왔을 경우 어떻게 하면 동일한 결과를 얻을 수 있을까? 결론은 바운드 될 열의 순서가 설사 바뀌었다 하더라도, '바운드 열', '열 개수', '열 너비' 같은 조회 속성 값만 적절하게 설정해주면 동일한 결과를 얻을 수 있다는 것이다. 다음 두 예제는 행 원본 속성에서 바운드 될 열의 순서는 서로 바뀌었지만, 콤보 상자에 동일한 조회 속성을 반환하는 예이다.

1 행 원본이 "SELECT 동아리.동아리코드, 동아리.동아리명 FROM 동아리;"인 경우

조회 속성	설정 값	의미
바운드 열	1	• 바운드 열이란 지정된 열의 값을 액세스로 전달하는 역할을 함 • 바운드 열을 '1'로 설정하여 '동아리코드'가 전달되도록 함 • 행 원본에 지정된 SQL문의 실행 결과 1열 ┌─ 2열 동아리코드 · 동아리명 · 　 1 등산 　 2 스킨스쿠버 　 3 인라인스케이트 　 4 테니스
열 개수	2	열 개수가 '2'로 설정되면, '동아리코드'와 '동아리명' 필드 둘 다 표시됨
열 너비	0cm;	열 너비의 첫 번째 구역이 0cm로 지정됨, 두 번째 구역은 액세스가 자동 지정 　　　　　0cm; 첫 번째 구역 : 동아리코드　　　두 번째 구역 : 동아리명

2 행 원본이 "SELECT 동아리.동아리명, 동아리.동아리코드 FROM 동아리;"인 경우

● **작업파일** 2025컴활1급₩2권_데이터베이스₩이론₩1.DB구축₩Section02₩출제유형1_1.accdb

조회 속성	설정 값	의미
바운드 열	2	• 바운드 열을 '2'로 설정하여 '동아리코드'가 전달되도록 함 • 행 원본에 지정된 SQL문의 실행 결과 1열 ┌─ 2열 동아리명 · 동아리코드 · 등산 1 스킨스쿠버 2 인라인스케이트 3 테니스 4
열 개수	2	열 개수가 '2'로 설정되면, '동아리코드'와 '동아리명' 필드 둘 다 표시됨
열 너비	;0cm	열 너비의 두 번째 구역이 0cm로 지정됨 　　　　　;0cm 첫 번째 구역 : 동아리명　　　두 번째 구역 : 동아리코드

▶ 〈고객〉 테이블의 '고객ID', '이름', '핸드폰'을 가져와서 콤보 상자의 형태로 표시되도록 설정하시오.
▶ 필드에는 '고객ID'가 저장되도록 하시오.
▶ '고객ID' 필드는 보이지 않도록 설정하고, '이름'과 '핸드폰' 필드는 각각 2cm, 3cm의 너비로, 목록 너비는 2열이 잘림 없이 표시되도록 설정하시오.
▶ 목록 이외의 값은 입력되지 않도록 하시오.

① 탐색 창의 〈대여〉 테이블에서 마우스 오른쪽 버튼을 눌러 [디자인 보기]()를 클릭한다.
② 〈대여〉 테이블 디자인 보기 상태에서 '고객코드' 필드를 선택하고 '필드 속성'의 [조회] 탭을 클릭한 후, '컨트롤 표시' 속성 입력란의 목록 단추(✓)를 클릭하여 '콤보 상자'를 선택한다.

③ [조회] 탭의 속성 목록이 변경되면 '행 원본' 속성 입력란의 [작성기](…)를 클릭하여 〈고객〉 테이블을 추가한 후 [닫기]를 클릭한다.
④ 다음 그림과 같이 쿼리 작성기에 필요한 필드들을 디자인 눈금에 추가하고 창을 닫는다. 변경한 내용은 저장하여 업데이트한다.

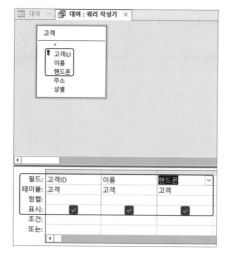

⑤ '고객코드' 필드를 선택하고 '필드 속성'의 [조회] 탭에서 '바운드 열' 입력란에 1, '열 개수' 입력란에 3, '열 너비' 속성 입력란에 0;2;3, '목록 너비' 입력란에 5를 입력한 후 '목록 값만 허용' 입력란의 목록 단추(⌄)를 클릭하여 '예'를 선택한다.

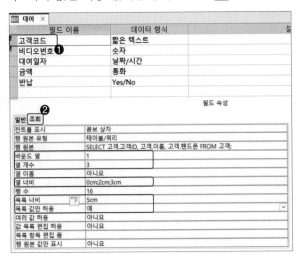

🅑 기적의 TIP

첫 번째 열(필드)이 '고객ID' 필드가 되었네요? '고객ID' 필드가 바운드 열이 되어야 한다고 했으므로 '1'을 바운드 열 속성에 입력하면 되겠지요?

⑥ 빠른 실행 도구모음에서 [저장](💾)을 클릭한 후 [테이블 디자인]-[보기] 그룹의 [보기]에서 [데이터시트 보기](▦)를 눌러 '고객코드' 필드의 콤보 상자를 확인한다.

풀이결과

• '고객코드' 필드의 콤보 상자

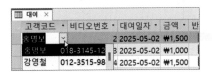

• '고객코드' 필드의 조회 속성

일반 조회	
컨트롤 표시	콤보 상자
행 원본 유형	테이블/쿼리
행 원본	SELECT 고객.고객ID, 고객.이름, 고객.핸드폰 FROM 고객;
바운드 열	1
열 개수	3
열 이름	아니요
열 너비	0cm;2cm;3cm
행 수	16
목록 너비	5cm
목록 값만 허용	예
여러 값 허용	아니요
값 목록 편집 허용	아니요
목록 항목 편집 폼	
행 원본 값만 표시	아니요

🅑 기적의 TIP

열 너비와 목록 너비
• '열 너비', '목록 너비'의 단위는 cm이기 때문에 '열 너비' 속성 입력란에 「0;2;3」을 입력하고 Enter를 누르거나 다른 속성으로 이동하면 「0cm ; 2cm ; 3cm」로 변경됩니다.
• '목록 너비' 속성은 '열 너비' 속성에 지정한 전체 너비의 합계보다 크게 지정해야 콤보 상자를 클릭할 때 한 번에 여러 셀을 표시할 수 있어요.

출제유형 ③ '출제유형3.accdb' 파일을 열어 〈성적〉 테이블의 '등급' 필드에 대하여 다음과 같이 조회 속성을 설정하시오.

▶ A, B, C, D, F 값의 목록이 콤보상자 형태로 표시되도록 설정하시오.
▶ 목록 이외의 값은 입력되지 않도록 하시오.

① '2025컴활1급₩2권_데이터베이스₩이론₩1.DB구축₩Section02' 폴더의 '출제유형3.accdb' 파일을 더블클릭한다.
② 탐색 창의 〈성적〉 테이블에서 마우스 오른쪽 버튼을 눌러 [디자인 보기](◎)를 클릭한다.
③ 〈성적〉 테이블 디자인 보기 상태에서 '등급' 필드를 선택하고 '필드 속성'의 [조회] 탭을 클릭한 후, '컨트롤 표시' 속성 입력란의 목록 단추(◡)를 클릭하여 '콤보 상자'를 선택한다. [조회] 탭의 속성 목록이 변경되면, '행 원본 유형' 속성 입력란의 목록 단추(◡)를 클릭하여 '값 목록'을 선택한다.

④ '등급' 필드가 선택된 상태에서 목록으로 표시될 값들을 지정하기 위해 '행 원본' 속성 입력란에 A;B;C;D;F를 입력하고, '목록 값만 허용' 속성 입력란의 목록 단추(▼)를 클릭하여 '예'를 선택한다.

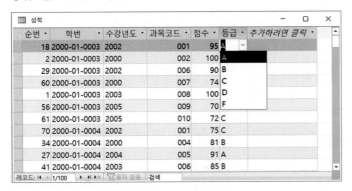

⑤ 빠른 실행 도구모음에서 [저장](🖫)을 클릭한 후 [테이블 디자인]–[보기] 그룹의 [보기]에서 [데이터시트 보기](▦)를 눌러 '등급' 필드의 콤보 상자를 클릭하여 나타나는 목록을 확인한다.

풀이결과

• '등급' 필드의 콤보 상자

순번	학번	수강년도	과목코드	점수	등급	추가하려면 클릭
18	2000-01-0003	2002	001	95	A	
2	2000-01-0003	2000	002	100	A	
29	2000-01-0003	2002	006	90	B	
60	2000-01-0003	2000	007	74	C	
1	2000-01-0003	2003	008	100	D	
56	2000-01-0003	2005	009	70	F	
61	2000-01-0003	2005	010	72	C	
70	2000-01-0004	2002	001	75	C	
34	2000-01-0004	2000	004	81	B	
27	2000-01-0004	2004	005	91	A	
41	2000-01-0004	2003	006	85	B	

레코드: ◄ 1/100 ► ►► 🔍필터 없음 검색

• '등급' 필드의 조회 속성

필드 속성

일반 조회	
컨트롤 표시	콤보 상자
행 원본 유형	값 목록
행 원본	A;B;C;D;F
바운드 열	1
열 개수	1
열 이름	아니요
열 너비	
행 수	16
목록 너비	자동
목록 값만 허용	예
여러 값 허용	아니요
값 목록 편집 허용	아니요
목록 항목 편집 폼	
행 원본 값만 표시	아니요

🅕 기적의 TIP

「A;B;C;D;F」
콤보 상자를 클릭할 때 표시될 목록 내용으로 세미콜론(;)이나 쉼표(,)로 표시될 값들을 구분합니다.

🅕 기적의 TIP

• 문서 창 옵션
[파일]–[옵션]–[현재 데이터베이스]의 '문서 창 옵션'을 통해서 선택할 수 있습니다. 적용하려면 창을 닫고 다시 열어야 합니다.

• 창 겹치기

• 탭 문서

관계 설정

▶ 합격 강의

작업파일 [2025컴활1급₩2권_데이터베이스₩이론₩1.DB구축₩Section03] 폴더에서 작업하시오.

B 기적의 TIP

테이블 관계 설정
① [데이터베이스 도구]–[관계]–[관계] 클릭
② 테이블 표시 및 추가 후 닫기
③ 관계 편집

출제유형 ① 〈프레임〉 테이블의 '동꼬코드' 필드는 〈동꼬〉 테이블의 '동꼬코드' 필드를 참조하며, M:1의 관계를 갖는다. '출제유형1.accdb' 파일을 열어 테이블에 대해 다음과 같이 관계를 설정하시오.

▶ 테이블 간에는 항상 참조 무결성을 유지하도록 설정하시오.
▶ 테이블끼리의 참조 필드 값이 변경되면 관련 필드의 값들도 변경되도록 설정하시오.
▶ 〈프레임〉 테이블이 참조하고 있는 〈동꼬〉 테이블의 레코드를 삭제할 수 없도록 설정하시오.

① [데이터베이스 도구]–[관계] 그룹의 [관계](📇)를 클릭한다.

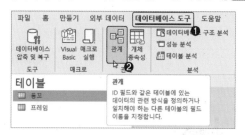

B 기적의 TIP

[관계 디자인] 탭에서 [테이블 추가]를 클릭해도 가능합니다.

② [관계] 창의 빈 영역에서 마우스 오른쪽 버튼을 눌러 [테이블 표시]를 클릭한다.

③ [테이블 추가] 창에서 〈동꼬〉, 〈프레임〉 테이블을 선택하여 추가한 후, [닫기]를 클릭하여 창을 닫는다.

기적의 TIP

각각(〈동꼬〉, 〈프레임〉) 테이블을 더블클릭하여 테이블을 추가할 수 있습니다.

④ 〈동꼬〉 테이블의 '동꼬코드' 필드를, 〈프레임〉 테이블의 '동꼬코드' 필드 쪽으로 드래 그하여 놓는다.

기적의 TIP

참조
일대다의 관계가 대부분이므로 반대로 끌어다 놓아도 되지만, 원칙은 참조 당하는 기본 키 필드를 참조하는 외래 키 필드 쪽으로 끌어 와야 합니다.

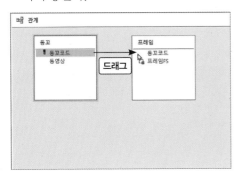

⑤ [관계 편집]에서 '항상 참조 무결성 유지', '관련 필드 모두 업데이트'에 체크한 후 [만들기]를 클릭한다.

기적의 TIP

참조 무결성
액세스가 사용하는 규칙을 말합니다. 테이블끼리의 참조에 결점이 없도록 하겠다는 말로, 사용자의 실수를 덜어주는 역할을 하게 됩니다.

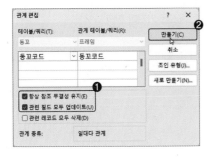

⑥ 〈동꼬〉 테이블의 '동꼬코드' 필드와 〈프레임〉 테이블의 '동꼬코드' 필드 사이에 1:∞ (일대다;1:M)의 관계가 설정되었음을 알 수 있다. [닫기]를 누르고 변경한 내용은 [예]를 클릭하여 저장한다.

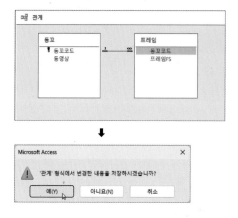

➕ 더 알기 TIP

일대다(1:M)의 관계

〈동꼬〉 테이블의 '동꼬코드' 필드와 〈프레임〉 테이블의 '동꼬코드' 필드는 1:M의 관계를 가지고 있다.
즉 〈동꼬〉 테이블의 '동꼬코드' 필드 값 하나에, 〈프레임〉 테이블의 '동꼬코드' 필드 값이 여러 개 대응한다는 말이다.

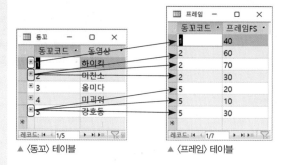

▲ 〈동꼬〉 테이블　　▲ 〈프레임〉 테이블

항상 참조 무결성 유지

참조 무결성이란 테이블 간에 맺어진 관계를 서로 유효하게 하고, 이를 통해 사용자가 실수로 관련 데이터를 삭제하거나 변경하지 않도록 하기 위해서 액세스가 사용하는 규칙이며 다음과 같은 조건을 만족해야 한다.

– 기본 테이블(일대다 관계에서 '일'쪽 테이블)쪽의 관계 필드가 기본 키이거나 고유 인덱스를 가져야 한다.
– 관계를 맺을 필드끼리는 데이터 형식이 같아야 한다.
– 기본 테이블의 기본 키에 존재하지 않는 값은, 관련 테이블의 외래 키 필드에 입력할 수 없다.

▲ 〈프레임〉 테이블의 '동꼬코드' 필드에, 〈동꼬〉 테이블의 '동꼬코드' 필드에 존재하지 않는 값인 「8」을 입력하고 창을 닫았을 때 나타나는 경고 메시지

관련 필드 모두 업데이트

참조 무결성이 보장될 때 활성화되는 기능으로, 〈동꼬〉 테이블의 '동꼬코드' 필드 값이 변경되면, 관련된 〈프레임〉 테이블의 '동꼬코드' 필드 값도 변경됨을 의미한다.

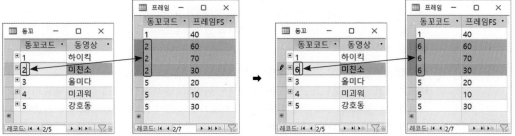

▲ 관련된 필드의 값을 '2'에서 '6'으로 바꾸자 〈동꼬〉, 〈프레임〉 테이블 모두 업데이트 됨

관련 레코드 모두 삭제

참조 무결성이 보장될 때 활성화되는 기능으로 〈동꼬〉 테이블의 '동꼬코드' 값이 삭제되면, 이와 관계된 〈프레임〉 테이블의 '동꼬코드' 값도 함께 삭제된다.

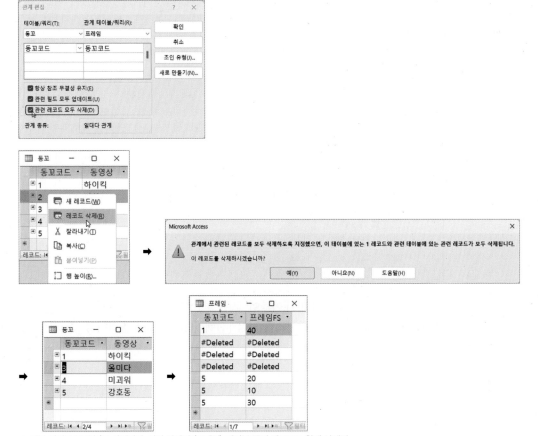

▲ 기본 테이블 쪽의 '2'를 삭제하자, 이와 관련된 〈프레임〉 테이블 쪽의 레코드도 함께 삭제됨

출제유형 ② '출제유형2.accdb' 파일을 열어 다음과 같은 관계를 가지도록 설정하시오.

〈동아리〉 테이블의 '지도교수코드' 필드는 〈교수〉 테이블의 '교수코드' 필드를 참조하고 테이블 간의 관계는 M:1이다. 또한, 〈회원〉 테이블의 '동아리코드' 필드는 〈동아리〉 테이블의 '동아리코드' 필드를 참조하고 테이블 간의 관계는 M:1의 관계를 갖는다. 각 테이블 간의 관계를 다음과 같이 설정하시오.

▶ 각 테이블 간에 항상 참조 무결성을 유지하도록 설정하시오.
▶ 〈교수〉 테이블의 '교수코드' 필드가 변경되면 〈동아리〉 테이블의 '지도교수코드' 필드가 같이 변경되고 〈동아리〉 테이블의 '동아리코드' 필드가 변경되면 〈회원〉 테이블의 '동아리코드' 필드가 같이 변경되도록 설정하시오.
▶ 〈동아리〉 테이블에서 참조하고 있는 〈교수〉 테이블의 레코드와 〈회원〉 테이블에서 참조하고 있는 〈동아리〉 테이블의 레코드를 삭제할 수 없도록 설정하시오.

① [데이터베이스 도구]-[관계] 그룹의 [관계](🖻)를 클릭한다.

② [관계] 창의 빈 영역에서 마우스 오른쪽 버튼을 눌러 [테이블 표시]를 선택한다.

기적의 TIP

테이블을 선택한 다음에 [선택한 표 추가]를 눌러도 되고, 각 테이블 이름을 더블클릭해도 추가됩니다. 그러나 웬만하면 테이블을 선택한 다음에 [선택한 표 추가]를 클릭하세요. 테이블 이름을 마구 클릭하다가는 동일한 테이블이 두 개씩 들어가는 실수를 범할 수도 있습니다.

③ 문제를 잘 읽어보면, 3개의 테이블이 모두 필요하다는 것을 알 수 있다. [Ctrl]이나 [Shift]를 이용해서 한꺼번에 선택한 다음 [선택한 표 추가]를 클릭하고 [닫기]를 클릭한다.

④ 참조 당하는 쪽(〈교수〉 테이블의 '교수코드' 필드)과 참조하는 쪽(〈동아리〉 테이블의 '지도교수코드' 필드)을 잘 구분해서 참조당하는 쪽을 참조하는 쪽으로 드래그한다. 혹은 반대로 끌어다 놓아도 상관은 없다.

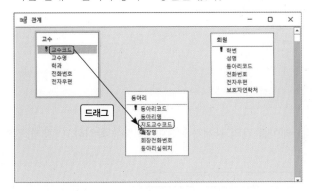

🅑 기적의 TIP

기본 키 필드
기본 키는 테이블의 각 레코드(행)를 고유하게 식별할 수 있는 값을 가지고 있는 하나 이상의 필드(열)를 말하며, 항상 고유한(중복되지 않은) 값을 가지고 있습니다.

⑤ 이렇게 작업하고 나면 [관계 편집] 대화상자가 자동으로 나타나는데, 다음과 같이 선택하고 [만들기]를 클릭한다.

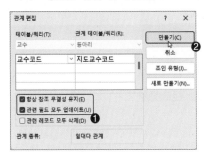

🅑 기적의 TIP

관계 편집 옵션
'항상 참조 무결성 유지' 옵션이 활성화 되어야 나머지 두 옵션을 사용할 수 있습니다.

⑥ 〈동아리〉 테이블의 '동아리코드' 필드를 끌어다가 〈회원〉 테이블의 '동아리코드' 필드에 놓는다.

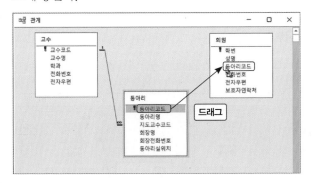

🅑 기적의 TIP

참조 당하는 쪽은 언제나 기본 키일 가능성이 높습니다. 따라서 어느 쪽에서 끌어다 놓더라도 결과는 동일합니다.

⑦ [관계 편집] 대화상자가 나타나면, 다음과 같이 설정하고 [만들기]를 클릭한다.

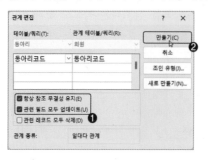

⑧ 〈회원〉 테이블과 〈동아리〉 테이블 간의 관계가 M:1이 된 것을 확인하고 [관계] 창을 닫는다.

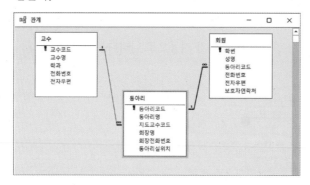

⑨ [관계] 창에서 변경한 내용을 저장한다.

➕ 더 알기 TIP

필요 없는 테이블이 추가되었을 경우

[관계] 창에 필요 없는 테이블까지 추가되었을 경우 필요 없이 표시된 테이블 위에서 바로 가기 메뉴를 불러내어 '테이블 숨기기'를 해주면 된다. 혹은 필요 없는 테이블을 선택한 다음에 Delete 를 눌러도 된다.

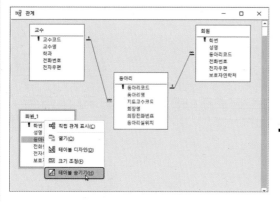 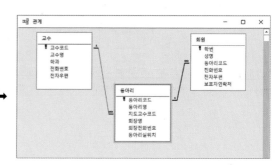

출제유형 ③ '출제유형3.accdb' 파일을 열어 다음과 같은 관계를 가지도록 설정하시오.

〈대여〉 테이블의 '고객코드', '비디오번호' 필드는 각각 〈고객〉 테이블의 '고객ID' 필드와 〈비디오〉 테이블의 '비디오번호' 필드를 참조하며, 테이블 간의 관계는 다대일(M:1)이다. 각 테이블에 대해 다음과 같이 관계를 설정하시오.

▶ 각 테이블 간에 참조 무결성이 유지되도록 설정하시오.
▶ 각 테이블의 참조 필드의 값이 변경되면 관련 필드의 값들도 변경되도록 설정하시오.

기적의 TIP

관계 설정 문제에서 […변경되도록 설정하고…]란 문장이 나오면 [관계 편집] 창에서 '관련 필드 모두 업데이트'를 선택해야하고, […레코드도 함께 삭제되도록…]이란 문장이 나오면 [관계 편집] 창에서 '관련 레코드 모두 삭제'를 선택해야 합니다. 기출문제에서는 이 2개가 1개씩 나오기도 하지만 동시에 2개 조건이 지정되는 경우도 있으니 문장 지시사항을 주의깊게 보도록 하세요.

① [데이터베이스 도구]-[관계] 그룹의 [관계](🖼)를 클릭한다.
② [관계] 창의 빈 영역에서 마우스 오른쪽 버튼을 눌러 [테이블 표시]를 선택한다.

③ [테이블 추가]에서 문제에 언급된 테이블을 모두 선택하여 추가한 후 [닫기]를 클릭한다.

기적의 TIP

Ctrl 이나 Shift 혹은 드래그하여 선택할 수 있습니다.

④ 관계를 지정할 두 테이블 사이의 필드를 드래그하여 연결하기 위해, 〈고객〉 테이블의 '고객ID' 필드를 〈대여〉 테이블의 '고객코드' 필드 위로 드래그하고, [관계 편집]에서, '항상 참조 무결성 유지'와 '관련 필드 모두 업데이트'를 체크한 후 [만들기]를 클릭한다.

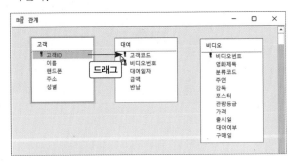
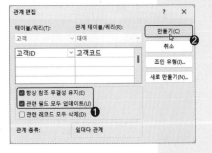

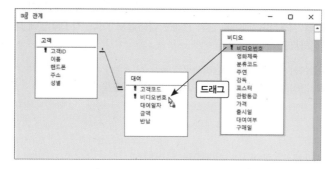
⑤ 〈비디오〉 테이블의 '비디오번호' 필드를 〈대여〉 테이블의 '비디오번호' 필드 위로 드래그하고, [관계 편집]에서 '항상 참조 무결성 유지'와 '관련 필드 모두 업데이트'를 체크한 후 [만들기]를 클릭한다.

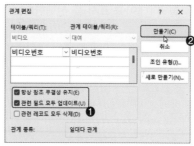

⑥ 빠른 실행 도구모음에서 [저장](🖫)을 클릭한 후 [관계] 창의 [닫기]를 클릭하여 [관계] 창을 닫는다.

➕ 더 알기 TIP

관계를 끊거나 편집해야 할 경우

관계를 끊고 싶으면 해당 관계 선(조인 선)을 클릭하여 선택한 다음 바로 가기 메뉴를 불러내어 '삭제'하거나 관계 선을 클릭한 후 Delete 를 누르면 된다. [관계 편집] 대화상자의 옵션 값을 바꾸려면 바로 가기 메뉴에서 [관계 편집]을 선택하면 된다.

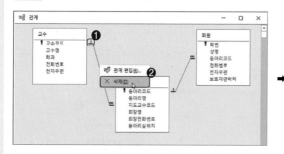 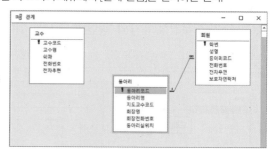

04 외부 데이터 가져오기

▶ 합격 강의

난이도 상 중 ㉠
반복학습 1 2 3

작업파일 [2025컴활1급₩2권_데이터베이스₩이론₩1.DB구축₩Section04] 폴더에서 작업하시오.

출제유형 ❶ '출제유형.accdb' 파일을 열어 '매출현황.xlsx' 파일을 테이블로 가져오기
하시오.

▶ '매출현황' 시트의 열 머리글(첫 번째 행)을 테이블의 필드 이름으로 사용할 것
▶ 기본 키(PK)는 없음으로 설정할 것
▶ 데이터가 복사되어 저장될 새 테이블의 이름은 〈매출현황_가져오기〉로 설정할 것

> **기적의 TIP**
>
> **[외부 데이터 가져오기]**
> ① [외부 데이터]–[가져오기
> 및 연결]
> ② 가져올 데이터 선택
> (Access, Excel, 텍스트
> 파일 등)

① [외부 데이터]–[가져오기 및 연결] 그룹의 [새 데이터 원본]–[파일에서]–[Excel]을
클릭한다.

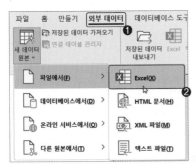

> **기적의 TIP**
>
> 현재 작업에서는 보안 경고
> 메시지 표시줄을 그대로 두지
> 만, 차후 매크로나 프로시저
> 작업 때에는 [콘텐츠 사용] 버
> 튼을 클릭하도록 합니다.

② 가져올 파일 이름과 데이터를 저장할 방법 및 위치를 지정한다. 파일 이름을 지정하
기 위해 [찾아보기]를 클릭한다.

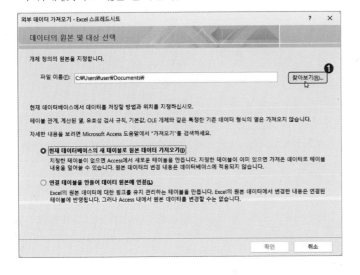

기적의 TIP

[외부 데이터 가져오기] 대화
상자의 파일 이름 입력줄이
불러온 '매출현황' 파일의 경
로로 바뀝니다.

기적의 TIP

간혹 엑셀 파일(워크북)에 여
러 워크시트가 존재할 수 있
으므로, 작업할 워크시트의
이름을 반드시 확인해야 합
니다.

기적의 TIP

'이름 있는 범위 표시'는 스
프레드시트 파일에 이름이
정의된 범위를 대상으로 연
결할 때 사용합니다.

기적의 TIP

필드와 레코드
테이블에서 열은 필드라고
했지요? 행은 레코드입니다.

③ [파일 열기] 대화상자에서 파일 형식은 자동으로 지정되기 때문에 '매출현황' 파일만
선택하고 [열기]를 클릭한 후 [외부 데이터 가져오기-Excel 스프레드시트] 대화상
자로 돌아오면 [확인]을 클릭한다.

④ [스프레드시트 가져오기 마법사]에서 다음과 같이 선택하고 [다음]을 클릭한다.

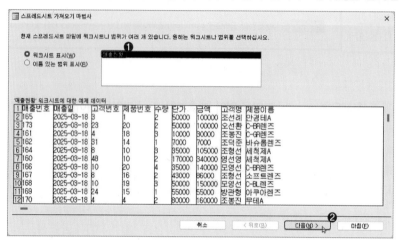

⑤ '첫 행에 열 머리글이 있음'을 체크하고 [다음]을 클릭한다.

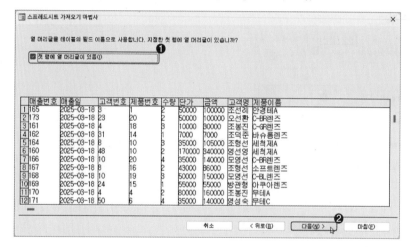

⑥ '매출현황' 시트에서 가져올 각 필드(열)들을 액세스에 맞추어 정보를 가공하여 지정할 수 있다. 특별한 지시 사항이 없으므로 [다음]을 클릭한다.

🅑 기적의 TIP

이 단계부터 뒤에 나올 '연결 마법사'와 다른 모습을 보여 줍니다. 테이블 가져오기는 가져올 엑셀 파일을 액세스에 맞게 형식을 변환시켜 복사본을 만드는 작업입니다. 따라서 액세스로 가져올 필드를 선별하여 지정할 수도 있고(필드 포함 안함), 인덱스를 설정할 수도 있습니다.

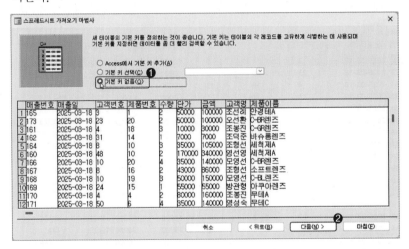

⑦ 기본 키에 대한 언급이 없으므로 그림과 같이 '기본 키 없음'을 선택하고 [다음]을 클릭한다.

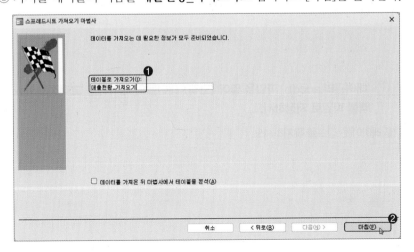

🅑 기적의 TIP

만약 특정 필드를 기본 키로 설정하라 했다면 데이터를 다 가져온 다음, 생성된 테이블의 '디자인' 보기 창에서 기본 키를 설정해도 됩니다.

⑧ 가져올 테이블의 이름을 **매출현황_가져오기**로 입력하고 [마침]을 클릭한다.

⑨ 가져오기 단계 저장 옵션이 해제된 상태에서 [닫기]를 클릭한다.

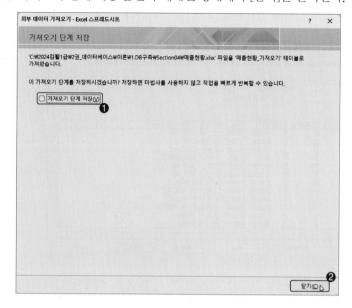

⑩ 생성된 〈매출현황_가져오기〉 테이블을 더블클릭하여 작업 결과를 확인할 수 있다.

출제유형 ② '대여관리.accdb' 파일을 열어 〈고객〉 테이블의 데이터를 '고객정보.xlsx' 엑셀 파일로 저장하시오.

※ 서식 및 레이아웃 정보를 유지하시오.

① 〈고객〉 테이블을 선택하고 [외부 데이터]-[내보내기] 그룹의 [Excel](📊)을 클릭한다.

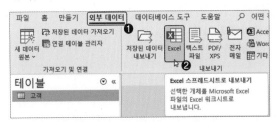

기적의 TIP

파일 내보내기
외부에 있는 데이터를 액세스로 가져오기 할 수 있을 뿐만 아니라, 액세스에 있는 데이터베이스 개체를 외부에 출력(내보내기)하여 사용할수도 있습니다.

② [내보내기 - Excel 스프레드시트] 대화상자에서 [찾아보기]를 클릭하고, 파일을 저장할 적당한 경로로 이동한 다음 [파일 저장] 대화상자에 파일 이름(고객→고객정보)을 입력하고 [저장]을 클릭한다. 계속해서 '서식 및 레이아웃과 함께 데이터 내보내기'에 체크하고 [확인]을 클릭한다.

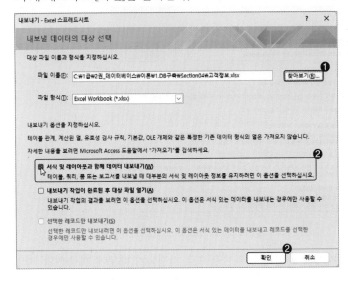

기적의 TIP

[바로 가기 메뉴]
[탐색] 창의 〈고객〉 테이블의 바로 가기 메뉴에서 [내보내기]-[Excel]을 클릭해도 됩니다.

③ 내보내기 단계 저장 옵션이 해제된 상태에서 [닫기]를 클릭한다.

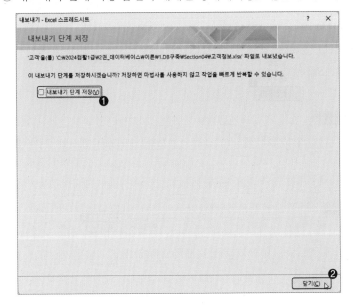

출제유형 ③ '**출제유형.accdb**' 파일을 열어 '**매출현황.xlsx**' 파일에 대한 연결 테이블을 다음의 지시사항에 따라 작성하시오.

▶ 매출현황 시트의 첫 번째 행은 필드의 이름임
▶ 연결 테이블의 이름은 '매출현황'으로 할 것

① [외부 데이터]-[가져오기 및 연결] 그룹의 [새 데이터 원본]-[파일에서]-[Excel]을 클릭한다.

② 가져올 파일 이름과 데이터를 저장할 방법 및 위치를 지정한다. 파일 이름을 지정하기 위해 [찾아보기]를 클릭한다.

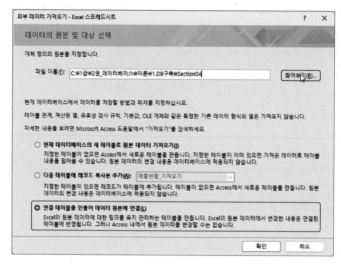

③ [파일 열기] 대화상자에서 파일 형식은 자동으로 지정되기 때문에 '매출현황' 파일만 선택하고 [열기]를 클릭한다.

④ [외부 데이터 가져오기 – Excel 스프레드시트] 대화상자로 돌아오면, 연결 테이블을 만들어야 하기 때문에 '연결 테이블을 만들어 데이터 원본에 연결'을 선택하고 [확인]을 클릭한다.

⑤ [스프레드시트 가져오기 마법사]에서 다음과 같이 선택하고 [다음]을 클릭한다.

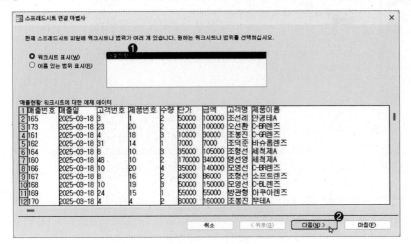

🎯 기적의 TIP

'매출현황' 시트가 작업 대상이었지요?

⑥ '첫 행에 열 머리글이 있음'을 체크하고 [다음]을 클릭한다.

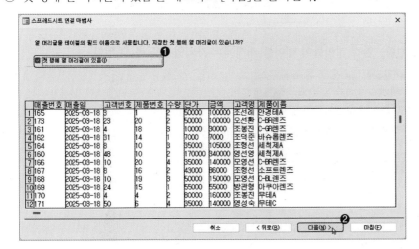

🎯 기적의 TIP

'첫 행에 열 머리글이 있음'을 선택해주어야 '매출현황.xlsx'의 첫 행을 테이블의 필드 이름으로 사용할 수 있습니다.

⑦ '연결 테이블 이름'에 **매출현황**을 입력한 후 [마침]을 클릭한다.

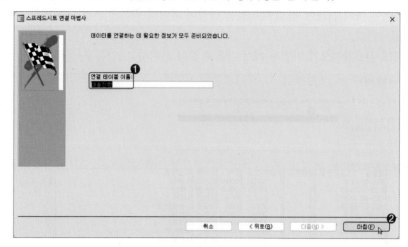

⑧ 액세스에 〈매출현황〉 테이블이 작성되고, '매출현황.xlsx'과 잘 연결되었다는 메시
지가 나타나면 [확인]을 클릭한다.

⑨ 〈매출현황〉 연결 테이블이 테이블 개체에 추가되었음을 볼 수 있다.

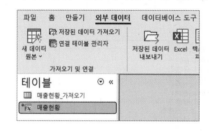

출제유형 ④ '번호_매출현황.accdb' 파일을 열고, '매출현황.xlsx' 파일의 '매출현황'
시트에 있는 데이터를 〈번호_매출현황〉 테이블에 추가하시오.

▶ 번호 필드의 값은 자동적으로 입력되므로 무시할 것
▶ 첫 행에 열 머리글 있음

① 〈번호_매출현황〉 테이블을 선택하고 [외부 데이터]-[가져오기 및 연결] 그룹의 [새
데이터 원본]-[파일에서]-[Excel]을 클릭한다.

② 가져올 파일 이름과 데이터를 저장할 방법 및 위치를 지정한다. 파일 이름을 지정하기 위해 [찾아보기]를 클릭한다.

🅱 기적의 TIP

파일 이름 입력란의 경로는 사용자에 따라서 다를 수 있습니다.

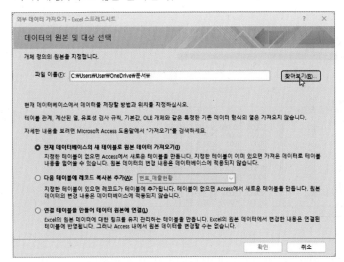

③ [파일 열기] 대화상자에서 파일 형식은 자동으로 지정되기 때문에 '매출현황' 파일만 선택하고 [열기]를 클릭한다.

④ [외부 데이터 가져오기 – Excel 스프레드시트] 대화상자로 돌아오면, '번호_매출현황' 테이블에 가져온 데이터를 추가해야 하기 때문에 '다음 테이블에 레코드 복사본 추가'를 선택한 후 '번호_매출현황' 테이블을 선택하고 [확인]을 클릭한다.

🅱 기적의 TIP

시험장에서는 보통 C:₩OA, C:₩DB 경로 아래에 외부 데이터가 포함되어 있습니다.

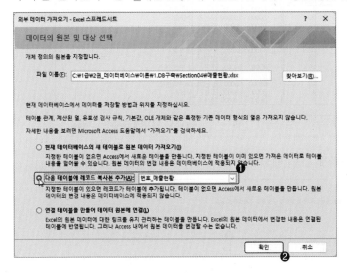

⑤ [스프레드시트 가져오기 마법사] 대화상자의 지시사항에 따라 각 단계에서 화면과 같이 선택하고 [다음]을 클릭한다.

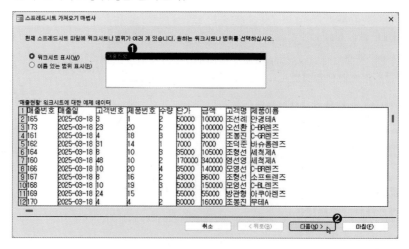

⑥ '첫 행에 열 머리글이 있음'이 선택된 상태이므로 [다음]을 클릭한다.

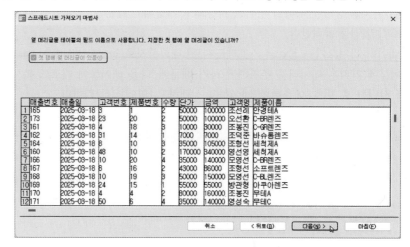

기적의 TIP

기존 테이블인 〈번호_매출현황〉 테이블에 외부 데이터를 추가하려면 외부 데이터의 열 머리글이 테이블의 필드 이름과 일치해야 합니다.

⑦ '테이블로 가져오기'에 '번호_매출현황'인지 확인한 후 [마침]을 클릭한다.

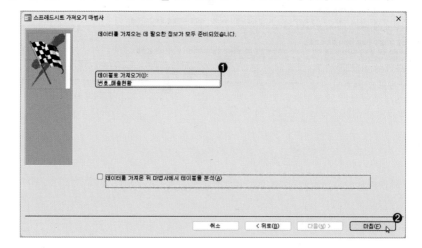

⑧ '가져오기 단계 저장'이 해제된 상태에서 [닫기]를 클릭한다.

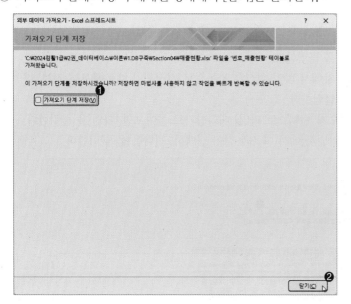

⑨ 아무것도 들어있지 않던 〈번호_매출현황〉 테이블에 다음과 같이 매출현황 시트의
내용들이 채워졌음을 알 수 있다.

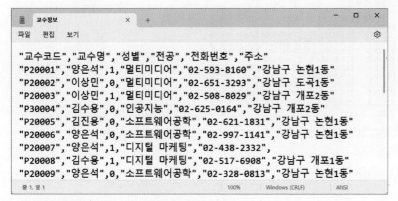

출제유형 ❺ '출제유형.accdb' 파일을 열어 '교수정보.txt' 파일의 데이터를 가져오기
하시오.

```
"교수코드","교수명","성별","전공","전화번호","주소"
"P20001","양은석",1,"멀티미디어","02-593-8160","강남구 논현1동"
"P20002","이상민",0,"멀티미디어","02-651-3293","강남구 도곡1동"
"P20003","이상민",1,"멀티미디어","02-508-8029","강남구 개포2동"
"P30004","김수용",0,"인공지능","02-625-0164","강남구 개포2동"
"P20005","김진용",0,"소프트웨어공학","02-621-1831","강남구 논현1동"
"P20006","양은석",0,"소프트웨어공학","02-997-1141","강남구 논현1동"
"P20007","양은석",1,"디지털 마케팅","02-438-2332",
"P20008","김수용",1,"디지털 마케팅","02-517-6908","강남구 개포1동"
"P20009","양은석",0,"소프트웨어공학","02-328-0813","강남구 논현1동"
```

▶ 새로운 테이블 이름은 〈교수〉로 설정하시오.
▶ '교수정보.txt' 파일의 첫 번째 행은 필드의 이름이다.
▶ '교수코드'를 기본 키로 설정하시오.

① [외부 데이터]–[가져오기 및 연결] 그룹의 [새 데이터 원본]–[파일에서]–[텍스트 파일]을 클릭한다.
② 가져올 파일 이름과 데이터를 저장할 방법 및 위치를 지정한다. 파일 이름을 지정하기 위해 [찾아보기]를 클릭한다.
③ [파일 열기] 대화상자에서 파일 형식은 자동으로 지정되기 때문에 '교수정보' 파일만 선택하고 [열기]를 클릭한다.
④ [외부 데이터 가져오기 – 텍스트 파일] 대화상자로 돌아오면 [확인]을 클릭한다.
⑤ [텍스트 가져오기 마법사]에서 다음과 같이 선택하고 [다음]을 클릭한다.

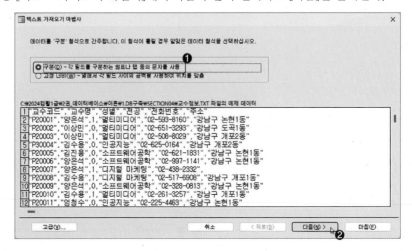

⑥ '필드를 나눌 구분 기호 선택'은 '쉼표', '첫 행에 필드 이름 포함'을 선택한 후 [다음]을 클릭한다.

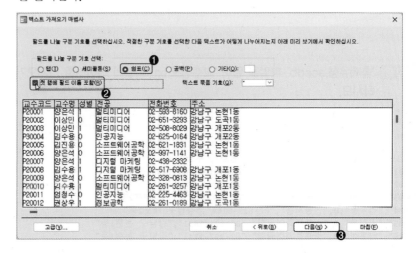

⑦ '필드 이름'과 데이터 형식을 확인한 후 [다음]을 클릭한다.

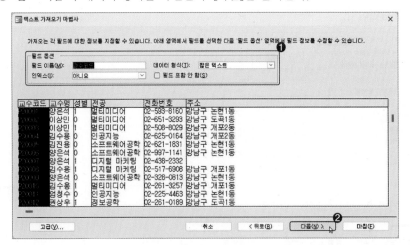

🄑 기적의 TIP

필드 포함 안 함
가져올 데이터에서 특정 필드를 포함시키지 않아야 할 경우에 해당 필드를 선택하고 이 옵션을 체크해 줍니다.

⑧ '기본 키 선택'에서 '교수코드' 필드를 선택한 후 [다음]을 클릭한다.

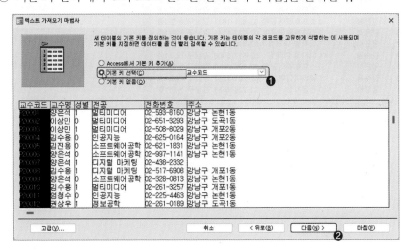

🄑 기적의 TIP

액세스로 가져온 후 테이블을 디자인 보기로 열어서 기본 키를 지정해도 됩니다.

⑨ 가져올 테이블의 이름을 정하고 [마침]을 클릭한 후 [가져오기 단계 저장] 창은 [닫기]를 클릭한다.

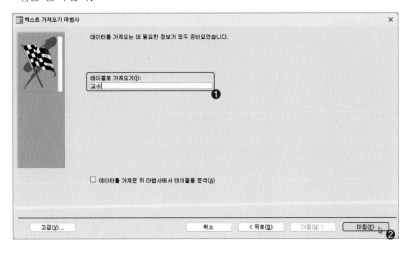

⑩ 탐색 창에서 〈교수〉 테이블을 더블클릭하여 데이터시트 보기로 열어 가져온 테이블 내용을 확인한다.

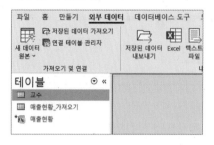

• 가져오기가 완료된 〈교수〉 테이블

CHAPTER 02

입력 및 수정 기능 구현

폼 완성 작업은 폼 및 컨트롤의 속성을 설정하는 작업입니다. 따라서 많은 문제를 풀어보고, 어떤 속성들이 있는지 파악하는 것이 제일 현명한 학습 방법입니다. 또한 폼이나 컨트롤의 원본에는 단순하게 테이블이나 쿼리가 지정될 수도 있지만 Dsum, Dcount, Dlookup 같은 도메인 집계 함수나, 일반 함수, 혹은 필드끼리의 계산식이 포함된 계산 컨트롤로 설정될 수도 있으므로 이에 대한 학습도 빼놓을 수 없습니다.

폼 속성 지정

▶ 합격 강의

난 이 도 상 중 (하)
반복학습 1 2 3

작업파일 [2025컴활1급₩2권_데이터베이스₩이론₩2.입력및수정₩Section01] 폴더에서 작업하시오.

출제유형 ❶ '출제유형1.accdb' 파일을 열어 〈대여관리〉 폼을 다음 지시사항에 따라 완성하시오.

대여					
전화번호	비디오제목	대여일자	금액	반납	
02-189-45	태극기 휘날리며	2025-05-02	₩1,500	☑	
02-789-4522	태극기 휘날리며	2025-05-01	₩1,500	☑	
02-189-4530	내 여자친구를 소개합니다	2025-05-02	₩1,000	☑	
02-789-4521	내 여자친구를 소개합니다	2025-05-01	₩1,000	☑	
02-789-4523	내 여자친구를 소개합니다	2025-05-01	₩1,000	☑	
02-189-4531	하류인생	2025-05-02	₩1,500	☑	

❶ 〈대여목록〉 쿼리를 레코드 원본으로 설정하시오.
❷ 제시된 〈화면〉과 같은 형태로 나타나도록 '기본 보기' 속성을 설정하시오.
❸ 레코드 탐색 단추와 폼의 구분 선, 레코드 선택기가 표시되지 않도록 설정하시오.
❹ 폼에 레코드를 삭제할 수 없도록 설정하시오.
❺ '최대화 단추'가 표시되지 않도록 설정하시오.
❻ 폼의 크기를 수정할 수 없도록 테두리 스타일을 '가늘게'로 설정하시오.
❼ 본문 배경색을 '12632256'으로 설정하시오.
❽ 폼 머리글의 높이를 1cm로 설정하고, 폼 바닥글을 보이지 않도록 설정하시오.

⓿1 레코드 원본

① '2025컴활1급₩2권_데이터베이스₩이론₩2.입력및수정₩Section01' 폴더의 '출제유형1.accdb' 파일을 더블클릭하고, 탐색 창의 〈대여관리〉 폼에서 마우스 오른쪽 버튼을 눌러 [디자인 보기]([N])를 클릭한다.
② [폼] 디자인 보기 장에서 [폼] 속성 시트 창의 [모두] 탭 중 '레코드 원본' 속성 입력란의 목록 단추([v])를 클릭하여 '대여목록' 쿼리를 선택한다.

02 기본 보기

③ [폼] 속성 창의 [모두] 탭에서 '기본 보기' 속성 입력란의 목록 단추(⌄)를 클릭하여 '연속 폼'을 선택한다.

기적의 TIP

단일 폼은 레코드를 한 번에 하나만 표시, 연속 폼은 표시 할 수 있는 만큼 표시합니다.

기적의 TIP

[폼 보기]
• [탐색] 창에서 해당 폼 더블클릭
• 폼 디자인 보기에서 보기(🖳)를 눌러 '폼 보기' 선택

03 탐색 단추, 구분 선, 레코드 선택기

④ [폼] 속성 창의 [모두] 탭에서 '레코드 선택기' 속성 입력란의 목록 단추(⌄)를 클릭하여 '아니요'를 선택하고, '탐색 단추', '구분 선' 속성 입력란도 목록 단추(⌄)를 클릭하여 모두 '아니요'를 선택한다.

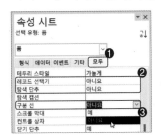

기적의 TIP

'탐색 단추', '구분선', '레코드 선택기' 속성
• 모두 '예'인 상태의 폼 보기

• 모두 '아니요'인 상태의 폼 보기

04 삭제 가능

⑤ [폼] 속성 창의 [데이터] 탭에서 '삭제 가능' 속성 입력란의 목록 단추(⌄)를 클릭하여 '아니요'를 선택한다.

05 최소화 최대화 단추

⑥ [폼] 속성 창의 [모두] 탭에서 '최소화 최대화 단추' 속성 입력란의 목록 단추(▼)를
클릭하여 '최소화 단추만'을 선택한다.

기적의 TIP

'최소화 최대화 단추' 속성
• 표시 안 함

| ☐ | × |

• 최소화 단추만

| – | × |

• 최대화 단추만

| ☐ | × |

• 둘 다 표시

| – | ☐ | × |

06 테두리 스타일

⑦ [폼] 속성 창의 [모두] 탭에서 '테두리 스타일' 속성 입력란의 목록 단추(▼)를 클릭하
여 '가늘게'를 선택한다.

기적의 TIP

'테두리 스타일' 속성
폼의 테두리 및 테두리 요소
(제목 표시줄, 조절 메뉴, 최소
화/최대화, 닫기 단추)의 종류
를 지정하는 속성입니다.
• **없음** : 테두리 선과 테두리
  요소가 모두 표시되지 않음
• **가늘게** : 폼 크기 조절이
  불가능하며 최소화/최대
  화, 닫기 단추들은 표시
• **조정 가능** : 폼의 크기 조절
  과 모든 테두리 요소 표시
• **대화상자** : 폼 크기 조절이
  불가능하며, 닫기 단추만
  표시

07 배경색

⑧ [본문] 구역 표시줄을 클릭하여 [구역] 속성 창이 표시되도록 한 후, 속성 창의 [모두]
탭에서 '배경색' 속성 입력란에 **12632256**을 입력한다.

기적의 TIP

속성 시트에서 직접 개체 유
형을 '본문'으로 선택할 수도
있습니다.

기적의 TIP

'배경색' 속성에 「12632256」
을 입력하면 액세스 버전에 맞
게 자동으로 「#C0C0C0」으로
변경됩니다.

08 폼 머리글/폼 바닥글

⑨ [폼 머리글] 구역 표시줄을 클릭한 후 [구역] 속성 창의 [모두] 탭에서 '높이' 속성 입력란에 1을 입력한다.

기적의 TIP

속성 시트 창을 닫을 필요 없이 다른 개체를 계속해서 선택하면 됩니다.

⑩ [폼 바닥글] 구역 표시줄을 클릭하여 [구역] 속성 창이 표시되도록 한 후, 속성 창의 [모두] 탭에서 '높이' 속성 입력란에 0을 입력한다.

기적의 TIP

단위는 제어판의 국가별 설정을 따르므로, 일반적으로 숫자만 입력하면 'cm'은 자동으로 따라 붙습니다.

⑪ 모든 작업이 완료되었다면, 빠른 실행 도구모음에서 [저장](圖)을 눌러 폼을 저장한 후 [닫기]를 클릭하여 창을 닫는다.

기적의 TIP

폼 디자인 보기 창을 닫고 변경한 내용을 저장하는 것도 동일합니다.

더 알기 TIP

'기본 보기' 속성의 종류

최신 문제에서는 문제에 제시된 화면을 보고 '기본 보기' 속성을 지정하도록 한다. 기본 보기에서 지정 가능한 보기 종류와 모양은 다음과 같다.

1. '연속 폼' 보기 : 작성된 컨트롤을 사용하여 여러 레코드를 한 화면에서 조회 가능

2. '단일 폼' 보기 : 작성된 컨트롤을 사용하여 한 화면에서 한 개 레코드를 조회 가능

3. '데이터시트' 보기 : 테이블 보기처럼 표시되며, '컨트롤 이름'이 필드 캡션으로 표시되어 여러 레코드를 조회 가능

'출제유형2.accdb' 파일을 열어 〈판매내역〉 폼을 다음 지시사항에 따라 완성하시오.

❶ 〈판매현황〉 테이블을 레코드 원본으로 설정하시오.

❷ 제시된 〈화면〉과 같은 형태로 나타나도록 '기본 보기' 속성을 설정하시오.

❸ 레코드 탐색 단추와 폼의 구분 선이 표시되지 않도록 설정하시오.

❹ 폼에 새 레코드를 추가하지 못하도록 설정하시오.

❺ 폼에 세로 스크롤바만 표시되도록 설정하시오.

❻ 폼이 표시되면 폼이 닫히기 전에는 다른 폼을 선택할 수 없도록 설정하시오.

❼ 폼이 로드될 때 '마진액' 필드를 기준으로 내림차순 정렬되어 표시되도록 설정하시오.

01 레코드 원본

① 탐색 창의 〈판매내역〉 폼에서 마우스 오른쪽 버튼을 눌러 [디자인 보기](🔲)를 클릭한다.

② [폼] 디자인 보기 창에서 [폼] 속성 시트 창의 [모두] 탭 중 '레코드 원본' 속성 입력란의 목록 단추(∨)를 클릭하여 '판매현황' 테이블을 선택한다.

02 기본 보기

③ [폼] 속성 창의 [모두] 탭에서 '기본 보기' 속성 입력란의 목록 단추(∨)를 클릭하여 '연속 폼'을 선택한다.

03 탐색 단추와 구분 선

④ [폼] 속성 창의 [모두] 탭에서 '탐색 단추' 속성 입력란의 목록 단추(∨)를 클릭하여 '아니요'를 선택하고, '구분 선' 속성 입력란도 '아니요'를 선택한다.

04 추가 가능

🅱 기적의 TIP

'추가 가능' 속성
폼을 통해서 테이블에 레코드를 추가할 수 있는지 여부를 지정하는 속성입니다. 만약 '아니요'로 설정되면 기존 레코드를 보거나 편집하는 것은 가능하지만 새로운 레코드를 추가할 수는 없습니다.

⑤ [폼] 속성 창의 [데이터] 탭에서 '추가 가능' 속성 입력란의 목록 단추(∨)를 클릭하여 '아니요'를 선택한다.

속성 시트	
선택 유형: 폼	
폼	∨

형식	데이터	이벤트	기타	모두

레코드 원본	판매현황
레코드 집합 종류	다이너셋
기본값 반입	예
필터	
로드할 때 필터링	아니요
정렬 기준	
로드할 때 정렬	예
이후 과정 대기 중	아니요
데이터 입력	아니요
추가 가능	아니요
삭제 가능	예
편집 가능	아니요
필터 사용	예
레코드 잠금	잠그지 않음

05 세로 스크롤 막대

⑥ [폼] 속성 창의 [모두] 탭에서 '스크롤 막대' 속성 입력란의 목록 단추(⌄)를 클릭하여 '세로만'을 선택한다.

06 모달 폼

⑦ [폼] 속성 창의 [모두] 탭에서 '모달' 속성 입력란의 목록 단추(⌄)를 클릭하여 '예'를 선택한다.

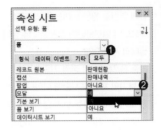

07 정렬 순서

⑧ [폼] 속성 창의 [데이터] 탭에서 '정렬 기준' 속성 입력란에 **마진액 DESC**를 설정한다.

풀이결과

① 레코드 원본

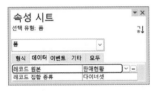

② 기본 보기 속성

③ 레코드 탐색 단추와 폼의 구분 선

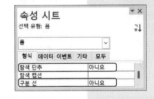

④ 레코드 추가 불가

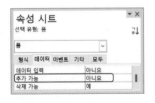

⑤ 세로 스크롤바만 표시

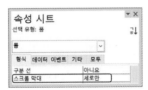

⑥ 모달 속성

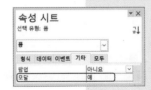

⑦ 정렬 기준 속성

폼의 주요 속성

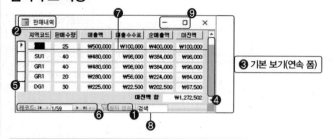

❸ 기본 보기(연속 폼)

속성	설명	VBA코드
레코드 원본	폼에 연결할 원본 테이블/쿼리 지정	RecordSource
필터	레코드의 일부분만이 표시되도록 필터 설정	Filter
❶ 필터 사용	필터의 사용 여부	FilterOn
정렬 기준	기준 폼/보고서의 정렬 기준 필드를 설정	OrderBy
❷ 캡션	폼 보기의 제목 표시줄에 나타나는 텍스트	Caption
❸ 기본 보기	폼 보기에서 표시될 보기 형식을 지정 • 단일 폼 : 기본값, 레코드를 한번에 하나만 표시 • 연속 폼 : 현재 창을 채울만큼 여러 개의 레코드를 표시 • 데이터시트 : 스프레드시트처럼 행/열로 정렬된 형태로 표시	
편집/삭제/추가 가능	레코드 편집/삭제/추가 가능 여부	
❹ 스크롤 막대	폼 스크롤 막대 표시 여부	
❺ 레코드 선택기	레코드 선택기의 표시 여부	
❻ 탐색 단추	탐색 단추와 레코드 번호 상자의 표시 여부	
❼ 구분 선	폼 구역, 연속 폼에서 표시된 레코드 구분 선 표시 여부	
자동 크기 조정	전체 레코드를 표시하도록 폼/보고서의 크기를 자동 조절할지 여부	
자동 가운데 맞춤	폼/보고서를 자동으로 가운데 맞출지 여부	
팝업	폼을 팝업 폼으로 열 것인지 여부 설정	
모달	폼을 모달 폼으로 열 것인지 여부 설정. '예'로 지정하면 모달 폼으로 열려 다른 폼을 선택할 수 없게 된다.	
❽ 테두리 스타일	폼에 사용할 테두리의 종류와 테두리 요소(제목 표시줄, 컨트롤 메뉴, 최소화 단추, 최대화 단추, 닫기 단추 등)를 지정	
❾ 최소화 최대화 단추	제목 표시줄에 최소화/최대화 단추 표시 여부(문서 창 옵션이 '창 겹치기'인 경우)	
그림 / 그림 유형	폼의 배경으로 사용할 그림 설정 / 그림의 저장 방식 설정	

폼 구역

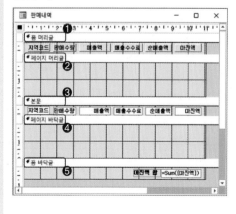

폼의 구역	설명
❶ 폼 머리글	• 폼 제목처럼 각 레코드에 대해 동일한 정보를 표시하는 구역 • 인쇄 미리 보기에서 첫 페이지의 상단에 한 번만 표시됨
❷ 페이지 머리글	• 제목과 같이 모든 페이지의 상단에 동일한 정보를 표시하는 구역 • 인쇄 미리 보기에서만 확인할 수 있음
❸ 본문 (세부구역)	• 실제 레코드를 표시하는 구역 • 하나 또는 여러 레코드를 표시할 수 있음
❹ 페이지 바닥글	• 페이지 번호처럼 모든 페이지의 하단에 동일한 정보를 표시하는 구역 • 인쇄 미리 보기에서만 확인할 수 있음
❺ 폼 바닥글	• 폼 사용에 관한 지시사항이나 명령 단추처럼 각 레코드에 동일한 정보 표시 • 인쇄 미리 보기에서 마지막 페이지 본문 다음에 한 번만 표시됨

난 이 도 상 ⑨ 하
반복학습 ① ② ③

작업파일 [2025컴활1급₩2권_데이터베이스₩이론₩2.입력및수정₩Section02] 폴더에서 작업하시오.

출제유형 ❶ '출제유형1.accdb' 파일을 열어 〈급여조회〉 폼을 다음 지시사항에 따라 완성하시오.

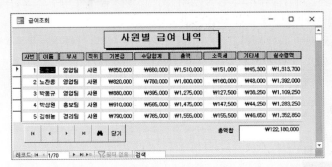

❶ 본문의 'txt사번', 'txt이름', 'txt부서', 'txt직위', 'txt기본급', 'txt수당합계'를 각각 '사번', '이름', '부서', '직위', '기본급', '수당합계' 필드에 바운드 시키시오.

❷ 본문의 'txt총액', 'txt소득세', 'txt기타세', 'txt실수령액' 컨트롤에 다음과 같이 계산식을 설정하시오.
- ▶ 'txt총액' : 기본급 + 수당합계
- ▶ 'txt소득세' : 총액의 10%
- ▶ 'txt기타세' : 소득세의 30%
- ▶ 'txt실수령액' : 총액 − 소득세 − 기타세

❸ 폼 머리글에 다음과 같이 레이블 컨트롤을 작성하시오.
- ▶ 컨트롤 이름은 'lbl제목'으로 지정하고 '사원별 급여 내역'이 표시되도록 설정
- ▶ 굴림체, 16pt, 굵게, 가운데 맞춤으로 표시되도록 하고 그림자 효과 지정

❹ 본문의 모든 텍스트 상자(입력란) 컨트롤의 특수 효과를 기본으로, 테두리를 투명으로 설정하시오.

❺ 본문의 'txt기본급', 'txt수당합계', 'txt총액', 'txt소득세', 'txt기타세', 'txt실수령액' 컨트롤은 데이터를 편집할 수 없도록 설정하시오.

❻ 본문의 'txt사번' 컨트롤은 포커스를 가질 수 없도록 설정하시오.

❼ 폼 바닥글 영역에 전체 총액의 합계가 표시되도록 컨트롤을 생성하시오.
- ▶ 텍스트 상자(입력란) 컨트롤의 이름은 'txt총액합', 레이블은 '총액합'으로 표시되도록 설정

❽ 모든 숫자 데이터 컨트롤은 통화로 설정하고, 오른쪽 맞춤으로 정렬하시오.

❾ 본문의 컨트롤에 대해서 다음과 같이 탭 순서를 설정하시오.
- ▶ 'txt사번', 'txt이름', 'txt부서', 'txt직위', 'txt기본급', 'txt수당합계', 'txt총액', 'txt소득세', 'txt기타세', 'txt실수령액'

🅑 기적의 TIP

[컨트롤 속성 지정]
① [탐색] 창의 [폼] 개체 선택
② 대상 폼 선택 후 바로 가기 메뉴에서 [디자인 보기] 클릭
③ 속성 시트의 개체 목록 중 해당 컨트롤 선택(혹은 디자인 보기 창에서 개체 직접 선택)

🅑 기적의 TIP

계산 컨트롤 식 입력
• 계산식은 항상 등호(=)로 시작해야 합니다.
• 개체(폼, 보고서, 컨트롤) 및 필드 이름을 입력할 때는 대괄호([])로 감싸서 입력합니다.
• 단, 개체 및 필드 이름에 공백이나 특수문자가 없는 경우 대괄호를 생략하고 Enter를 누르면 자동으로 삽입됩니다.
• **날짜/시간 값 입력** : 날짜 앞뒤에는 샵 기호(#)를 입력합니다.
(예) #2025-3-4#
• **텍스트 입력** : 텍스트(문자열) 앞뒤에는 큰 따옴표("")를 입력합니다.
(예) "영진"
• 긴 식을 입력할 때는 Shift + F2를 눌러 [확대/축소] 창을 이용하여 입력하면 편리합니다.

⑩ 폼 바닥글의 왼쪽 하단에 다음 지시사항에 따라 명령 단추(CommandButton)를 생성하시오.
  ▶ 명령단추를 누르면 폼이 닫히도록 설정
  ▶ 컨트롤의 이름은 'cmd닫기', 캡션은 '닫기'로 설정
⑪ 폼 바닥글의 명령 단추들을 〈화면〉과 같이 위쪽을 기준으로 동일한 높이에 위치하도록 맞추시오.

01 필드 바운드

① '2025컴활1급₩2권_데이터베이스₩이론₩2.입력및수정₩Section02' 폴더의 '출제유형1.accdb' 파일을 더블클릭하고, 탐색 창의 〈급여조회〉 폼에서 마우스 오른쪽 버튼을 눌러 [디자인 보기](📐)를 클릭한다.
② 속성 시트 창에서 'txt사번'을 선택하고 [모두] 탭의 '컨트롤 원본' 입력란의 목록 단추(🔽)를 클릭하여 '사번'을 선택한다.

③ ②와 같은 방법으로, 나머지 컨트롤 'txt이름', 'txt부서', 'txt직위', 'txt기본급', 'txt수당합계' 컨트롤에 각각 '이름', '부서', '직위', '기본급', '수당합계' 필드를 컨트롤 원본으로 지정한다.

02 계산식

④ 본문의 'txt총액' 컨트롤을 클릭한 후 'txt총액' 속성 창의 [모두] 탭에서 '컨트롤 원본' 입력란에 =기본급+수당합계를 입력하고 Enter를 누른다. (필드 이름 앞뒤에 자동으로 대괄호([ ])가 표시된다.)

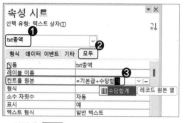

▲ 입력 후 Enter

▲ 필드 이름 앞뒤에 대괄호([ ]) 표시

⑤ ④와 같은 방법으로 'txt소득세', 'txt기타세', 'txt실수령액' 컨트롤의 '컨트롤 원본' 속성 입력란에 다음과 같이 입력한 후 **Enter**를 누른다.

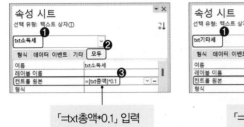 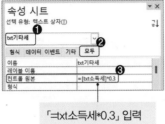 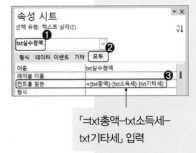

「=txt총액*0.1」 입력 　　　　「=txt소득세*0.3」 입력 　　　　「=txt총액−txt소득세−
　　　　　　　　　　　　　　　　　　　　　　　　　　　　　　　　　 txt기타세」 입력

03 레이블 컨트롤 작성

⑥ '폼 머리글' 구역의 아래 가장 자리에서 마우스 포인터 ♣ 모양이 될 때 아래로 드래그하여 높이를 적당하게 조절한다.

🅑 기적의 TIP

여러 컨트롤 선택
· **Shift**를 누르면서 클릭합니다.
· 인접한 컨트롤의 경우 선택할 컨트롤이 포함되도록 사각형으로 드래그합니다.
· 선택된 컨트롤을 해제할 때에도 **Shift**를 누르면서 클릭합니다.
· 눈금자를 클릭하거나 마우스로 드래그합니다.

⑦ '폼 머리글' 구역의 왼쪽 눈금자에서 마우스 포인터 모양이 ➡이 될 때 클릭하여 '폼 머리글' 구역의 모든 컨트롤을 선택한다. 선택한 컨트롤 위에서 마우스 포인터 모양이 🖫이 될 때 드래그하여 본문 구역 경계까지 드래그하여 이동한다. (또는, **Ctrl**+ **↓**를 눌러 이동한다.)

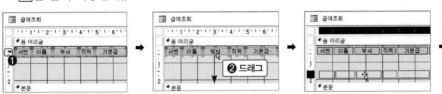

⑧ [양식 디자인]−[컨트롤] 그룹에서 [레이블](가카)을 클릭한 후 '폼 머리글' 구역에서 레이블이 놓일 위치와 크기만큼 적당하게 드래그하여 놓는다.

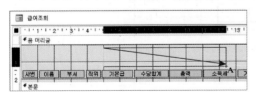

🅑 기적의 TIP

레이블 컨트롤에 입력한 '사원별 급여 내역'은 속성 창의 캡션에 나타납니다.

⑨ 삽입한 레이블 컨트롤에 **사원별 급여 내역**을 입력한 후 [레이블] 속성 시트 창의 '이름' 속성 입력란에 **lbl제목**을 입력하고 **Enter**를 누른다.

🅑 기적의 TIP

만약 작업의 편의를 위해 속성 시트 창을 닫았다면 [양식 디자인]−[도구] 그룹의 [속성 시트] 아이콘을 클릭하면 다시 나타납니다.

⑩ 'lbl제목' 레이블 컨트롤의 속성 시트에서 '특수 효과', '글꼴 이름', '글꼴 크기', '텍스트 맞춤', '글꼴 두께'를 다음과 같이 지정한다.

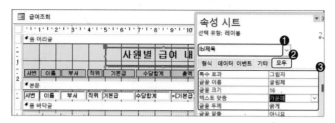

04 컨트롤 서식

⑪ 본문 구역 왼쪽 눈금자에서 마우스 포인터 모양이 ➡이 될 때 클릭하여 본문 구역의 모든 컨트롤을 선택한다. [속성 시트] 창이 열려 있지 않은 경우 [양식 디자인]–[도구] 그룹의 [속성 시트](🗒)를 클릭하여 [속성 시트] 창을 연다.

⑫ [여러 항목 선택] 속성 창의 [형식] 탭에서 '특수 효과' 속성을 '기본'으로 지정하고, '테두리 스타일' 속성 입력란의 목록 단추(🔽)를 클릭하여 '투명'을 선택한다.

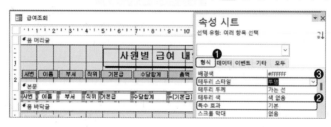

05 잠금

⑬ Shift 를 누른 채 'txt기본급', 'txt수당합계', 'txt총액', 'txt소득세', 'txt기타세', 'txt실수령액' 컨트롤을 각각 클릭하여 여러 컨트롤을 선택한다.

⑭ [여러 항목 선택] 속성 창의 [데이터] 탭에서 '잠금' 속성을 '예'로 선택한다.

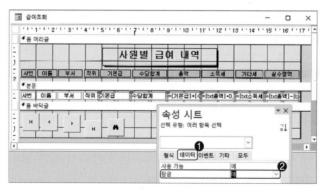

[속성 시트] 창이 표시된 상태
이미 [속성 시트] 창이 표시된 상태에서 [양식 디자인]–[도구] 그룹의 [속성 시트](🗒)를 클릭하면 [속성 시트] 창이 닫힙니다.

[속성 시트] 창이 열려있지 않은 경우, [양식 디자인]–[도구] 그룹의 [속성 시트](🗒)를 클릭합니다.

'잠금'을 '예'로 선택하면 활성화가 되어 커서를 두고 Delete , Back Space 를 이용하여 데이터를 수정하려고 하면 되지 않는 속성입니다.

⑥ 사용 가능

⑮ 'txt사번' 컨트롤을 클릭하고 속성 창의 [데이터] 탭에서 '사용 가능' 속성 입력란의 목록 단추(⌄)를 클릭하여 '아니요'를 선택한다.

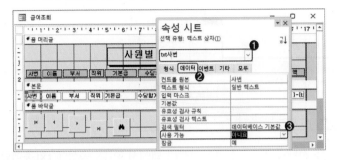

⑦ 합계 컨트롤 작성

⑯ [양식 디자인]–[컨트롤] 그룹의 [텍스트 상자](⬚)를 클릭하고 '폼 바닥글'에 총액 합계가 표시될 위치에서 적당히 드래그하여 놓는다.

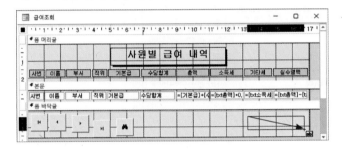

⑰ [텍스트 상자 마법사] 대화상자에서 [마침]을 클릭한다.

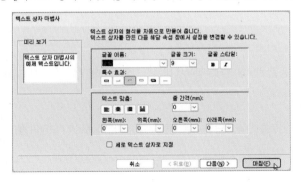

기적의 TIP

'사용 가능' 속성
• '사용 가능' 속성이 '아니요'로 설정되면 포커스 즉, 커서가 이동될 수 없고 컨트롤도 희미하게 표시됩니다.
• '사용 가능' 속성을 '아니요'로 하고 '잠금' 속성을 '예'로 지정하면 포커스는 가질 수 없지만 컨트롤은 정상적으로 표시됩니다.

기적의 TIP

[텍스트 상자 마법사]
• [양식 디자인] – [컨트롤] 탭의([자세히] 펼침 버튼 클릭) [컨트롤 마법사 사용](⚒) 도구가 선택된 상태에서는 '텍스트 상자', '하위 폼' 등을 작업할 때 마법사 화면이 자동으로 표시됩니다.
• [자세히] 펼침 버튼
• 마법사 화면이 필요없는 경우 [마침]을 클릭하여 종료합니다.
• 마법사 화면이 나타나지 않게 하려면 [컨트롤 마법사 사용](⚒)을 클릭하여 선택을 해제합니다.

기적의 TIP

여기에 나오는 '기본급', '수당합계'는 모두 필드의 이름입니다. 작업 중인 폼 〈급여조회〉는 〈사원급여내역〉 쿼리를 레코드 원본으로 하고 있습니다. 쿼리 개체에서 해당 쿼리를 찾아서 열어보세요. 언급한 필드가 보이죠? 그 필드들이 계산의 대상이 되는 것입니다.

기적의 TIP

=Sum(기본급+수당합계)
총액의 합을 구하기 위해서 Sum()함수를 이용합니다.

⑱ 작성된 컨트롤의 안내 '레이블' 컨트롤 안을 클릭하여 **총액합**을 입력하고 Enter를 누른 후 레이블 왼쪽 상단 '이동 핸들'에서 마우스 포인터 모양이 이 될 때 드래그하여 적당하게 '텍스트 상자' 컨트롤과 간격을 맞춘다.

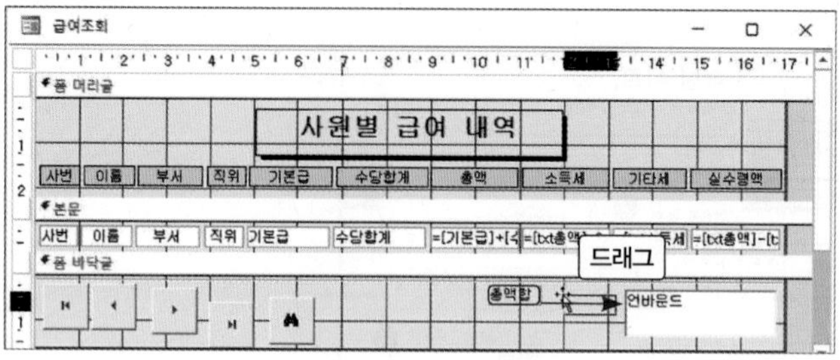

⑲ '텍스트 상자' 컨트롤을 선택한 후 속성 창의 [모두] 탭에서 '이름' 속성에 **txt총액합**을, 컨트롤 원본에 **=Sum(기본급+수당합계)**를 입력한 후 Enter를 누른다. (필드 이름 앞뒤에는 대괄호([])가 자동으로 표시되어 '=Sum([기본급]+[수당합계])'로 표시된다.)

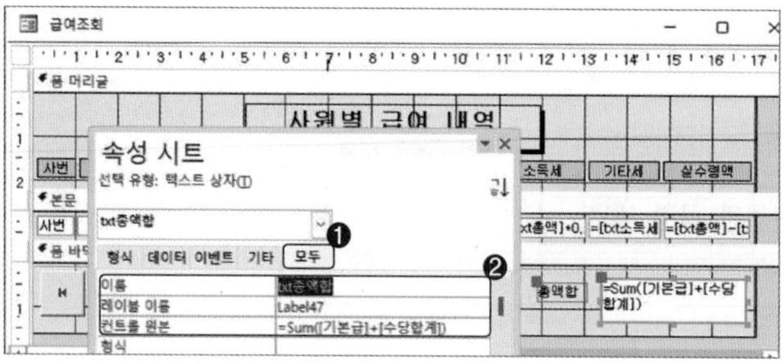

더 알기 TIP

컨트롤 이동

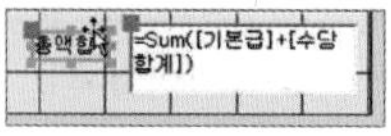

- 텍스트 상자(입력란)와 레이블 컨트롤을 함께 이동할 때는 이동할 컨트롤의 테두리에서 마우스 포인터 모양이 이 될 때 드래그한다.
- Ctrl을 누르면서 커서 이동 키를 누르면 미세하게 이동된다.
- 레이블이나 텍스트 상자(입력란) 컨트롤만 따로 이동할 때는 컨트롤 왼쪽 상단의 이동 핸들 위에서 마우스 포인터 모양이 이 될 때 드래그한다.

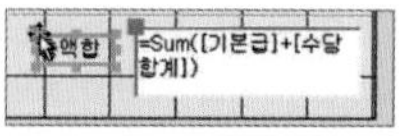

⑳ Shift 를 누른 채 본문의 'txt기본급', 'txt수당합계', 'txt총액', 'txt소득세', 'txt기타세', 'txt실수령액' 컨트롤과 '폼 바닥글'의 'txt총액합' 컨트롤을 클릭하여 여러 컨트롤을 선택한다.

㉑ 속성 창이 열려있지 않은 경우 [양식 디자인]-[도구] 그룹의 [속성 시트](📋)를 클릭한 후 속성 창의 [모두] 탭에서 '형식' 속성 입력란의 목록 단추(✓)를 클릭하여 '통화'를 클릭한다.

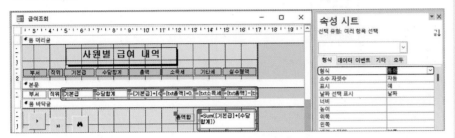

㉒ 여러 컨트롤이 선택된 상태에서 [서식]-[글꼴] 그룹에서 [오른쪽 맞춤](📄)을 클릭한다.

기적의 TIP

속성 시트 창의 텍스트 맞춤
-오른쪽을 선택해도 됩니다.

09 탭 순서

㉓ 폼 디자인 보기에서 [양식 디자인]-[도구] 그룹의 [탭 순서](📑)를 클릭한다.

㉔ [탭 순서] 대화상자에서 '구역'의 '본문'을 클릭한 후 '사용자 지정 순서' 목록에서 'txt사번' 행 선택기에서 마우스 포인터 모양이 ➡이 될 때 클릭한 후, 선택된 'txt사번' 행 선택기를 목록의 맨 위로 드래그하여 순서를 변경한다.

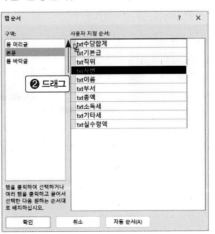

기적의 TIP

폼 디자인 상태인 〈급여조회〉
폼의 바로 가기 메뉴에서 탭
순서를 선택해도 됩니다.

 기적의 TIP

여러 행을 선택할 때

[탭 순서] 대화상자에서 여러 행을 선택할 때는 첫 번째 행 선택기에서 클릭한 후 마지막 행 선택기를 [Shift]를 누르면서 클릭하세요.

 기적의 TIP

'탭 인덱스' 속성

[탭 순서] 대화상자에서 순서를 설정하면 각 컨트롤의 '탭 인덱스' 속성에 인덱스 값이 0부터 차례대로 부여됩니다.

 기적의 TIP

'탭 정지' 속성

· '탭 정지' 속성은 [Tab]을 누를 때 컨트롤에 포커스가 이동될지 여부를 지정합니다
· '아니요'로 지정된 경우 [Tab]을 눌러 이 컨트롤로 이동하지 못합니다. (포커스를 가지지 못하는 것이죠.)

 기적의 TIP

컨트롤 크기

· [양식 디자인]-[컨트롤] 탭에서 원하는 컨트롤 도구를 클릭한 후 폼 영역에서 클릭하면 기본 크기의 컨트롤이 작성됩니다.
· 특정 크기로 작성할때는 놓일 위치에서 드래그하여 적당한 크기로 조정하세요.

㉕ ㉔와 같은 방법으로 'txt이름', 'txt부서', 'txt직위', 'txt기본급', 'txt수당합계', 'txt총액', 'txt소득세', 'txt기타세', 'txt실수령액' 순으로 순서를 변경하고 [확인]을 클릭한다.

❿ 명령 단추 작성

㉖ [양식 디자인]-[컨트롤] 그룹의 [컨트롤 마법사 사용](⚡)가 설정된 상태에서 [단추](▧) 도구를 클릭하고 폼 바닥글 왼쪽 영역의 적당한 위치에서 클릭한다.

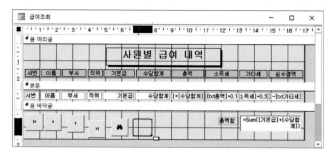

㉗ [명령 단추 마법사] 대화상자에서 지시사항에 따라 각 단계에서 화면과 같이 선택하고 [다음]을 클릭한다.

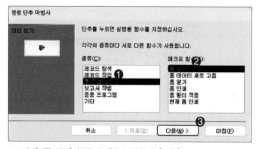

▲ 1단계) '폼 작업'의 '폼 닫기'를 선택한 후 [다음] 클릭

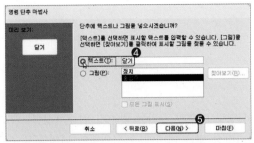

▲ 2단계) '텍스트'를 선택하고 입력란에 「닫기」를 입력한 후 [다음] 클릭

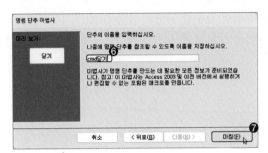

▲ 3단계) 명령 단추 이름으로 「cmd닫기」를 입력한 후 [마침] 클릭

➕ 더 알기 TIP

'폼 닫기' CloseWindow 매크로 함수

1. [명령 단추 마법사]를 이용하면 자동으로 '포함된 매크로'가 생성된다.
2. cmd닫기 명령 단추의 바로 가기 메뉴에서 [이벤트 작성]을 클릭하거나, 속성 시트의 On Click 이벤트 속성에서 [포함된 매크로]의 [작성기] 단추를 클릭하면 확인할 수 있다.

   ① On Click 이벤트 속성의 [포함된 매크로]에서 [작성기] 단추를 클릭한다.

   ② 매크로 작성기 창이 열리고, CloseWindow 매크로 함수와 관련된 인수를 보여준다.

   ※ CloseWindow 매크로 함수는 개체를 닫아주는 함수로, 특정한 개체 유형을 지정하지 않으면 현재 문서를 닫는다. 또한 개체를 닫을 때 변경 내용의 저장 여부를 설정할 수 있다.

⑪ 컨트롤 정렬

㉘ '폼 바닥글' 영역에서 명령 단추가 모두 포함되도록 빈 영역에서부터 드래그한다.

㉙ 명령 단추가 모두 선택된 상태에서 명령 단추의 크기를 맞추기 위해, [정렬]-[크기 및 순서 조정] 그룹의 [크기/공간]-[가장 넓은 너비에]를 클릭하여 너비를 맞춘 후 같은 순서로 [가장 긴 길이에]를 클릭하여 높이를 맞춘다.

㉚ 명령 단추가 모두 선택된 상태에서 명령 단추를 나란히 맞추기 위해, [정렬]-[크기 및 순서 조정] 그룹의 [맞춤]-[위쪽]을 클릭한 후 다시 한번 [왼쪽]을 클릭하여 명령 단추가 가지런해지도록 한다.

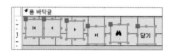

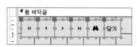

기적의 TIP

명령 단추 컨트롤들이 살짝 걸칠 정도로만 드래그하여도 선택이 됩니다.

크기
- 자동(F)
- 가장 긴 길이에(T)
- 가장 짧은 길이에(S)
- 눈금에 맞춤(O)
- 가장 넓은 너비에(W)
- 가장 좁은 너비에(N)

기적의 TIP

결과로 주어진 〈화면〉과 최대한 유사하게 맞춰준다고 생각하세요.

기적의 TIP

명령 단추를 모두 선택한 후 바로 가기 메뉴에서 [맞춤]-[위쪽]과 [왼쪽]을 선택해도 됩니다.

➕ 더 알기 TIP

[양식 디자인]의 주요 컨트롤

❶ 선택	❷ 텍스트 상자	❸ 레이블
❹ 단추	❺ 탭 컨트롤	❻ 링크
❼ 옵션 그룹	❽ 페이지 나누기 삽입	❾ 콤보 상자
❿ 선	⓫ 토글 단추	⓬ 목록 상자
⓭ 사각형	⓮ 확인란	⓯ 언바운드 개체 틀
⓰ 첨부 파일	⓱ 옵션 단추	⓲ 하위 폼/하위 보고서
⓳ 바운드 개체 틀	⓴ 이미지	㉑ 차트

컨트롤의 주요 속성

1. [데이터] 탭

속성	설명
컨트롤 원본	컨트롤에 나타낼 필드나 계산식을 지정. 나타날 필드이름을 지정하면 바운드 컨트롤이라고 함
기본값	새 레코드를 추가할 때 기본적으로 입력되는 값을 지정
입력 마스크	입력하는 자료의 종류와 자릿수를 제한하기 위한 문자 지정
유효성 검사 규칙	입력 가능한 자료의 조건을 지정
사용 가능	폼 보기에서 컨트롤이 포커스를 가질 수 있는지 여부 지정
잠금	폼 보기에서 컨트롤의 데이터를 편집할 수 있는지 여부 지정

2. [형식] 탭

속성	설명
표시	폼/보고서 보기에서 컨트롤을 표시할지 여부 지정
형식, 소수 자릿수	컨트롤 값이 화면에 표시되는 형태와 소숫점 자릿수를 지정
배경 스타일, 배경색, 특수 효과, 테두리 스타일, 테두리 색, 테두리 두께, 문자색	컨트롤의 투명 표시 여부, 내부색, 특별한 서식, 테두리 표시 방법, 색, 두께, 텍스트의 색 등을 지정
글꼴 이름, 글꼴 크기, 글꼴 두께, 글꼴 기울임꼴, 글꼴 밑줄	컨트롤 값의 글꼴 이름, 크기, 두께, 기울임꼴, 밑줄 여부 지정
텍스트 맞춤, 줄 간격	컨트롤 텍스트 수평 맞춤, 줄 간격 지정
캡션	레이블, 명령 단추 컨트롤에 표시되는 텍스트 내용 입력
중복 내용 숨기기	컨트롤 값이 이전 레코드의 동일 컨트롤 값과 같은 경우 컨트롤 내용의 표시 여부 지정 (보고서에서만 사용)
확장 가능, 축소 가능	컨트롤 크기보다 표시할 내용이 크거나 작은 경우 컨트롤의 수직 크기를 확장하거나 축소할지 여부 지정

3. [기타] 탭

속성	설명
이름	컨트롤의 이름을 나타내는 문자열 지정
IME 모드	컨트롤에 커서가 이동되면 키보드 입력 상태를 한글, 영문 등의 지정된 자판 상태가 되도록 설정
Enter 키 기능	텍스트 상자(입력란) 컨트롤에서 Enter 를 누를 때 줄 바꿈을 할지 여부 지정
상태 표시줄 텍스트 컨트롤 팁 텍스트	컨트롤이 포커스를 가질 때 상태 표시줄에 나타날 메시지 내용 입력 컨트롤 위에 마우스 포인터가 머무를 때 표시될 메시지 내용 입력
탭 정지 탭 인덱스	Tab 을 사용하여 해당 컨트롤로 이동할 수 있는지 여부 Tab 을 누를 때 포커스를 가지는 컨트롤 순서(탭 순서)를 지정

➕ 더 알기 TIP

폼에 이미지 삽입

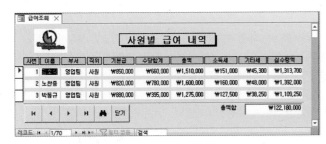

① 폼 [디자인 보기] 상태에서 [양식 디자인] 탭의 [이미지 삽입]-[찾아보기]를 클릭

② [그림 삽입] 대화상자의 아래 부분에서 파일 형식을 '모든 파일'을 선택한 후에 '로고.JPG'를 파일을 찾음

③ 폼 머리글에 그림을 드래그한 후 [속성 시트]에서 이름(회사로고), 그림유형(포함), 그림 크기 조절(한 방향 확대/축소), 너비(2), 높이(1.6) 를 설정

출제유형 ② '출제유형2.accdb' 파일을 열어 〈지역매출〉 폼을 다음 지시사항에 따라 완성하시오.

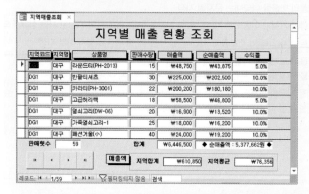

❶ 〈화면〉과 같은 형태로 나타나도록 '기본 보기' 속성을 설정하시오.

❷ 본문의 'txt판매수량', 'txt매출액', 'txt순매출액'을 각각 '판매수량', '매출액', '순매출액' 필드에 바운드 시키시오.

❸ 폼 바닥글의 'txt판매횟수' 컨트롤에는 매출 횟수(레코드 개수)가 표시되도록 설정하시오.

❹ 폼 바닥글의 'txt매출액합계', 'txt순매출액합계' 컨트롤에는 각각 '매출액', '순매출액' 필드의 합계가 표시되도록 설정하시오.(통화 형식으로 표시할 것)

❺ 본문 컨트롤에 대해서 다음과 같이 탭 순서를 설정하시오.
  ▶ 'txt지역코드', '지역명', '상품명', 'txt판매수량', 'txt매출액', 'txt순매출액', 'txt수익률'

❻ 본문의 'txt수익률' 컨트롤에는 '판매수량' 필드 값이 '20' 이상인 경우 10%를 그 이외의 경우 5%를 표시하도록 설정하시오.(백분율 형식으로 소숫점 1자리까지 표시할 것)
  ▶ IIF 함수 이용

❼ 폼 바닥글의 'txt지역합계', 'txt지역평균' 컨트롤에는 폼의 'txt지역코드' 컨트롤을 이용하여 '판매현황' 테이블에서 '매출액' 합계와 평균을 표시하도록 설정하시오.
  ▶ DSUM, DAVG 함수 이용

❽ 폼 바닥글의 왼쪽 하단에 다음 지시사항에 따라 명령 단추(CommandButton)를 생성하시오.
  ▶ 명령 단추를 누르면 마지막 레코드로 이동하도록 설정
  ▶ 컨트롤의 이름은 'cmd마지막'으로 지정

24년 출제

폼 바닥글의 'txt판매건수' 컨트롤에는 폼의 'txt지역코드' 컨트롤을 이용하여 '판매현황' 테이블에서 '매출액'의 개수를 [예시]와 같이 표시되도록 설정하시오.
▶ [예시] 대구 판매건수 : 8
컨트롤 원본 : =[지역명] & " 판매건수 : " & DCount("매출액","판매현황","지역코드 = txt지역코드")

24년 출제

폼 바닥글의 'txt지역평균' 컨트롤을 다음과 같이 설정 하시오.
▶ '지역코드' 컨트롤을 이용 하여 '판매현황' 테이블에서 '매출액'의 평균을 계산
▶ 단, 매출액의 평균값이 null인 경우 '오류'로 표시
▶ IIF, DAVG 함수 이용
컨트롤 원본 : =IIf(IsNull (DAvg("매출액","판매현황"," 지역코드=txt지역코드")),"오 류",DAvg("매출액","판매현 황","지역코드=txt지역코드"))

❾ 폼 바닥글의 명령 단추들을 〈화면〉과 같이 정렬하시오.

❿ '지역명' 필드의 값이 '서울'인 경우 'txt판매수량' 컨트롤과 'txt매출액' 컨트롤의 배경색을 녹색으로 구분 짓는 조건부 서식을 설정하시오.

⓫ 폼 바닥글의 'txt순매출액합계' 컨트롤에 다음과 같이 표시되도록 컨트롤 원본 속성을 설정하시오.

▶ 금액이 1234567인 경우 → ◆ 순매출 : 1,234,567원 ◆

▶ 금액이 0인 경우 → ◆ 순매출 : 0원 ◆

01 기본 보기

① '2025컴활1급₩2권_데이터베이스₩이론₩2.입력및수정₩Section02' 폴더의 '출제유형2.accdb' 파일을 더블클릭하고, 탐색 창의 〈지역매출〉 폼에서 마우스 오른쪽 버튼을 눌러 [디자인 보기](**N**)를 클릭한다.

② [폼] 속성 시트 창의 [모두] 탭에서 '기본 보기' 속성 입력란의 목록 단추(**▾**)를 클릭하여 '연속 폼'을 선택한다.

B 기적의 TIP

속성 시트 창이 열려있거나 오른쪽에 고정 배치된 상태라면 개체를 선택(클릭)하기만 하면 됩니다.

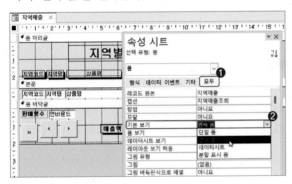

02 필드 바운드

③ 속성 시트 창에서 'txt판매수량'을 선택하고 [모두] 탭에서 '컨트롤 원본' 입력란의 목록 단추(**▾**)를 클릭하여 '판매수량'을 선택한다.

B 기적의 TIP

바운드란 '연결'을 의미합니다. 폼이 레코드 원본으로 테이블을 담을 수 있다면, 컨트롤은 컨트롤 원본으로 그 테이블의 필드를 담을 수 있습니다. 즉 필드와 연결(바운드)된다는 말입니다.

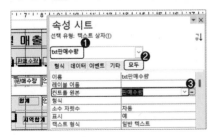

④ ③과 같은 방법으로 나머지 컨트롤 'txt매출액', 'txt순매출액' 컨트롤에 각각 '매출액', '순매출액' 필드를 컨트롤 원본으로 지정한다.

03 계산식

⑤ '폼 바닥글'의 'txt판매횟수' 컨트롤을 선택한 후 'txt판매횟수' 속성 창의 [모두] 탭에서 컨트롤 원본에 **=Count(*)**를 입력하고 [Enter]를 누른다.

04 합계

⑥ '폼 바닥글'의 'txt매출액합계' 컨트롤을 선택한 후 'txt매출액합계' 속성 창의 [모두] 탭에서 '컨트롤 원본' 입력란에 **=Sum(매출액)**을 입력하고 [Enter]를 누른 후, '형식' 속성의 입력란의 목록 단추(▼)를 클릭하여 '통화'를 선택한다.

⑦ ⑥과 같은 방법으로 'txt순매출액합계' 컨트롤의 '컨트롤 원본' 속성 입력란에 **=Sum(순매출액)**을 입력한 후 [Enter]를 누르고, 형식을 '통화'로 지정한다.

05 탭 순서

⑧ [양식 디자인]-[도구] 그룹에서 [탭 순서](▦)를 클릭하고, [탭 순서] 대화상자에서 '구역'의 '본문'을 클릭한 후 '사용자 지정 순서' 목록의 'txt지역코드' 행 선택기에서 마우스 포인터 모양이 ➡이 될 때 클릭한다. 이제 목록의 맨 위로 드래그하여 순서를 변경한다.

⑨ ⑧과 같은 방법으로 '지역명', '상품명', 'txt판매수량', 'txt매출액', 'txt순매출액', 'txt수익률' 순으로 순서를 변경한 후 [확인]을 클릭한다.

06 IIF 함수

⑩ '본문'의 'txt수익률' 컨트롤을 선택한 후 'txt수익률' 속성 창의 [모두] 탭에서 '컨트롤 원본' 입력란에 =IIf(판매수량)=20,0.1,0.05)를 입력하고 **Enter**를 누른다. '형식' 속성의 입력란의 목록 단추(▼)를 클릭하여 '백분율'을 선택하고, '소수 자릿수' 속성 입력란의 목록 단추(▼)를 클릭하여 1을 선택한다.

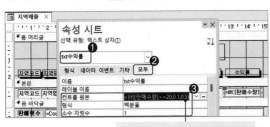

=IIf([판매수량]>=20,0.1,0.05)

🔳 기적의 TIP

iif 식 설명
• iif 함수의 구조

= iif(조건, 참값, 거짓값)

• =IIf([판매수량])=20,0.1, 0.05)
'판매수량' 컨트롤 값이 20 이상이면 0.1을 표시하고 아닌 경우 0.05를 표시합니다.

07 DSUM, DAVG 함수

⑪ '폼 바닥글'의 'txt지역합계' 컨트롤을 선택한 후 'txt지역합계' 속성 창의 [모두] 탭에서 '컨트롤 원본' 입력란에 =DSum("[매출액]","판매현황","[지역코드]=[txt지역코드]")를 입력하고 **Enter**를 누른다.

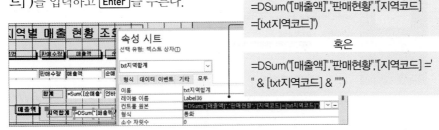

=DSum("[매출액]","판매현황","[지역코드]=[txt지역코드]")

혹은

=DSum("[매출액]","판매현황","[지역코드] =' " & [txt지역코드] & "'")

⑫ '폼 바닥글'의 'txt지역평균' 컨트롤을 선택한 후 'txt지역평균' 속성 창의 [모두] 탭에서 '컨트롤 원본' 입력란에 =DAvg("[매출액]","판매현황","[지역코드]=[txt지역코드]")를 입력하고 **Enter**를 누른다.

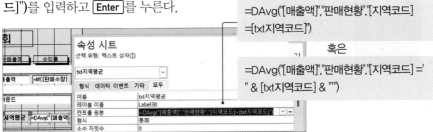

=DAvg("[매출액]","판매현황","[지역코드]=[txt지역코드]")

혹은

=DAvg("[매출액]","판매현황","[지역코드] =' " & [txt지역코드] & "'")

🔳 기적의 TIP

DSum 식 설명
• =DSum 함수 작성시 큰 따옴표("")안에는 공백이 입력되면 오류가 발생합니다.
• 큰따옴표("")안의 대괄호는 **Enter**를 눌러도 자동 완성되지 않기 때문에 직접 입력해야 합니다. 만약, 필드 이름이나 테이블 이름에 공백이 없다면 대괄호를 입력하지 않아도 됩니다.
• ⑪번 식은 〈판매현황〉 테이블에서 '지역코드' 필드와, 폼의 'txt지역코드' 컨트롤 값과 같은 레코드의 '매출액' 필드 합계를 구합니다.
• 필드와 컨트롤 부분을 대괄호로 처리합니다.

🔳 기적의 TIP

DAvg 식 설명
⑪의 DSum함수와 모든 작성 조건이 같고 계산식만 평균을 사용합니다.

🔳 기적의 TIP

계산식 작성시 **Shift**+**F2**를 눌러 [확대/축소] 창을 이용하면 편리하게 입력할 수 있습니다.

08 명령 단추 작성

⑬ [양식 디자인]−[컨트롤] 그룹의 [컨트롤 마법사 사용]( ) 도구가 설정된 상태에서 [단추]( ) 도구를 클릭한 후 폼 바닥글 왼쪽 영역의 적당한 위치에서 클릭한다.

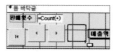

⑭ [명령 단추 마법사] 대화상자에서 지시사항에 따라 각 단계에서 화면과 같이 선택하고 [다음]을 클릭한다.

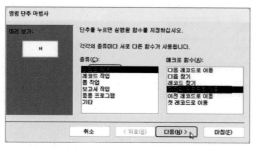

▲ 1단계) '레코드 탐색'의 '마지막 레코드로 이동'을 선택한 후 [다음] 버튼 클릭

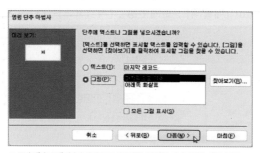

▲ 2단계) '그림'의 '마지막으로 이동'을 선택한 후 [다음] 버튼 클릭

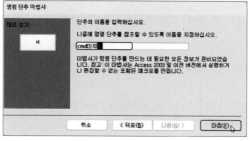

▲ 3단계) 명령 단추 이름으로 「cmd마지막」을 입력한 후 [마침] 버튼 클릭

09 컨트롤 정렬

⑮ '폼 바닥글' 영역에서 명령 단추가 모두 포함되도록 드래그 하여 선택하거나, Shift 를 누른 채로 다중 선택한다.

⑯ 명령 단추가 모두 선택된 상태에서 명령 단추를 나란히 맞추기 위해, [정렬]–[크기 및 순서 조정] 그룹의 [맞춤]–[위쪽]을 클릭하고, 다시 한번 [왼쪽]을 클릭하여 명령 단추가 가지런해지도록 한다.

🅱 기적의 TIP

명령 단추가 모두 선택된 상황이라면, 바로 가기 메뉴의 '맞춤'에서도 동일한 작업을 수행할 수 있습니다.

🅱 기적의 TIP

크기를 맞추려면 [크기 및 순서 조정] 탭의 [크기/공간] – [가장 긴 길이에]와 [가장 넓은 너비에]를 클릭하면 됩니다.

10 조건부 서식

⑰ 'txt판매수량', 'txt매출액' 컨트롤을 Shift 나 Ctrl 을 누른 채로 다중 선택한 후 [서식]–[컨트롤 서식] 그룹의 [조건부 서식](▦)을 클릭한다.

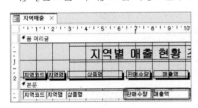

⑱ [조건부 서식 규칙 관리자] 대화상자에서 [새 규칙]을 클릭한다.

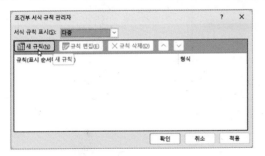

⑲ '다음과 같은 셀만 서식 설정' 영역에서 식 작성을 위해 '식이'를 선택하고 **[지역명]** = **"서울"**로 식을 작성한 후 [배경색](🎨▾) 도구를 클릭하여 '녹색'을 선택한다. 미리보기를 살펴본 후 [확인]을 클릭한다.

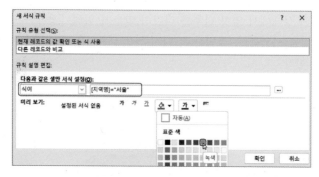

⑳ [조건부 서식 규칙 관리자]에서 [확인]을 클릭하여 조건부 서식을 지정한다.

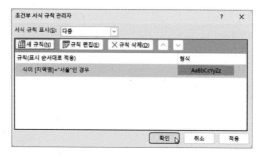

⑪ 컨트롤 원본

㉑ '폼 바닥글' 영역에 있는 'txt순매출액합계' 컨트롤의 컨트롤 원본에 =Format (Sum([순매출액]),"◆ 순매출액 "":"" #,##0원 ◆") 또는 ="◆순매출액:"&Format (Sum([순매출액]),"#,##0원 ◆")을 입력한다.

풀이결과

기적의 TIP

Format 함수는 사용자 지정 형식을 꾸밀 수 있는 함수로 =Format(식, "사용자 지정 형식") 형태로 사용됩니다. 이때 사용자 지정 형식 인수에 콜론(:) 입력할 경우 유의해야 합니다. 왜냐하면 콜론(:)은 일반적인 텍스트(문자)가 아니라 액세스에서는 구분 기호로 사용되기 때문입니다. 구분 기호 부분에 큰따옴표("")를 2번 입력하여 구분 짓도록 합니다. 즉 "":"" 와 같은 형태로 처리하세요.

기적의 TIP

◆는 한글 입력상태에서 키보드의 「ㅁ」을 누르고 한자를 누른 후 선택합니다.

① 기본 보기 설정

② 필드 바운드

– 'txt판매수량'   – 'txt매출액'

   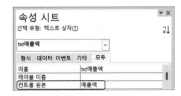

– 'txt순매출액'

③ 'txt판매횟수' 컨트롤 원본

④ 'txt매출액합계', 'txt순매출액합계' 컨트롤 원본과 형식
– 'txt매출액합계'   – 'txt순매출액합계'

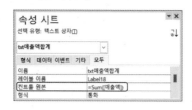 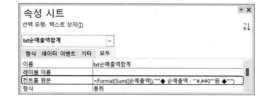

⑤ 탭 설정

⑥ 'txt수익률' 컨트롤 원본

=IIf([판매수량]>=20,0.1,0.05)

⑦ 'txt지역합계', 'txt지역평균' 컨트롤 원본
– 'txt지역합계'

=DSum("[매출액]","판매현황","[지역코드]=[txt지역코드]")

– 'txt지역평균'

=DAvg("[매출액]","판매현황","[지역코드]=[txt지역코드]

⑧ 명령 단추 생성 및 정렬

※ 캡션 속성은 사용자에 따라 달라질 수 있음

⑨ 'txt판매수량', 'txt매출액' 컨트롤 조건부 서식

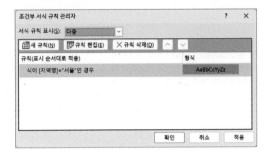

⑩ 'txt순매출액합계' 컨트롤 원본

➕ 더 알기 TIP

연산자 종류

1. 산술/대입 연산자

연산자	설명
+, −, *, /, ^	덧셈, 뺄셈, 곱셈, 나눗셈, 지수승 예 $2\wedge3 \rightarrow 8$
/, mod	나눗셈의 몫, 나눗셈의 나머지 예 $5/3 \rightarrow 1.666$, 5 mod 3→2
&	텍스트 연결 예 [성명] & " 고객" → '성명' 필드값에 ' 고객'이란 공백과 텍스트를 붙여 표시 → 홍길동 고객

2. 논리/비교 연산자

연산자	설명
And, Or, Not	그리고, 또는, 부정 예 ([나이]>=20 And [성별]="남") → '나이' 필드가 20 이상이고 '성별' 필드가 '남'인 경우 True 그 이외 경우 False 반환
=, ⟨, ⟩=, ⟨=, ◇	같다, 작다, 크다, 크거나 같다, 작거나 같다, 같지 않다
Like	와일드 카드 문자 별표(*)나 물음표(?)를 사용하여 특정 단어의 포함 여부를 판단 예 [상품명] Like "*포도*" → '상품명' 필드에 '포도'란 텍스트가 포함되어 있는 경우 True 반환 아닌 경우 False 반환
is	두 개체가 같은지 비교

주요 Access 함수 정리

1. SQL 집계 함수

함수	설명	함수	설명
Sum(필드이름)	필드 값들의 합계를 구함	Max(필드이름)	필드 값 중 최대값을 구함
Avg(필드이름)	필드 값들의 평균을 구함	Min(필드이름)	필드 값 중 최소값을 구함
Count(필드이름) 또는 Count(*)	레코드 개수를 구함		

⑩ 레코드 원본이 〈사원〉 테이블인 〈직원정보〉 폼에서 각 컨트롤의 원본을 ❶~❺와 같이 SQL 집계 함수로 설정하여 그 결과를 살펴보면 다음과 같다. 〈사원〉 테이블의 각 필드에 해당하는 평균, 최대값, 최소값, 레코드의 개수, 합계가 구해졌음을 알 수 있다.

기적의 TIP

사원수가 5명이 아니라 4명이 된 이유는 무엇일까요? =COUNT([필드명])처럼 필드명을 COUNT 함수의 인수로 사용하면 Null 값은 제외시키고 계산하기 때문입니다. 그렇지만 =COUNT(*)로 계산하게 되면 Null 값도 포함시켜서 계산하게 됩니다.

 →

2. 선택(프로그램 흐름) 함수

함수	설명
iif(조건, 참일 때, 거짓일 때)	조건이 참(True)일 때와 거짓(False)일 때 다른 처리를 함 ⑩ iif([판매수량]>=10, 0.1, 0.05) → '판매수량' 필드값이 10 이상이면 10%를 표시하고 아닌 경우 5% 표시 ⑩ =Iif(Mid([주민등록번호],7,1) Mod 2=0,"여자","남자") → '주민등록번호' 필드의 7번째 문자가 짝수면 여자, 홀수면 남자를 표시
Choose(값, 1일 때, 2일 때, …, 29일 때)	값에 따라 1일 때, 2일 때, …, 29일 때 다른 처리를 함 ⑩ Choose([선택],"시내","시외","국제") → '선택' 필드의 값이 1이면 '시내', 2이면 '시외', 3이면 '국제'를 표시
Switch(소건1, 인수1, 조건2, 인수2,)	조건1이 참(True)이면 인수1을 처리하고, 조건2가 참(True)이면 인수2를 실행 조건과 인수는 쌍으로 이루어져야 함 ⑩ Switch([수량]>=100,0.2%,[수량]>=50,0.1%,[수량]<50,0.05%) → '수량' 필드 값이 100 이상이면 20%, 100 미만 50 이상이면 10%, 50 미만이면 5%를 표시

3. 날짜/시간 함수

함수	설명
Date() / Now() / Time()	현재 시스템 날짜 / 날짜와 시간 / 시간을 표시
Year(날짜) / Month(날짜) / Day(날짜)	날짜의 연도 / 월 / 일 값만 추출
Hour(시간) / Minute(시간) / Second(시간)	시간의 시 / 분 / 초 값만 추출
Weekday(날짜)	날짜에 대한 요일을 1~7로 표시(일요일 → 1, 월요일 → 2, …)
DateDiff("단위", 시작일, 종료일)	시작일과 종료일 사이의 경과 기간을 지정한 단위로 표시 ⑩ DateDiff("m",[입사일],Date()) → '입사일'필드 값부터 오늘 날짜까지의 경과 기간을 월단위로 표시
DateAdd("단위", 숫자, 날짜)	날짜에서 지정한 단위의 기간을 더한 날짜를 표시 ⑩ DateAdd("yyyy",5,Date()), DataAdd("n",−5,Time()) → 오늘 날짜에 5년을 더한 날짜를 표시, 현재 시간에서 5분 전 시간 표시
DatePart("단위", 날짜)	날짜를 지정한 단위로 표시 ⑩ DatePart("q",#2025−6−4#) → 2025년 6월 4일은 2분기 이므로 '2' 표시
DateValue(날짜 형태 텍스트)	날짜 형태(년−월−일 또는 년/월/일)의 텍스트를 날짜 데이터로 변환 ⑩ DateValue("2025−07−01") → 텍스트를 날짜 데이터 2025−07−01로 변환
DateSerial(년, 월, 일)	지정된 년, 월, 일에 대한 날짜를 반환 ⑩ DateSerial(2025, 5, 27) → 2025−5−27

4. DateAdd, DateDiff, DatePart 함수의 '단위' 인수 종류

계산	년도	분기	월	일(1년)	일	요일	주	시간	분	초
단위	yyyy	q	m	y	d	w	ww	h	n	s

5. 문자 처리 함수

함수	설명	예
left(텍스트, 개수)	텍스트의 왼쪽에서 개수만큼의 문자 표시	⑩ =left("Korea Fighting", 8) → "Korea Fi"
right(텍스트, 개수)	텍스트의 오른쪽에서 개수만큼의 문자 표시	⑩ =right("Korea Fighting", 6) → "ghting"
mid(텍스트, 시작위치, 개수)	텍스트의 시작위치에서 개수만큼의 문자 표시	⑩ =mid("Korea Fighting", 7, 5) → "Fight"
len(텍스트)	텍스트 문자의 개수 표시	⑩ =len("이기적") → 3
lcase(텍스트)	텍스트의 영문을 모두 소문자로 표시	⑩ =lcase("ABcdeFG") → "abcdefg"
ucase(텍스트)	텍스트의 영문을 모두 대문자로 표시	⑩ =ucase("ABcdeFG") → "ABCDEFG"
instr(텍스트1, 텍스트2)	텍스트1에서 텍스트2가 시작하는 위치 번호를 표시	⑩ =instr("Korea Fighting", "re") → 3
trim(텍스트)	텍스트에서 좌우 공백을 제거하고 중간 공백들은 1개만 남기고 표시	⑩ =trim(" Korea ") → "Korea"
ltrim(텍스트)	텍스트 왼쪽의 공백을 제거하고 표시	⑩ =ltrim(" Korea ") → "Korea "
rtrim(텍스트)	텍스트 오른쪽의 공백을 제거하고 표시	⑩ =rtrim(" Korea ") → " Korea"
space(개수)	개수만큼 공백을 반복하여 표시	⑩ =space(5) → " " 5개의 수만큼 공백을 출력함
string(개수, 텍스트)	텍스트를 개수만큼 반복하여 표시	⑩ =string(3, "*") → * * *
replace(텍스트1, 텍스트2, 텍스트3)	텍스트1에서 텍스트2를 찾아 텍스트3으로 변경하여 표시	⑩ =Replace("ABCJKLMNOYZ", "JKL", "***") → "ABC * * * MNOYZ"

6. 자료 형식 변환 함수

함수	설명	함수	설명
cdate(인수)	인수를 날짜로 변환	cint(인수)	인수를 2Byte 정수로 변환
clng(인수)	인수를 4Byte 정수로 변환	cstr(인수)	인수를 텍스트로 변환
cbool(인수)	인수를 True나 False로 변환	val(텍스트)	텍스트를 숫자로 변환
str(숫자)	숫자를 텍스트로 변환		

7. 자료 형식 평가 함수

함수	설명	함수	설명
isdate(인수)	인수가 날짜인지 확인	isnull(인수)	인수가 Null인지 확인
isnumeric(인수)	인수가 숫자인지 확인	iserror(인수)	인수가 오류인지 확인
isobject(인수)	인수가 개체인지 확인		

8. 도메인 집계 함수

도메인 함수는 테이블이나 쿼리를 기초로 조건에 맞는 레코드를 대상으로 해당 필드에 대한 계산을 하는 함수들로 'd'로 시작하며 계산 방법은 'd' 다음의 함수에 따라 달라진다.

함수	설명
davg([필드], 도메인, 조건)	도메인에서 조건에 맞는 필드 값의 평균을 계산
dsum([필드], 도메인, 조건)	도메인에서 조건에 맞는 필드 값의 합계를 계산
dcount([필드], 도메인, 조건)	도메인에서 조건에 맞는 레코드 개수를 계산
dmax([필드], 도메인, 조건)	도메인에서 조건에 맞는 필드 값에서 최대값 표시
dmin([필드], 도메인, 조건)	도메인에서 조건에 맞는 필드 값에서 최소값 표시
dlookup([필드], 도메인, 조건)	도메인에서 조건에 맞는 필드 값 중 첫 번째 자료를 표시

9. 도메인 집계 함수 사용 예(인수의 필드와 컨트롤에 대괄호 처리를 해준다.)

함수 예	설명
=DAvg("[매출액]","판매현황","[지역코드]='DG1'")	〈판매현황〉 테이블에서 '지역코드'가 'DG1'인 레코드의 '매출액' 필드 평균을 계산
=DAvg("[매출액]","판매현황","[지역코드]= forms!조회![txt조건]")	〈판매현황〉 테이블에서 '지역코드'가 〈조회〉 폼의 'txt조건' 컨트롤 값과 같은 레코드의 '매출액' 필드 평균을 계산
=DSum("[매출액]","판매현황","[지역코드]='DG1'")	〈판매현황〉 테이블에서 '지역코드'가 'DG1'인 레코드의 '매출액' 필드 합계를 계산
=DSum("[매출액]","판매현황","[지역코드]= forms!조회![txt조건]")	〈판매현황〉 테이블에서 '지역코드'가 〈조회〉 폼의 'txt조건' 컨트롤 값과 같은 레코드의 '매출액' 필드 합계를 계산
=DLookup("[매출액]","판매현황","[지역코드]= forms!조회![txt조건]")	〈판매현황〉 테이블에서 '지역코드'가 〈조회〉 폼의 'txt조건' 컨트롤 값과 같은 첫 번째 레코드의 '매출액' 필드를 표시

다음과 같은 데이터 형식의 〈임금〉 테이블이 주어졌다고 가정하고, 간단한 예를 통해서 도메인 집계 함수에 대하여 알아보자. 예에 사용된 〈직원폼〉은 레코드 원본으로 〈임금〉 테이블을 지정하였다.

필드 이름	데이터 형식
소속사	텍스트
이름	텍스트
년차	숫자
기본급	통화
보너스	통화

⑩ 〈직원폼〉의 'txt인원수' 컨트롤에 대해서 다음과 같이 설정하시오. 〈임금〉 테이블에서 '소속사' 필드의 값이 WBC인 경우의 인원수(레코드 수)를 표시하시오. (3 명과 같이 표기할 것)

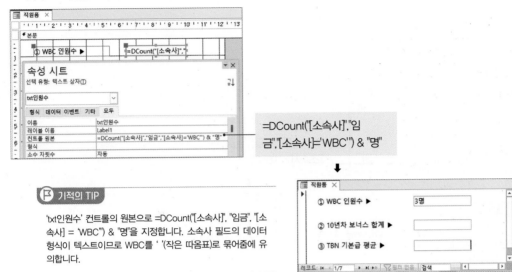

=DCount("[소속사]","임금","[소속사]='WBC'") & "명"

▲ 결과화면

⑩ 〈직원폼〉의 'txt합계' 컨트롤에 대해서 다음과 같이 설정하시오. 〈임금〉 테이블에서 '년차' 필드의 값이 10인 경우의 보너스 합계를 표시하시오.

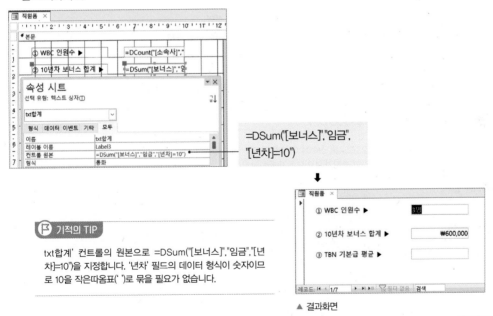

=DSum("[보너스]","임금","[년차]=10")

▲ 결과화면

예 〈직원폼〉의 'txt평균' 컨트롤에 대해서 다음과 같이 설정하시오. 〈임금〉 테이블에서 '소속사' 필드의 값이 TBN인 경우의 기본급 평균을 표시하시오.

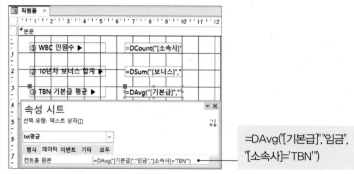

=DAvg("[기본급]","임금",
"[소속사]='TBN'")

▲ 결과화면

기적의 TIP

'txt평균' 컨트롤의 원본으로 =DAvg("[기본급]", "임금", "[소속사]='TBN'")을 지정합니다. 소속사 필드의 데이터 형식이 텍스트이므로 TBN을 ' '(작은따옴표)로 묶어줍니다.

10. 숫자 계산 함수

함수	설명
rnd()	0보다 크거나 같고 1보다 작은 무작위 실수 값을 표시
ROUND(반올림하려는 수, 반올림할 숫자의 자릿수)	지정한 자릿수 다음 숫자가 5 이상일 때 숫자를 반올림하여 표시 예 =ROUND(123.654, 2) ➡ 123.65 • 반올림할 자릿수 • 소수 두 번째 자리 123.654 123.654를 소수점 이하 둘째 자리로 반올림한 값을 구함. 따라서 소수 세 번째 자리의 숫자가 '4'이므로 반올림하지 않음
abs(절대값을 구하려는 실수)	예 =abs(5) → 5 예 =abs(−5) → 5
int(정수로 내림하려는 실수)	가장 가까운 정수로 내려서 표시 예 =int(15.3) → 15 예 =int(−15.3) → −16

난 이 도 상 ⟨중⟩ 하
반복학습 ① ② ③

작업파일 [2025컴활1급₩2권_데이터베이스₩이론₩2.입력및수정₩Section03] 폴더에서 작업하시오.

출제유형 ❶ '**출제유형1.accdb**' 파일을 열어 〈대여관리〉 폼의 '**cmb비디오번호**' 텍스트 상자 컨트롤을 콤보 상자로 변경하여 다음의 조건을 완성하시오.

▶ 컨트롤은 〈비디오〉 테이블의 '비디오번호', '영화제목'을 표시하고, 테이블에는 '비디오번호'가 저장되도록 설정
▶ '비디오번호', '영화제목'의 열너비를 1cm, 5cm 설정하고, 목록 너비를 6cm로 설정
▶ 컨트롤에는 목록에 있는 값만 입력되도록 설정

> 🅱 **기적의 TIP**
>
> **[콤보 상자 컨트롤 속성]**
> ① [탐색] 창의 [폼] 개체 선택
> ② 대상 폼 선택 후 바로 가기 메뉴에서 [디자인 보기] 클릭
> ③ 해당 콤보 상자 컨트롤의 바로 가기 메뉴에서 [변경]–[콤보 상자] 클릭

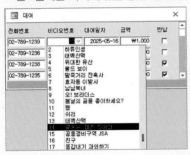

① '2025컴활1급₩2권_데이터베이스₩이론₩2.입력및수정₩Section03' 폴더의 '출제유형1.accdb' 파일을 더블클릭한다.
② 탐색 창의 〈대여관리〉 폼에서 마우스 오른쪽 버튼을 눌러 [디자인 보기](Ⓝ)를 클릭한다.
③ 〈대여관리〉 폼의 디자인 보기 상태에서 본문의 'cmb비디오번호' 컨트롤을 선택한 후 마우스 오른쪽 버튼을 눌러 [변경]–[콤보 상자]를 클릭한다.

> 🅱 **기적의 TIP**
>
> 이미 [속성 시트] 창이 열려 있는 상태에서 컨트롤이나 개체를 클릭하면 해당 컨트롤 속성 창으로 바뀝니다.

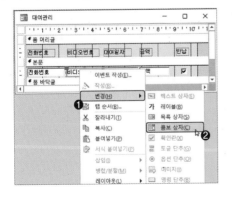

> 🅱 **기적의 TIP**
>
> cmb비디오번호 컨트롤을 찾는 방법은 속성 시트 창의 목록 중 cmb비디오번호를 선택하면 됩니다.

④ 'cmb비디오번호' 속성 시트 창의 [데이터] 탭에서 '행 원본' 속성의 [작성기](─)를 클릭한다.

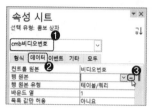

⑤ [대여관리 : 쿼리 작성기] 창의 [테이블 추가]에서 '비디오'를 추가하고 [닫기]를 클릭한다.

⑥ [대여관리 : 쿼리 작성기] 창의 〈비디오〉 필드 목록에서 '비디오번호', '영화제목'을 차례로 더블클릭한 후 [닫기]를 클릭한다.

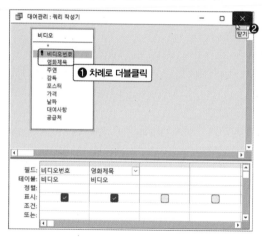

⑦ 그림과 같이 대화상자가 나타나면 [예]를 클릭한다.

⑧ [형식] 탭의 '열 개수' 속성에 2를, '열 너비' 속성에 1;5를, '목록 너비' 속성에 6을 입력하고, [데이터] 탭의 '목록 값만 허용' 속성을 '예'로 지정하여 완료한다.

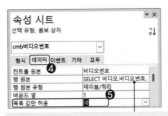

SELECT 비디오.비디오번호, 비디오.영화제목 FROM 비디오;

출제유형 ② '출제유형2.accdb' 파일의 〈고객관리〉 폼의 'cmb성별' 컨트롤에 대해 다음과 같은 조건으로 완성하시오.

▶ '남', '여'의 문자열이 목록으로 표시되도록 설정
▶ 컨트롤에는 '남'은 '-1', '여'는 '0' 값으로 저장되도록 설정
▶ 컨트롤에 저장되는 열 번호는 '1'로 설정
▶ 목록 이외의 값은 입력할 수 없도록 설정

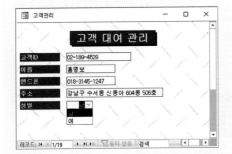

① '출제유형2.accdb' 파일을 더블클릭하고, 탐색 창의 〈고객관리〉 폼에서 마우스 오른쪽 버튼을 눌러 [디자인 보기](🗒)를 클릭한다.

② 'cmb성별' 속성 시트 창에서 '행 원본 유형' 속성 입력란의 '값 목록'을 선택한다.

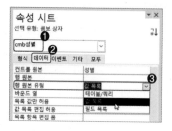

③ 'cmb성별' 속성 창에서 '행 원본' 속성 입력란에 **-1;남;0;여**를, '열 개수' 속성 입력란에는 **2**를, '열 너비' 속성 입력란에는 **0**을 입력하고, 바운드 열은 '**1**' '목록 값만 허용' 속성 입력란의 '예'를 선택한다.

➕ 더 알기 TIP

콤보 상자 / 목록 상자 컨트롤의 주요 속성

폼과 보고서에서는 콤보 상자나 목록 상자 컨트롤을 사용한다. 테이블 데이터시트 보기 상태에서 특정 필드를 콤보 상자나 목록 상자 형태로 표시하려면 테이블 디자인 상태에서 해당 필드의 '필드 속성'에서 [조회] 탭의 '컨트롤 표시' 속성을 '콤보 상자'나 '목록 상자'로 변경한다.

속성	설명
행 원본 유형	컨트롤 데이터의 원본 유형을 지정하는 속성으로 테이블/쿼리, 값 목록, 필드 목록 중에서 선택
행 원본(RowSource)	컨트롤 데이터 원본을 지정하는 속성으로 행 원본 형식에 따라 달라짐 • 테이블/쿼리 : 테이블/쿼리, SQL 문의 데이터 • 값 목록 : 사용할 데이터를 세미콜론(;)으로 구분하여 입력 • 필드 목록 : 테이블/쿼리, SQL 문의 필드 이름
열 개수	컨트롤에 표시할 열 개수를 지정
열 너비	• 열의 너비를 세미콜론(;)으로 구분하여 입력. 단위 생략시 cm 단위 사용 • 열 너비를 0으로 지정하면 화면에 표시되지 않음(예 0cm;2cm;3cm) • 열 너비 생략시 기본 너비 2.54cm(1인치)로 표시됨
바운드 열	컨트롤에 저장되는 열 번호를 지정
목록 너비	• 콤보 상자 드롭다운 목록의 전체 너비를 지정 • 보통 열 너비에서 지정한 너비 합계를 사용(콤보 상자에서만 사용)
목록 값만 허용	목록 값이이 데이터 입력 어부를 시성(콤보 상자에서만 사용)
여러 항목 선택	목록의 여러 항목 선택 가능 여부 지정(목록 상자에서만 사용)

출제유형 ③ '출제유형3.accdb' 파일을 열어 〈판매내역〉 폼의 'cmb지역코드' 컨트롤을 〈화면〉과 같이 콤보 상자로 변환하시오.

▶ 〈지역코드〉 테이블의 '지역코드', '지역명'을 표시하고, 컨트롤에는 '지역코드'가 저장되도록 하고 목록 이외의 값은 입력될 수 없도록 하시오.

① '출제유형3.accdb' 파일을 더블클릭하고, 탐색 창의 〈판매내역〉 폼에서 마우스 오른쪽 버튼을 눌러 [디자인 보기](📐)를 클릭한다.

② 〈판매내역〉 폼의 디자인 보기 상태에서 본문의 'cmb지역코드' 컨트롤을 선택한 후 마우스 오른쪽 버튼을 눌러 [변경]-[콤보 상자]를 클릭한다.

③ 'cmb지역코드' 속성 시트 창에서 '행 원본' 속성의 [작성기](⚏)를 클릭한다.

④ [판매내역 : 쿼리 작성기] 창의 [테이블 추가]에서 〈지역코드〉를 더블클릭하고 [닫기]를 클릭한다.

⑤ [판매내역 : 쿼리 작성기] 창의 〈지역코드〉 필드 목록에서 '지역코드', '지역명'을 차례로 더블클릭한 후, [닫기]를 클릭한다.

⑥ 'SQL 문의 변경 내용을 저장하고 속성을 업데이트 하시겠습니까?' 대화상자가 표시되면 [예]를 클릭한다.

🅿 기적의 TIP

[테이블 추가]
'지역코드'를 선택하고 [추가] 버튼을 클릭한 후 [닫기]를 클릭해도 됩니다.

기적의 TIP

'행 원본' 속성

문제에서 열 너비와 목록 너비를 지정하지 않은 경우라도 제시된 〈화면〉과 같이 작성하기 위해서는 필드에 맞는 열 너비와 목록 너비를 지정해야 합니다.

⑦ 행 원본에 SELECT 지역코드.지역코드, 지역코드.지역명 FROM 지역코드;가 표시된다. '열 개수' 속성에 2를, '열 너비' 속성에 1;2를, '목록 너비' 속성에 3을 입력하고, '목록 값만 허용' 속성을 '예'로 지정하여 완료한다.

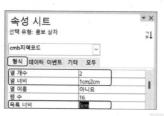

SELECT 지역코드.지역코드, 지역코드.지역명 FROM 지역코드;

기적의 TIP

최근 들어 폼이나 테이블의 조회 속성의 콤보 상자 속성을 지정하는 문제들에서 SQL 문을 사용하는 문제가 주로 출제되고 있습니다. 특정 필드로 오름차순을 하거나, 중복되지 않게 한번만 나타나도록 설정하는 문제는 SQL 문을 사용해야 합니다.

출제유형 ❹ **'출제유형4.accdb' 파일을 열어 〈사원정보〉 폼의 'cmb직위' 컨트롤에 대해 다음 지시사항에 맞춰 완성하시오.**

▶ 〈사원정보〉 테이블의 '직위'를 행 원본으로 설정하시오.
▶ 콤보 상자에 표시되는 직위는 오름차순 정렬되어 표시되도록 설정하시오.
▶ 콤보 상자에 표시되는 직위는 중복되지 않게 한번만 나타나도록 설정하시오.

기적의 TIP

SQL 문

쿼리 개체를 만드는 언어로 액세스에서는 쿼리 개체를 이용하여 자동으로 작성됩니다.

① '출제유형4.accdb' 파일을 더블클릭하고, 탐색 창의 〈사원정보〉 폼에서 마우스 오른쪽 버튼을 눌러 [디자인 보기](🅝)를 클릭한다.
② 'cmb직위' 속성 시트 창에서 '행 원본' 속성 입력란의 [작성기](┅)를 클릭한다.
③ [사원정보 : 쿼리 작성기] 창의 [테이블 추가]에서 〈사원정보〉를 더블클릭한 후 [테이블 추가]의 [닫기]를 클릭한다.
④ 〈사원정보〉 테이블 필드 목록에서 콤보 상자에 표시할 '직위'를 더블클릭한 후, 디자인 눈금 영역에서 '정렬:' 셀 입력란의 ▾를 클릭하여 '오름차순'을 선택한다.

기적의 TIP

SQL 문에서 ORDER BY 절에 ASC 옵션을 사용하면(혹은 생략) 오름차순, DESC 옵션을 사용하면 내림차순으로 정렬됩니다.

⑤ [사원정보 : 쿼리 작성기] 창의 빈 영역을 마우스로 한 번 클릭하고, 고유 값을 '예'로 지정한 후 [닫기]를 클릭한다. 속성 시트 창이 보이지 않을 때는 [쿼리 디자인]–[표시/숨기기] 그룹에서 [속성 시트](圖)를 클릭한 후 작업하면 된다.

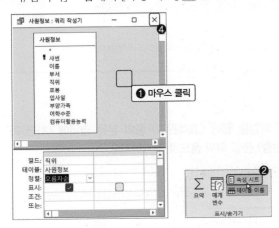

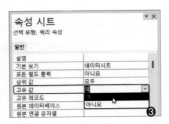

⑥ 'SQL 문의 변경 내용을 저장하고 속성을 업데이트 하시겠습니까?' 대화상자가 표시되면 [예]를 클릭한다.

⑦ 모든 작업이 완료되었다면, 빠른 실행 도구모음에서 [저장](圖) 도구를 눌러 저장한 후 [양식 디자인]–[보기] 그룹에서 [보기]를 눌러 [폼 보기](圖)를 선택한다. 직위의 콤보 상자를 클릭하여 직위가 1개씩만 나타나는지 확인한다.

풀이결과

• '행 원본' 속성의 SQL 문

SELECT DISTINCT 사원정보.직위 FROM 사원정보 ORDER BY 사원정보.직위;

기적의 TIP

DISTINCT
• 고유 값 속성은 필드의 중복 레코드를 생략하는 속성입니다. SQL 문에서 DISTINCT 조건자가 이에 해당합니다.
• 출력된 데이터가 중복되는 경우 1개만 표시할 때 Select 다음에 삽입합니다.

기적의 TIP

[결과 확인하기]
[사원정보 : 쿼리 작성기]에서 작성한 쿼리 결과를 확인할 때는 [쿼리 디자인]–[결과]의 보기(圖)에서 '데이터 시트 보기'를 선택합니다.

기적의 TIP

행 원본에 SQL 문 직접 입력
SQL 문 [SELECT DISTINCT 직위 FROM 사원정보 ORDER BY 직위;]를 직접 'cmb직위' 속성 창 '행 원본'에 입력해도 됩니다.

컨트롤 하위 폼 삽입

▶ 합격 강의

작업파일 [2025컴활1급₩2권_데이터베이스₩이론₩2.입력및수정₩Section04] 폴더에서 작업하시오.

📗 기적의 TIP

[하위 폼 삽입]
① [탐색] 창의 [폼] 개체 선택
② 대상 폼 선택 후 바로 가기 메뉴에서 [디자인 보기] 클릭
③ [양식 디자인]–[컨트롤] 그룹의 [하위 폼/하위 보고서] 클릭
④ 대상 폼에 드래그 앤 드롭하여 삽입

📗 기적의 TIP

[컨트롤 마법사 사용](🪄)이 선택되어 있지 않은 경우 [하위 폼 마법사]가 실행되지 않기 때문에 하위 폼 삽입 전에 이 도구가 선택된 상태인지 확인해야 합니다.

📗 기적의 TIP

하위 폼 삽입 방법
• 하위 폼이 시작할 위치를 클릭해도 기본 크기로 하위 폼이 삽입됩니다.
• 하위 폼의 크기를 지정할 때는 하위 폼이 시작할 위치에서 드래그합니다.
• 컨트롤 마법사가 하위 폼/하위 보고서를 선택하고 드래그한 다음 놓으면 [하위 폼 마법사]가 나타납니다. 하위 폼 삽입하는 순서를 꼭 기억하세요.

출제유형 ❶ '출제유형1.accdb' 파일을 열어 〈고객관리〉 폼의 본문 영역에 〈화면〉과 같이 〈비디오대여현황〉 폼을 하위 폼으로 추가하시오.

▶ 하위 폼 컨트롤의 이름을 '대여 현황'으로 설정하시오.
▶ 기본 폼과 하위 폼을 각각 '고객ID'와 '전화번호' 필드를 기준으로 연결하시오.

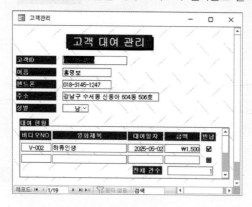

① '2025컴활1급₩2권_데이터베이스₩이론₩2.입력및수정₩Section04' 폴더의 '출제유형1.accdb' 파일을 더블클릭한다.
② 탐색 창의 〈고객관리〉 폼에서 마우스 오른쪽 버튼을 눌러 [디자인 보기](📑)를 클릭한다.

③ 〈고객관리〉 폼의 디자인 보기 상태에서 [양식 디자인]–[컨트롤] 그룹의 [컨트롤 마법사 사용](🖈)이 선택된 상태에서 [하위 폼/하위 보고서](🖽)를 클릭한 후, 본문 영역에서 하위 폼이 시작될 왼쪽 상단 위치부터 하위 폼의 크기만큼 드래그한다.

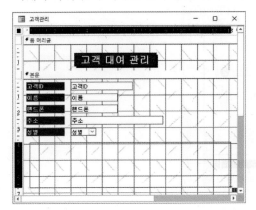

④ [하위 폼 마법사]에서 지시사항에 따라 각 단계에서 화면과 같이 선택하고 [다음]을 클릭한다.

▲ 1단계) 하위 폼의 원본 '비디오대여현황'을 선택하고 [다음] 버튼 클릭

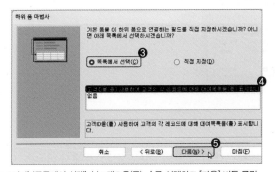

▲ 2단계) '목록에서 선택'과 '고객ID을(를)…' 를 선택하고 [다음] 버튼 클릭

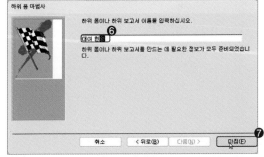

▲ 3단계) 하위 폼 이름으로 「대여 현황」을 입력하고 [마침] 버튼 클릭

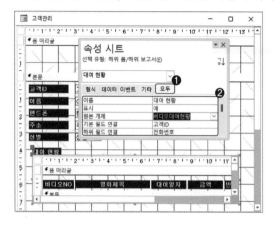

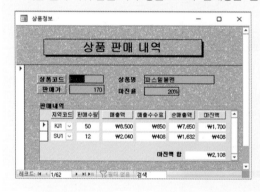

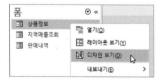

⑤ 삽입된 하위 폼을 더블클릭한 후 '대여 현황' 속성 창의 [모두] 탭에서 '이름', '원본 개체', '기본 필드 연결', '하위 필드 연결' 속성이 지시사항대로 작성되었는지 확인한다.

기적의 TIP

하위 폼/하위 보고서 속성
- '원본 개체' 속성 : 삽입한 하위 폼 개체 이름
- '기본 필드 연결' 속성 : 기본 폼의 연결 필드 이름
- '하위 필드 연결' 속성 : '원본 개체 속성'에서 지정한 하위 폼의 연결 필드 이름

출제유형 ❷ '출제유형2.accdb' 파일을 열어 〈상품정보〉 폼의 본문 영역에 〈화면〉과 같이 〈판매내역〉 폼을 하위 폼으로 추가하시오.

▶ 하위 폼 컨트롤의 이름을 'child판매내역'으로, 하위 폼 레이블의 캡션은 '판매내역'으로 설정하시오.
▶ 기본 폼과 하위 폼을 각각 '상품코드'와 '판매상품' 필드를 기준으로 연결하시오.

① '출제유형2.accdb' 파일을 더블클릭하고, 탐색 창의 〈상품정보〉 폼에서 마우스 오른쪽 버튼을 눌러 [디자인 보기](N)를 클릭한다.

② 〈상품정보〉 폼의 디자인 보기 상태에서 [양식 디자인]-[컨트롤] 그룹의 [컨트롤 마법사 사용](✎)이 선택된 상태에서 [하위 폼/하위 보고서](▦)를 클릭한 후, 본문 영역에서 하위 폼이 시작될 왼쪽 상단 위치부터 하위 폼의 크기만큼 드래그한다.

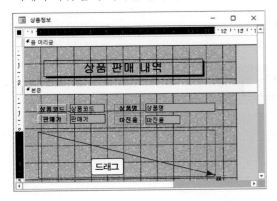

③ [하위 폼 마법사]에서 지시사항에 따라 각 단계에서 화면과 같이 선택하고 [다음]을 클릭한다.

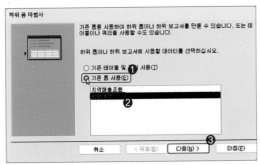

▲ 1단계) 하위 폼의 원본 '판매내역'을 선택하고 [다음] 버튼 클릭

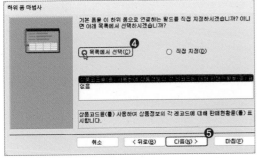

▲ 2단계) '목록에서 선택'과 '상품코드을(를)…'를 선택하고 [다음] 버튼 클릭

🅑 기적의 TIP

연결하는 필드를 사용자가 '직접 지정' 할 수도 있습니다. '직접 지정' 옵션을 선택하고 '폼/보고서 필드:'와 '하위 폼/하위 보고서 필드:'에 각각 '상품코드'와 '판매상품' 필드를 지정해주면 됩니다.

④ [하위 폼 마법사]의 3단계에서 하위 폼 이름으로 **child판매내역**을 입력하고 [마침]을 클릭한다.

⑤ 삽입된 하위 폼 컨트롤의 레이블 안의 'child'를 삭제하여 '판매내역'만 표시되도록 한다.

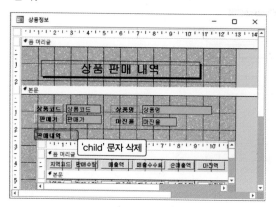

CHAPTER 03

조회 및 출력 기능 구현

학습 방향

보고서 완성은 보고서 디자인 보기에서 관련된 다양한 속성을 설정하는 과정입니다. 따라서 많은 문제를 접해보는 것이 제일 좋은 학습 방법입니다. 최근에는 보고서의 영역을 이해하고 있어야 풀이할 수 있는 문제들이 자주 눈에 뜨입니다. 그렇지만 이번 작업에서는 다른 무엇보다 조건식을 제대로 이해하여 작성하는 방법을 익히고 넘어가야 합니다. 암기가 아닌 이해의 바탕위에서 조회 작업과 관련된 다양한 메서드와 속성을 익히고 직접 프로시저를 작성해보는 것만이 유일한 학습 방법입니다.

01 보고서 완성

난 이 도 상 중 ⓗ
반복학습 ① ② ③

작업파일 [2025컴활1급₩2권_데이터베이스₩이론₩3.조회및출력₩Section01] 폴더에서 작업하시오.

🅑 기적의 TIP

[보고서 완성]
① [탐색] 창의 [보고서] 개체 선택
② 대상 보고서 선택 후 바로 가기 메뉴에서 [디자인 보기] 클릭

🅑 기적의 TIP

보고서 디자인 보기에서 눈금 표시/숨기기
폼이나 보고서 디자인 보기 상태에서 1cm 간격으로 표시되는 눈금은 필요에 따라 감추거나 표시할 수 있습니다. [정렬]-[크기 및 순서 조정] 그룹에서 [크기/공간]-[눈금]을 클릭하면 표시/숨기기가 가능합니다.

출제유형 ❶ '출제유형1.accdb' 파일을 열어 다음의 지시사항 및 화면을 참조하여 〈일일대여현황〉 보고서를 완성하시오.

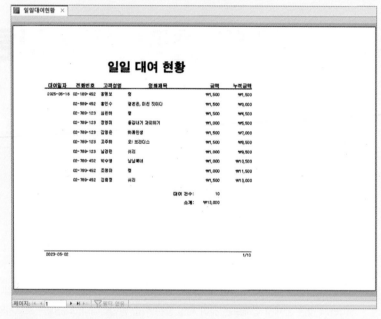

❶ 〈대여목록〉 쿼리를 레코드 원본으로 설정하시오.
❷ '대여일자' 필드를 기준으로 내림차순으로 정렬하되 동일한 대여일자에서는 '전화번호' 필드를 기준으로 오름차순으로 정렬되어 표시하도록 설정하시오.
❸ '대여일자' 필드에 대해서는 그룹 바닥글 영역을 만들고 보고서 바닥글의 모든 컨트롤들을 대여일자 바닥글 영역으로 옮기시오.
❹ 'txt누적금액' 컨트롤에는 대여일자 그룹별 '금액' 필드의 누계 값이 표시되도록 하시오.
❺ 대여일자 바닥글의 'txt대여건수'는 해당 대여일자에 대여한 건수가 표시되고, 'txt소계'는 해당 대여일자에 대여한 금액의 합계를 표시하시오.
❻ '대여일자' 필드의 값이 이전 레코드와 동일한 경우에는 표시되지 않도록 설정하시오.
❼ 대여일자가 바뀌면 새 페이지에 표시되도록 대여일자 바닥글을 설정하시오.
❽ 페이지 바닥글의 'txt페이지'에는 페이지를 '현재페이지/전체페이지'의 형태로 표시되도록 설정하시오.
❾ 페이지 바닥글의 'txt날짜'에는 현재의 시스템 날짜가 화면과 같은 형식으로 표시되도록 설정하시오.
❿ 용지방향이 가로로 인쇄되도록 페이지 설정하시오.

01 레코드 원본

① '2025컴활1급₩2권_데이터베이스₩이론₩3.조회및출력₩Section01' 폴더의 '출제 유형1.accdb' 파일을 더블클릭한다.

② 탐색 창의 〈일일대여현황〉 보고서에서 마우스 오른쪽 버튼을 눌러 [디자인 보기] (🔲)를 클릭한다.

③ [보고서] 디자인 보기 창에서 [보고서] 속성 시트 창이 표시되도록 하기 위해 '보고서 선택기'(■)를 더블클릭하고, [보고서] 속성 시트 창의 [모두] 탭을 클릭한 후 '레코드 원본' 속성에서 목록 단추(⌄)를 클릭하여 '대여목록'을 선택한다.

02 정렬

④ [보고서] 디자인 보기 상태에서 [보고서 디자인]-[그룹화 및 요약] 그룹의 [그룹화 및 정렬](🗒)을 클릭한다.

⑤ [그룹화 및 정렬]에서 첫 번째 정렬 필드를 지정하기 위해 [그룹, 정렬 및 요약]에서 '정렬 추가'를 클릭하여 '대여일자'를 선택한 후 내림차순으로 정렬한다.

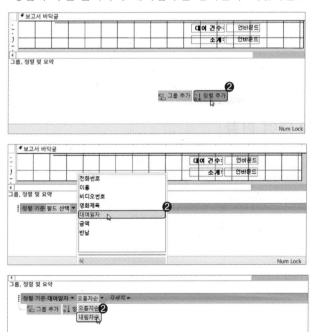

🅱 기적의 TIP

[파일] – [옵션] – [현재 데이터베이스] – 문서 창 옵션에 따라서 작업 창의 모습이 다를 수 있습니다. 즉 탭 문서로 표시되고 속성 시트가 우측에 배치된 형태일 수 있습니다.

🅱 기적의 TIP

[보고서 선택기](■)의 바로 가기 메뉴에서 '정렬 및 그룹화'를 선택하여도 됩니다.

⑥ 두 번째 정렬 필드를 지정하기 위해 [그룹, 정렬 및 요약]에서 '정렬 추가'를 클릭하여 '전화번호'를 선택한 후 오름차순으로 정렬한다.

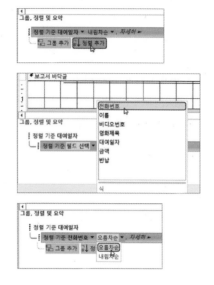

03 그룹 바닥글과 컨트롤 이동

⑦ 이어서 '대여일자' 필드에 그룹 바닥글을 설정하기 위해 정렬 기준 '대여일자'의 *자세히*를 클릭한 후 '바닥글 구역 표시'를 선택한다.

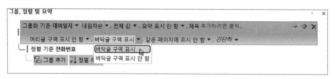

⑧ '보고서 바닥글'의 모든 컨트롤이 선택되도록 마우스 드래그를 한 후 마우스 포인터 모양이 🖐이 될 때 '대여일자 바닥글' 영역으로 드래그하여 이동한다.

04 누적 합계

⑨ 'txt누적금액' 컨트롤에서 마우스 포인터 모양이 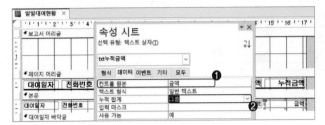이 될 때 더블클릭하여 'txt누적금액' 속성 창이 표시되도록 한다.

⑩ 'txt누적금액' 속성 창의 [데이터] 탭에서 '컨트롤 원본' 속성 입력란의 목록 단추(▼)를 클릭하여 '금액'을 선택하고, '누적 합계' 속성 입력란의 목록 단추(▼)를 클릭하여 '그룹'을 선택한다.

기적의 TIP

'누적 합계' 속성
컨트롤 원본에 지정된 필드나 값에 대해 누적 합계를 구하는 속성으로 다음 3가지로 지정합니다.
- **'아니요'** : 누적 합계 계산을 하지 않고 해당 레코드의 필드나 값을 표시함
- **'그룹'** : 그룹이 새로 시작되면 누적 총계를 0부터 새로 계산하여 그룹별 누적 합계를 구함
- **'모두'** : 전체 레코드에 대해 누적 합계를 구함

05 계산식

⑪ 'txt대여건수' 컨트롤을 선택한 후 'txt대여건수' 속성 창의 [데이터] 탭에서 컨트롤 원본에 =count(*)를 입력하고 Enter 를 누른다.

⑫ 'txt소계' 컨트롤을 선택한 후 'txt소계' 속성 창의 [데이터] 탭에서 컨트롤 원본에 =sum(금액)을 입력하고 Enter 를 누른다.

기적의 TIP

컨트롤 원본에 「=count(*)」를 입력하고 Enter 를 누르는 대신 Tab 이나 마우스 등을 이용해 다른 속성 입력란으로 이동해도 됩니다.

06 중복 내용 숨기기

⑫ 본문의 '대여일자' 컨트롤을 선택한 후 '대여일자' 속성 창의 [형식] 탭에서 '중복 내용 숨기기' 속성 입력란의 '예'를 선택한다.

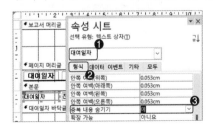

기적의 TIP

'중복 내용 숨기기' 속성 입력란을 '예'로 지정하면 이전 컨트롤 값과 동일한 값이 표시될 경우 동일한 값이 있는 첫 행 이후의 값을 생략하게 됩니다.

⓻ 페이지 바꿈

⑭ 속성 시트 창에서 대여일자 바닥글에 해당하는 '그룹_바닥글0'을 선택하고 [형식] 탭에서 '페이지 바꿈' 속성의 입력란을 '구역 후'로 선택한다.

⓼ 페이지 번호

⑮ '페이지 바닥글'의 'txt페이지' 컨트롤을 선택한 후 'txt페이지' 속성 창의 [모두] 탭에서 '컨트롤 원본' 속성 입력란의 [작성기](⬛)를 클릭한다.

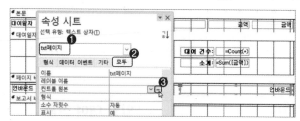

⑯ [식 작성기] 대화상자 하단의 상자에서 '일반 식'을 클릭하고(❶), 'N / M 페이지'를 더블클릭하고(❷), 입력란에 & Page & "/" & Pages "페이지"가 표시되면 맨 왼쪽의 &와 맨 오른쪽의 "페이지" 부분만 블록 설정하여 삭제(❸)한 후 공백(❹)을 입력하고 [확인] 버튼(❺)을 클릭한다.

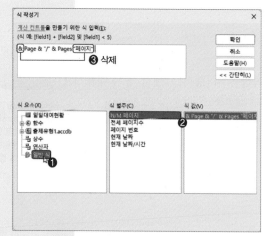

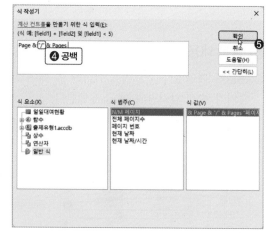

⑰ 컨트롤 원본에 다음과 같이 페이지 번호가 표시되는지 확인한다.

=[Page] & "/" & [Pages]

⑨ 시스템 날짜 표시

⑱ 'txt날짜' 컨트롤을 선택한 후 'txt날짜' 속성 창의 [모두] 탭에서 '컨트롤 원본' 속성 입력란에 **=Date()** 를 입력하고, '형식' 속성 입력란에 네 자리의 년(年), 두 자리의 월 일(月日)을 표현하기 위해 **yyyy-mm-dd**를 설정합니다.

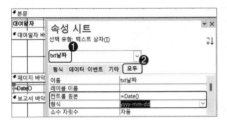

⑩ 용지 방향

⑲ [페이지 설정]-[페이지 레이아웃] 그룹에서 [가로](▭)를 클릭한다.

⑳ 모든 작업이 완료되었다면, 빠른 실행 도구모음에서 [저장](💾) 도구를 눌러 저장한 후 [보고서 디자인]-[보기] 그룹에서 [보기]를 클릭한 후 [인쇄 미리 보기](🔍)를 통해 작성된 내용이 제시된 화면과 동일한지 확인한다.

출제유형 ② '출제유형2.accdb' 파일을 열어 다음의 지시사항 및 화면을 참조하여 〈지역매출현황〉 보고서를 완성하시오.

❶ 1차적으로 '지역명' 필드를 기준으로 오름차순, 2차적으로 '판매수량' 필드를 기준으로 내림차순 정렬하여 표시하시오. 단, 기존의 정렬은 그대로 유지함
  ▶ '지역명'의 바닥글 영역이 화면에 표시되도록 설정
❷ 보고서 바닥글의 모든 컨트롤들을 '지역명 바닥글' 영역으로 옮기시오.
❸ 지역명 바닥글의 'txt매출액평균', 'txt순매출액평균', 'txt마진액평균' 컨트롤에 각각 상품의 매출액과 순매출액, 마진액의 평균을 표시하시오.
  ▶ 통화 형식을 적용하여 표시하시오.
  ▶ 실선의 테두리 스타일을 적용하여 표시하시오.
❹ 지역명 머리글의 'txt지역명' 컨트롤에는 '지역명(지역코드)'과 같은 형식으로 표시되도록 설정하시오.
  ▶ 표시 예 : 강릉(GR1)
❺ 본문 'txt순번' 컨트롤에는 그룹별 각 레코드 번호를 1,2,3,4… 순으로 1씩 증가하여 표시되도록 설정하시오.
❻ '지역명 머리글' 영역이 매 페이지 반복해서 표시되도록 설정하시오.
❼ 페이지 바닥글의 'txt날짜'에는 현재의 시스템 날짜가 다음과 같은 형태로 표시되도록 설정하시오.
  ▶ 현재 날짜가 2025년 8월 1일이면 '2025년 08월 01일'과 같이 표시하시오.
❽ 페이지 바닥글의 'txt페이지'에 '전체 5쪽중 1쪽'과 같이 표시되도록 설정하시오.

01 정렬 및 그룹화

① '출제유형2.accdb' 파일을 더블클릭하고, 탐색 창의 〈지역매출현황〉 보고서에서 마우스 오른쪽 버튼을 눌러 [디자인 보기](📐)를 클릭한다.

② [보고서 디자인]–[그룹화 및 요약] 그룹의 [그룹화 및 정렬](📊)을 클릭한다.

③ 두 번째 정렬 필드를 지정하기 위해 [그룹, 정렬 및 요약]에서 '정렬 추가'를 클릭하여 '판매수량'을 선택한 후 내림차순으로 정렬한다.

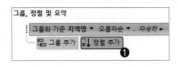
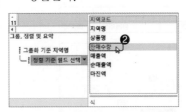
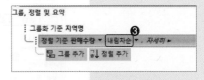

④ 이어서 '지역명' 필드에 그룹 바닥글을 설정하기 위해 '그룹화 기준 지역명'의 *자세히* ▶를 클릭한 후 '바닥글 구역 표시'를 선택한다.

B 기적의 TIP

'바닥글' 구역 크기 조절
'지역명 바닥글' 영역의 높이를 조정할 때는 '지역명 바닥글' 영역과 '페이지 바닥글' 영역 경계에서 마우스 포인터가 ➕이 될 때 드래그하면 됩니다.

02 컨트롤 이동

⑤ '보고서 바닥글'의 모든 컨트롤이 선택되도록 마우스 드래그를 한 후, 마우스 포인터 모양이 ✥이 될 때 '지역명 바닥글' 영역으로 드래그하여 이동한다.

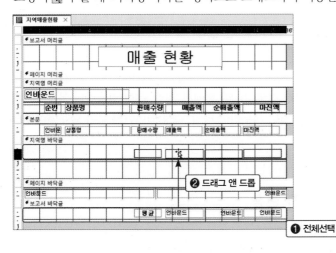

B 기적의 TIP

모든 컨트롤이 선택되도록 눈금자의 선택기 ➡를 이용할 수도 있습니다. 특히 선 컨트롤 Line230이 누락되지 않도록 유의해주세요.

03 계산식

⑥ '지역명 바닥글' 영역의 'txt매출액평균' 컨트롤을 선택한 후 'txt매출액평균' 속성 창의 [모두] 탭에서 컨트롤 원본에 =Avg(매출액)을 입력하고 Enter 를 누른다.

⑦ ⑥과 같은 방법으로 'txt순매출액평균' 컨트롤과 'txt마진액평균' 컨트롤의 컨트롤 원본에 다음과 같이 입력한다.

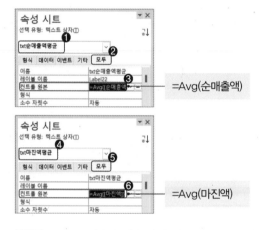

기적의 TIP

[서식]-[컨트롤 서식] 탭의 [도형 윤곽선]에서 선의 두께(▦)와 종류(▦)를 설정할 수 있습니다.

⑧ Shift 를 누른 채 'txt매출액평균', 'txt순매출액평균', 'txt마진액평균' 컨트롤을 선택한 후, [여러 항목 선택] 속성 창의 [형식] 탭에서 '형식' 속성 입력란의 목록 단추(▾)를 클릭하여 '통화'를 선택하고, '테두리 스타일' 속성 입력란의 목록 단추(▾)를 클릭하여 '실선'을 선택한다.

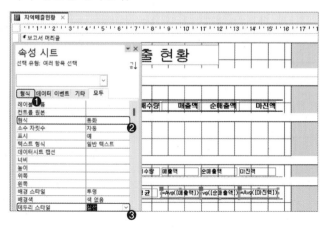

04 컨트롤 원본

⑨ 'txt지역명' 컨트롤을 선택한 후 'txt지역명' 속성 창의 [모두] 탭에서 컨트롤 원본에 **=[지역명] & "(" & [지역코드] & ")"**를 입력한다.

B 기적의 TIP

필드와 필드의 연결 표시
기출 문제에 자주 출제되는 형태의 문제로 여러 개의 필드 값을 하나의 문자열로 표시할 때는 문자열 연결 연산자인 &를 사용하여 필드 이름을 연결합니다.
큰 따옴표("")로 감싸진 내용은 화면에 그대로 표시되는 텍스트입니다.

05 누적 합계

⑩ 'txt순번' 컨트롤을 선택한 후 'txt순번' 속성 창의 [데이터] 탭에서 '컨트롤 원본' 입력란에 **=1**을 입력하고, '누적 합계' 속성 입력란의 목록 단추(▼)를 클릭하여 '그룹'을 선택한다.

B 기적의 TIP

보고서에서 특정 컨트롤에 [일련번호가 표시되도록 설정]하란 문제가 출제되면 ⑩처럼 작업하세요.

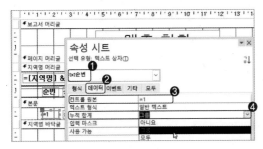

06 반복 실행 구역

⑪ [지역명 머리글] 구역 표시줄을 선택한 후 '그룹_머리글0' 속성 창의 [형식] 탭에서 '반복 실행 구역' 속성 입력란의 '예'를 선택한다.

07 날짜형식

⑫ 'txt날짜' 컨트롤을 선택한 후 'txt날짜' 속성 창의 [모두] 탭에서 '컨트롤 원본' 입력
란에 **=Date()**를, '형식' 입력란에 **yyyy년 mm월 dd일**을 입력하고 Enter를 누른다.
(입력란 내용이 'yyyy"년 "mm"월 "dd₩일'로 표시됨)

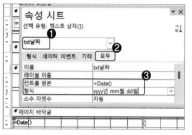 

▲ Enter를 누른 후 변경된 모양

08 페이지 번호

⑬ 'txt페이지' 컨트롤을 선택한 후 'txt페이지' 속성 창의 [모두] 탭에서 컨트롤 원본에
="전체 " & Pages & "쪽중 " & Page & "쪽"을 입력한다.

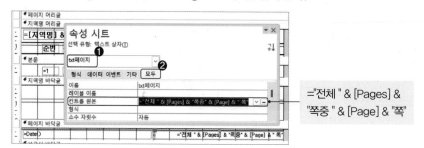

="전체 " & [Pages] &
"쪽중 " & [Page] & "쪽"

➕ 더 알기 TIP

보고서 구역 주요 속성

속성	설명
페이지 바꿈	다른 페이지에 인쇄할 것인지 여부를 지정하는 속성
행 또는 열 바꿈	새로운 행이나 열에 인쇄할 것인지를 지정
같은 페이지에	구역을 모두 한 페이지에 인쇄할지 여부 지정
표시	화면에 보일 것인지 여부 지정
반복 실행 구역	그룹 머리글을 다음 페이지나 열에도 반복하여 인쇄할 것인지를 지정

홀수 페이지 번호만 표시하기

="전체 " & IIf([Page] Mod 2=1,[Pages] & "쪽중 " & [Page] & "쪽,"")
　　　　　　　　A　　　　　　　　　B　　　　　　　　C

A가 홀수면(현재 페이지를 2로 나눈 나머지가 1이면) B를, 그렇지 않으면 C(공백)을 반환한다.

SECTION

02 조회 작업

▶ 합격 강의

난 이 도 (상) 중 하
반복학습 1 2 3

작업파일 [2025컴활1급₩2권_데이터베이스₩이론₩3.조회및출력₩Section02] 폴더에서 작업하시오.

➕ 더 알기 TIP

조회

● **작업파일** [2025컴활1급₩2권_데이터베이스₩이론₩3.조회및출력₩Section02₩고객.accdb]

• 조회란 검색할 레코드를 지정하는 조건과, 그 조건에 의한 검색 결과를 말한다.

• 폼에 있는 컨트롤 값으로 지정한 레코드만 폼에 표시(출력)하거나, 새로운 폼이나 보고서를 열어서 지정한 레코드만 출력할 수 있다.

• 다음은 〈정보검색〉 폼의 [고객정보 폼열기] 버튼을 누르는 이벤트 프로시저이며 아무런 검색 조건 없이 〈고객정보〉 폼을 여는 경우로, 폼의 레코드 원본인 〈고객〉 테이블의 레코드가 모두 출력됨을 알 수 있다.

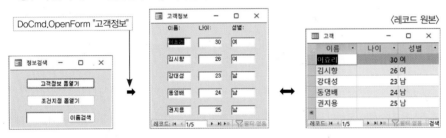

• 다음은 [조건지정 폼열기]를 클릭하면 〈고객정보〉 폼을 열어 [이름] 필드 값이 '김시향'인 레코드만 표시하는 경우로 "이름='김시향'"이라는 조건과, 그 조건에 의한 검색 결과만 폼의 레코드 원본에서 조회됨을 보여준다.

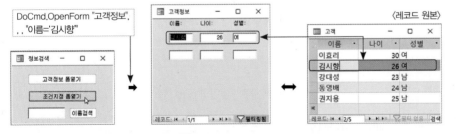

• 다음은 [이름검색]을 클릭할 경우 〈고객정보〉 폼을 열어 [이름] 필드 값이 Txt이름에 입력한 값(이효리)과 같은 조건인 경우만 레코드 원본에서 표시하는 조회에 대해서 설명하고 있다.

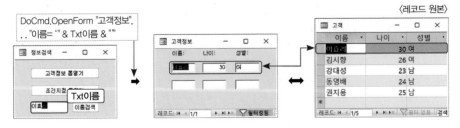

조건식

● **작업파일** [2025컴활1급₩2권_데이터베이스₩이론₩3.조회및출력₩Section02₩조건문.accdb]

조건식이란 검색할 레코드를 사용자가 지정하고자 할 때 표현하는 식으로, SELECT 문의 WHERE 절이 대표적이다. 〈회원〉 테이블에서 WHERE 절을 활용하여 ❶과 같이 처리하면 '지역'이 '외계'인 조건에 맞는 레코드를 검색하게 되는데 이와 같은 형식으로 사용되는 ❶식을 조건식이라 한다.

이름	지역	나이
김태희	서울	25
전지현	경기	26
남규리	서울	23
노홍철	외계	30
최강희	외계	33

▲ 〈회원〉 테이블

SELECT 이름, 지역 FROM 회원 WHERE 지역 = "외계";
　　　　　　　　　　　　　　　　❶

이름	지역
노홍철	외계
최강희	외계

▲ 조회 결과

• 데이터 형식에 따른 조건식 작성

필드의 데이터 형식에 따라 조건식을 작성하는 문법이 달라지므로, 폼의 컨트롤에 입력된 값과 필드를 비교하는 조건식을 작성해야 할 경우 필드의 데이터 형식이 텍스트인지, 숫자인지 잘 파악해서 조건식을 완성해야 한다. 다음 절차에 따라서 조건식을 작성하는 정확하고 간략한 방법을 알아보도록 하자.

▲ 〈학생〉 테이블

필드	데이터 형식
생년	숫자
학교	짧은 텍스트
이름	짧은 텍스트

▲ 〈학생〉 테이블의 데이터 형식

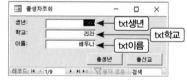

▲ 〈출생자조회〉 폼의 컨트롤

[1단계] 필드의 데이터 형식을 파악하는 단계

조건식에 사용될 필드의 데이터 형식이 숫자인지 텍스트인지 파악하도록 한다. [데이터베이스] 탐색 창의 [테이블] 개체에서
▦〈학생〉테이블의 바로 가기 메뉴 중 [디자인 보기]를 클릭하면 알 수 있다.

필드 이름	데이터 형식	설명(옵션)
생년	숫자	
학교	짧은 텍스트	
이름	짧은 텍스트	

◀ 〈학생〉 테이블의 디자인 보기

[2단계] 작은 따옴표로 숫자와 텍스트를 구분하는 단계

폼의 컨트롤에 입력된 값과 필드를 비교하는 조건식을 구성하는 기본 형식은 필드 = 컨트롤이다. 다만 필드의 데이터 형식이 숫
자인지, 텍스트인지에 따라서 컨트롤에 작은 따옴표를 추가시켜 서로 구분을 해주어야 한다.

데이터 형식	작은 따옴표 사용 여부	식 표현
숫자	×	생년 = txt생년
텍스트	○	학교 = ' txt학교 '

[3단계] 큰 따옴표로 컨트롤을 구분하는 단계

컨트롤은 그대로 두고, 나머지 부분을 큰 따옴표로 묶는다. 이는 앞서 숫자와 텍스트를 구분하기 위해서 사용한 작은 따옴표를 묶
어서 처리하기 위함이다.

데이터 형식	식 표현
숫자	"생년 =" txt생년
텍스트	"학교 = '" txt학교 "'"

[4단계] 앰퍼샌드(&)로 컨트롤과 연결하는 단계

마지막으로 올바른 식을 완성하기 위해서는 컨트롤과 나머지 부분들을 앰퍼샌드(&)로 연결해야 한다.

• 데이터 형식이 날짜일 때 조건식 작성

데이터 형식이 날짜인 경우 컨트롤에 붙이는 작은 따옴표 대신 #을 넣어서 구분해주면 된다.

예 "수강일 = #" & txt날짜 & "#"

• 컨트롤 값이 포함된 조건식 작성

데이터 형식이 텍스트이고 컨트롤 값이 포함된 데이터를 검색해야 한다면 컨트롤의 앞뒤로 *를 붙이고, = 대신 like 연산자를 사
용한 후 텍스트 데이터 조건식 작성법을 따르면 된다.

예 "강좌명 like ' * '" & txt찾기 & " * '"

• 두 가지 조건을 모두 만족하는 조건식

데이터 형식이 텍스트이고 동아리명, 코드명 두 가지 조건이 모두 일치하는 경우의 조건식을 세우려면 두 조건을 AND 연산자로
묶어 처리하면 된다.

예 "동아리명 = '" & txt동아리명 & "' AND 코드명 = '" & txt코드명 & "'"

> **🅑 기적의 TIP**
>
> 아무리 복잡하게 보이는 조건식이라도 컨트롤만 따로 떼놓고 큰 따옴표, 작은 따옴표, #, & 등을 분석해보세요. 원리만 파악하면 절대 어
> 렵거나 실수하는 부분이 아닙니다.

기적의 TIP

지금부터 작업할 때는 보안 경고 메시지 표시줄의 [콘텐츠 사용] 단추를 클릭하세요.

출제유형 ① '거래처별구매정보.accdb' 파일을 열어 작업하시오.

〈Filter, FilterOn〉

조건에 해당하는 데이터를 걸러서 표시해주는 Filter와 이를 적용시켜 주는 FilterOn 속성에 대해 알아보자.

Me.Filter = 조건식

Me.FilterOn = True

---

❶ 〈거래처별 구매정보〉 폼의 'cmb거래처찾기'에서 거래처를 선택하고, '레코드 찾기(cmd찾기)' 버튼을 클릭하면 선택된 거래처에 해당하는 '구매내역' 레코드 정보를 보여주는 기능을 수행하도록 구현하시오.
  ▶ Filter, FilterOn 속성을 이용하여 이벤트 프로시저를 작성하시오.
❷ 〈년월일조회〉 폼에서 'txt년', 'txt월' 'txt일'에 순서대로 년, 월, 일을 입력하고 '년월일조회(cmd조회)' 버튼을 클릭하면 입력한 '구매일자'에 해당하는 레코드 정보를 보여주는 이벤트 프로시저를 Filter, FilterOn 속성을 이용하여 작성하시오.

① 〈거래처별 구매정보〉 폼은 하위 폼을 가지고 있으며, '거래처명' 필드로 연결되어있다. 따라서 'cmb거래처찾기'에서 거래처명을 선택하고 '레코드 찾기(cmd찾기)' 버튼을 클릭하면 Filter된 거래처명의 상세 정보를 폼에 나타낼 수 있다.

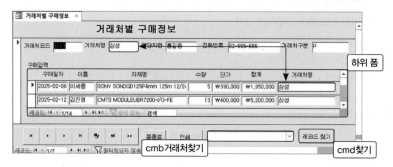

기적의 TIP

이벤트 프로시저를 선택하지 않고 작성기 단추만 누른 다음 '코드 작성기'를 선택해도 됩니다.

② 탐색 창의 〈거래처별 구매정보〉 폼에서 마우스 오른쪽 버튼을 눌러 메뉴의 [디자인 보기](🔲)를 클릭한 후 'cmd찾기' 명령 단추를 선택하여 해당 속성 시트 창에 설정한다.
③ 'cmd찾기' 속성 창에서 [이벤트] 탭을 클릭한 후 On Click의 이벤트 프로시저를 선택하고 [작성기](🔲)를 클릭하여 VBA 편집 상태로 넘어간다.

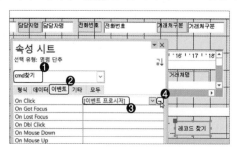

④ 코드 창에 다음과 같이 이벤트 프로시저를 작성한다.

① Private Sub cmd찾기_Click()
　② Me.Filter = "거래처명 = '" & cmb거래처찾기 & "'"
　③ Me.FilterOn = True
④ End Sub

① 'cmd찾기' 명령 단추 컨트롤을 클릭하는 이벤트 프로시저를 작성한다.
② 'cmb거래처찾기' 콤보 상자 컨트롤에서 선택한 값과 '거래처명' 필드 값이 동일한 레코드를 현재 폼 (Me)의 Filter 속성에 정의한다.
③ 현재 폼 개체의 Filter 속성에 정의된 Filter를 적용(True)한다.
④ 프로시저를 종료한다.

⑤ 탐색 창의 〈거래처별 구매정보〉 폼에서 마우스 오른쪽 버튼을 눌러 [디자인 보기] (🅽)를 클릭한 후 'cmd조회' 명령 단추를 속성 시트 창에서 선택한다.

⑥ 'cmd조회' 속성 시트 창의 이벤트 탭을 클릭한 후 On Click의 이벤트 프로시저를 선택하고 [작성기](⋯)를 클릭하여 VBA 편집 상태로 넘어간다.

⑦ 코드 창에 다음과 같이 이벤트 프로시저를 작성한다.

① Private Sub cmd조회_Click()
　② Me.Filter = "Year([구매일자]) =" & txt년 & "And Month([구매일자]) =" & txt월 & "And Day([구매일자]) =" & txt일
　③ Me.FilterOn = True
④ End Sub

① 'cmd조회' 명령 단추 컨트롤을 클릭하는 이벤트 프로시저를 작성한다.
② '구매일자'에서 년(Year), 월(Month), 일(Day)을 구해 'txt년', 'txt월', 'txt일'에 입력된 값과 동일한 레코드를 현재 폼(Me)의 Filter 속성에 정의한다.
③ 현재 폼 개체의 Filter 속성에 정의된 Filter를 적용(True)한다.
④ 프로시저를 종료한다.

➕ **더 알기 TIP**

조건식 작성 순서

[1단계] 필드의 데이터 형식을 파악하는 단계
• 〈거래처별 구매정보〉 폼의 레코드 원본은 〈거래처〉 테이블이다.
• 〈거래처〉 테이블의 [거래처명] 필드는 데이터 형식이 '텍스트'이다.

[2단계] 작은 따옴표로 숫자와 텍스트를 구분하는 단계
• 기본 형식인 **필드 = 컨트롤**에 대입하면 **거래처명 = cmb거래처찾기**가 된다.
• [거래처명] 필드의 데이터 형식이 **텍스트**이므로 **작은 따옴표**로 구분을 해야 한다.

> 거래처명 = ' cmb거래처찾기 '

🅱 **기적의 TIP**

작성한 프로시저가 실행되지 않을 경우 [파일]–[옵션]–[보안 센터]에서 [보안 센터 설정]을 클릭하고 'ActiveX 설정'과 '매크로 설정'을 확인합니다. 각각 '최소한의 제한 사항으로 모든 컨트롤을 사용하기 전에 확인', '모든 매크로 제외(알림 표시)' 정도로 설정하도록 합니다.

🅱 **기적의 TIP**

Year, Month, Day 날짜 함수는 년, 월, 일을 반환하는 함수입니다.

조회 작업 SECTION 02 2-119

[3단계] 큰 따옴표로 컨트롤을 구분하는 단계

- 컨트롤을 제외한 나머지 부분을 큰 따옴표로 묶어서 구분한다.

"거래처명 = '" cmb거래처찾기 "'"

[4단계] 앰퍼샌드(&)로 컨트롤과 연결하는 단계

- 컨트롤과 나머지 부분을 앰퍼샌드로 연결하여 처리한다.

"거래처명 = '" & cmb거래처찾기 & "'"

출제유형 ❷ **'제품별조회.accdb' 파일을 열어 작업하시오.**

〈RecordsetClone, FindFirst, Bookmark〉

현재 폼(Me)의 레코드 원본(Recordset)을 복사(제)하는 RecordsetClone 속성, 특정 레코드를 고유하게 식별하여 책갈피를 꽂아두는 Bookmark 속성, 처음부터 끝 방향으로 값을 찾아주는 FindFirst 메서드에 대해서 알아보자.

Me.RecordsetClone.FindFirst 조건식

Me.Bookmark = Me.RecordsetClone.Bookmark

🎁 기적의 TIP

속성은 '=' 다음에 값을 정의하지만 메서드는 '=' 없이 값을 정의함에 유의하세요.

〈제품별조회〉 폼의 상단에 있는 'txt조회' 컨트롤에 제품코드를 입력하고 '찾기(cmd찾기)' 버튼을 클릭하면 입력된 제품코드에 해당하는 제품 레코드 정보를 보여주는 기능을 수행하도록 구현하시오.

🎁 기적의 TIP

[데이터베이스 도구] - [관계] 탭의 [관계]를 눌러보면 하위 폼은 기본 폼의 레코드 원본인 〈제품코드〉 테이블의 '제품코드' 필드와 일대다의 관계가 형성되어 있음누 알 수 있습니다.

① 〈제품별조회〉 폼의 레코드 원본은 〈제품코드〉 테이블이며, '제품명' 필드와 하위 폼으로 연결되어 있다. 따라서 'txt조회' 컨트롤에 값을 입력하고 'cmd찾기' 버튼을 누르면 폼의 레코드 원본에서 관련 정보를 찾아 표시할 수 있게 된다.

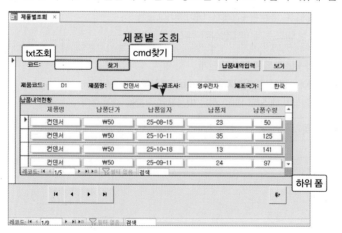

② 〈제품별조회〉 폼을 [디자인 보기](📐)로 열고, 속성 시트 창에서 '찾기(cmd찾기)' 버튼을 선택한 후 [이벤트] 중 On Click의 [이벤트 프로시저]를 선택하고 [작성기](⬚)를 클릭한다.

③ 코드 창에 다음과 같이 이벤트 프로시저를 작성한다.

```
Private Sub cmd찾기_Click()
① Me.RecordsetClone.FindFirst "제품코드 = '" & txt조회 & "'"
② Me.Bookmark = Me.RecordsetClone.Bookmark
End Sub
```

① 현재 폼의 레코드 원본을 복사한 다음, 복사된 개체에서 'txt조회' 컨트롤에 입력된 값과 제품코드가 동일한 첫 번째 레코드를 검색한다.
② 복사한 개체에서 찾은 레코드의 책갈피를 현재 폼의 책갈피로 대입한다.

> **출제유형 ❸** **'강좌정보찾기.accdb' 파일을 열어 작업하시오.**
>
> 〈RecordSource〉
> 폼이나 보고서의 레코드 원본을 지정해주는 RecordSource 속성을 이용하면 조건에 맞는 레코드 원본으로 재설정하여 폼에 표시하는 데이터를 변경할 수 있다.
> Me.RecordSource = SELECT문 WHERE 조건식
>
> 〈강좌정보찾기〉 폼의 '찾기(cmd찾기)' 버튼을 클릭하면 '강좌명'에 해당하는 강좌정보 레코드를 보여주는 기능을 수행하시오.
>
> ▶ 현재 폼의 RecordSource 속성을 이용한 레코드 원본 재설정 방식으로 이벤트 프로시저를 작성하시오.
> ▶ 정확한 강좌명을 입력할 때만 찾을 수 있도록 하시오.

① 〈강좌정보찾기〉 폼의 레코드 원본은 〈강좌〉 테이블이다. 'txt찾기'에 강좌명을 입력하고 '찾기(cmd찾기)' 버튼을 클릭하면 RecordSource 속성에 의해, 입력된 강좌명에 해당하는 데이터로 레코드 원본을 재설정하여 폼에 표시하게 된다.

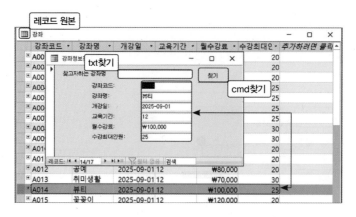

레코드 원본

txt찾기

cmd찾기

② 'cmd찾기' 버튼에 다음과 같은 클릭 이벤트 프로시저를 작성한다.

```
Private Sub cmd찾기_Click()
    ① Me.RecordSource = "Select * From 강좌 Where 강좌명 = '" & txt찾기 & "'"
End Sub
```

① 현재 폼의 'txt찾기' 컨트롤에 입력된 값과 강좌명(필드)이 일치하는 〈강좌〉 테이블의 정보를 찾아서 레코드 원본으로 재설정한다.

➕ 더 알기 TIP

'조건' 입력 시 주의사항

[1단계] 필드의 데이터 형식을 파악하는 단계

- 〈강좌정보찾기〉 폼의 레코드 원본은 〈강좌〉 테이블이다.
- 〈강좌〉 테이블의 [강좌명] 필드는 데이터 형식이 '텍스트'이다.

[2단계] 작은 따옴표로 숫자와 텍스트를 구분하는 단계

- SELECT문 WHERE 조건식에서, 조건식의 기본 형식인 **필드 = 컨트롤**을 대입하면 **강좌명 = txt찾기**가 된다.
- [강좌명] 필드의 데이터 형식이 **텍스트**이므로 **작은 따옴표(' ')**로 구분을 해야 한다.

> Select * From 강좌 Where **강좌명 = ' txt찾기 '**

[3단계] 큰 따옴표로 컨트롤을 구분하는 단계

- 컨트롤을 제외한 나머지 부분을 큰 따옴표로 묶어서 구분한다.

> "Select * From 강좌 Where **강좌명 = '"** txt찾기 **"'"**

[4단계] 앰퍼샌드(&)로 컨트롤과 연결하는 단계

- 컨트롤과 나머지 부분을 앰퍼샌드로 연결하여 처리한다.

> "Select * From 강좌 Where **강좌명 = '"** & txt찾기 & **"'"**

'DoCmd.accdb' 파일을 열어 작업하시오.

〈폼 닫기〉

DoCmd 개체의 Close 메서드를 이용하면, 지정한 액세스의 창을 닫거나 아무 것도 지정하지 않았을 경우에는 현재 창을 곧바로 닫을 수 있다.
DoCmd.Close

〈동아리정보〉 폼의 '닫기(cmd닫기)' 버튼을 클릭하면 폼이 닫히도록 기능을 구현하시오.

① 〈동아리정보〉 폼을 [디자인 보기](🔲)로 연 후 '닫기(cmd닫기)' 버튼을 선택하고 'cmd닫기' 속성 창의 [이벤트] 탭에서 On Click의 [작성기](⬜)를 클릭한 후 '코드 작성기'를 선택하고 [확인]을 클릭한다.

② 다음과 같이 DoCmd 개체에 Close 메서드를 적용한다.

```
Private Sub cmd닫기_Click()
    ① DoCmd.Close
End Sub
```
① 현재 창을 닫는다.

Close 메서드에 지금처럼 아무런 인수도 지정하지 않으면, 현재 창을 닫습니다.

➕ **더 알기 TIP**

Close 메서드의 인수를 활용하면 좀 더 세밀한 설정이 가능해진다.

```
① Private Sub cmd닫기_Click()
    ② DoCmd.Close acForm, "동아리정보", acSavePrompt
           개체유형      개체이름      저장방법
③ End Sub
```
① 'cmd닫기' 명령 단추 컨트롤을 클릭하는 이벤트 프로시저를 작성한다.
② 동아리정보(개체이름) 폼(개체유형, acForm)을 닫을 때 개체 저장 여부(acSavePrompt)를 물어본다.
③ 프로시저를 종료한다.

기적의 TIP

'보기형식'과 '필터명'은 선택 요소로, 생략하면 기본 값으로 처리됩니다. 특별한 언급이 있을 때 처리하도록 합니다.

출제유형 ⑤ 'DoCmd.accdb' 파일을 열어 작업하시오.

〈조건에 맞게 폼 열기〉

DoCmd 개체의 OpenForm 메서드를 이용하면 조건에 맞는 데이터로 폼을 열 수 있다.
DoCmd.OpenForm "폼 이름", 보기형식, 필터명, 조건식

〈동아리정보〉 폼의 '회원명부(cmd회원명부)' 버튼을 클릭하면 다음과 같은 기능이 구현되도록 하시오.

▶ '회원명부(cmd회원명부)' 버튼을 클릭하면 〈동아리회원명부〉 폼이 열리도록 하시오.

▶ 현재 폼에 표시되어 있는 동아리의 회원명부가 표시되도록 할 것

※ 현재 폼에 표시되는 동아리가 '테니스'이면 테니스 동아리의 회원명부가 표시되도록 할 것

기적의 TIP

클릭하면 열리는 폼 쪽의 레코드 원본을 비교할 필드의 기준으로 삼아야 합니다.

① 〈동아리정보〉 폼의 '동아리명'이 '테니스'가 되도록 탐색 단추를 눌러 레코드 번호 상자를 '4'로 맞추고 '회원명부' 버튼을 누르면, 테니스에 관련된 정보로 〈동아리회원명부〉 폼이 열려야 한다. 이렇게 동작하게 하려면 〈동아리회원명부〉 폼의 레코드 원본 중 '동아리명' 필드와 값을 비교하는 조건식을 세우면 된다.

기적의 TIP

기본 폼과 하위 폼은 '동아리코드' 필드끼리 일대다의 관계로 연결되어 있습니다. 따라서 기본 폼의 검색 정보를 하위 폼에 자세하게(여러 개) 나타낼 수 있습니다.

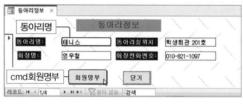

◀ 클릭하면 열리는 폼

기적의 TIP

하위 폼의 레코드 원본인 〈회원〉 테이블에서 '동아리코드' 필드 값이 4인 경우. 즉 '동아리명' 필드 값이 '테니스'인 경우에 해당하는 정보를 보여줍니다.

◀ 기본 폼과 하위 폼의 레코드 원본은 '동아리코드' 필드로 연결되어 있음

② '회원번호(cmd회원명부)' 버튼에 'On Click' 이벤트 프로시저를 다음과 같이 작성한다. DoCmd 개체의 OpenForm 메서드를 이용하되 조회된 결과로만 폼이 열리도록 조건식을 작성한다.

```
Private Sub cmd회원명부_Click()
    ① DoCmd.OpenForm "동아리회원명부", acNormal, , "동아리명 = '" & 동아리명 & "'"
End Sub
```

① 〈동아리회원명부〉 폼을 열 되, '동아리명' 컨트롤에 입력된 값과 '동아리명(필드)'이 일치하는 조건으로 연다.

🅑 기적의 TIP

acNormal은 폼 보기로 폼을 열겠다는 뜻입니다. 설정하지 않아도 기본 값으로 처리됩니다.

🅑 기적의 TIP

코드를 작성할 때, 띄어쓰기에 유의해야만 오류없이 동작합니다.

➕ 더 알기 TIP

조회 기능 구현 방법

폼에서 특정 조건에 맞는 레코드를 조회하는 방법에서 시험에 자주 출제되는 유형은 다음과 같은 4가지 유형이 있으며, 유형 1~3은 자주 출제된다.

1. Filter 속성

폼의 레코드 원본에 조건에 따라 필터링을 지정하는 속성으로, Filter 속성으로 조회할 조건을 지정한 후에 Filter 속성이 실행되게 하려면 FilterOn 속성을 True로 지정해야 한다. FilterOn 속성이 False로 지정되면 Filter 속성과 상관없이 필터가 해제되어 모든 레코드가 표시된다.

구문형식	폼이름.Filter = "조건식" 폼이름.FilterOn = True
예	① Me.Filter = "비디오번호 = '" & txt검색 & "'" ② Me.FilterOn = True ① 현재 폼에 '비디오번호' 필드가 'txt검색' 컨트롤의 값과 일치하는 레코드만 표시되도록 필드 조건을 지정한다. ② ①의 필터를 실행한다.

2. RecordSource 속성

폼이나 보고서의 '레코드 원본' 속성을 변경하는 속성으로 SELECT 문을 사용하여 조회 조건뿐 아니라 레코드 정렬 등도 지정할 수 있다.

구문형식	폼이름.RecordSource = "SELECT문 WHERE 조건식"
예	Me.RecordSource = "Select * From 비디오 Where 비디오번호 = '" & txt검색 & "'" 〈비디오〉 테이블에서 '비디오번호' 필드가 'txt검색' 컨트롤의 값과 일치하는 레코드만으로 현재 폼의 레코드 원본으로 지정한다.

3. RecordsetClone, Bookmark, FindFirst

Filter나 RecordSource 속성이 조건에 맞는 레코드만 화면에 표시하는 방법인데 비해 FindFirst 메서드와 Bookmark 속성을 사용하면 조건에 맞는 첫 번째 레코드로 현재 레코드 위치가 이동된다.

구문형식	폼이름.RecordsetClone.FindFirst "조건식"
예	① Me.RecordsetClone.FindFirst "비디오번호 = '" & txt검색 & "'" ② Me.Bookmark = Me.RecordsetClone.Bookmark ① 현재 폼의 레코드셋을 복사한 개체에서 '비디오번호' 필드가 'txt검색' 컨트롤의 값과 일치하는 첫 번째 자료를 찾아 이동한다. ② Bookmark 속성을 이용하여 현재 폼의 레코드 위치가 ①에서 검색된 레코드 위치가 되도록 한다.

4. ApplyFilter 매크로 함수

- Filter/FilterOn 속성을 매크로 함수로 실행하는 기능이며 조건에 맞는 자료를 필터링하여 표시한다.
- 필터를 제거하고 모든 레코드를 표시할 때는 ShowAllRecords 매크로 함수를 사용한다.

구문형식	ApplyFilter 매크로 함수
예	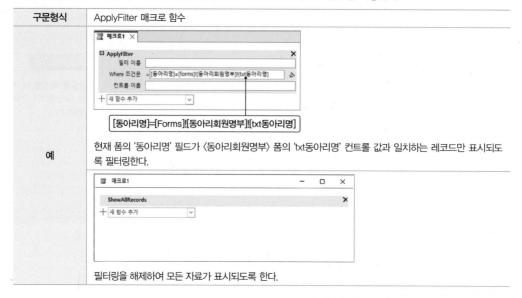 [동아리명]=[Forms]![동아리회원명부]![txt동아리명] 현재 폼의 '동아리명' 필드가 〈동아리회원명부〉 폼의 'txt동아리명' 컨트롤 값과 일치하는 레코드만 표시되도록 필터링한다. 필터링을 해제하여 모든 자료가 표시되도록 한다.

Filter, FindFirst에서 조건식을 지정할 때 주의 사항

- 조회 조건을 지정할 때 필드의 데이터 형과 컨트롤 값에 따라 작은 따옴표(' ')와 연결(&) 연산자 등을 사용한다.
- 컨트롤을 제외한 나머지는 큰 따옴표("")로 묶고 텍스트 형식으로 입력되는 값은 앞뒤에 작은 따옴표(' ')가 붙여지도록 한다.
- 컨트롤 이름, 변수 등은 큰 따옴표 안에 포함될 수 없으므로 연결(&) 연산자로 연결한다.

1. 검색 필드 데이터 형식이 숫자 데이터일 때

조건으로 사용할 검색 필드의 데이터 형이 숫자 데이터 형식인 경우에는 검색할 숫자나 컨트롤 이름을 그대로 사용한다.

예 1	Me.Filter = "가격 >= 1000"
	'가격' 필드 값이 1000 이상인 레코드만 표시하도록 필터 조건을 지정한다.
예 2	Me.Filter = "가격 >= " & txt가격
	'가격' 필드 값이 'txt가격' 컨트롤 값 이상인 레코드만 표시하도록 필터 조건을 지정한다.
예 3	Me.Filter = "가격 >= 1000 AND 가격 <= 2000"
	'가격' 필드 값이 1000 이상이고 2000 이하인 레코드만 표시하도록 필터 조건을 지정한다.
예 4	Me.Filter = "가격 >= " & txt시작가 & " AND 가격 <= " & txt종료가
	'가격' 필드 값이 'txt시작가' 컨트롤 값 이상이고 'txt종료가' 컨트롤 값 이하인 레코드만 표시하도록 필터 조건을 지정한다.

2. 검색 필드 데이터 형식이 문자 데이터일 때

조건으로 사용할 검색 필드의 데이터 형이 텍스트 데이터 형식인 경우에는 검색할 문자나 컨트롤 이름의 앞뒤에 작은 따옴표(' ')를 붙여 사용한다.

예 1	Me.Filter = "감독 = '홍길동'"
	'감독' 필드 값이 '홍길동'인 레코드만 표시하도록 필터 조건을 지정한다.
예 2	Me.Filter = "감독 = '" & txt조회 & "'"
	'감독' 필드 값이 'txt조회' 컨트롤 값과 같은 레코드만 표시하도록 필터 조건을 지정한다.
예 3	Me.Filter = "영화제목 Like '＊인생＊'"
	'영화제목' 필드 값에 '인생'이란 단어가 포함되어 있는 레코드만 표시하도록 필터 조건을 지정한다.
예 4	Me.Filter = "영화제목 Like '＊" & txt조회 & "＊'"
	'영화제목' 필드 값에 'txt조회' 컨트롤 값이 포함되어 있는 레코드만 표시하도록 필터 조건을 지정한다.

3. 검색 필드 데이터 형식이 날짜 데이터일 때

조건으로 사용할 검색 필드의 데이터 형이 날짜 데이터 형식인 경우에는 검색할 날짜나 컨트롤 이름의 앞뒤에 # 기호를 붙여 사용한다.

예 1	Me.Filter = "출시일 >= #2025-1-1#"
	'출시일' 필드 값이 '2025년 1월 1일' 보다 크거나 같은 날짜인 레코드만 표시하도록 필터 조건을 지정한다.
예 2	Me.Filter = "출시일 >= #" & txt조회 & "#"
	'출시일' 필드 값이 'txt조회' 컨트롤의 날짜보다 크거나 같은 날짜인 레코드만 표시하도록 필터 조건을 지정한다.
예 3	Me.Filter = "출시일 >= #2025-1-1# AND 출시일 <= #2025-1-31#"
	'출시일' 필드 값이 '2025년 1월 1일' 보다 크거나 같고 '2025년 1월 31일' 보다 작거나 같은 날짜인 레코드만 표시하도록 필터 조건을 지정한다.
예 4	Me.Filter = "출시일 >= #" & txt시작일 & "# AND 출시일 <= #" & txt종료일 & "#"
	'출시일' 필드 값이 'txt시작일' 컨트롤 날짜보다 크거나 같고 'txt종료일' 컨트롤의 날짜보다 작거나 같은 날짜인 레코드만 표시하도록 필터 조건을 지정한다.

RecordSource 속성의 SELECT 문 사용

RecordSource 속성에서 사용하는 SELECT 문은 콤보 상자의 행 원본, 쿼리 등에 사용하는 SQL 문과 형식이 동일하며, 컨트롤을 기준으로 식을 작성하면 된다.

구문형식	Me.RecordSource = " Select 필드명 From 테이블명 [Where 조건식]
	[Order By 정렬기준필드명 [Asc|Desc] "
예 1	Me.RecordSource = "Select ＊ From 비디오"
	〈비디오〉 테이블 전체 레코드와 전체 필드를 레코드 원본으로 지정한다.
예 2	Me.RecordSource = "Select ＊ From 비디오 Where 비디오번호 = '010'"
	〈비디오〉 테이블에서 데이터 형식이 텍스트인 '비디오번호' 필드 값이 '010'인 레코드만을 레코드 원본으로 지정한다.

예 3	Me.RecordSource = "Select * From 비디오 Where 비디오번호 = '" & txt검색 & "'"
	〈비디오〉 테이블에서 '비디오번호' 필드 값이 'txt검색'에 입력된 레코드만을 레코드 원본으로 지정한다.
예 4	Me.RecordSource = "Select * From 비디오 Where 영화제목 Like ' * 영웅 * '"
	• Like 연산자는 지정한 문자열이 포함된 레코드를 검색하는 연산자로 와일드 카드 문자(*)와 함께 사용한다. • 〈비디오〉 테이블에서 '영화제목' 필드 값에 '영웅'이란 문자가 포함된 레코드만을 레코드 원본으로 지정한다.
예 5	Me.RecordSource = "Select * From 비디오 Where 영화제목 Like ' * " & txt검색 & " * '"
	〈비디오〉 테이블에서 '영화제목' 필드에 txt검색과 동일한 문자가 포함된 레코드만을 레코드 원본으로 지정한다.

Recordset, FindFirst 속성

• Recordset 개체란 테이블이나 쿼리의 결과로 나타나는 레코드 집합 개체를 말한다.

• RecordsetClone은 현재 레코드 원본을 복사한 새로운 개체에서 작업하기 때문에 Bookmark 속성을 이용해야 한다. 그런데 Recordset 개체에 FindFirst 메서드를 실행하면 Bookmark 속성을 이용하지 않아도 조건에 맞는 레코드로 바로 이동이 된다.

구문형식	폼이름.Recordset.FindFirst "조건식"
예	Me.Recordset.FindFirst "비디오번호 = '" & txt검색 & "'"
	현재 폼의 레코드 셋에서 '비디오번호' 필드가 'txt검색' 컨트롤의 값과 일치하는 첫 번째 자료를 찾아 해당 레코드 위치로 이동한다.

출제유형 ⑥ 'DoCmd.accdb' 파일을 열어 작업하시오.

• 조건에 맞게 보고서 열기

DoCmd 개체의 OpenReport 메서드를 이용하면 조건에 맞는 데이터로 보고서를 열 수 있다.

DoCmd.OpenReport "보고서이름", 보기형식, 필터이름, 조건식

기적의 TIP

보기형식과 필터이름은 선택 요소로 만약 생략하면 기본 값으로 처리됩니다.

〈동아리회원명부〉 폼의 '동아리별회원목록(cmd회원정보)' 버튼을 클릭하면 다음과 같은 기능이 구현되도록 하시오.

▶ 〈동아리별 회원리스트〉 보고서를 '인쇄 미리보기' 형태로 열도록 하시오.

▶ 현재 폼에 보이는 동아리 데이터만 표시하도록 할 것

※ 인라인스케이트 동아리 정보가 폼에 표시되어있다면 인라인스케이트 동아리 회원들만 보고서에 나타나도록 할 것

① 〈동아리회원명부〉 폼의 'txt동아리명' 컨트롤에 '인라인스케이트'가 들어있을 때 '동아리별회원목록(cmd회원정보)' 버튼을 클릭하면 인라인스케이트와 관련된 정보로 〈동아리별 회원리스트〉 보고서가 열려야 한다. 이는 〈동아리별 회원리스트〉 보고서의 레코드 원본 필드 중 '동아리명' 필드와 'txt동아리명' 컨트롤을 조건식으로 비교함으로 가능해진다.

▲ 클릭하면 열리는 보고서

▲ 레코드 원본

② 〈동아리회원명부〉 폼을 [디자인 보기](📐)로 연 후 '동아리별회원목록(cmd회원정보)'의 'On Click' 이벤트 프로시저에 DoCmd 개체의 OpenReport 메서드와 조건식을 가미하여 다음과 같이 작성한다.

Private Sub cmd회원정보_Click()
  ① DoCmd.OpenReport "동아리별 회원리스트", acViewPreview, , "동아리명 = '" & txt동아리명 & "'"
End Sub

① 〈동아리별 회원리스트〉 보고서를 열 되, 'txt동아리명' 컨트롤에 입력된 값과 '동아리명(필드)'이 일치하는 조건으로 연다.

🅑 기적의 TIP

보기형식인 acViewPreview는 인쇄 미리 보기 상태를 의미합니다. 만약 생략하게 되면 기본 값인 acViewNormal로 인식하게 되어 곧바로 인쇄가 되어버립니다. 따라서 실제 시험장에서 부적절하므로 대부분 인쇄 미리 보기 상태를 요구하게 됩니다.

출제유형 ⑦ '비디오대여.accdb' 파일을 열어 〈대여현황〉 폼의 'ApplyFilter' 버튼에 대해 다음과 같은 기능이 수행되도록 구현하시오.

▶ ApplyFilter 매크로 함수를 사용할 것
▶ 'ApplyFilter(cmdApplyFilter)' 버튼을 클릭하면, 'txt고객' 컨트롤에서 선택한 고객만 표시하도록 할 것
▶ 매크로 이름을 'Macro1'이라고 입력할 것

① [만들기]-[매크로 및 코드] 그룹에서 [매크로](📄)를 클릭한다.
② 매크로 작성기 창의 새 함수 추가 펼침 목록 단추를 클릭하고 펼쳐진 함수 목록 중 'ApplyFilter' 매크로 함수를 선택한다.

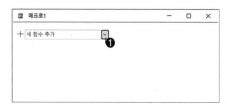 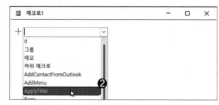

③ 필터 조건을 지정하기 위해 'Where 조건문' 입력란의 작성기를 클릭한다.

④ 식 작성기 대화상자의 식 입력란에 [이름]=을 입력하고 하단의 왼쪽 상자에서 '비디오대여.accdb – Forms – 모든 폼 – 대여현황' 순서로 펼치고, 가운데 상자에서 'txt고객'을 더블클릭한다. 식 입력란에 '[이름]= Forms![대여현황]![txt고객]'이 표시되면 [확인]을 클릭한다.

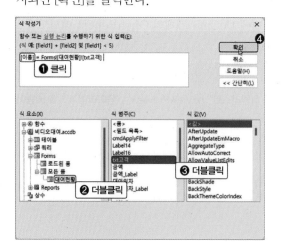

⑤ 빠른 실행 도구 모음 중 '저장' 단추를 클릭하고, 매크로 이름을 **Macro1**로 설정한 후 [확인]을 클릭한다.

 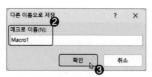

⑥ 〈대여현황〉 폼을 디자인 보기로 열어 속성 시트 중 'cmdApplyFilter' 명령 단추를 찾아 이벤트 탭의 On Click 속성에 미리 만들어 둔 'Macro1'을 지정하고 모든 변경한 내용은 저장한다

🅱 기적의 TIP

먼저 매크로를 만든 후 On Click 속성에 지정하지 않고, On Click 속성의 [작성기] 단추를 눌러서 매크로를 만들게 되면 '포함된 매크로'로 속성이 지정됩니다. 이렇게 되면 매크로 이름을 지정할 수 없으므로 작업 순서에 유의하세요.

➕ 더 알기 TIP

조회 조건 지정 시 사용 기호와 연산자

기호	설명 및 예제
대괄호([ ])	폼/보고서, 컨트롤 개체 이름을 구분하기위해 사용하며, 개체 이름에 공백이 없는 경우 생략해도 된다.
	• [주문번호] → 컨트롤 이름이 '주문번호'일 때 '[주문번호]'로 사용해도 되고 '주문번호'로 사용해도 된다.
	• [주문 번호] → 컨트롤 이름에 공백이 포함된 경우에는 대괄호로 감싸서 '[주문 번호]'로 사용해야 한다.
느낌표(!)	폼/보고서 또는 폼/보고서의 컨트롤과 같은 개체를 참조할 때 구분자로 사용
	• Forms![주문]![주문번호] → 〈주문〉 폼의 '주문번호' 컨트롤
	• Reports![주문견적서] → 〈주문견적서〉 보고서
점(.)	폼/보고서, 컨트롤 등의 개체 속성을 참조할 때 구분자로 사용
	Reports![주문견적서]![고객명].Visible = True → 〈주문견적서〉 보고서의 '고객명' 컨트롤의 표시(Visible) 속성을 보이도록 설정

출력 처리 작업

▶ 합격 강의

작업파일 [2025컴활1급₩2권_데이터베이스₩이론₩3.조회및출력₩Section03] 폴더에서 작업하시오.

기적의 TIP

[출력 처리 작업]
① [탐색] 창의 [폼] 개체 선택
② 대상 폼 선택 후 바로 가기 메뉴에서 [디자인 보기] 클릭
③ 해당 컨트롤에 조회 관련 프로시저나 매크로 작성

출제유형 ① '출제유형1.accdb' 파일을 열어 다음과 같은 기능을 수행토록 구현하시오.

❶ 〈고객관리〉 폼에서 '인쇄(cmd인쇄)' 버튼을 클릭하면 〈고객별대여현황〉 보고서를 미리 보기 형태로 출력되도록 프로시저를 작성하시오.
  ▶ 〈고객관리〉 폼의 현재 '고객ID(txt고객ID)'에 해당하는 레코드만 출력되도록 설정하시오.
❷ 〈비디오목록〉 폼에서 '출력(cmd출력)' 버튼을 클릭하면 〈대여목록〉 보고서를 미리보기 형태로 출력되도록 프로시저를 작성하시오.
  ▶ 〈대여목록〉 보고서의 '대여일자'가 〈비디오목록〉 폼의 조회날짜(txt시작일, txt종료일) 기간 안에 포함된 레코드만 출력되도록 설정하시오.

① 'cmd인쇄' 클릭 이벤트

① '2025컴활1급₩2권_데이터베이스₩이론₩3.조회및출력₩Section03' 폴더의 '출제유형1.accdb' 파일을 더블클릭한다.
② 탐색 창의 〈고객관리〉 폼에서 마우스 오른쪽 버튼을 눌러 [디자인 보기](圝)를 클릭한다.
③ 속성 창의 'cmd인쇄' 컨트롤을 선택한 후 [이벤트] 탭에서 'On Click' 입력란의 [이벤트 프로시저]를 선택하고 [작성기](□)를 클릭한다.

기적의 TIP

명령 단추의 On Click 이벤트를 작성할 때는 속성 창의 'On Click' 속성을 이용하지 않고, 해당 명령 단추에서 마우스 오른쪽 버튼을 눌러 나타난 빠른 메뉴에서 [이벤트 작성] 메뉴를 선택해도 됩니다.

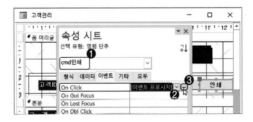

④ [Visual Basic Editor] 창에 'Private Sub cmd인쇄_Click()' 프로시저가 표시되면, 프로시저 안에 다음과 같이 입력하여 완성한다.

```
Private Sub cmd인쇄_Click()
    ① DoCmd.OpenReport "고객별대여현황", acViewPreview, , "고객ID = '" & Me.txt고객ID & "'"
End Sub
```

① '고객ID' 필드 값이 'txt고객ID' 컨트롤 값과 일치하는 레코드만 표시되도록 조건을 지정하여 〈고객별대여현황〉 보고서를 '미리 보기'(acViewPreview) 형태로 표시하고, '필터 이름'을 생략한 후 'Where 조건문'을 입력하기 위해서 acViewPreview 다음에 쉼표(,)를 2번 연속 입력한다.

⑤ [Visual Basic Editor] 창 제목 표시줄의 [닫기]를 클릭하여 창을 닫는다.
⑥ 모든 작업이 완료되었다면, 빠른 실행 도구모음에서 [저장](💾)을 눌러 저장한 후 [양식 디자인]-[보기] 그룹에서 [보기]를 눌러 [폼 보기](📋)를 통해 작성된 내용이 제시된 화면과 동일한지 확인한다. 즉, 〈고객관리〉 폼에서 조건에 맞는 자료만 인쇄 미리보기 되는지 확인한다.

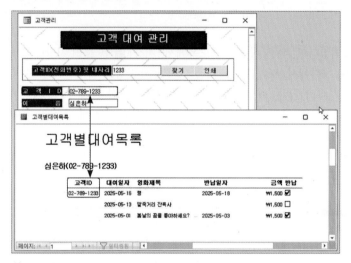

🅑 기적의 TIP

Me는 현재 실행되는 코드를 참조하는 변수입니다. Me.txt 고객ID에서 Me.은 생략해도 됩니다.

🅑 기적의 TIP

DoCmd.OpenReport
보고서 개체를 열기 위해 메서드를 사용하여 Access 매크로 함수를 실행합니다.

🅑 기적의 TIP

텍스트 상자의 잠금 속성을 '예'로 설정하면 해당 텍스트 상자의 데이터를 편집할 수 없게 됩니다. 〈고객관리〉폼의 고객ID(txt고객ID)를 잠근 후 데이터를 변경해보세요. 잠겨있기 때문에 지워지지 않을 것입니다. 이것이 바로 잠금 속성입니다.

02 'cmd출력' 클릭 이벤트

⑦ 탐색 창의 〈비디오목록〉 폼에서 마우스 오른쪽 버튼을 눌러 [디자인 보기](🔲)를 클릭한다.
⑧ 'cmd출력' 컨트롤을 선택한 후 'cmd출력' 속성 창의 [이벤트] 탭에서 'On Click' 입력란을 클릭하여 [작성기](🔳)를 클릭하고, [작성기 선택] 대화상자에서 '코드 작성기'를 더블클릭한다.

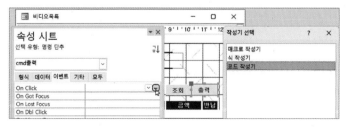

⑨ [Visual Basic Editor] 창에 'Private Sub cmd출력_Click()' 프로시저가 삽입되면, 프로시저 안에 다음과 같이 입력하여 완성한다.

Private Sub cmd출력_Click( )

① DoCmd.OpenReport "대여목록", acViewPreview, , "대여일자 >= #" & Me.txt시작일 & "# and 대여일자 <= #" & Me.txt종료일 & "#"

End Sub

① '대여일자' 필드값이 'txt시작일' 컨트롤 값보다 크거나 같고 'txt종료일' 컨트롤 값보다 작거나 같은 레코드만 표시되도록 〈대여목록〉 보고서를 미리 보기 형태로 표시한다.

⑩ 모든 작업이 완료되었다면, 빠른 실행 도구모음에서 [저장](🖫)을 눌러 저장한 후 [양식 디자인]-[보기] 그룹에서 [보기]를 눌러 [폼 보기](🖩)를 통해 작성된 내용이 제시된 화면과 동일한지 확인한다. 즉, 〈비디오목록〉 폼에서 '조회 날짜'에 적당한 검색 조건을 입력하고, [조회]를 클릭한 후 [출력]을 클릭하여 해당 조건에 맞는 자료만 인쇄 미리보기 되는지 확인한다.

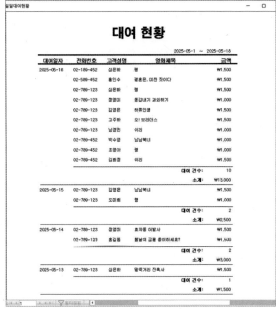

DoCmd.OpenReport 메서드 / OpenReport 함수

- DoCmd는 매크로 함수를 프로시저에서 사용할 수 있도록 해주는 액세스 개체로 'DoCmd.매크로 함수' 형태로 사용한다.
- **프로시저에서 사용** : OpenReport는 보고서 개체를 여는 매크로 함수로 이벤트 프로시저에서 사용할 때 다음과 같은 형식을 가진다.

> DoCmd.OpenReport "보고서이름", [보기], [필터이름], [Where 조건문]

※ 매개 변수 중 "보고서이름"은 필수이고, [보기], [필터이름], [Where 조건문]은 선택 임을 의미한다.

- **매크로 함수로 사용** : 매크로 작성기 창을 이용하여 매크로 함수 인수를 지정한다.

인수	설명
보고서 이름	열려는 보고서 이름
보기	• 보고서를 어떤 보기 형식(인쇄, 디자인, 인쇄 미리 보기, 보고서, 레이아웃)으로 열 것인지 지정, 기본 값은 인쇄 • 프로시저 방식에서는 보고서 이름을 입력한 후 쉼표(,)를 입력하면 목록이 나타나기 때문에 해당 목록 중 하나를 선택한다.
필터 이름	보고서의 레코드를 검색하는 기존 쿼리나 쿼리로 저장된 필터의 이름을 지정
Where 조건문	• 보고서의 원본 테이블이나 쿼리로부터 레코드를 선택하는 SQL문의 Where 절이나 식을 입력 • **매크로 방식** : 「[필드이름] = Forms![폼이름]![컨트롤이름]」 형식으로 입력. '필드이름'은 열려는 보고서 레코드 원본의 필드이름, '컨트롤이름'은 보고서 레코드에서 원하는 값을 가지는 폼의 컨트롤 이름 • **프로시저 방식** : 현재 폼을 사용하는 경우 「[필드이름] = [컨트롤이름]」으로 사용
창 모드	기본, 숨김, 아이콘, 대화상자 형태로 지정 가능하다.

- **매크로 함수를 프로시저로 변환** : 매크로 작성기 창에서 작성한 매크로를 [탐색] 창에서 디자인 보기로 연후 [매크로 도구]-[디자인]-[도구] 그룹의 [매크로를 Visual Basic으로 변환] 메뉴를 클릭하여 DoCmd.OpenReport 방식의 이벤트 프로시저로 변경 가능하다.

〈지역매출조회〉 폼에 다음과 같이 실행되는 'Macro2' 매크로를 생성하고, '인쇄(cmd인쇄)' 버튼의 클릭에 지정하시오.

▶ 메시지 박스 표시 ('보고서를 미리보기로 확인하시나요?')

▶ 〈지역매출현황〉 보고서를 인쇄 미리 보기로 표시
▶ 〈지역매출조회〉 폼을 닫음

정답)

출제유형 ❷ '출제유형2.accdb' 파일을 열어 다음과 같은 기능을 수행토록 구현하시오.

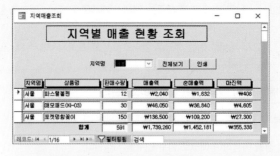

▶ 〈지역매출조회〉 폼에서 '인쇄(cmd인쇄)' 버튼을 클릭하면 〈지역매출현황〉 보고서를 미리 보기 형태로 출력되도록 설정하시오.
▶ 〈지역매출조회〉 폼의 '지역명(cmb지역명)' 컨트롤에서 선택한 값과 동일한 지역명을 갖는 레코드만 출력되도록 설정하시오.
▶ 매크로 함수를 사용하여 작성
▶ 매크로 이름을 'Macro1'이라고 입력할 것

① 리본 메뉴의 [만들기]-[매크로 및 코드] 그룹에서 [매크로]()를 클릭한다.
② 매크로 작성기 창의 새 함수 추가 펼침 목록 단추를 클릭하고 펼쳐진 함수 목록 중 'OpenReport' 매크로 함수를 선택한다.

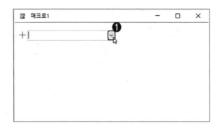 

③ 보고서 이름에 '지역매출현황' 보고서를 지정한 후 필터 조건을 지정하기 위해 'Where 조건문' 입력란의 작성기()를 클릭한다.

④ 식 작성기 대화상자의 식 입력란에 **[지역명]=**을 입력하고 하단의 왼쪽 상자에서 '출제유형2.accdb – Forms – 모든 폼 – 지역매출조회' 순서로 펼치고, 가운데 상자에서 'cmb지역명'을 더블클릭한다. 식 입력란에 '[지역명]= Forms![지역매출조회]![cmb지역명]'이 표시되면 [확인]을 클릭한다.

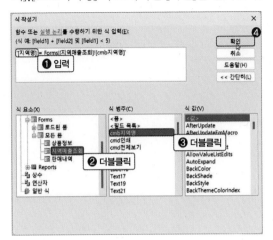

기적의 TIP

[지역명]=Forms![지역매출조회]![cmb지역명]
OpenReport 매크로 함수에 의해 표시되는 〈지역매출현황〉 보고서에서 〈지역매출현황〉 보고서의 '지역명' 필드 값과 〈지역매출조회〉 폼의 'cmb지역명' 컨트롤 값과 같은 레코드만 표시합니다.

⑤ 빠른 실행 도구 모음 중 [저장](🖫)을 클릭하고, 매크로 이름을 **Macro1**로 설정한 후 [확인]을 클릭한다.

 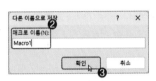

⑥ 〈지역매출조회〉 폼을 [디자인 보기](🕥)로 열어 속성 시트 중 'cmd인쇄' 명령 단추를 찾아 이벤트 탭의 On Click 속성에 미리 만들어 둔 'Macro1'을 지정하고 모든 변경한 내용은 저장한다.

기적의 TIP

먼저 매크로를 만든 후 On Click 속성에 만들어진 매크로를 지정합니다. 작업 순서에 유의하세요.

➕ 더 알기 TIP

이름이 변경된 매크로 함수

- Close → CloseWindow : 지정한 창, 혹은 현재 창을 닫는다.
- RunCommand → RunMenuCommand : Microsoft Access 메뉴 명령을 실행한다.
- Quit → QuitAccess : Microsoft Access를 끝낸다.
- OutputTo → ExportWithFormatting : 지정한 데이터베이스 개체의 데이터를 Microsoft Excel(.xls) 등의 형식으로 출력한다.
- SendObject → EMailDatabaseObject : 지정한 데이터베이스 개체를 전자메일 메시지에 포함시킨다.
- MsgBox → MessageBox : 경고나 알림 메시지가 들어있는 메시지 상자를 나타낸다.

식 작성기

'식 작성기' 대화상자에서 매크로 작성에 필요한 조건식을 작성하거나 컨트롤 원본에 사용할 수식을 작성하면 편리하다.
'식 작성기' 대화상자는 4개의 영역으로 나눌 수 있다.

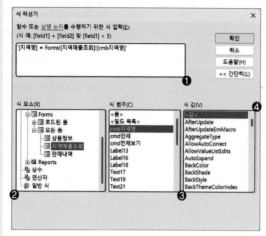

❶ **입력란(식 상자)** : 작성한 식이 나타나는 입력란으로 직접 타이핑을 할 수도 있고 ❷~❹ 영역을 더블클릭하여 자동
으로 연산자나 함수, 필드명 등을 삽입할 수 있다.

❷ **왼쪽 상자** : 액세스에서 지원되는 개체들, 즉 테이블, 쿼리, 폼, 보고서 등과 함께 함수, 상수, 연산자 등이 폴더형태로
그룹화되어 나타난다. 해당 폴더를 더블클릭하면 폴더가 확장되어 하위 개체들을 조회하고 선택할 수 있다.

❸ **가운데 상자** : 왼쪽 상자(❷)에서 더블클릭으로 선택한 개체에 속한 컨트롤이나 함수들이 표시되는 곳으로 조건식에
사용할 컨트롤이나 함수 그룹 등을 더블클릭하여 선택한다.

❹ **오른쪽 상자** : ❸에서 선택한 컨트롤 속성이나 함수 그룹의 함수들이 표시되는 곳이다. 함수 선택 시 이 곳을 더블클
릭하여 선택한다.

매크로 함수의 인수 'Where 조건문'식 작성법

'지역명' 필드의 레코드 값이 서울, 대전, 대구, 부산, 광주라고 할 때

- 〈지역매출조회〉 폼의 'cmb지역명' 컨트롤의 값과 일치하는 '지역명' 필드의 레코드만 표시하고자 할 때
  - Where 조건문 : [지역명]=[Forms]![지역매출조회]![cmb지역명]
  - 'cmb지역명'의 값이 '대구'라면 이와 일치하는 '지역명' 필드의 '대구' 레코드만 표시한다.
- 〈지역매출조회〉 폼의 'cmb지역명' 컨트롤의 값을 포함(부분 일치)하는 '지역명' 필드의 레코드만 표시하고자 할 때
  - Where 조건문 : [지역명] like "*" & [Forms]![지역매출조회]![cmb지역명] & "*"
  - 'cmb지역명'의 값이 '대'라면 이를 포함(부분 일치)하는 '지역명' 필드의 '대구', '대전' 레코드를 표시한다.

CHAPTER 04

처리 기능 구현

학습 방향

쿼리 문제는 문제지에 주어진 〈화면〉을 보고, 사용자가 다양한 쿼리를 작성하여 동일한 결과를 출력해야하는 작업입니다. 따라서 절대 암기만으로 문제를 해결할 수 없습니다. 또한 쿼리 디자인 보기로 연습하기 보다는 SQL 문을 병행하여 익혀두는 것이 쿼리를 제대로 이해하는 첫 걸음이 될 수 있습니다. 최근에는 실행 쿼리(업데이트, 추가, 삭제 등)도 자주 등장하므로 다양한 형태의 쿼리 문제를 풀어보도록 합니다.

쿼리 작성

▶ 합격 강의

난 이 도 ⓢ 중 하
반복학습 1 2 3

작업파일 [2025컴활1급₩2권_데이터베이스₩이론₩4.처리기능₩Section01] 폴더에서 작업하시오.

기적의 TIP

[쿼리 작성]
[만들기]-[쿼리]-[쿼리 디자인] 또는 [쿼리 마법사] 클릭

기적의 TIP

대여금액은 ❺번 업데이트 쿼리 실행 전과 후의 값이 다를 수 있습니다.

기적의 TIP

대표적인 쿼리의 종류
• **선택 쿼리** : 테이블로부터 지정된 조건으로 데이터를 검색하여 데이터시트로 표시하는 가장 일반적인 형태의 쿼리로 레코드를 그룹으로 묶어 계산하는 쿼리를 작성할 수 있음
• **매개변수 쿼리** : 실행할 때 정보를 입력할 수 있는 대화상자를 표시하는 쿼리
• **실행 쿼리** : 기존 테이블 내용을 수정(업데이트), 삭제, 추가 등의 작업을 통해 실제 자료를 변화시키는 쿼리
• **크로스탭 쿼리** : 테이블의 특정 필드의 요약 값(합계, 개수, 평균 등)을 표시하는 쿼리

출제유형 ❶ **'출제유형1.accdb' 파일을 열어 다음과 같은 기능을 수행하는 쿼리를 작성하시오.**

❶ 고객별 대여건수와 대여금액 합계를 구하는 〈고객별대여내역〉 쿼리를 다음 지시에 따라 작성하시오.
  ▶ 〈고객〉과 〈대여〉 테이블을 이용하여 각 고객(고객ID, 이름)별 전체 대여건수와 대여금액을 조회하시오.
  ▶ 대여건수는 전화번호를 이용하고, 대여금액은 「금액+연체료」의 합으로 계산하시오.

고객ID	이름	대여건수	대여금액
02-189-4529	홍명보	4	₩5,100
02-189-4530	강영철	2	₩2,500
02-189-4531	강영신	4	₩5,000
02-189-4532	안정환	1	₩1,000
02-589-4524	이영주	3	₩3,000
02-589-4525	구지회	3	₩9,000
02-589-4526	강영일	4	₩4,600
02-589-4527	박순돌	4	₩4,500
02-589-4528	홍인수	4	₩5,000

레코드: ◄ 1/19 ► ►| 🔲 필터 없음 검색

❷ 주연배우 이름을 입력하면 해당 배우가 주연인 영화제목을 표시하는 〈배우별영화조회〉 쿼리를 다음 지시에 따라 작성하시오.
  ▶ 〈비디오〉 테이블을 이용하여 공급처, 날짜의 오름차순으로 표시하시오.
  ▶ 매개변수 메시지는 '주연배우 이름을 입력하세요'로 표시하시오.
  ▶ 주연배우 이름을 입력하면 주연배우 이름이 포함된 '영화제목', '주연', '감독', '공급처'가 표시되도록 하시오. (Like 연산자 사용)

↓

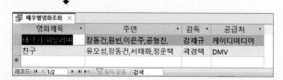

❸ 한번도 비디오를 대여하지 않은 고객명단을 조회하는 〈대여실적이없는고객조회〉 쿼리를 다음 지시에 따라 작성하시오.
  ▶ 〈고객〉 테이블의 '고객ID'와 〈대여〉 테이블의 '전화번호' 필드를 이용하여 작성하시오.
  ▶ Not In 예약어를 사용하여 SQL 명령어로 작성하시오.

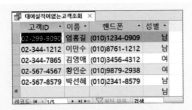

❹ 〈대여목록〉 쿼리를 이용하여 영화제목별 성별 대여수를 나타내는 크로스탭 쿼리를 작성하시오.
  ▶ 크로스탭 쿼리의 열은 IIF 함수를 이용하여 '성별' 필드를 남(-1), 여(0)로 표시되도록 설정하시오.
  ▶ 쿼리의 이름은 〈성별대여수〉로 작성하시오.

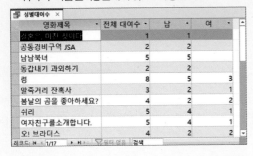

❺ 〈대여〉 테이블을 이용하여 다음과 같은 기능을 수행하는 〈연체료업데이트〉 업데이트 쿼리를 작성하시오.
  ▶ 반납일자가 비어있는 미반납 자료의 경우 '연체료' 필드 값을 '금액' 필드값의 50% 값으로, '반납' 필드값은 'False'로 업데이트 되도록 설정하시오.

❻ 〈급여현황〉 테이블을 이용하여 다음과 같은 기능을 수행하는 쿼리를 작성하시오.
  ▶ 상위 '수령액' 10개를 내림차순으로 정렬하여 표시하시오.
  ▶ 쿼리의 이름은 〈상위수령자〉로 작성하시오.

❼ 대여 내역이 없으면서 '주소가 비어있고, 이름에 '홍'이 포함된 고객명단을 조회하는 〈유령고객〉 쿼리를 다음 지시에 따라 작성하시오.
  ▶ 대여 내역이 없음은 〈대여〉 테이블에 '전화번호'가 존재하지 않는 〈고객〉 테이블의 '고객ID'를 기준으로 삼을 것
  ▶ Not In, Is Null, Like 예약어 연산자를 활용할 것

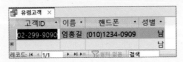

🔼 24년 출제

〈고객〉 테이블을 이용하여 '고객ID' 필드에서 '02-'로 시작하고 네 번째 코드가 2~3으로 시작하는 자료만 표시하시오.

'고객ID' 필드 조건식 : Like "02-[2-3]*"

필드	고객ID	이름
테이블:	고객	고객
정렬:		
표시:	■	■
조건:	Like "02-[2-3]*"	
또는:		

🔼 24년 출제

〈급여현황〉 테이블을 이용하여 근속수당이 100,000 이상이면 근속수당 ÷ 100000의 몫만큼 그래프 '☆'을 반복하여 표시하시오.

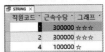

그래프: String([근속수당]/100000,"☆")

🔼 24년 출제

〈대여〉 테이블을 이용하여 비디오번호가 1 또는 5로 끝나면 '아동', 그 외는 '일반'으로 분류를 표시하시오.

분류: IIf(Right([비디오번호],1)="1" Or Right([비디오번호],1)="5","아동","일반")

① [만들기]-[쿼리] 그룹의 [쿼리 디자인]()을 클릭한다.

② 쿼리 디자인 창의 [테이블 추가]에서 쿼리 작성에 사용할 〈고객〉, 〈대여〉 테이블을 각각 더블클릭한 후 [닫기]를 클릭한다.

③ 쿼리 디자인 창 상단의 〈고객〉 필드 목록에서 '고객ID', '이름'을 차례로 더블클릭하고, 〈대여〉 필드 목록에서 '전화번호'를 더블클릭하여 디자인 눈금 영역에 표시되도록 한다.

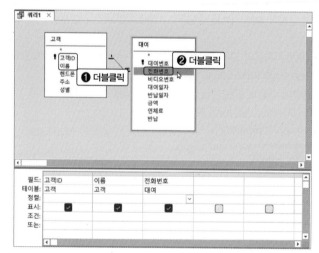

④ 그룹 계산을 위해 [쿼리 디자인]-[표시/숨기기] 그룹의 [요약]([∑])을 클릭하여 '디자인 눈금' 영역에 '요약' 행이 추가되도록 한다. '전화번호' 필드열의 '요약' 셀 입력란의 목록 단추(∨)를 클릭하여 묶는 방법(요약)을 '개수'로 선택한다.

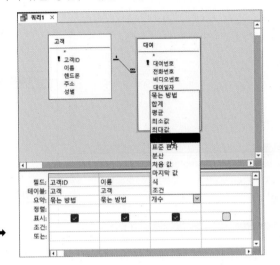

기적의 TIP

확대/축소 창 이용하기
디자인 눈금 영역의 셀에 많은 내용을 입력할 때는 Shift +F2를 눌러 [확대/축소] 창을 이용하면 편리합니다.

⑤ 쿼리 실행시 표시되는 열 제목을 변경하기 위해, '전화번호' 필드 셀 입력란을 클릭하여 '전화번호' 앞에 **대여건수:**를 입력한 후 Enter 를 누른다. 디자인 눈금 영역의 오른쪽 빈 필드 입력란에는 **대여금액:[금액]+[연체료]**를 입력하고 Enter 를 누른다.

기적의 TIP

계산 필드
• 계산 필드는 쿼리에 정의된 필드를 이용하여 식이 입력되는 필드로 [필드이름 : 계산식] 형태로 입력합니다.
• 계산식에서 사용되는 필드는 대괄호([])로 묶고, 여러 테이블에 동일한 이름을 가진 필드가 존재한다면 테이블명과 필드명을 모두 대괄호([])로 묶고 느낌표(!)로 구분합니다.
⑩ [제품목록]![단가]

⑥ 대여금액의 합계를 표시하기 위해 '대여금액:'필드 열의 '요약: ' 셀 입력란의 목록 단추(∨)를 클릭하여 묶는 방법으로 '합계'를 선택한다.

⑦ [쿼리 디자인] 창의 [닫기]를 클릭하여 창을 닫고, 저장 확인 대화상자에서 '예'를 클릭한 후 [다른 이름으로 저장] 대화상자에서 **고객별대여내역**을 입력하고 [확인]을 클릭한다.

기적의 TIP

[SQL문 보기]
디자인 보기 창을 이용하여 작성한 쿼리의 SQL문을 확인하려면, [쿼리 디자인]-[결과] 탭의 [보기]에서 'SQL 보기'를 선택합니다.

쿼리 디자인 보기 창 명칭

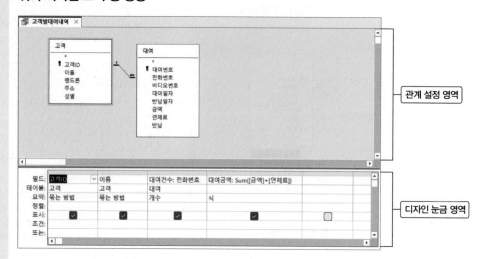

• 쿼리는 SQL문이라는 정해진 언어에 의해 작성되어야 하는데, 이를 편리하게 작성해주는 것이 쿼리 디자인 창이다. 데이터베이스에서는 QBE(Query By Example)이라고 하며 여기서는 디자인 눈금이라고 한다.
• 디자인 눈금을 통해 작성한 SQL문은 [쿼리 디자인]-[결과] 탭의 [보기]에서 **SQL** SQL 보기(Q)를 선택하면 볼 수 있다.

열 너비 조정 및 열/행 선택

• 디자인 눈금 영역의 열/행을 삭제하거나 삽입하려면 블록 설정을 한 후 Delete 를 누르거나 마우스 오른쪽 버튼을 눌러 바로 가기 메뉴를 이용한다.
• 열/행을 블록 설정할 때 다음과 같은 방법을 이용한다.

열 너비를 조정할 때	열을 선택할 때	행을 선택할 때
열과 열 사이 구분선에서 마우스 포인터 모양이 그림처럼 될 때 드래그하거나, 더블 클릭하면 자동으로 맞춰짐	열 머리글에서 마우스 포인터 모양이 그림처럼 될 때 클릭하거나 드래그하면 열 전체가 선택	행 머리글에서 마우스 포인터 모양이 그림처럼 될 때 클릭하거나 드래그하면 행 전체가 선택

⑫ 〈배우별영화조회〉 쿼리 작성

⑧ [만들기]-[쿼리] 그룹의 [쿼리 디자인](▦)을 클릭한다.

⑨ 쿼리 디자인 창 [테이블 추가]에서 쿼리 작성에 사용할 〈비디오〉를 더블클릭한 후 [닫기]를 클릭한다.

⑩ 쿼리 디자인 창 상단의 〈비디오〉 필드 목록에서 '영화제목', '주연', '감독', '공급처', '날짜'를 차례로 더블클릭하여 디자인 눈금에 표시되도록 하고, 디자인 눈금의 '공급처', '날짜' 필드의 '정렬 : ' 셀 입력란에서 목록 단추(▾)를 클릭하여 '오름차순'으로 선택한다.

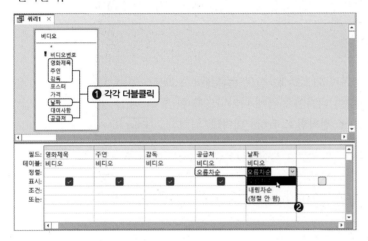

⑪ '날짜' 필드는 정렬 순서로만 사용하고 쿼리 결과로 표시될 필요는 없기 때문에 '표시' 셀의 체크 박스를 클릭하여 체크를 해제한 후, 매개변수 메시지를 지정하기 위해 '주연' 필드의 '조건' 입력란에 Like "*" & [주연배우 이름을 입력하세요] & "*"를 입력하고 Enter 를 누른다.

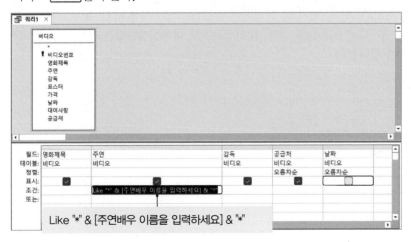

Like "*" & [주연배우 이름을 입력하세요] & "*"

🅱 기적의 TIP

Like 연산자는 포함하는 값을 검색합니다.

🅱 기적의 TIP

정렬 순서
• 디자인 눈금에서 여러 필드가 정렬 항목으로 지정되는 경우 왼쪽부터 차례로 정렬 순서가 지정됩니다.
• '공급처' 필드로 정렬한 후 동일한 레코드에 대해 '날짜' 오름차순으로 정렬해야 하므로, '공급처' 필드가 '날짜' 필드보다 왼쪽에 놓여져 있어야 합니다.

03 〈대여실적이없는고객조회〉 쿼리 작성

⑬ [만들기]-[쿼리] 그룹의 [쿼리 디자인](🔳)을 클릭한다.

⑭ 쿼리 디자인 창의 [테이블 추가]에서 쿼리 작성에 사용할 〈고객〉을 더블클릭한 후 [닫기]를 클릭한다.

⑮ 쿼리 디자인 창 상단의 〈고객〉 필드 목록에서 '고객ID', '이름', '핸드폰', '성별'을 차례로 더블클릭하여 디자인 눈금에 나타나도록 한 후 '고객ID' 필드 '조건' 셀 입력란에 not in (select 전화번호 from 대여)를 입력하고 Enter 를 누른다.

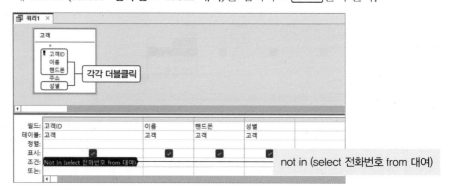

⑯ [쿼리 디자인] 창의 [닫기]를 클릭하여 창을 닫으면, 저장 확인 내화상자에서 '예'를 클릭한 후 [다른 이름으로 저장] 대화상자에서 **대여실적이없는고객조회**를 입력하고 [확인]을 클릭한다.

SQL(Structured Query Language)문 이해하기

1. '시퀄' 또는 '에스큐엘'이라고 부르며, 데이터베이스에 연결해서 데이터의 검색 및 저장, 수정, 삭제 등을 할 수 있는 데이터베이스 조작 언어이다.
2. 액세스에서는 쿼리 디자인 보기 창의 디자인 눈금을 이용해 쉽고 편리하게 SQL문을 작성할 수 있다.
3. 콤보 상자, 폼, 보고서의 레코드 원본으로 SQL문을 직접 입력할 수도 있다.
4. SQL문은 시작 단어에 의해 크게 네 가지 유형으로 분류한다.

유형	설명	쿼리 종류
Select	검색 조건에 맞는 데이터를 선택하는 문장	선택 쿼리
Insert	새로운 데이터를 삽입하는 문장	추가 쿼리
Update	기존의 데이터를 수정하는 문장	업데이트 쿼리
Delete	기존의 데이터를 삭제하는 문장	삭제 쿼리

INSERT INTO문을 사용할 때는 지정할 필드 순서에 맞게 데이터를 넣어줄 것, 문자는 작은 따옴표(' ')로 넣어줄 것, 숫자는 그대로 넣어줄 것, NULL 값을 허용하지 않는 필드는 반드시 값을 넣어줄 것을 꼭 기억하세요.

5. 콤보 상자, 폼, 보고서의 레코드 원본으로 SQL문을 직접 입력할 수도 있다.

①	Select [Distinct] *	필드이름1, 필드이름2, …
②	From 테이블이름
③	[Where 검색조건]
④	[Group By 필드이름]
⑤	[Order By 정렬기준필드이름 [Asc|Desc]]

① Select 다음에 별표(*)가 입력되면 전체 필드이름을 그대로 사용한다. 필드이름을 선택적으로 사용할 때는 표시할 순서대로 필드이름을 쉼표(,)로 구분하여 입력한다. 'Distinct' 예약어를 사용하면 가져올 자료 중 중복되는 자료는 하나씩만 가져온다. 생략 시 중복과 상관없이 모든 자료를 가져온다.
② 데이터를 가져올 테이블이름을 입력한다.
③ 검색 조건식을 입력하여 식의 결과가 True인 레코드만 가져온다.
④ 특정 필드를 기준으로 그룹화를 설정하는 것으로 '요약' 행의 계산 함수를 '묶는 방법'으로 설정하는 것과 같다.
⑤ 가져오는 레코드의 정렬 순서를 지정하는 부분으로 생략 시 오름차순 Asc이며, 내림차순인 경우 Desc를 사용한다.

예 1	Select * From 비디오
	〈비디오〉 테이블의 모든 필드를 표시한다.
예 2	Select * From 비디오 Order By 영화제목, 날짜 Desc
	〈비디오〉 테이블의 모든 필드를 '영화제목' 오름차순, 날짜 내림차순으로 표시한다.
예 3	Select 영화제목, 주연, 감독 From 비디오
	〈비디오〉 테이블의 '영화제목', '주연', '감독' 필드만 표시한다.
예 4	Select * From 비디오 Where 주연 Like " * 장동건 * "
	〈비디오〉 테이블에서 '주연' 필드 값에 '장동건'이 포함된 레코드만 표시한다.
예 5	Select 영화제목, Count(전화번호) As 대여횟수 From 대여목록 Group By 영화제목
	〈대여목록〉 쿼리에서 '영화제목'으로 그룹화하여 '영화제목', '전화번호' 필드를 표시하되, '전화번호'는 개수를 구한 후 '대여횟수'를 별명으로 지정해준다. 빈 레코드가 없다면 Count(전화번호) 대신 Count(*)를 사용해도 된다.

※ 실제 시험장에서 SQL문은 Select 문의 기본적인 구조만 작성할 수 있을 정도로 출제된다. 삽입, 삭제 등의 복잡한 쿼리 문제는 쿼리 디자인 창에서 디자인 눈금을 이용해 작성하는 것이 좋다.

조인 속성을 이용한 불일치 검색

'한번도 비디오를 대여하지 않은 고객 명단 조회'와 같은 쿼리는 두 테이블 간의 불일치 쿼리를 작성하는 문제로 액세스에서는 3가지 방법으로 작성할 수 있다. 실제 기출문제에서도 3가지 중 특정 방법을 이용하도록 지시하기 때문에 3가지 방법을 잘 알아두도록 한다.

1. Not In 예약어와 SQL 문을 이용하는 방법

실제 시험에서 문제 지시사항에 'Not In 예약어…' 사용이 지시된 경우 이 방법을 사용해야 한다.

2. 두 테이블 간의 조인 속성과 Is Null을 이용하는 방법

① 두 테이블의 조인 속성을 이용하는 방법으로 우선, 쿼리 디자인 창에 〈고객〉, 〈대여〉 두 테이블을 표시한 후 관계선을 더블클릭하여 나타난 [조인 속성] 대화상자에서 '2: '고객'에서는 모든 레코드를 포함하고…'를 선택하고 [확인]을 클릭한다.

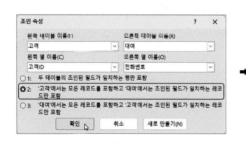 

▲ 왼쪽 외부조인을 실행한 결과

※ 조인 속성 창에서 2번을 선택하는 것은 LEFT JOIN(왼쪽 외부 조인)을 의미합니다. 이렇게 하는 이유는 〈고객〉쪽 레코드는 관계에 상관없이 모두 보여주고, 〈대여〉쪽은 관계 맺은 필드끼리 일치하는 것만 골라서 보여주기 위함입니다. 즉, 〈고객〉쪽에는 있지만 〈대여〉쪽에 없는 값은 빈 레코드(Null)로 출력될 것입니다.

② 결과로 표시될 '고객ID', '이름', '핸드폰'을 〈고객〉 필드 목록에서 더블클릭하여 표시하고, 〈대여〉 필드목록 중 임의의 필드 하나를 더블클릭하여 표시한다(여기서는 '전화번호' 필드 사용). '전화번호' 필드 '조건' 셀 입력란에 「Is Null」을 입력하여 빈 값(Null)을 검색한다.

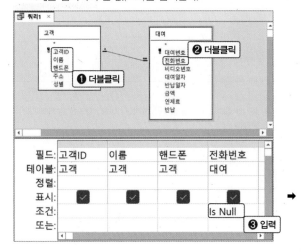

▲ 실행한 결과

3. 불일치 검색 쿼리 마법사를 이용하는 방법

• 2와 같은 방법(두 테이블 간의 조인 속성과 Is Null을 이용하는 방법)의 쿼리를 마법사로 처리할 수 있는 기능이 '불일치 검색 쿼리 마법사'이다.

• 마법사를 이용해 작성한 쿼리는 'Is Null'과 '조인 속성'을 이용한 방법과 동일하다.

① [만들기]-[쿼리] 그룹의 [쿼리 마법사](🔲)를 클릭한 후 [새 쿼리] 대화상자에서 '불일치 검색 쿼리 마법사'를 선택하고 [확인]을 클릭한다.

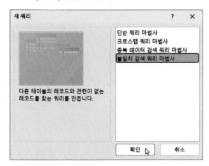

② [불일치 검색 쿼리 마법사]가 나타나면 지시에 따라 설정하고 [다음]을 클릭한다.

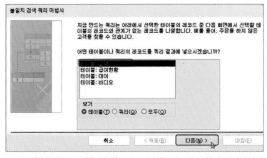

▲ 1단계) '테이블: 고객'을 선택(결과로 표시할 필드가 포함된 테이블이나 쿼리를 선택)

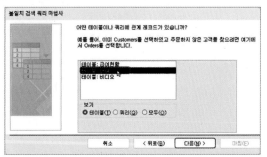

▲ 2단계) '한번도 대여하지 않은 고객…'을 찾아야 하므로, 〈대여〉 테이블을 선택

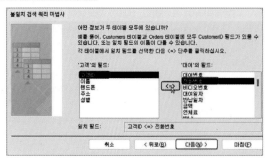

▲ 3단계) 두 테이블에서 일치하는 필드인 '고객ID'와 '전화번호' 필드를
선택한 후 <=>를 클릭

▲ 4단계) 결과로 표시될 필드인 '고객ID', '이름', '핸드폰'을 차례대로 더
블클릭

③ 저장할 쿼리 이름을 입력하여 완성한다.

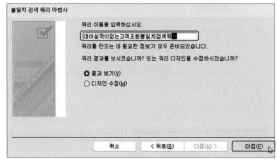

기적의 TIP

크로스탭 쿼리를 작성할 때
2개 이상의 테이블이나 쿼리
를 이용하라고 나오면, 쿼리
마법사를 이용하지 말고 쿼
리 디자인 보기로 직접 작성
해야 합니다.

04 〈성별대여수〉 크로스탭 쿼리 작성

⑰ [만들기]–[쿼리] 그룹의 [쿼리 마법사](▦)를 클릭한 후 [새 쿼리]에서 '크로스탭 쿼
리 마법사'를 선택하고 [확인]을 클릭한다.

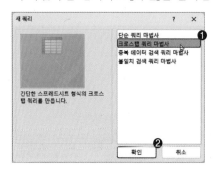

⑱ [크로스탭 쿼리 마법사]에서 지시사항에 따라 각 단계에서 화면과 같이 선택하고 [다음]을 클릭한다.

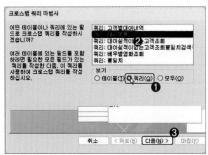

▲ 1단계) '보기'의 '쿼리'를 클릭하여 '쿼리: 대여목록'을 선택

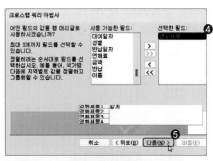

▲ 2단계) '행 머리글'로 사용할 필드로 '영화제목'을 더블클릭

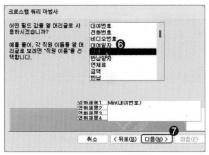

▲ 3단계) '열 머리글'로 '성별'을 클릭

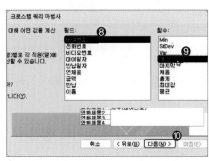

▲ 4단계) 계산 방법으로 '필드:'에서 '대여번호'를 선택하고 '함수:'에서 '개수'를 선택

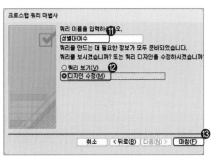

▲ 5단계) 쿼리 이름으로 「성별대여수」를 입력하고 '디자인 수정'을 선택

기적의 TIP

행과 열 머리글 결정
문제에 별도 지시사항이 없는 경우 제시된 〈화면〉을 보고 행과 열 머리글을 선택해야 합니다. 행과 열 머리글이 제대로 정해진 것을 확인하려면 마법사가 완료된 후 쿼리를 열어 실행해 보거나 마법사 화면 하단의 '미리보기:'를 이용합니다.

기적의 TIP

마법사로 작성된 크로스탭 쿼리

• 마법사로 작성한 후 바로 쿼리 보기를 하면 작성한 결과가 표시됩니다. '성별' 필드는 [예/아니요] 데이터 형식이기 때문에 '-1', '0'으로 표시됩니다.

• 문제 지시사항에는 없지만 주어진 〈화면〉과 열 제목이 다르기 때문에 디자인 보기 상태에서 열 제목과 성별 표시 방법 등을 수정해야 합니다.

⑲ 데이터 형식이 [예/아니요]인 '성별' 필드를 '남'과 '여'로 표시하기 위해, 디자인 눈금에서 '성별' 필드 입력란을 클릭하여 iif([성별],"남","여")를 입력하고 Enter 를 누른 후 '합계 대여번호: 대여번호'로 표시되는 필드 입력란을 클릭하여 **전체 대여수: 대여번호**로 입력하여 변경하고 Enter 를 누른다.

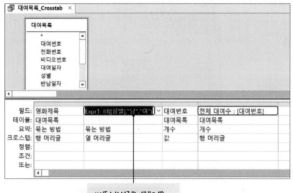

Iif([성별],"남","여")

기적의 TIP

iif([성별],"남","여")

• [성별] 필드는 '예/아니요' 데이터 형식으로 남자는 예(-1), 여자는 아니요(0) 값으로 지정되어 있습니다. 이 값을 남과 여로 표시하기 위해, iif 함수를 사용하여 '성별' 필드가 True 즉, -1일때 '남'을, 아닌 경우 '여'로 표시합니다.

• 식을 입력하고 Enter 를 누르면 'Expr1: Iif([성별], "남","여")'로 변합니다. 열 머리글 항목이므로 'Expr1'는 수정하지 않아도 됩니다.

⑳ 완성된 쿼리를 저장하기 위해, 빠른 실행 도구모음에서 [저장](🖫)을 클릭한다.

05 〈연체료업데이트〉 업데이트 쿼리

㉑ [만들기]-[쿼리] 그룹의 [쿼리 디자인](🖳)을 클릭한다.

㉒ 쿼리 디자인 창의 [테이블 추가]에서 쿼리 작성에 사용할 〈대여〉를 더블클릭한 후 [닫기]를 클릭한다.

기적의 TIP

업데이트 쿼리에서 보기(🖥) 도구 선택

[쿼리 디자인]-[결과] 탭의 [보기](🖥) 중 '데이터시트 보기'를 클릭합니다. 그렇지만 실행 쿼리(업데이트, 삭제, 추가 등)는 레코드 내용을 변경하거나 삭제하는 쿼리이므로 '데이터시트 보기'를 클릭해도 변경되는 내용을 곧바로 확인할 수 없습니다.

㉓ 업데이트 쿼리로 변경하기 위해 [쿼리 디자인]-[쿼리 유형] 그룹의 [업데이트](🖳)를 선택한다.

㉔ 〈대여〉 필드 목록에서 '연체료', '반납', '반납일자'를 차례로 더블클릭하여 표시한 후 '연체료' 필드의 '업데이트 : ' 셀 입력란에 **[금액]** * 0.5를, '반납' 필드 '업데이트 : ' 셀 입력란에 0을, '반납일자' 필드 '조건 : ' 셀 입력란에 **is null**을 입력한다.

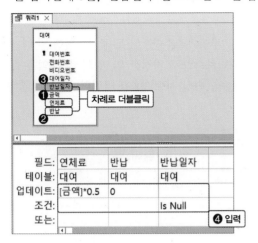

 기적의 TIP

업데이트가 처리된 결과 확인
업데이트 쿼리를 저장한 후 [탐색] 창에서 〈대여〉 테이블을 열어 확인하세요.

㉕ 업데이트 쿼리를 실행하기 위해 [쿼리 디자인]-[결과] 그룹의 [실행](□)을 클릭한다. '13행을 새로 고칩니다.' 대화상자가 나타나면 [예]를 클릭한다.

🅑 기적의 TIP

쿼리 종류별 아이콘 모양
선택 쿼리, 크로스탭 쿼리, 실행 쿼리(업데이트, 삭제, 추가 등)에 따라 나타나는 아이콘의 모양이 다릅니다.

㉖ [쿼리 디자인] 창의 [닫기]를 클릭하여 창을 닫으면, 저장 확인 대화상자에서 '예'를 클릭한 후 [다른 이름으로 저장]에서 **연체료업데이트**를 입력하고 [확인]을 클릭한다.

06 〈상위수령자〉 쿼리 작성

㉗ [만들기]-[쿼리] 그룹의 [쿼리 디자인](▦)을 클릭한다.

㉘ 쿼리 디자인 창의 [테이블 추가]에서 쿼리 작성에 사용할 '급여현황'을 더블클릭한 후 [닫기]를 클릭한다.

㉙ 〈급여현황〉 필드 목록에서 '직원코드', '부양가족수당', '소득세', '수령액'을 디자인 눈금으로 옮기고, '수령액'의 정렬을 '내림차순'으로 지정한 후, 창의 빈 영역을 클릭하고 [쿼리 디자인]-[표시/숨기기] 그룹의 [속성 시트](▤)를 클릭한다. '상위 값' 속성에 **10**을 입력한다.

> **기적의 TIP**
>
> 디자인 창의 빈 영역을 클릭하는 이유는 쿼리에 대한 속성으로 포커스를 변경시키기 위함입니다.

> **기적의 TIP**
>
> 다음과 같은 SQL문으로 작성 가능합니다. TOP 예약어는 정렬에 따라서 상위, 하위의 개수 또는 퍼센트를 구할 수 있습니다. 퍼센트를 구할 때는 TOP 10 PERCENT와 같이 처리해주면 됩니다.
>
> SELECT TOP 10 직원코드, 부양가족수당, 소득세, 수령액
> FROM 급여현황
> ORDER BY 수령액 DESC;

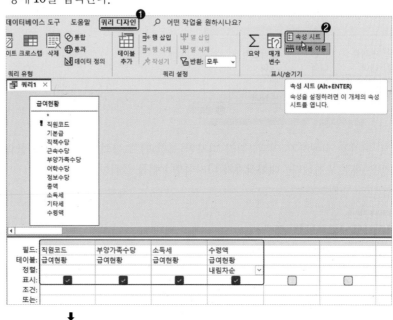

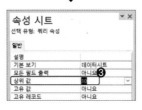

㉚ 변경한 내용을 저장하고 쿼리 이름은 **상위수령자**로 입력한다.

⑦ 〈유령 고객〉 쿼리 작성

③① [만들기]-[쿼리] 그룹의 [쿼리 디자인](▦)을 클릭한다.

③② [테이블 추가]에서 쿼리 작성에 사용할 '고객'을 더블클릭한 후 [닫기]를 클릭한다.

③③ 〈고객〉 필드 목록에서 '고객ID', '이름', '핸드폰', '성별', '주소'를 디자인 눈금으로 옮기고 '조건:' 셀 입력란에 다음과 같이 설정한 후 쿼리 이름은 **유령고객**으로 저장한다.

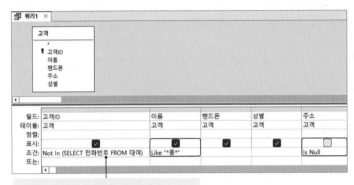

Not In (SELECT 전화번호 FROM 대여)

🅟 기적의 TIP

· Not In은 지정된 목록(괄호 안의 값)을 포함하지 않습니다.

· Like로 문자열을 비교할 때, 와일드카드문자인 *는 모든 문자를 지칭합니다 ('홍' 앞뒤로 사용하면 '홍' 이 포함된 문자열을 지칭).

· Is Null은 필드 값이 null인 레코드를 표시할 때 사용합니다.

[출제유형 ②] '출제유형2.accdb' 파일을 열어 다음과 같은 기능을 수행하는 쿼리를 작성하시오.

❶ 〈사원상세정보〉 쿼리를 이용하여 지정한 부서명과 동일한 부서의 직위별 기본급과 수당합의 평균을 표시하도록 〈직위지급평균〉 쿼리를 작성하시오.
  ▶ 수당합 평균은 직책수당, 근속수당의 합에 대한 평균으로 계산하고, 표시형식은 '통화'로 설정하시오.
  ▶ 부서명은 In 연산자를 사용하여 '전산팀', '특별팀', '홍보팀'만 표시되도록 설정하시오.

❷ 〈사원상세정보〉 쿼리를 이용하여 다음의 기능을 수행하는 〈직위별조회〉 매개변수 쿼리를 작성하시오.
  ▶ 매개변수는 '조회할 직위를 입력하시오'로 하시오.
  ▶ 직위, 부서별로 그룹화하여 '사번' 필드의 개수, '수령액' 필드의 평균을 나타내도록 하시오.

 ➡

🔓 24년 출제

〈호봉기준〉 테이블의 기본급을 이용하여 1,500,000 이상이면 '장', 1,500,000 미만 1,000,000 이상이면 '중', 1,000,000 미만이면 '단'으로 비고를 표시하시오.

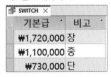

비고: Switch([기본급]>= 1500000,"장",[기본급]>= 1000000,"중",[기본급]< 1000000,"단")

🔓 24년 출제

〈사원정보〉 테이블의 컴퓨터활용능력이 비어 있으면 '없음', 그 외는 본래 값을 비고를 표시하시오.

비고: IIf(IsNull([컴퓨터활용능력]),"없음",[컴퓨터활용능력])

❸ 〈사원상세정보〉 쿼리를 이용하여 다음의 기능을 수행하는 〈2023년이후입사자수〉 크로스탭 쿼리를 작성하시오.

▶ 쿼리의 실행 결과는 부서, 입사년도를 오름차순으로 표시하시오.

❹ 〈사원정보〉 테이블을 이용하여 년, 월별 부양가족의 합계를 표시하도록 〈부양가족현황〉 크로스탭 쿼리를 작성하시오.

▶ 단 호봉이 '사원갑'으로 시작하거나 '특'이 포함된 레코드만 대상으로 할 것

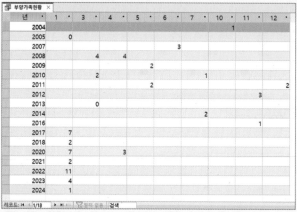

❺ '입사일'을 매개 변수 값으로 검색하여 해당 날짜 이후의 데이터를 새로운 테이블로 생성하는 〈재직기간〉 쿼리를 작성하시오.

▶ 〈사원상세정보〉 쿼리를 이용하여 작업하고, 필요한 필드 및 설정은 그림을 참조할 것

▶ 매개 변수 값으로 '2020-01-01'을 입력하여 〈2020년이후〉 테이블을 생성할 것

 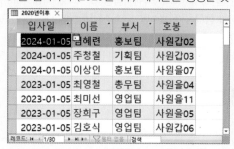

ⓞⓛ 〈직위지급평균〉 쿼리 작성

① [만들기]-[쿼리] 그룹의 [쿼리 디자인](🔲)을 클릭한다.

② 쿼리 디자인 창의 [테이블 추가]에서 [쿼리] 탭을 클릭하고 〈사원상세정보〉 쿼리를 더블클릭한 후 [닫기]를 클릭한다.

③ 쿼리 디자인 창 상단의 〈사원상세정보〉 필드 목록에서 '부서', '직위', '기본급'을 차례로 더블클릭하고, 디자인 눈금 오른쪽 빈 열의 '필드:' 입력란에 **수당합 평균: 직책수당 + 근속수당**을 입력하고 Enter 를 누른 후 그룹 계산을 위해 [쿼리 디자인]–[표시/숨기기] 그룹의 [요약](Σ)을 클릭한다.

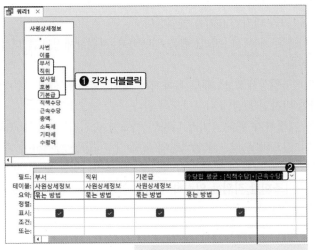

수당합 평균 : [직책수당]+[근속수당]

기적의 TIP

[요약](Σ) 도구를 클릭한다는 것은 그룹으로 묶어서 처리한다는 말입니다. 문제에서 직위별로 조회하라고 했으므로, 동일한 직위는 하나로 묶어서 처리하는 것이죠.

④ '기본급' 필드 입력란에 **기본급 평균: 기본급**으로 입력하여 변경하고, '기본급 평균'의 '요약:' 셀의 입력란의 목록 단추($\vee$)를 클릭하여 '평균'을, '수당합 평균' 필드의 '요약:' 셀 입력란도 '평균'을 선택한 후, 3개 부서만 표시하기 위해 '부서' 필드의 '조건:' 셀에는 In ("전산팀","특별팀","홍보팀")을 입력한다.

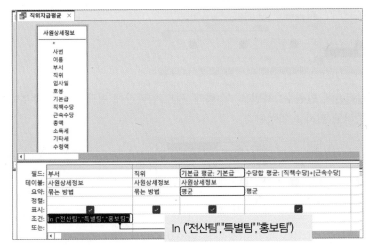

In ("전산팀","특별팀","홍보팀")

기적의 TIP

Group by 절
[쿼리 디자인]–[표시/숨기기] 탭의 [요약](Σ) 도구를 클릭하여 작성하는 쿼리에는 Group by 절이 자동으로 포함됩니다. [보기]의 'SQL 보기'를 클릭해 SQL 내용을 확인해 보면 Group by란 문자 뒤에 '요약:' 셀을 [묶는 방법]으로 지정한 필드 이름이 표시되는 것을 확인할 수 있어요. 가끔 쿼리 문제에서 'Group by'란 지시사항이 표시된다면, [요약](Σ) 도구를 이용한 쿼리를 작성하란 의미로 해석하세요.

⑤ '수당합 평균'에 통화 형식을 지정하기 위해, '수당합 평균' 필드를 선택한 후 [쿼리 디자인]–[표시/숨기기] 그룹의 [속성 시트]()를 클릭하고 [필드 속성] 창에서 '형식' 속성 입력란의 목록 단추($\vee$)를 클릭하여 '통화'를 선택한다.

속성 시트
선택 유형: 필드 속성

일반	조회
설명	
형식	통화
입력 마스크	
캡션	
텍스트 형식	

기적의 TIP

[쿼리 디자인]–[표시/숨기기] 탭의 [속성 시트]() 도구를 클릭하는 대신 '수당합 평균' 필드에서 마우스 오른쪽 버튼을 눌러 나타난 빠른 메뉴에서 [속성]을 선택해도 됩니다.

⑥ [쿼리 디자인] 창의 [닫기]를 클릭하여 창을 닫으면, 저장 확인 대화상자에서 '예'를 클릭한 후 [다른 이름으로 저장]에서 **직위지급평균**을 입력하고 [확인]을 클릭한다.

02 〈직위별조회〉 매개 변수 쿼리 작성

⑦ [만들기]–[쿼리] 그룹의 [쿼리 디자인](▦)을 클릭한다.

⑧ 쿼리 디자인 창의 [테이블 추가]에서 [쿼리] 탭을 선택하고 '사원상세정보'를 더블클릭한 후 [닫기]를 클릭한다.

⑨ 쿼리 디자인 창 상단의 〈사원상세정보〉 필드 목록에서 '직위', '부서', '사번', '수령액'을 차례로 더블클릭하여 디자인 눈금에 나타나도록 한다.

⑩ '직위', '부서'별 그룹을 지정하기 위해, [쿼리 디자인]–[표시/숨기기] 그룹의 [요약](∑)을 클릭한다. '사번' 필드의 '요약:' 셀 입력란의 목록 단추(▾)를 클릭하여 '개수'를, '수령액' 필드 '요약:' 셀 입력란의 목록 단추(▾)를 클릭하여 '평균'을 선택한 후 '직위' 필드 '조건:' 셀에는 **[조회할 직위를 입력하시오]**를 입력한다.

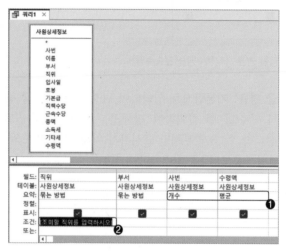

⑪ '사번' 필드 입력란에 **인원수: 사번**을, '수령액' 필드 입력란에 **평균수령액: 수령액**을 입력하여 변경하고 쿼리를 완성한다.

필드:	직위	부서	인원수: 사번	평균수령액: 수령액
테이블:	사원상세정보	사원상세정보	사원상세정보	사원상세정보
요약:	묶는 방법	묶는 방법	개수	평균
정렬:				
표시:	✓	✓	✓	✓
조건:	[조회할 직위를 입력하시오]			
또는:				

⑫ [쿼리 디자인] 창의 [닫기]를 클릭하여 창을 닫으면, 저장 확인 대화상자에서 '예'를 클릭한 후 [다른 이름으로 저장]에서 **직위별조회**를 입력하고 [확인]을 클릭한다.

⑬ 〈2023년이후입사자수〉 크로스탭 쿼리

⑬ [만들기]–[쿼리] 그룹의 [쿼리 마법사](▦)를 클릭한 후 [새 쿼리] 대화상자에서 '크로스탭 쿼리 마법사'를 선택하고 [확인]을 클릭한다.

⑭ [크로스탭 쿼리 마법사]에서 지시사항에 따라 각 단계에서 화면과 같이 선택하고 [다음]을 클릭한다.

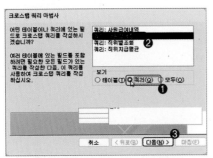

▲ 1단계) '보기'의 '쿼리'를 클릭하여 '쿼리: 사원
상세정보'를 선택

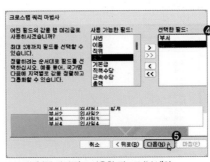

▲ 2단계) '행 머리글'로 사용할 필드로 '부서'와
'입사일'을 차례로 더블클릭

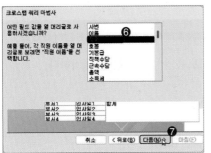

▲ 3단계) '열 머리글'로 '직위'를 클릭

▲ 4단계) 계산 방법으로 '필드:'에서 '사번'을 선택하고
'함수:'에서 '개수'를 선택

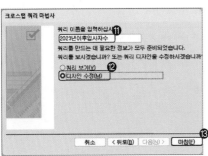

▲ 5단계) 쿼리 이름으로 「2023년이후입사자수」를
입력하고 '디자인 수정'을 선택

🅱 기적의 TIP

크로스탭 쿼리 마법사에서 계산 필드 선택

행과 열이 교차되는 곳에 표시할 계산 함수가 '개수'인 경우 필드는 임의적으로 선택해도 됩니다. 임의의 필드 중에서도 필드 값이 Null 값이 없는 자료로 선택해야 합니다.

⑮ '입사일' 필드를 년도만 나타나도록 하기 위해, '입사일' 필드 입력란을 클릭하여 **입사년도: year([입사일])**로 변경하고 '조건:' 셀 입력란에 >=2023를 입력한다. '합계사번: [사번]' 필드 입력란을 클릭하고 **전체: [사번]**을 입력하여 필드 이름을 변경한다. 정렬 순서를 지정하기 위해, '부서' 필드의 '정렬:' 셀 입력란의 목록 단추(⌄)를 클릭하여 '오름차순'으로 지정하고, '입사년도: year([입사일])'필드의 '정렬:' 셀도 '오름차순'으로 지정한다.

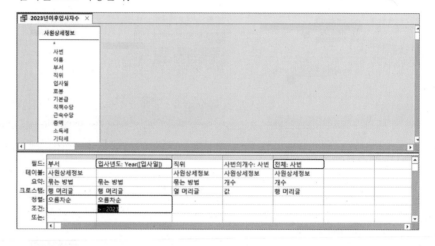

⑯ 완성된 쿼리를 저장하기 위해, 빠른 실행 도구모음의 [저장](🖫)을 클릭한다.

⑭ 〈부양가족현황〉 크로스탭 쿼리 작성

⑰ [만들기]–[쿼리] 그룹의 [쿼리 디자인](🖾)을 클릭한다.
⑱ [테이블 추가]에서 〈사원정보〉 테이블을 더블클릭한 후 [닫기]를 클릭한다.
⑲ [쿼리 디자인]–[쿼리 유형] 그룹의 [크로스탭](🖾)을 클릭하고 디자인 눈금의 내용을 다음과 같이 설정한 후 **부양가족현황** 이름으로 저장한다.

필드:	년: Year([입사일])	월: Month([입사일])	부양가족	Expr1: Left([호봉],3)	Expr2: Mid([호봉],3,1)
테이블:			사원정보		
요약:	묶는 방법	묶는 방법	합계	조건	조건
크로스탭:	행 머리글	열 머리글	값		
정렬:					
조건:				"사원갑"	
또는:					"특"

⑮ 〈재직기간〉 테이블 만들기 쿼리 작성

⑳ [만들기]–[쿼리] 그룹의 [쿼리 디자인](🖾)을 클릭한다.
㉑ [테이블 추가]에서 [쿼리] 탭의 〈사원상세정보〉 쿼리를 더블클릭한 후 [닫기]를 클릭한다.

㉒ 디자인 눈금을 다음과 같이 설정한 후 [쿼리 디자인]–[쿼리 유형] 그룹의 [테이블 만들기](▦)를 클릭한다.

㉓ [테이블 만들기] 대화상자의 테이블 이름으로 **2020년 이후**을 입력하고 [확인]을 클릭한 후 변경한 내용을 **재직기간** 이름으로 저장한다.

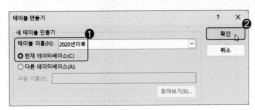

㉔ 탐색 창에서 〈재직기간〉 쿼리를 찾아서 더블클릭하여 [예]를 눌러 실행한 후, 매개 변수 값을 입력하고 [확인]을 클릭하면 새 테이블 〈2020년 이후〉이 작성된다.

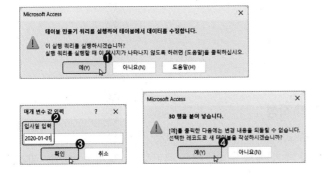

출제유형 ③ '출제유형3.accdb' 파일을 열어 다음과 같은 기능을 수행하는 쿼리를 작성하시오.

❶ 〈도서대여내역〉 쿼리를 이용하여 다음의 기능을 수행하는 〈대여날짜별현황〉 쿼리를 작성하시오.
▶ '대여날짜' 필드를 이용하여 2025년 7월 달에 대여된 도서의 대여날짜, 고객명 개수, 대여가격 총계를 대여날짜의 오름차순으로 표시
▶ Between 연산자를 이용

대여날짜	대여횟수	대여금액
2025-07-02	9	5700
2025-07-03	1	800
2025-07-04	1	500
2025-07-05	5	4600
2025-07-06	1	800
2025-07-09	5	4300
2025-07-10	4	3600
2025-07-11	2	1600
2025-07-12	5	3800

❷ 〈고객정보〉 테이블에서 전화번호가 중복 등록된 고객을 조회하는 〈전화번호중복고객〉 쿼리를 작성하시오.

❸ 〈핵심고객〉 테이블에서 한번도 도서를 대여하지 않은 고객정보를 삭제하는 〈미대여고객삭제〉 쿼리를 작성하시오.
 ▶ 〈핵심고객〉 테이블의 레코드 중 〈대여도서〉 테이블에서 참고하고 있지 않은 레코드를 삭제하시오.
 ▶ Not In 예약어를 사용하여 SQL 명령으로 작성하시오.

❹ 〈고객정보〉 테이블에서 고객번호의 뒤에 세자리가 짝수인 것만 표시하는 〈짝수고객〉 쿼리를 작성하시오.

⑪ 〈대여날짜별현황〉 쿼리 작성

① [만들기]-[쿼리] 그룹의 [쿼리 디자인](▦)을 클릭한다.
② 쿼리 디자인 창의 [테이블 추가]에서 [쿼리] 탭을 클릭하여 〈도서대여내역〉 쿼리를 더블클릭한 후 [닫기]를 클릭한다.
③ 쿼리 디자인 창 상단의 〈도서대여내역〉 필드 목록에서 '대여날짜', '고객명', '대여가격'을 차례로 더블클릭하고, 그룹 계산을 위해 [쿼리 디자인]-[표시/숨기기] 그룹의 [요약](∑)을 클릭하여 '디자인 눈금' 영역에 '요약 : ' 행이 추가되도록 한다.

④ 정렬을 위해 '대여날짜' 필드의 '정렬 :' 셀을 '오름차순'으로 지정하고, '고객명' 필드 입력란을 클릭하여 **대여횟수: 고객명**으로 입력하여 변경하고, '요약 :' 셀 입력란의 목록 단추(⌄)를 클릭하여 '개수'를 선택한다. '대여가격' 필드 입력란을 클릭하여 **대여금액: 대여가격**으로 입력하여 변경하고, '요약 :' 셀 입력란의 목록 단추(⌄)를 클릭하여 '합계'를 선택한다. 대여날짜 조건을 지정하기 위해 '대여날짜' 필드의 '조건' 셀 입력란에 Between #2025−07−01# And #2025−07−31#을 입력하고 Enter 를 누른다.

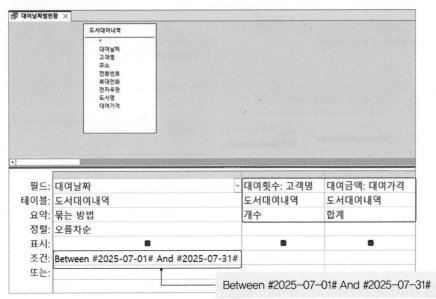

⑤ [쿼리 디자인] 창의 [닫기]를 클릭하여 창을 닫으면, 저장 확인 대화상자에서 '예'를 클릭한 후 [다른 이름으로 저장] 대화상자에서 **대여날짜별현황**을 입력하고 [확인]을 클릭한다.

02 〈전화번호중복고객〉 쿼리 작성

⑥ [만들기]-[쿼리] 그룹의 [쿼리 마법사](📰)를 클릭한 후 [새 쿼리]에서 '중복 데이터 검색 쿼리 마법사'를 선택하고 [확인]을 클릭한다.

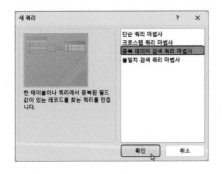

⑦ [중복 데이터 검색 쿼리 마법사]에서 지시사항에 따라 각 단계에서 화면과 같이 선택하고 [다음]을 클릭한다.

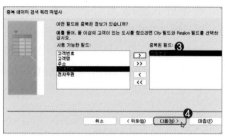

▲ 1단계) '테이블: 고객정보'를 선택

▲ 2단계) '전화번호'가 중복된 자료를 찾기 위해 '전화번호'를 더블클릭

기적의 TIP

쿼리 디자인 창에서 조건 지정

쿼리 디자인 창의 디자인 눈금 영역에서 조건을 지정하는 방법과 원리는 엑셀 고급 필터의 조건 지정 방법과 유사합니다. 서로 다른 행에 입력된 조건은 Or 조건으로 사용되고 같은 행에 입력된 조건은 And 조건으로 사용됩니다.

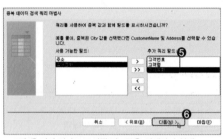

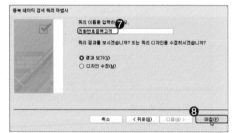

▲ 3단계) 쿼리 결과로 표시될 필드들을 선택하기 위해 '고객번호', '고객명', '전자우편'을 차례로 더블클릭

▲ 4단계) 쿼리 이름으로 「전화번호중복고객」을 입력

ⓞ⑶ 〈미대여고객삭제〉 삭제 쿼리 작성

⑧ [만들기]–[쿼리] 그룹의 [쿼리 디자인](▦)을 클릭한다.

⑨ 쿼리 디자인 창의 [테이블 추가]에서 〈핵심고객〉 테이블을 더블클릭한 후 [닫기]를 클릭한다.

⑩ 쿼리 유형을 변경하기 위해 [쿼리 디자인]–[쿼리 유형] 그룹의 [삭제](▦)를 선택한다.

⑪ '고객번호' 필드를 더블클릭하여 디자인 눈금에 추가하고, '조건' 셀 입력란에 not in (select 고객번호 from 대여도서)를 입력하고 [Enter]를 누른다.

기적의 TIP

not in(select 고객번호 from 대여도서)

〈대여도서〉 테이블에서 '고객번호'를 검색한 값은 제외시키라는 의미입니다.

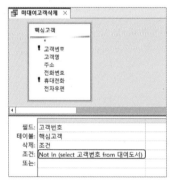

⑫ 삭제 쿼리를 실행하기 위해 [쿼리 디자인]–[결과] 그룹의 [실행]()을 클릭한다. '지정된 테이블에서 7행을 삭제합니다.' 대화상자가 나타나면 [예]를 클릭한다.

⑬ [쿼리 디자인] 창의 [닫기]를 클릭하여 창을 닫으면, 저장 확인 대화상자에서 '예'를 클릭한 후 [다른 이름으로 저장]에서 **미대여고객삭제**를 입력하고 [확인]을 클릭한다.

04 〈짝수고객〉 쿼리 작성

⑭ [만들기]–[쿼리] 그룹의 [쿼리 디자인](▦)을 클릭한다.
⑮ 쿼리 디자인 창의 [테이블 추가]에서 〈고객정보〉 테이블을 더블클릭한 후 [닫기]를 클릭한다.
⑯ 필요한 필드를 더블클릭하여 디자인 눈금에 채우고, 필드 **Right([고객번호],3) Mod 2**와 표시(체크 해제), 조건(0)을 설정한다.

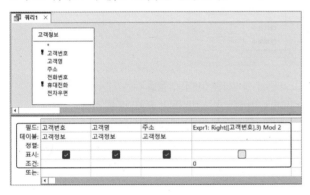

⑰ 쿼리 디자인 창을 닫고 변경한 내용은 **짝수고객** 쿼리로 저장한다.

> **기적의 TIP**
>
> 짝수는 2로 나눈 나머지가 0이 됨을 의미합니다. Right 함수는 고객번호 필드 문자열의 오른쪽부터 시작하여 지정된 수(3) 만큼의 문자를 반환하고, Mod 연산자는 두 수를 나눈 나머지를 반환합니다. 즉, Right([고객번호],3)를 2로 나눈 나머지를 구하는 것입니다.

작업파일 [2025컴활1급₩2권_데이터베이스₩이론₩4.처리기능₩Section02] 폴더에서 작업하시오.

기적의 TIP

[처리 기능 구현]
① [탐색] 창의 [쿼리] 개체
　선택
② 대상 폼 선택 후 바로 가
　기 메뉴에서 [디자인 보
　기] 클릭
③ 해당 폼, 컨트롤에 프로시
　저 작성

출제유형 ❶ '출제유형1.accdb' 파일을 열어 다음 지시사항에 따라 〈대여관리〉 폼의
처리 기능을 구현하시오.

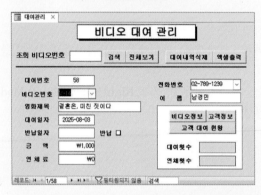

❶ '비디오정보(cmd비디오정보)' 버튼을 클릭하면 〈비디오〉 폼을 여는 기능을 구현하시오.
　▶ 현재의 '비디오번호(txt비디오번호)'에 해당하는 비디오만 표시되도록 하시오.
　▶ 매크로를 이용하여 작성하고 매크로 이름은 '비디오정보'로 지정하시오.
❷ '고객정보(cmd고객정보)' 버튼을 클릭하면 〈고객관리〉 폼을 여는 프로시저를 작성하시오.
　▶ 〈고객관리〉 폼의 '고객ID'가 현재 폼의 '전화번호(txt전화번호)'에 해당하는 고객만 표시되도
　　록 하시오.
❸ '고객 대여 현황(cmd대여정보)' 버튼을 클릭하면 고객의 대여횟수와 연체횟수를 표시하는
　프로시저를 작성하시오.
　▶ 〈대여〉 테이블에서 '전화번호(txt전화번호)'에 해당하는 '대여번호' 필드의 횟수를 계산하여
　　'대여횟수(txt대여횟수)' 컨트롤에 표시하시오.
　▶ 〈대여〉 테이블에서 '전화번호(txt전화번호)'에 해당하고 '연체료'가 '0'을 초과하는 '대여번
　　호' 필드의 횟수를 계산하여 '연체횟수(txt연체횟수)' 컨트롤에 표시하시오.
　▶ dcount( )함수 사용
❹ '대여내역삭제(cmd레코드삭제)' 버튼을 클릭하면 다음과 같은 기능을 수행하도록 프로시저
　를 작성하시오.
　▶ 〈대여내역삭제〉 쿼리를 실행하시오.
　▶ Requery 메서드를 사용하여 폼의 데이터를 다시 표시하시오.
❺ 'txt반납일자' 컨트롤의 값이 변경(Before Update)되면 다음과 같은 계산을 수행하도록 구현
　하시오.

- IsNull 함수를 사용하여 'txt반납일자' 컨트롤 값이 비어있는 경우 'chk반납' 컨트롤이 선택 해제되도록 하고 그 이외의 경우에는 선택되도록 하시오.
- '연체료계산' 프로시저가 실행되도록 하시오.

❻ '반납(chk반납)' 컨트롤을 클릭하면 다음과 같은 기능을 수행하도록 구현하시오.
- '반납(chk반납)' 컨트롤이 선택된 경우(True) 시스템 날짜가, 선택 해제된 경우(False) 공백(" ")이 '반납일자(txt반납일자)' 컨트롤에 입력되도록 하시오.
- '연체료계산' 프로시저가 실행되도록 작성하시오.

⓪① 'cmd비디오정보' 클릭 이벤트

① [만들기]-[매크로 및 코드] 그룹에서 [매크로](🔲)를 클릭한다.
② 매크로 작성기 창의 새 함수 추가 펼침 목록 단추를 클릭하고 펼쳐진 함수 목록 중 'OpenForm' 매크로 함수를 선택한다.

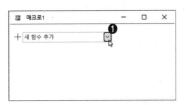 

③ 폼 이름에 '비디오' 폼을 지정한 후 필터 조건을 지정하기 위해 'Where 조건문' 입력란의 [작성기] 단추를 클릭한다.

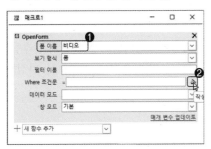

④ 식 작성기 대화상자의 식 입력란에 **[비디오번호]=**를 입력하고 하단의 왼쪽 상자에서 '출제유형1.accdb – Forms – 모든 폼 – 대여관리' 순서로 펼치고, 가운데 상자에서 'txt비디오번호'를 더블클릭한다. 식 입력란에 '[비디오번호]= Forms![대여관리]![txt비디오번호]'가 표시되면 [확인]을 클릭한다.

⑤ 빠른 실행 도구 모음 중 [저장](🖫)을 클릭하고, 매크로 이름을 **비디오정보**로 설정한 후 [확인]을 클릭한다.

기적의 TIP

[비디오번호]=[Forms]![대여관리]![txt비디오번호]
OpenForm 매크로 함수에 의해 표시되는 〈비디오〉 폼에서 〈대여관리〉 폼의 'txt비디오번호' 컨트롤 값과 〈비디오〉 폼의 '비디오번호' 컨트롤 값이 같은 레코드만 표시합니다. 즉, 폼의 필터(Filter) 조건을 지정합니다.

⑥ 〈대여관리〉 폼을 디자인 보기로 열어 속성 시트 중 'cmd비디오정보' 명령 단추를 찾아 이벤트 탭의 On Click 속성에 미리 만들어 둔 '비디오정보' 매크로를 지정하고 모든 변경한 내용은 저장한다.

⑦ 폼 보기에서 조회 비디오 번호에 'V-2'를 넣고 [검색] 후 [비디오정보]를 클릭하여 확인한다.

02 'cmd고객정보' 클릭 이벤트

⑧ 〈대여관리〉 폼의 폼 디자인 보기 상태에서 'cmd고객정보' 컨트롤을 선택한 후 'cmd 고객정보' 속성 창의 [이벤트] 탭에서 'On Click' 입력란의 [작성기](▣)를 클릭한다. [작성기 선택] 대화상자에서 '코드 작성기'를 더블클릭한다.

⑨ [Visual Basic Editor] 창에 'Private Sub cmd고객정보_Click()' 프로시저가 표 시되면 프로시저 안에 다음과 같이 입력하여 완성한다.

Private Sub cmd고객정보_Click()
　① DoCmd.OpenForm "고객관리", acNormal, , "고객ID ='" & Me.txt전화번호 & "'"
End Sub

① 〈고객관리〉 폼을 '고객ID' 필드값과 현재 폼의 'txt전화번호' 컨트롤 값과 일치하는 레코드만 표시되도 록 연다. 필터 조건이 생략되기 때문에 'acNomal' 다음에 쉼표(,)를 2번 입력해야 한다.

⑩ [Visual Basic Editor] 창 제목 표시줄의 [닫기]를 클릭하여 [Visual Basic Editor] 창을 닫은 후, 'cmd고객정보' 컨트롤의 'On Click'속성이 '[이벤트 프로시저]'로 설정되어 있는지 확인한다.

03 'cmd대여정보' 클릭 이벤트

⑪ 〈대여관리〉 폼의 폼 디자인 보기 상태에서 'cmd대여정보' 컨트롤을 선택한 후 'cmd 대여정보' 속성 창의 [이벤트] 탭에서 'On Click' 입력란의 [작성기](▣)를 클릭하고 [작성기 선택] 대화상자에서 '코드 작성기'를 더블클릭한다.

⑫ [Visual Basic Editor] 창에 'Private Sub cmd대여정보_Click( )' 프로시저가 표 시되면 프로시저 안에 다음과 같이 입력하여 완성한다.

Private Sub cmd대여정보_Click()

① Me.txt대여횟수 = DCount("대여번호", "대여", "전화번호 = forms!대여관리![txt전화번호]")

② Me.txt연체횟수 = DCount("대여번호", "대여", "전화번호 = forms!대여관리![txt전화번호] and 연체료 〉 0")

End Sub

---

① 〈대여〉 테이블에서 '전화번호' 필드가 〈대여관리〉 폼의 'txt전화번호' 컨트롤값과 일치하는 레코드의 개수를 구한다.

② 〈대여〉 테이블에서 '전화번호' 필드가 〈대여관리〉 폼의 'txt전화번호' 컨트롤값과 일치하고 '연체료' 필드값이 0보다 큰 레코드 개수를 구한다.

⑬ [Visual Basic Editor] 창 제목 표시줄의 [닫기]를 클릭하여 [Visual Basic Editor] 창을 닫은 후, 'cmd대여정보' 컨트롤의 'On Click'속성이 '[이벤트 프로시저]'로 설정되어 있는지 확인한다.

04 'cmd레코드삭제' 클릭 이벤트

⑭ 〈대여관리〉 폼의 폼 디자인 보기 상태에서 'cmd레코드삭제' 컨트롤을 선택한 후 'cmd레코드삭제' 속성 창의 [이벤트] 탭에서 'On Click' 입력란의 [작성기](□)를 클릭하고 '코드 작성기'를 더블클릭한다.

⑮ [Visual Basic Editor] 창에 'Private Sub cmd레코드삭제_Click()' 프로시저가 표시되면 프로시저 안에 다음과 같이 입력하여 완성한다.

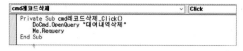

Private Sub cmd레코드삭제_Click()

① DoCmd.OpenQuery "대여내역삭제"

② Me.Requery

End Sub

---

① 이미 작성되어있는 〈대여내역삭제〉 삭제 쿼리를 실행한다.

② 폼에서 삭제된 레코드를 제거하고 다시 표시하기 위해 레코드 원본을 재설정한다.

⑤ 'txt반납일자' BeforeUpdate 이벤트

⑯ 〈대여관리〉 폼의 폼 디자인 보기 상태에서 'txt반납일자' 컨트롤을 선택한 후 'txt반납일자' 속성 창의 [이벤트] 탭에서 'Before Update' 입력란의 [작성기]([■])를 클릭하고 '코드 작성기'를 더블클릭한다.

⑰ [Visual Basic Editor] 창에 'Private Sub txt반납일자_BeforeUpdate(Cancel As Integer)' 프로시저가 표시되면 프로시저 안에 다음과 같이 입력하여 완성한다.

```
Private Sub txt반납일자_BeforeUpdate(Cancel As Integer)
    ① If IsNull(반납일자) Then
        ② chk반납 = False
    ③ Else
        ④ chk반납 = True
    ⑤ End If

    ⑥ Call 연체료계산
End Sub
```

① IF 문을 이용해 '반납일자(txt반납일자)' 컨트롤이 비어 있는지를 체크하여 빈 경우 ②를, 아닌 경우 ③, ④를 실행한다.
② 'chk반납' 컨트롤값을 False로 지정한다. 'chk반납' 컨트롤은 '확인란' 컨트롤로 False 값이 지정되면 선택이 해제되고, True 값이 지정되면 선택된다.
⑥ 이미 작성되어 있는 외부 프로시저 '연체료계산'을 호출하여 실행한다.

⑥ 'chk반납' 클릭 이벤트

⑱ 〈대여관리〉 폼의 폼 디자인 보기 상태에서 'chk반납' 컨트롤을 선택한 후 'chk반납' 속성 창의 [이벤트] 탭에서 'On Click' 입력란의 [작성기]([■])를 클릭하고 '코드 작성기'를 더블클릭한다.

⑲ [Visual Basic Editor] 창에 'Private Sub chk반납_Click()' 프로시저가 표시되면 프로시저 안에 다음과 같이 입력하여 완성한다.

```
chk반납                                          Click
Private Sub chk반납_Click()
    If Me.chk반납 = True Then
        Me.txt반납일자 = Date
    Else
        Me.txt반납일자 = ""
    End If

    Call 연체료계산
End Sub
```

```
Private Sub chk반납_Click()
    ① If Me.chk반납 = True Then
        ② Me.txt반납일자 = Date
    ③ Else
        ④ Me.txt반납일자 = ""
    ⑤ End If
    ⑥ Call 연체료계산
End Sub
```

🅑 기적의 TIP

Me. 의미
Me는 〈대여관리〉 폼을 의미
하며 'Me.'를 먼저 입력하면
마침표(.)를 입력할 때 폼의
컨트롤 이름을 목록으로 보
면서 찾을 수 있습니다. Me
는 생략이 가능합니다.

① IF 문을 이용해 'chk반납' 컨트롤 값이 선택된 경우 ②가 아닌 경우 ③, ④를 실행한다.
② 'txt반납일자' 컨트롤 값에 시스템 날짜를 입력한다.
④ 'txt반납일자' 컨트롤 값을 지운다.
⑥ 이미 작성되어있는 외부 프로시저인 '연체료계산'을 호출하여 실행한다.

➕ 더 알기 TIP

조건 처리문

조건에 따라 서로 다른 명령문을 실행할 때 사용하는 구문으로 IF문과 Select문이 있다.

If~Then문	Select Case문

If 조건식 Then
　　참일 때 실행할 명령문(들)
Else
　　거짓일 때 실행할 명령문(들)
End If
	Select Case 식
	　Case 값1
	　　값1일 때 실행할 명령문(들)
	　Case 값2
	　　값2일 때 실행할 명령문(들)
	　.....
	　Case Else
	　　위의 조건이 모두 만족하지 않을 때
	　　실행할 명령문(들)
	End Select

중첩 IF문 IF문을 여러 개 사용할 수도 있고 ElseIf를 사용하여 중첩할 수 도 있다.	

If 조건1 Then
　명령1
ElseIf 조건 2 Then
　명령 2
Else
　명령 3
End If
	Case 값1의 형태는 다음과 같이 3가지 방법으로 지정가능
	하다.
	① Case 1 : 식이 '1'인 경우
	② Case Is >= 10 : 식이 10보다 크거나 같은 경우
	③ Case 1 To 10 : 식이 1~10 사이인 경우

출제유형 ❶ '출제유형2.accdb' 파일을 열어 다음 지시사항에 따라 〈판매현황〉 폼의 처리 기능을 구현하시오.

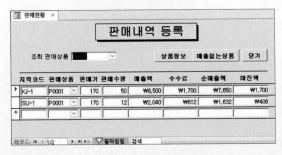

❶ '상품정보(cmd상품정보)' 버튼을 클릭하면 '상품정보' 폼을 여는 기능을 구현하시오.
  ▶ 현재의 '판매상품(cmb판매상품)'에 해당하는 상품만 표시되도록 하시오.
❷ 본문의 '지역코드(txt지역코드)' 컨트롤을 더블클릭하면 〈지역매출조회〉 폼을 여는 프로시저를 작성하시오.
  ▶ 현재 폼의 '지역코드(txt지역코드)'에 해당하는 자료만 표시되도록 하시오.
❸ 본문의 '판매수량(txt판매수량)' 컨트롤 값이 변경되면(Before Update) 다음과 같은 계산을 수행하도록 구현하시오.
  ▶ '판매가(txt판매가)'와 '판매수량(txt판매수량)'을 곱한 값을 계산하여 '매출액(txt매출액)' 컨트롤에 자동으로 입력되도록 할 것
  ▶ '매출액(txt매출액)'의 10%을 계산하여 '수수료(txt매출수수료)' 컨트롤에 자동으로 입력되도록 할 것
❹ '매출수수료(txt매출수수료)' 컨트롤에 포커스가 옮겨가면(GotFocus 이벤트) 다음과 같은 계산을 수행하도록 구현하시오.
  ▶ '판매수량(txt판매수량)'에 따라 '매출액(txt매출액)'에 다음과 같은 수수료율을 곱한 값을 '매출수수료(txt매출수수료)' 컨트롤에 표시하시오.
  ▶ 수수료율은 '판매수량(txt판매수량)'이 100 이상이면 10%, 50 이상이면 20%, 그 이외의 경우 30%를 적용하시오(Select Case문 이용).
❺ '닫기(cmd닫기)' 버튼을 클릭하면 다음과 같은 기능을 수행하도록 구현하시오.
  ▶ 다음 화면과 같은 메시지 대화상자를 표시한 후 [예]를 클릭하면 저장 여부를 묻지 않고 저장한 후 현재 폼이 닫히도록 구현하시오(MsgBox와 Dim문 사용).

❻ 〈판매현황〉 폼의 'txt마진액' 컨트롤을 더블 클릭하면(On Dbl Click) 다음과 같은 기능을 수행하도록 구현하시오.
  ▶ 'txt마진액' 컨트롤에 표시된 값이 ₩30,000 이상이면 '구독 좋아요'를 나머지(₩30,000 미만이면)는 '키워드 광고'로 메시지 상자에 표시하시오(그림을 참조할 것).

처리 기능 구현 SECTION 02 2-173

24년 출제

본문의 '판매수량(txt판매수량)' 컨트롤을 더블클릭하면 수량이 100 이상 200 이하인 경우 '인기상품' 메시지 박스를 출력하시오.

```
Private Sub txt판매수
량_DblClick(Cancel As
Integer)
    If txt판매수량 >= 100
    And txt판매수량 <=
    200 Then
        MsgBox "인기상품"
    End If
End Sub
```

24년 출제

본문의 '순매출액(txt순매출액)' 컨트롤을 더블클릭하면 순매출액 100,000 이상일 때 '지역코드:' 문자열과 '지역코드' 필드를 출력하는 메시지 박스를 출력하시오.

```
Private Sub txt순매출
액_DblClick(Cancel As
Integer)
    If txt순매출액 >=
    100000 Then
        MsgBox "지역코드
        : " & 지역코드
    End If
End Sub
```

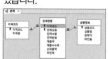
⓵ 'cmd상품정보' 클릭 이벤트

① [출제유형2 : 데이터베이스] 탐색 창의 〈판매현황〉 폼에서 마우스 오른쪽 버튼을 눌러 [디자인 보기](ℕ)를 클릭한다.

② 〈판매현황〉 폼의 폼 디자인 보기 상태에서 'cmd상품정보' 컨트롤을 선택한 후 'cmd상품정보' 속성 창의 [이벤트] 탭에서 'On Click' 입력란의 [작성기](⁻)를 클릭하고 [작성기 선택] 대화상자에서 '코드 작성기'를 더블클릭한다.

③ [Visual Basic Editor] 창에 'Private Sub cmd상품정보_Click()' 프로시저가 표시되면 프로시저 안에 다음과 같이 입력하여 완성한다.

```
Private Sub cmd상품정보_Click()
    ① DoCmd.OpenForm "상품정보", , , "상품코드 ='" & cmb판매상품 & "'"
End Sub
```

① 〈상품정보〉 폼을 '상품코드' 필드가 'cmb판매상품' 컨트롤 값과 동일한 레코드만 표시되도록 연다. 폼의 보기 형태를 지정하는 2번째 인수를 생략하면 기본값으로 폼 보기 상태가 된다. 폼 보기, 필터 이름(3번째 인수)를 생략했기 때문에 쉼표(,)가 연속 3번 입력되는 것에 주의한다.

⓶ 'txt지역코드' 더블클릭 이벤트

④ 〈판매현황〉 폼의 폼 디자인 보기 상태에서 'txt지역코드' 컨트롤을 선택한 후 'txt지역코드' 속성 창의 [이벤트] 탭에서 'On Dbl Click' 입력란의 [작성기](⁻)를 클릭하고 [작성기 선택] 대화상자에서 '코드 작성기'를 더블클릭한다.

⑤ [Visual Basic Editor] 창에 'Private Sub txt지역코드_DblClick()' 프로시저가 표시되면 다음과 같이 프로시저 내용을 입력한다.

```
Private Sub txt지역코드_DblClick(Cancel As Integer)
    ① DoCmd.OpenForm "지역매출조회", acNormal, , "지역코드 = '" & txt지역코드 & "'"
End Sub
```

① 〈지역매출조회〉 폼을 '지역코드' 필드가 'txt지역코드' 컨트롤 값과 동일한 레코드만 표시되도록 폼보기(acNormal) 형태로 연다.

⓷ 'txt판매수량' BeforeUpdate 이벤트

⑥ 〈판매현황〉 폼의 폼 디자인 보기 상태에서 'txt판매수량' 컨트롤을 선택한 후 'txt판매수량' 속성 창의 [이벤트] 탭에서 'Before Update' 입력란의 [작성기](⁻)를 클릭하고 '코드 작성기'를 더블클릭한다.

⑦ [Visual Basic Editor] 창에 다음과 같이 입력하여 완성한다.

```
Private Sub txt판매수량_BeforeUpdate(Cancel As Integer)
    ① txt매출액 = txt판매가 * txt판매수량
    ② txt매출수수료 = txt매출액 * 0.1
End Sub
```

① 판매가(txt판매가)와 판매수량(txt판매수량)을 곱한 결과 값을 매출액(txt매출액) 컨트롤에 입력한다.
② VBA에서 '10%'를 사용할 수 없기 때문에 '0.1'을 곱해야 한다. 매출액(txt매출액)의 10%를 계산하여 매출수수료(txt매출수수료) 컨트롤에 입력한다.

04 'txt매출수수료' GotFocus 이벤트

⑧ 〈판매현황〉 폼의 폼 디자인 보기 상태에서 'txt매출수수료' 컨트롤을 선택한 후 'txt매출수수료' 속성 창의 [이벤트] 탭에서 'On GotFocus' 입력란의 [작성기]([…])를 클릭하고 [작성기 선택] 대화상자에서 '코드 작성기'를 더블클릭한다.

⑨ [Visual Basic Editor] 창에 'Private Sub txt매출수수료_GotFocus()' 프로시저가 표시되면 프로시저 안에 다음과 같이 입력하여 완성한다.

```
Private Sub txt매출수수료_GotFocus()
    ① Select Case txt판매수량
    ② Case Is >= 100
            txt매출수수료 = txt매출액 * 0.1
    ③ Case Is >= 50
            txt매출수수료 = txt매출액 * 0.2
    ④ Case Else
            txt매출수수료 = txt매출액 * 0.3
    End Select
End Sub
```

① 'txt판매수량' 컨트롤 값에 따라 100 이상이면 ②를, 50 이상이면 ③을, 그 이외의 경우에는 ④를 실행한다.
② 'txt판매수량' 값이 100 이상이면 '매출액'의 10%를 계산하여 '매출수수료' 컨트롤에 입력한다.
③ 'txt판매수량' 값이 50 이상이면 '매출액'의 20%를 계산하여 '매출수수료' 컨트롤에 입력한다.
④ 'txt판매수량' 값이 그 이하의 값이면 '매출액'의 30%를 계산하여 '매출수수료' 컨트롤에 입력한다.

05 'cmd닫기' 클릭 이벤트

⑩ 〈판매현황〉 폼의 폼 디자인 보기 상태에서 'cmd닫기' 컨트롤을 선택한 후 'cmd닫기' 속성 창의 [이벤트] 탭에서 'On Click' 입력란의 [작성기]([…])를 클릭하고 [작성기 선택] 대화상자에서 '코드 작성기'를 더블클릭한다.

⑪ [Visual Basic Editor] 창에 'Private Sub cmd닫기_Click()' 프로시저가 표시되면 프로시저 안에 다음과 같이 입력하여 완성한다.

> **기적의 TIP**
>
> **Select Case문**
> 컨트롤이나 수식의 결과값에 따라 여러 가지 처리를 할 때 사용하는 명령문입니다.

> **기적의 TIP**
>
> **Close 메서드**
> • 열려있는 폼이나 보고서 등의 개체를 닫는 메서드 입니다.
> • **형식** : DoCmd.Close ["개체종류"], ["개체명"], [저장여부]
> • 개체종류는 폼, 보고서, 매크로 등 다양하며 '개체종류'와 '개체명'을 생략하면 현재 개체가 닫힙니다.

MsgBox 함수
• 메시지 대화상자를 표시하
  는 함수로 여러 가지 버튼
  을 표시하여 클릭한 버튼
  의 번호(정수형)를 반환받
  을 수 있습니다.
• 형식
  – 반환 값이 있는 경우 :
    변수 = MsgBox("메시
    지 내용", [표시할 버튼],
    ["창제목"])
  – 메시지만 표시할 때 :
    MsgBox("메시지 내용",
    [표시할 버튼], ["창제
    목"])

```
Private Sub cmd닫기_Click()
  ① Dim a
  ② a = MsgBox("폼을 닫으시겠습니까?", vbQuestion + vbYesNoCancel, "폼 닫기 확인")
  ③ If a = vbYes Then
      DoCmd.Close, , acSaveYes
    End If
End Sub
```

① ②에서 사용할 변수 a를 자유형(Variant)으로 선언한다. 변수 선언은 모듈 상단에 [Option Explicit]라
  는 문장이 없는 경우 생략해도 된다.
② vbQuestion은 메시지 대화상자에서 [물음표](❓) 아이콘이 표시되도록 지정하고, vbYesNoCancel
  는 [예]/[아니요]/[취소] 버튼을 표시하기 위해 지정한다. 대화상자로부터 입력된 버튼 번호를 변수 'a'
  에 대입한다.
③ ②에서 표시한 메시지 대화상자에서 [예] 클릭하면 저장 여부를 묻지 않고 저장한 후 현재 폼을 닫는
  다.
※ acSaveNo(저장하지 않음), acSavePrompt(저장 여부를 물어봄), acSaveYes(저장함)

06 'txt마진액' 컨트롤 더블 클릭 이벤트

⑫ 〈판매현황〉 폼의 폼 디자인 보기 상태에서 'txt마진액' 컨트롤을 속성 시트에서 선택
한다.

⑬ [이벤트] 탭의 'On Dbl Click'에서 [이벤트 프로시저] 선택 후 [작성기](┄)를 클릭
한다.

⑭ 다음과 같이 입력하여 완성하고 변경한 내용은 저장한다.

```
Private Sub txt마진액_DblClick(Cancel As Integer)
  ① If txt마진액 >= 30000 Then
      ② MsgBox "구독 좋아요", , "마케팅"
  ③ Else
      ④ MsgBox "키워드 광고", , "검색엔진"
  ⑤ End If
End Sub
```

① 'txt마진액'의 값이 30000 이상이면
② 메시지 상자에 '구독 좋아요' 메시지와 제목 표시줄에 '마케팅'을
③ 그렇지 않을 경우(30000 미만이면)
④ 메시지 상자에 '키워드 광고' 메시지와 제목 표시줄에 '검색엔진'을
⑤ If문 종료

➕ 더 알기 TIP

MsgBox 함수

– 메시지 대화상자를 표시하는 함수로 메시지만 표시할 수도 있고, 여러 버튼을 표시한 후 클릭한 버튼의 종류를 반환
  받아 선택적인 작업을 처리할 수도 있다.

– 형식

반환 값이 있는 경우	변수이름 = MsgBox("메시지 내용", [표시할 버튼 + 표시할 버튼], ["창제목"])
메시지만 표시할 때	MsgBox("메시지 내용", [표시할 버튼], ["창제목"])

MsgBox에서 선택한 버튼 값을 기억하는 '변수이름'은 정수형(Integer, Long 등)으로 선언하거나 'Dim a' 형태처럼 자유형(Variant)으로 선언해야 한다.

표시할 버튼과 아이콘의 종류와 키워드

– 버튼 종류

키워드(상수)	설 명
vbOKOnly	〈확인〉 버튼만 표시
VbOKCancel	〈확인〉과 〈취소〉 버튼 표시
VbAbortRetryIgnore	〈중단〉, 〈재시도〉, 〈무시〉 버튼 표시
VbYesNoCancel	〈예〉, 〈아니오〉, 〈취소〉 버튼 표시
VbYesNo	〈예〉, 〈아니오〉 버튼 표시
VbRetryCancel	〈재시도〉, 〈취소〉 버튼 표시

– 아이콘 종류

키워드(상수)	아이콘	설 명
VbCritical	⊗	경고
VbQuestion	?	질문
VbExclamation	⚠	알림
VbInformation	ⓘ	정보

MsgBox 대화상자에서 선택한 버튼 종류와 키워드

'변수이름 = MsgBox(...)' 형태로 사용한 경우 MsgBox 대화상자에서 클릭한 버튼이 '변수이름'에 기억된다. 변수이름에 반환된 버튼의 종류를 확인할 때는 다음과 같은 키워드를 사용해야 한다.

키워드(상수)	설 명	키워드(상수)	설 명	키워드(상수)	설 명
vbOK	〈확인〉	vbAbort	〈중단〉	vbYes	〈예〉
vbCancel	〈취소〉	vbRetry	〈재시도〉	vbNo	〈아니요〉
		vbIgnore	〈무시〉		

MsgBox 대화상자 사용 예

표시할 버튼과 표시할 아이콘을 함께 사용할 때는 '+'를 이용해 두 상수를 사용한다.

VBA 코드	실행 화면
a = MsgBox("메시지내용", vbQuestion + vbYesNo, "창제목")	
a = MsgBox("창을 닫습니다.", vbInformation, "종료")	
a = MsgBox("강제종료합니다.", vbCritical, "종료")	
a = MsgBox("창을 닫을까요?", vbOKCancel, "종료")	

출제유형 ❸ '출제유형3.accdb' 파일을 열어 다음 지시사항에 따라 〈호봉등록〉 폼의 처리 기능을 구현하시오.

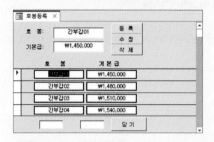

❶ '등록(cmd등록)' 버튼을 클릭하면 폼 머리글에 있는 '호봉(txt호봉)', '기본급(txt기본급)' 컨트롤의 값이 〈호봉기준〉 테이블의 '호봉', '기본급' 필드로 추가되도록 프로시저를 작성하시오.
  ▶ Requery 메서드를 사용하여 폼의 데이터를 다시 표시

❷ '수정(cmd수정)' 버튼을 클릭하면 다음과 같은 기능을 수행하도록 구현하시오.
  ▶ 〈호봉기준〉 테이블에서 '호봉' 필드가 폼 머리글에 있는 '호봉(txt호봉)' 컨트롤과 동일한 레코드를 찾아 '기본급' 필드 값을 폼 머리글의 '기본급(txt기본급)' 컨트롤의 값으로 변경할 것
  ▶ Requery 메서드를 사용하여 폼의 데이터를 다시 표시

❸ '삭제(cmd삭제)' 버튼을 클릭하면 다음과 같은 기능을 수행하도록 구현하시오.
  ▶ 〈호봉기준〉 테이블에서 '호봉' 필드가 폼 머리글에 있는 '호봉(txt호봉)' 컨트롤과 동일한 레코드를 찾아 해당 레코드를 삭제할 것
  ▶ 레코드를 삭제하기전에 다음 화면과 같이 메시지 대화상자를 표시한 후 [예]를 클릭할 때만 삭제하도록 작성(MsgBox와 Dim a As Integer이용)

  ▶ Requery 메서드를 사용하여 폼의 데이터를 다시 표시

❹ 폼의 레이블 '기 본 급(Label1)'을 클릭하면 다음과 같은 기능을 수행하도록 구현하시오.
  ▶ 〈요약정보〉 테이블을 열어보고 비어있는 입사일 필드에 시스템의 현재 날짜가 입력되도록 할 것
  ▶ 빈 값은 Is Null을 이용하여 찾고, 시스템의 현재 날짜는 date를 사용하여 표시할 것

❺ 폼의 레이블 '호 봉(Label0)'을 클릭하면 다음과 같은 기능을 수행하도록 구현히시오.
  ▶ 〈모두보기〉 매크로를 작성하여 구현할 것
  ▶ 폼의 원본 레코드 전체를 표시하고 오름차순(SortAscending) 정렬할 것
  ▶ 포커스가 '호봉(txt호봉)' 컨트롤로 가도록 할 것

❻ 〈호봉등록〉 폼의 '폼 머리글'을 더블 클릭하면 다음과 같은 기능을 수행하도록 구현하시오.
  ▶ 현재 시스템 날짜를 메시지 상자에 다음 화면과 같이 표시한 후 〈확인〉 단추를 클릭하면 현재 시스템 날짜에서 년, 월을 찾아 'txt년', 'txt월' 컨트롤에 표시할 것

01 'cmd등록' 클릭 이벤트

① [출제유형3 : 데이터베이스] 탐색 창의 〈호봉등록〉 폼에서 마우스 오른쪽 버튼을 눌러 [디자인 보기]를 클릭한다.

② 〈호봉등록〉 폼의 폼 디자인 보기 상태에서 'cmd등록' 컨트롤을 선택한 후 'cmd등록' 속성 창의 [이벤트] 탭에서 'On Click' 입력란의 [작성기]( )를 클릭하고 '코드 작성기'를 더블클릭한다.

③ [Visual Basic Editor] 창에 'Private Sub cmd등록_Click()' 프로시저가 표시되면 프로시저 안에 다음과 같이 입력하여 완성한다.

```
Private Sub cmd등록_Click()
    ① DoCmd.RunSQL " insert  into 호봉기준(호봉, 기본급) values ('" & txt호봉 & "', " & txt기본
       급 & ")"
    ② Me.Requery
End Sub
```

① 〈호봉기준〉 테이블에 '호봉' 필드값은 'txt호봉' 컨트롤 값으로 지정하고, '기본급' 필드값은 'txt기본급' 필드 값으로 지정하여 새로운 레코드를 추가한다.
  주의 할 부분은 '기본급' 필드가 수치 데이터 형이기 때문에 [values ('" & txt호봉 & "', " & txt기본급 & ")"]에서 'txt기본급' 앞뒤에는 작은 따옴표(')를 붙이지 않는다.
② 〈호봉기준〉 테이블에 추가된 새 레코드를 현재 폼에 반영하기위해 레코드 원본을 재설정한다.

> **기적의 TIP**
>
> **RunSQL 매크로 함수**
> • 문자열 형태로 지정하는 SQL 문을 실행하는 매크로 함수로, VB 편집기에서 코드 방식으로 사용할 경우 DoCmd 개체와 함께 사용하여 메서드로 사용됩니다.
> • **형식** : DoCmd.RunSQL "SQL문"

02 'cmd수정' 클릭 이벤트

④ 〈호봉등록〉 폼의 폼 디자인 보기 상태에서 'cmd수정' 컨트롤을 선택한 후 'cmd수정' 속성 창의 [이벤트] 탭에서 'On Click' 입력란의 [작성기]( )를 클릭한다. [작성기 선택] 대화상자에서 '코드 작성기'를 더블클릭한다.

⑤ [Visual Basic Editor] 창에 'Private Sub cmd수정_Click()' 프로시저가 표시되면 프로시저 안에 다음과 같이 입력하여 완성한다.

```
Private Sub cmd수정_Click()
    ① DoCmd.RunSQL " update 호봉기준 set 기본급 = " & txt기본급 & "  where 호봉='" & txt
       호봉 & "'"
    ② Me.Requery
End Sub
```

① 〈호봉기준〉 테이블에서 '호봉' 필드 값이 'txt호봉' 컨트롤 값과 동일한 레코드들을 찾아 '기본급' 필드 값을 'txt기본급' 필드 값으로 수정한다.
  '기본급' 필드가 수치 데이터 형이기 때문에 ['update 호봉기준 set 기본급 = " & txt기본급]에서 'txt기본급' 앞뒤에는 작은 따옴표(')를 붙이지 않는다.
② 〈호봉기준〉 테이블에 수정된 레코드 내용을 현재 폼에 반영하기 위해 레코드 원본을 재설정한다.

03 'cmd삭제' 클릭 이벤트

⑥ 〈호봉등록〉 폼의 폼 디자인 보기 상태에서 'cmd삭제' 컨트롤을 선택한 후 'cmd삭제' 속성 창의 [이벤트] 탭에서 'On Click' 입력란의 [작성기](┅)를 클릭한다. [작성기 선택] 대화상자에서 '코드 작성기'를 더블클릭한다.

⑦ [Visual Basic Editor] 창에 'Private Sub cmd삭제_Click()' 프로시저가 표시되면 프로시저 안에 다음과 같이 입력하여 완성한다.

```
Private Sub cmd삭제_Click()
    ① Dim a As Integer
    ② a = MsgBox("삭제하시겠습니까?", vbYesNo)
    ③ If a = vbYes Then
        ④ DoCmd.RunSQL " delete from 호봉기준 where 호봉 = '" & txt호봉 & "'"
        ⑤ Me.Requery
    End If
End Sub
```

① ②에서 사용할 변수 a를 정수형으로 선언한다. 조건이 지시사항에 없을 경우 Dim a 로만 선언해도 된다.

② 메시지 대화상자에 [예]/[아니요] 버튼을 표시한 후 클릭한 버튼의 번호를 변수 'a'에 대입한다.

③ ②에서 표시한 메시지 대화상자에서 [예]를 클릭한 경우에는 ④를 실행하고 그렇지 않은 경우 IF 문을 빠져나간다.

⑤ 〈호봉기준〉 테이블에 삭제된 레코드 내용을 반영하기 위해 현재 폼을 재설정한다.

04 'Label1' 클릭 이벤트

⑧ 〈호봉등록〉 폼의 폼 디자인 보기 상태에서 'Label1' 컨트롤을 선택한 후 속성 창의 [이벤트] 탭에서 'On Click' 입력란의 [작성기](┅)를 클릭한다. [작성기 선택] 대화상자에서 '코드 작성기'를 더블클릭한다.

⑨ [Visual Basic Editor] 창에 'Private Sub Label1_Click()' 프로시저가 표시되면 프로시저 안에 다음과 같이 입력하여 완성한다.

```
Private Sub Label1_Click()
    ① DoCmd.RunSQL "UPDATE 요약정보 SET 입사일 = Date( ) WHERE 입사일 Is Null"
End Sub
```

① 〈요약정보〉 테이블의 '입사일' 필드가 빈 값(Null값)일 경우 시스템의 현재날짜(date)를 업데이트하는 쿼리를 실행(RunSQL)한다.

⑤ 'Label0' 클릭 이벤트 매크로

⑩ 리본 메뉴의 [만들기]–[매크로 및 코드] 그룹에서 [매크로](📄)를 클릭한다.

⑪ 매크로 작성기 창의 새 함수 추가 펼침 목록 단추를 클릭하고 펼쳐진 함수 목록 중 'ShowAllRecords' 매크로 함수를 선택한다.

🔵 기적의 TIP

매크로 함수
ShowAllRecords는 폼의 원본 레코드를 모두 표시합니다. RunMenuCommand는 명령(오름차순으로 정렬)을 실행합니다. GoTo Control 은 지정한 필드나 컨트롤로 포커스를 이동합니다.

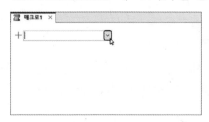

⑫ 계속해서 새 함수 추가 펼침 목록 단추를 클릭하고 펼쳐진 함수 목록 중 'RunMenuCommand' 매크로 함수를 선택하고 명령 인수에 'SortAscending'을 지정한다.

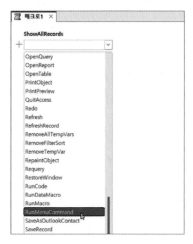

⑬ 한 번 더 새 함수 추가 펼침 목록 단추를 클릭하고 펼쳐진 함수 목록 중 'GoToControl' 매크로 함수를 선택하고 컨트롤 이름 인수에 'txt호봉'을 지정한다.

⑭ 빠른 실행 도구 모음 중 [저장](圈)을 클릭하고, 매크로 이름을 **모두보기**로 설정한 후 [확인]을 클릭한다.

 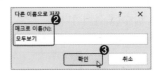

⑮ 〈호봉등록〉 폼을 디자인 보기로 열어 속성 시트 중 'Label0' 레이블 컨트롤을 찾아 이벤트 탭의 On Click 속성에 미리 만들어 둔 '모두보기' 매크로를 지정하고 모든 변경한 내용은 저장한다.

06 폼 머리글 더블 클릭 이벤트

⑯ 〈호봉등록〉 폼을 [디자인 보기](圈)로 열어 속성 시트에서 '폼 머리글' 구역을 선택하고 [이벤트] 탭의 'On Dbl Click' 속성에서 [이벤트 프로시저] 선택 후 [작성기](…)를 클릭한다.

⑰ 다음과 같이 프로시저를 입력하여 완성한 후 변경한 내용은 저장한다.

```
Private Sub 폼_머리글_DblClick(Cancel As Integer)
    ① MsgBox "오늘 날짜는 " & Date & "입니다."
    ② txt년 = Year(Date) & " 년"
    ③ txt월 = Month(Date) & " 월"
End Sub
```

① 시스템의 날짜를 Date 함수로 구해 메시지 상자의 Prompt(대화상자에서 메시지로 나타나는 문자열)로 출력한다. (메시지 상자의 [확인]을 누르면)
② 시스템의 날짜에서 '년'을 구해 텍스트 '년'을 결합하여 'txt년'에 표시
③ 시스템의 날짜에서 '월'을 구해 텍스트 '월'을 결합하여 'txt월'에 표시

실행 쿼리 기본 구조

1. 실행 쿼리의 종류는 삭제 쿼리, 업데이트 쿼리, 추가 쿼리, 테이블 작성 쿼리가 있다.
2. 실행 쿼리의 SQL문 구조는 다음과 같다.

쿼리 종류	SQL 구조
추가	insert into 테이블명(필드명1, 필드명2, …) values (값1, 값2, …) 예) DoCmd.RunSQL "insert into 비디오(비디오번호, 영화제목) values('V-20', '괴물')" → 〈비디오〉 테이블에 '비디오번호' 필드 값을 'V-20'으로 '영화제목' 필드 값을 '괴물'로 지정하여 새 레코드를 추가한다.
업데이트	update 테이블명 set 필드명1 = 값1, 필드명2 = 값2, … where 조건식 예) DoCmd.RunSQL "update 비디오 set 영화제목 = '괴물2' where 비디오번호 = 'V-21' " → 〈비디오〉 테이블에 '비디오번호' 필드 값이 'V-21'인 레코드를 찾아 '영화제목' 필드 값을 '괴물2'로 수정한다.
삭제	delete from 테이블명 where 조건식 예) DoCmd.RunSQL "delete from 비디오 where 영화제목 = '괴물' " → 〈비디오〉 테이블에서 '영화제목'이 '괴물'인 레코드를 모두 삭제한다.

※ 기본 구조만 이해하도록 한다. 실행 쿼리 작성이 잘 안될 경우에는 [쿼리 디자인] 창을 통해 작성한 후 [SQL 보기]에서 작성한 SQL문을 복사해서 사용할 수 있다.

SQL문을 [쿼리 디자인] 창에서 가져오기

1. [쿼리 디자인] 창에서 [쿼리 디자인]-[쿼리 유형] 그룹의 [업데이트](▨)를 클릭하여 쿼리 종류를 변경한다.
2. 디자인 눈금에 원하는 조건의 쿼리 내용을 작성한 후 [쿼리 디자인]-[결과] 그룹의 [보기](▤)를 클릭하여  를 클릭한다. SQL 창에 표시된 SQL문을 복사하여 원하는 곳에 사용한다.

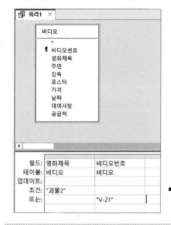

데이터베이스
대표 기출 따라하기

대표 기출 따라하기

작업파일 [2025컴활1급₩2권_데이터베이스₩대표기출따라하기] 폴더의 '대표기출따라하기' 파일을 열어서 작업하시오.

프로그램명	제한시간
ACCESS	45분

수험번호 : _____

성   명 : _____

유의사항

- 인적 사항 누락 및 잘못 작성으로 인한 불이익은 수험자 책임으로 합니다.

- 화면에 암호 입력창이 나타나면 아래의 암호를 입력하여야 합니다.
  ○ 암호: 7646%5

- 작성된 답안은 주어진 경로 및 파일명을 변경하지 마시고 그대로 저장해야 합니다. 이를 준수하지 않으면 실격 처리됩니다.
  답안 파일명의 예: C:₩DB₩수험번호8자리.accdb

- 외부데이터 위치: C:₩DB₩파일명

- 별도의 지시사항이 없는 경우, 다음과 같이 처리 시 실격 처리됩니다.
  ○ 제시된 시트 및 개체의 순서나 이름을 임의로 변경한 경우
  ○ 제시된 시트 및 개체를 임의로 추가 또는 삭제한 경우
  ○ 외부데이터를 시험 시작 전에 열어본 경우

- 답안은 반드시 문제에서 지시 또는 요구한 셀에 입력하여야 하며 다음과 같이 처리 시 채점 대상에서 제외됩니다.
  ○ 제시된 함수가 있을 경우 제시된 함수만을 사용하여야 하며 그 외 함수사용시 채점대상에서 제외
  ○ 수험자가 임의로 지시하지 않은 셀의 이동, 수정, 삭제, 변경 등으로 인해 셀의 위치 및 내용이 변경된 경우 해당 작업에 영향을 미치는 관련문제 모두 채점 대상에서 제외
  ○ 도형 및 차트의 개체가 중첩되어 있거나 동일한 계산결과 시트가 복수로 존재할 경우 해당 개체나 시트는 채점 대상에서 제외

- 수식 작성 시 제시된 문제 파일의 데이터는 변경 가능한(가변적) 데이터임을 감안하여 문제 풀이를 하시오.

- 별도의 지시사항이 없는 경우, 주어진 각 시트 및 개체의 설정값 또는 기본 설정값 (Default)으로 처리하시오.

- 저장 시간은 별도로 주어지지 않으므로 제한된 시간 내에 저장을 완료해야 하며, 제한 시간 내에 저장이 되지 않은 경우에는 실격 처리됩니다.

- 출제된 문제의 용어는 MS Office LTSC Professional Plus 2021 기준으로 작성되어 있습니다.

대 한 상 공 회 의 소

01 교회에서 교인을 관리하는 업무를 수행하기 위한 데이터베이스를 구축하였다. 다음의 지시사항에 따라 〈교인명단〉 테이블을 완성하시오. (각 3점)

    ① '교번' 필드의 필드 크기는 7로 설정하고, '98-1234'처럼 여섯 자리의 숫자가 입력되며, '-'도 테이블에 저장되도록 입력 마스크를 설정하시오.

        ▶ 반드시 여섯 자리의 숫자가 입력되어야 함

    ② '이름' 필드에는 반드시 값이 입력되도록 하고, 빈 문자열이 입력되지 않도록 설정하시오.

    ③ '교구' 필드는 반드시 1글자만 입력되도록 유효성 검사 규칙을 설정하시오.

    ④ '주민등록번호' 필드에 대해서 기본 키가 아니면서도 중복된 값이 입력되지 않도록 설정하시오.

    ⑤ '냉담자' 필드를 추가하고, 참(True)과 거짓(False)과 같이 두 가지 값 중의 하나만 입력되도록 데이터 형식을 설정하시오.

02 〈교인명단추가〉 테이블의 내용을 〈추가된명단〉 테이블에 추가하시오. (5점)

    ▶ 〈추가된명단〉 테이블에 존재하지 않는 레코드만 추가되도록 하시오.

    ▶ '교번' 필드를 이용하여 중복 여부를 판단하는 추가 쿼리 〈교인명단추가질의〉를 작성하여 실행하시오.

03 〈교인명단〉 테이블의 '봉사부서' 필드는 〈봉사부서〉 테이블의 '부서번호' 필드를 참조하며 테이블 간의 관계는 M:1이다. 두 테이블에 대해 다음과 같이 관계를 설정하시오. (5점)

    ※ 〈교구〉 테이블과 〈교인명단〉 테이블은 1:M의 관계가 설정되어 있으므로 〈교구〉, 〈교인명단〉, 〈봉사부서〉 테이블의 관계는 1:M:1의 관계가 됨

    ▶ 두 테이블 간의 관계를 설정할 수 있도록 〈봉사부서〉 테이블의 적절한 필드에 기본 키를 설정하시오.

    ▶ 두 테이블 간의 항상 참조 무결성을 유지하도록 설정하시오.

문제 ❷   **입력 및 수정 기능 구현**   20점

01 〈봉사부서관리〉 폼을 다음의 〈화면〉과 지시사항에 따라 완성하시오. (각 3점)

    ① 폼의 머리글에 '봉사부서 관리'라는 제목을 표시하도록 'LBL제목' 컨트롤을 생성하시오.

        ▶ 글꼴 크기는 '18', 글꼴 두께는 '굵게'로 설정

    ② 하위 폼 본문의 컨트롤들은 화면에 표시된 왼쪽부터 차례대로 탭이 정지하도록 관련 속성을 설정하시오.

    ③ 하위 폼 바닥글의 'txt교인수' 컨트롤에는 전체 인원수가 화면과 같이 표시되도록 컨트롤 원본과 형식을 설정하시오.

        ▶ [표시 예 : 9명] 단, 인원이 없어도 0으로 표시되는 기호를 사용

02 〈봉사부서관리〉 폼에 있는 'cmb조회' 컨트롤을 다음과 같은 콤보 상자로 변환하시오. (5점)

▶ 〈봉사부서〉 테이블의 '부서번호'와 '부서명'을 표시하시오.

▶ 컨트롤에는 '부서번호'가 저장되도록 설정하시오.

▶ 열 너비는 부서번호가 1.2cm가 되도록 하시오.

▶ 목록 이외의 값은 입력될 수 없도록 하시오.

03 〈교인명단입력〉 폼 본문의 모든 컨트롤에 대하여 다음과 같이 조건부 서식을 설정하시오. (6점)

▶ '교번'의 첫 글자가 '8'인 경우 글꼴을 '굵게', '기울임꼴'로 설정하시오.

문제 ❸ 조회 및 출력 기능 구현   **20점**

01 다음의 지시사항 및 화면을 참조하여 〈부서현황〉 보고서를 완성하시오. (각 3점)

① '부서명'을 기준으로 오름차순 정렬하고, 동일한 '부서명' 내에서는 '교구'를 기준으로 오름차순 정렬되어 표시되도록 관련 속성을 설정하시오.

② 부서명 머리글의 'txt부서명' 컨트롤에는 '부서명(부서번호)'이 표시되도록 설정하시오.
▶ 표시 예 : 경조부(D-07)

③ 보고서 본문의 'txt교번'과 'txt이름'을 '교번'과 '이름' 필드에 각각 바운드 시키시오.

④ 보고서 본문의 'txt주민등록번호' 컨트롤에는 '주민등록번호' 필드의 값을 다음과 같이 구분해서 표시하도록 입력 마스크를 설정하시오.
▶ 표시 예 : 680302-1076515

⑤ '부서명 머리글'은 매 페이지마다 반복적으로 표시되도록 설정하시오.

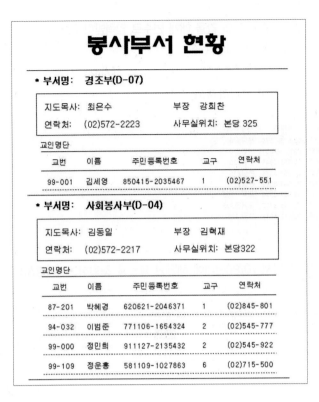

봉사부서 현황

- **부서명:** 경조부(D-07)

| 지도목사: | 최은수 | 부장 | 강회찬 |
| 연락처: | (02)572-2223 | 사무실위치: | 본당 325 |

교인명단

교번	이름	주민등록번호	교구	연락처
99-001	김세영	850415-2035467	1	(02)527-551

- **부서명:** 사회봉사부(D-04)

| 지도목사: | 김동일 | 부장 | 김혁재 |
| 연락처: | (02)572-2217 | 사무실위치: | 본당322 |

교인명단

교번	이름	주민등록번호	교구	연락처
87-201	박혜경	620621-2046371	1	(02)845-801
94-032	이범준	771106-1654324	2	(02)545-777
99-000	정민희	911127-2135432	2	(02)545-922
99-109	정운홍	581109-1027863	6	(02)715-500

02 〈봉사부서관리〉 폼의 '봉사부서 보고서(cmd보고서)' 버튼을 클릭할 때 다음과 같은 기능을 수행하는 〈보고서 열기〉 매크로를 작성하시오. (5점)

▶ 〈부서현황〉 보고서를 '인쇄 미리 보기'의 형태로 여시오.

▶ 보고서의 '부서번호' 필드의 값이 〈봉사부서관리〉 폼의 'cmb조회' 컨트롤의 값과 동일한 레코드만을 대상으로 하시오.

문제 ❹ 처리 기능 구현   **35점**

01 〈교인명단〉과 〈봉사부서〉 테이블을 이용하여 부서명이 '선교부'로 끝나는 교인들의 생년월일을 날짜 형식으로 조회하는 〈선교부교인〉 쿼리를 작성하시오. (7점)

▶ 생년월일 조회는 주민등록번호 필드를 이용하시오.

▶ DateSerial, Left, Mid 함수 사용

▶ 검색 결과 및 필드명은 〈화면〉과 같이 설정하시오.

교번	이름	생년월일	부서명	교구	연락처
79-1234	이채연	1981-09-15	해외선교부	5	(02)572-2215
86-4234	이은주	1950-10-23	해외선교부	6	(02)572-2215
90-0054	박진수	1982-08-21	해외선교부	4	(02)572-2215
95-0054	박현정	1965-07-03	해외선교부	4	(02)572-2215
98-2012	정태화	1988-03-02	해외선교부	1	(02)572-2215
86-3050	김장철	1958-02-28	의료선교부	2	(02)572-2216
93-0532	김종수	1984-08-20	의료선교부	5	(02)572-2216
96-3487	정소희	1966-09-08	의료선교부	3	(02)572-2216
98-1564	김은영	1992-07-15	의료선교부	3	(02)572-2216

레코드: ⏮ ◀ 1/9 ▶ ▶▶ ▶* ▼필터 없음 검색

02 〈교인명단〉과 〈봉사부서〉 테이블을 이용하여 '교구' 필드의 값을 매개 변수로 입력받아 해당 교구에 속하는 교인의 정보를 조회하는 〈교구별교인목록〉 쿼리를 작성하시오. (7점)

▶ 매개 변수 값 입력 창에 '교구를 입력하시오'라는 메시지가 나타나도록 하시오.

▶ 쿼리의 실행 결과 및 필드명은 〈화면〉과 같이 설정하시오.

03 〈교인명단〉 테이블을 이용하여 성별이 여성이면서 70/80년대에 해당한 교인을 조회하는 〈여성7080〉 쿼리를 작성하시오. (7점)

▶ 여성을 조회하기 위해서는 주민등록번호의 7번째 숫자가 2이면 여성으로 처리하시오.

▶ 70/80년대는 주민등록번호가 7 또는 8로 시작하는 교인만 나타내시오.

▶ Mid, Like, Or 이용

04 교구별, 부서명별 인원수를 조회하는 〈교구별부서명인원수〉 크로스탭 쿼리를 작성하시오. (7점)

▶ 〈부서보고〉 쿼리를 이용하시오.

▶ 개수는 '이름' 필드를 이용하시오.

▶ 쿼리 실행 결과 표시되는 필드와 필드명은 〈그림〉과 같이 표시되도록 설정하시오.

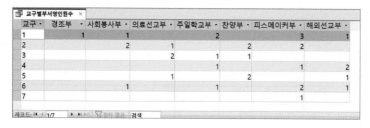

05 〈교인명단〉 테이블을 이용하여 '봉사부서' 필드에 'D-06'가 없는 교구에 대해 〈교구〉 테이블의 '비고' 필드의 값을 '찬양부 요청'으로 변경하는 〈봉사부서처리〉 업데이트 쿼리를 작성한 후 실행하시오. (7점)

▶ Not In과 하위 쿼리 사용

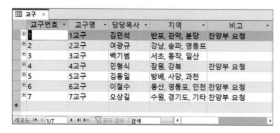

※ 〈봉사부서처리〉 쿼리를 실행한 후의 〈교구〉 테이블

문제 ❶ DB구축

01 〈교인명단〉 테이블

번호	필드 이름	속성 및 형식	설정 값
①	교번	필드 크기	7
		입력 마스크	00-0000;0;
②	이름	필수	예
		빈 문자열 허용	아니요
③	교구	유효성 검사 규칙	Len([교구])=1
④	주민등록번호	인덱스	예(중복 불가능)
⑤	냉담자	※ 필드 추가	Yes/No

02 〈교인명단추가질의〉 추가 쿼리

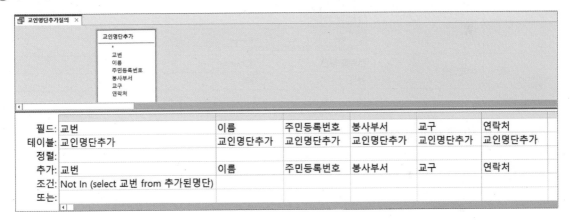

03 관계 설정

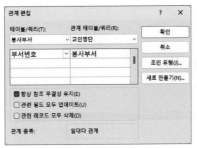

① 〈봉사부서관리〉 폼

번호	개체	속성	설정 값
①	LBL제목 ※ 컨트롤 생성	글꼴 크기	18
		글꼴 두께	굵게
②	하위 폼 본문 탭 순서		
③	txt교인수	컨트롤 원본	=Count(*)
		형식	0명

② cmb조회 컨트롤 변환 및 설정

③ 폼 본문 컨트롤에 조건부 서식

01 〈부서현황〉 보고서

번호	필드 이름	속성 및 형식	설정 값
①	부서명, 교구		
	오름차순 정렬		
②	txt부서명	컨트롤 원본	=[부서명] & "(" & [부서번호] & ")"
③	txt교번	컨트롤 원본	교번
	txt이름		이름
④	txt주민등록번호	입력 마스크	000000-0000000
⑤	그룹 머리글0	반복 실행 구역	예

02 〈봉사부서관리〉 폼의 cmd보고서에 클릭 매크로로 작성

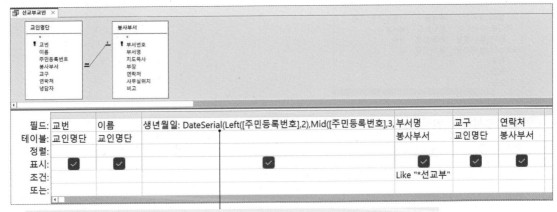

---

01 〈선교부교인〉 쿼리 작성

필드:	교번	이름	생년월일: DateSerial(Left([주민등록번호],2),Mid([주민등록번호],3,	부서명	교구	연락처
테이블:	교인명단	교인명단		봉사부서	교인명단	봉사부서
정렬:						
표시:	☑	☑	☑	☑	☑	☑
조건:				Like "*선교부"		
또는:						

생년월일: DateSerial(Left([주민등록번호],2),Mid([주민등록번호],3,2),Mid([주민등록번호],5,2))

02 〈교구별교인목록〉 쿼리

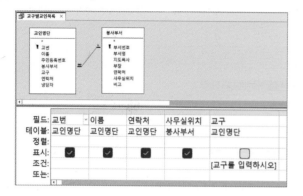

필드:	교번	이름	연락처	사무실위치	교구
테이블:	교인명단	교인명단	교인명단	봉사부서	교인명단
정렬:					
표시:	✓	✓	✓	✓	☐
조건:					[교구를 입력하시오]
또는:					

03 〈여성7080〉 쿼리

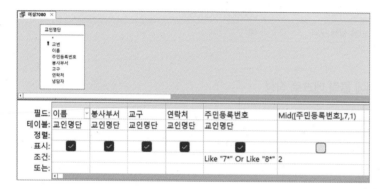

필드:	이름	봉사부서	교구	연락처	주민등록번호	Mid([주민등록번호],7,1)
테이블:	교인명단	교인명단	교인명단	교인명단	교인명단	
정렬:						
표시:	✓	✓	✓	✓	✓	☐
조건:					Like "7*" Or Like "8*"	2
또는:						

04 〈교구별부서명인원수〉 쿼리

필드:	교구	부서명	이름의개수: 이름
테이블:	부서보고	부서보고	부서보고
요약:	묶는 방법	묶는 방법	개수
크로스탭:	행 머리글	열 머리글	값
정렬:			
조건:			
또는:			

05 〈봉사부서처리〉 쿼리

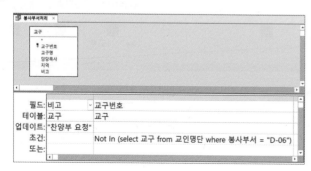

필드:	비고	교구번호
테이블:	교구	교구
업데이트:	"찬양부 요청"	
조건:		Not In (select 교구 from 교인명단 where 봉사부서 = "D-06")
또는:		

대표 기출 따라하기 / 해설

> **문제 ①** DB구축

➕ 더 알기 TIP

문서 창 옵션

현재 설명에 사용된 문서 창은 '탭 문서' 옵션이 적용된 상태로 [파일] 탭 – [옵션] – [현재 데이터베이스] 범주에서 설정할 수 있다. 여러 문서 창을 겹쳐서 보려면 '창 겹치기'를, 한 번에 한 문서 창만 표시하려면 '탭 문서'를 선택한다. 이 옵션은 현재 데이터베이스를 닫은 다음 다시 열어야 적용된다.

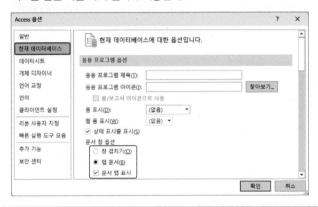

---

01 〈교인명단〉 테이블

① 교번 필드에 크기, 입력 마스크

① 작업할 문서를 열면 '보안 경고' 메시지 표시줄이 나타난다. [콘텐츠 사용]을 클릭한다.

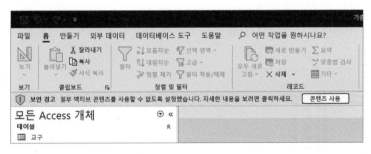

② 〈교인명단〉 테이블에서 마우스 오른쪽 버튼을 눌러 [디자인 보기](N)를 클릭한다.

기적의 TIP

입력 마스크는 3부분으로 구성되며 세미콜론으로 구분 짓는다. 첫 부분은 마스크 문자열 정의, 두 번째 부분은 저장 여부(0은 데이터와 함께 저장, 1은 데이터만 저장) 판단, 세 번째 부분은 자리 표시자를 정의한다. '–'도 테이블에 함께 저장되도록 하기 위해 두 번째 부분을 0으로 처리한다.

③ '교번' 필드를 선택하고 [일반] 탭의 '필드 크기'에 7, '입력 마스크'에 00-0000;0;를 입력한다.

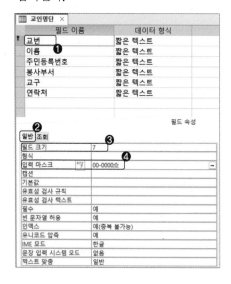

② 이름 필드에 필수, 빈 문자열 허용

① '이름' 필드를 선택하고 [일반] 탭의 '필수'는 '예', '빈 문자열 허용'은 '아니요'로 설정한다.

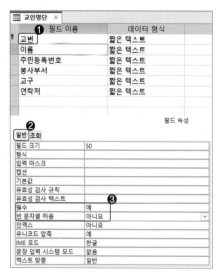

③ 교구 필드에 유효성 검사 규칙

① '교구' 필드를 선택하고 [일반] 탭의 유효성 검사 규칙에 Len([교구])=1을 입력한다.

기적의 TIP

Len함수는 문자열의 글자 수를 반환하는 함수입니다. 즉 [교구] 필드 데이터의 글자 수가 1글자만 되도록 합니다.

④ 주민등록번호 필드에 인덱스

① '주민등록번호' 필드를 선택하고 [일반] 탭의 '인덱스'를 '예(중복 불가능)'으로 설정한다.

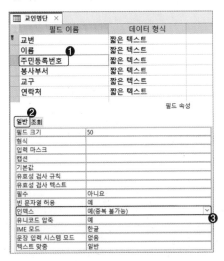

⑤ 냉담자 필드 추가, 데이터 형식

① 필드 이름에 **냉담자**를 입력하고 데이터 형식은 'Yes/No'로 선택한다.

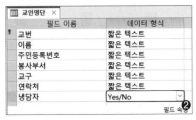

기적의 TIP

기존 필드 사이에 추가해야 한다면 [테이블 디자인]-[도구]의 행 삽입을 이용하면 편리합니다.

② 테이블 디자인 보기 창을 닫고 변경한 내용은 다음 단계처럼 [예]를 클릭하여 저장하도록 한다.

02 〈교인명단추가질의〉추가 쿼리

① [만들기]–[쿼리] 그룹의 [쿼리 디자인](▦)을 클릭한다.

② [테이블 추가]에서 추가할 데이터가 들어있는 〈교인명단추가〉 테이블을 선택하고 [추가]를 클릭한 후 [닫기]를 클릭한다.

③ 쿼리 디자인 보기 창이 다음과 같이 되도록 설정한다. 즉, 필요한 필드를 드래그하여 아래쪽 필드에 드롭하면 된다.

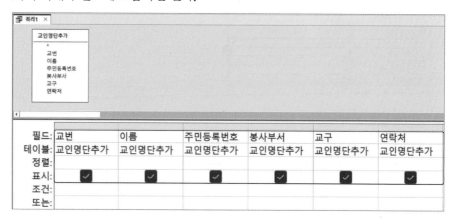

필드:	교번	이름	주민등록번호	봉사부서	교구	연락처
테이블:	교인명단추가	교인명단추가	교인명단추가	교인명단추가	교인명단추가	교인명단추가
정렬:						
표시:	✓	✓	✓	✓	✓	✓
조건:						
또는:						

④ 쿼리 디자인 보기 창의 위쪽 빈 공간에서 오른쪽 마우스 버튼을 눌러 [쿼리 유형]– [추가 쿼리]를 선택한다.

🅱 기적의 TIP

리본 메뉴의 [쿼리 디자 인]–[쿼리 유형] 탭의 [추가] 를 이용할 수도 있습니다.

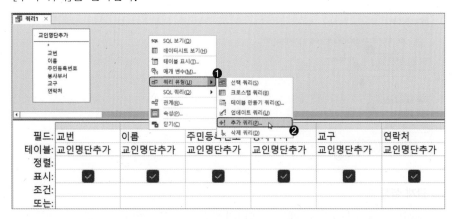

⑤ [추가]에서 데이터가 추가될 테이블을 다음과 같이 선택하고 [확인]을 클릭한다.

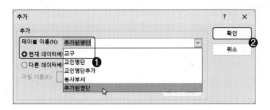

⑥ 〈추가된명단〉 테이블에 존재하지 않는 레코드만 추가하기 위해서 교번 필드의 조 건에 Not In (Select 교번 From 추가된명단)을 지정한다.

🅱 기적의 TIP

〈추가된명단〉 테이블에 없는 값, 〈교인명단추가〉 테이블에 만 존재하는 값을 찾는 조건 입니다. In 연산자는 괄호안 의 내용을 포함한다는 의미 이고 Not In이 되면 제외시 킨다는 말입니다. 〈추가된명 단〉 테이블의 교번을 검색하 여 〈교인명단추가〉 테이블의 교번에서 제외시키면 〈교인 명단추가〉 테이블에만 존재 하는 값이 남게 됨을 말합니 다.

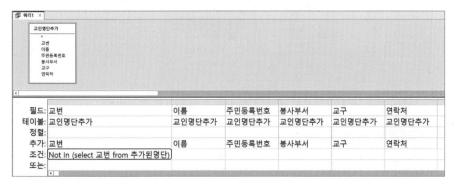

⑦ [쿼리 디자인]–[결과] 그룹에서 [실행](!!)을 클릭하고, [예]를 클릭하여 필요한 레 코드를 추가한다.

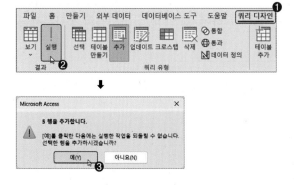

⑧ 쿼리 디자인 보기 창을 닫고 변경한 내용은 [예]를 클릭하여 저장하고 지시 사항대로 쿼리 이름을 설정하고 [확인]을 클릭한다.

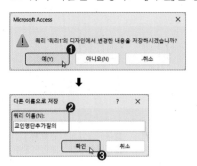

❸ 관계 설정

① [데이터베이스 도구]-[관계] 그룹의 [관계](📇)를 클릭한다.

기적의 TIP

리본 메뉴를 최소화 하여 작업창을 좀 더 넓게 사용할 수 있습니다. 그림처럼 탭의 바로 가기 메뉴에서 '리본 메뉴 축소'를 선택하거나, 탭을 더블클릭하면 됩니다.

② 관계 작업에 필요한 〈봉사부서〉 테이블을 나타내기 위해서 [관계] 창에서 마우스 오른쪽 버튼을 눌러 [테이블 표시]를 클릭한다.

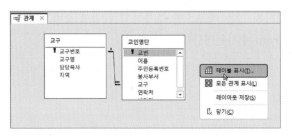

③ [테이블 추가]에서 〈봉사부서〉를 [추가]하고 [닫기]를 클릭한다.

④ 〈봉사부서〉의 부서번호 필드를 드래그 하여 〈교인명단〉 테이블의 봉사부서 필드에 드롭한다.

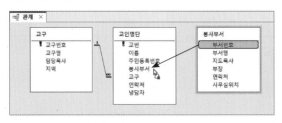

⑤ [관계 편집]에 항상 참조 무결성 유지를 선택하고 [만들기]를 클릭한다.

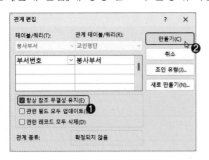

⑥ 기본 테이블 쪽에 고유 인덱스가 없어서 참조 무결성을 만들 수 없다는 경고창이 나타난다. [확인]을 클릭하고 [관계 편집] 대화상자는 잠시 닫아둔다.

(B) 기적의 TIP

지시사항에 〈교인명단〉의 봉사부서와 〈봉사부서〉의 부서번호는 M:1의 관계라 하였습니다. 따라서 1쪽에 해당하는 〈봉사부서〉의 부서번호가 기본 키가 되어야 하겠네요.

⑦ 〈봉사부서〉 테이블에서 마우스 오른쪽 버튼을 눌러 [테이블 디자인]을 클릭한다.

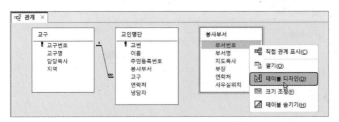

⑧ '부서번호'에서 마우스 오른쪽 버튼을 눌러 [기본 키](🔍)를 클릭한다. 디자인 창은 닫고 변경한 [예]를 클릭하여 저장한다.

(B) 기적의 TIP

기본 키는 고유한 값이므로 문제의 경우처럼 일대다의 관계에서 일(1)쪽에 해당합니다.

⑨ 작업순서 ④, ⑤를 재차 진행하면, 다음과 같은 〈교인명단〉 테이블을 관련 테이블로 두고 각 테이블이 1:M:1의 관계가 되었음을 알 수 있다.

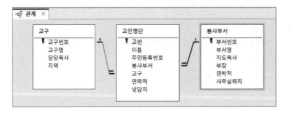

⑩ [관계] 창은 닫고 변경한 내용은 [예]를 클릭하여 저장한다.

ⓞⓘ 〈봉사부서관리〉 폼

① 폼의 머리글에 'LBL제목' 컨트롤 생성

> **기적의 TIP**
>
> 탐색 창 〈봉사부서관리〉 폼 의 바로 가기 메뉴에서 [디자 인 보기]를 클릭해도 됩니다.

① 탐색 창의 폼 개체에서 〈봉사부서관리〉를 더블클릭하여 열고, [홈]-[보기] 그룹의 [보기]를 눌러 [디자인 보기](ℕ)를 클릭한다.

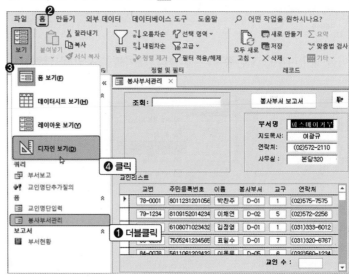

> **기적의 TIP**
>
> 구역의 경계선에 마우스 포 인터를 가져가면 그림과 같 이 바뀝니다. 그 때 드래그 합니다.

② 레이블 컨트롤이 들어갈 수 있도록 폼 머리글 영역을 넓힌다.

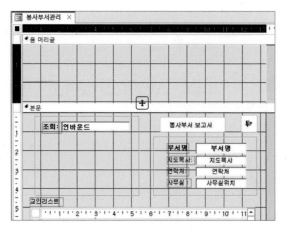

③ [양식 디자인]-[컨트롤] 그룹의 [레이블](가가)을 클릭한다.

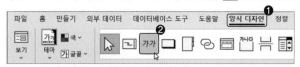

④ 레이블 컨트롤이 적절한 크기로 들어가도록 드래그 하여 놓고, **봉사부서 관리**를 입력한다.

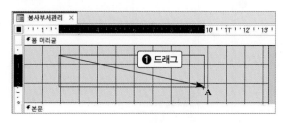 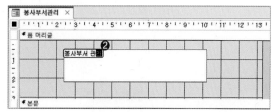

⑤ 속성 시트가 열려있지 않다면, [양식 디자인]-[도구] 그룹의 [속성 시트](圁)를 클릭한다.

⑥ 작성한 레이블을 선택하고, 속성 시트의 이름에 **LBL제목**을, 글꼴 크기와 글꼴 두께에 각각 '18', '굵게'로 설정한다.

 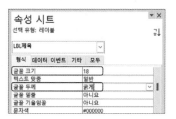

B 기적의 TIP

속성 시트를 불러내는 단축 키 Alt + Enter 도 알아두면 유용합니다.

B 기적의 TIP

캡션 속성은 해당 컨트롤의 제목일 뿐이고, 이름 속성이 개체의 실제 식별자 역할을 합니다.

② 하위 폼 본문 탭 순서

① 하위 폼 선택기에서 오른쪽 마우스 버튼을 눌러 [탭 순서](圝)를 클릭한다.

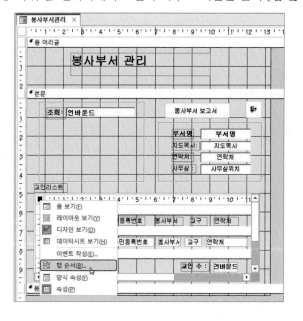

B 기적의 TIP

하위 폼의 폼 선택기를 클릭하여 선택하고, 리본 메뉴의 [양식 디자인]-[도구] 그룹의 [탭 순서]를 클릭하여 작업할 수도 있습니다.

② 본문 구역에 대하여 왼쪽부터 차례대로 순서를 지정한다. 순서를 바꿀 개체를 끌어서 맞는 자리에 놓으면 된다. 순서가 맞게 지정되었으면 [확인]을 클릭한다.

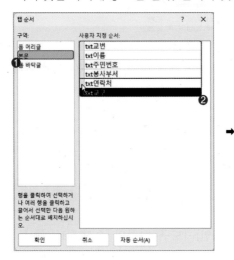 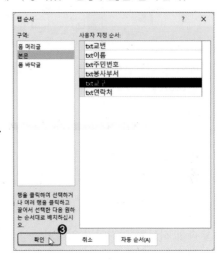

 더 알기 TIP

탭 인덱스 속성을 이용하여 탭 순서를 지정할 수도 있다. 탭 인덱스는 0부터 시작함에 유의한다.

③ txt교인수 컨트롤 원본과 형식

기적의 TIP

Count(*)는 레코드의 전체 개수(Null포함)를 계산합니다.

① 'txt교인수'의 속성 시트에서 컨트롤 원본에 =Count(*), 형식에 0명을 설정한다.

② 폼 디자인 창을 닫고 [예]를 클릭하여 변경한 내용을 저장한다.

🅑 기적의 TIP

기본 폼과 하위 폼, 두 개체의 내용이 변경되었기 때문입니다.

02 cmb조회 컨트롤 변환 및 설정

① 〈봉사부서관리〉 폼을 디자인 보기 모드로 열어 〈cmb조회〉 컨트롤을 선택하고 바로 가기 메뉴에서 [변경]-[콤보 상자]를 클릭한다.

🅑 기적의 TIP

대부분 이전 작업에서 이어지는 경우가 많습니다. 따라서 문제의 지시사항을 잘 보고 디자인 보기 창을 그대로 유지하는 것도 좋은 방법입니다.

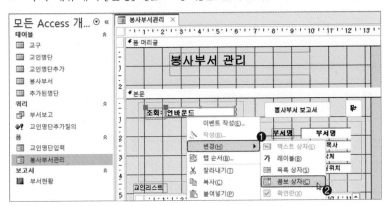

② 'cmb조회'의 속성 시트에서 행 원본의 [작성기](···) 단추를 클릭한다.

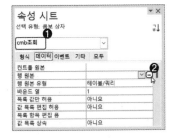

③ 〈봉사부서〉 테이블을 [추가]하고 [닫기]를 클릭한다.

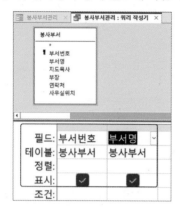

기적의 TIP

〈봉사부서〉 테이블의 필요한 필드를 더블클릭하거나, 끌어서 아래쪽 필드에 놓으면 됩니다.

④ 쿼리 작성기 창의 필드에 다음과 같이 추가되도록 작업한다.

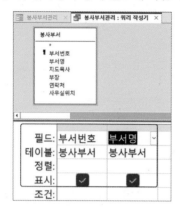

⑤ 쿼리 작성기 창을 닫고, 변경한 내용이 행 원본 속성에 업데이트가 되도록 [예]를 클릭한다.

기적의 TIP

목록 이외의 값이 입력될 수 없도록 하라는 말은 목록에 있는 값만 허용하라는 말과 같은 말이지요?

⑥ 'cmb조회' 속성 시트의 행 원본 속성이 'SELECT 봉사부서.부서번호, 봉사부서.부서명 FROM 봉사부서;'로 설정되었다. 목록 값만 허용을 '예'로 설정한다. 바운드 열은 1로 설정되어 있기 때문에 그대로 둔다.

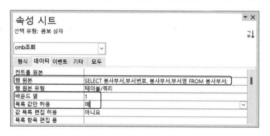

기적의 TIP

2개의 열(부서번호와 부서명)이 출력되고, 그 중 첫 번째 열(부서번호)의 너비가 1.2cm가 되도록 하는 것입니다. 두 번째 열(부서명)의 너비에 대한 언급은 없으므로 지정할 필요가 없습니다.

⑦ 미리보기 그림대로 만들기 위해서 열 개수에 '2', 열 너비를 '1.2'로 설정한다. cm는 윈도우 설정에 따라서 자동으로 붙는다.

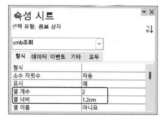

기적의 TIP

디자인 창을 닫지 않고 Ctrl +S 를 누르거나, 빠른 실행 도구 모음의 플로피 디스켓 모양의 저장 아이콘을 눌러서 저장 할 수도 있습니다.

⑧ 디자인 보기 창을 닫고 변경한 내용은 [예]를 클릭하여 저장한다.

03 폼 본문 컨트롤에 조건부 서식

① 〈교인명단입력〉 폼에서 마우스 오른쪽 버튼을 눌러 [디자인 보기](📐)를 클릭한
후, 본문의 모든 컨트롤이 선택되도록 구역 눈금자를 다음과 같이 클릭한다.

🅑 기적의 TIP

구역 눈금자의 화살표가 모
든 컨트롤에 걸치는 방향일
때 클릭하면 됩니다. 혹은 눈
금자의 위에서 아랫방향으로
드래그 하여 모든 컨트롤이
포함되도록 선택하는 것도
좋습니다.

② [서식]−[컨트롤 서식] 그룹에서 [조건부 서식](🔲)을 클릭한다.

🅑 기적의 TIP

화면 해상도에 따라서 리본
메뉴의 모습은 달라질 수 있
습니다.

③ [새 규칙]을 클릭하고, '식이'로 바꾼 후 입력란에 Left([교번],1)="8"을 입력한다.
굵게, 기울임꼴이 되도록 단추를 선택하고 [확인]을 클릭한다. 규칙이 적용되었으
므로 [확인]을 클릭한다.

🅑 기적의 TIP

Left 함수는 문자열의 왼쪽
부터 지정한 수만큼 문자를
반환하는 함수입니다. 즉 [교
번] 필드에 입력된 문자열 값
의 왼쪽 1글자를 반환한다는
뜻입니다.

01 〈부서현황〉 보고서

① 오름차순 정렬

① 〈부서현황〉 보고서에서 마우스 오른쪽 버튼을 눌러 [디자인 보기](圆)로 연다.

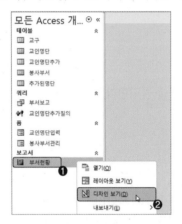

② 그룹, 정렬 및 요약 창이 없을 경우 [보고서 디자인]-[그룹화 및 요약] 그룹에서 [그룹화 및 정렬](圓)을 클릭하여, 부서명의 정렬 기준을 '오름차순'으로 설정한다.

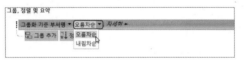

③ 동일한 그룹화 기준(부서명) 내에 또 다른 정렬을 추가하기 위해서 [정렬 추가]를 클릭한다.

④ 정렬 기준이 될 필드 〈교구〉를 필드 선택 목록에서 클릭한다.

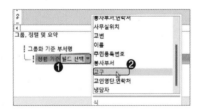

⑤ 교구에 대한 정렬 기준을 '오름차순'으로 설정한다.

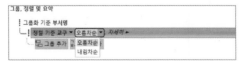

② 'txt부서명'의 컨트롤 원본

① 'txt부서명' 속성 시트의 컨트롤 원본에 =[부서명] & "(" & [부서번호] & ")"를 설정한다.

🅱 기적의 TIP

식을 사용하여 컨트롤 원본을 만들 수 있습니다. 이런 형태를 계산 컨트롤이라 부릅니다. 식은 =으로 시작하지요? 필드는 [](대괄호) 속에, 문자는 ""(큰따옴표)로 묶고 &로 연결하여 표현합니다.

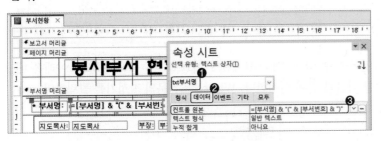

③ 'txt교번', 'txt이름'의 컨트롤 원본

① 'txt교번'과 'txt이름' 속성 시트의 컨트롤 원본에 각각 '교번'과 '이름'을 설정한다.

🅱 기적의 TIP

컨트롤 원본으로 필드를 지정하면, 해당 필드에 바운드가 되며 바운드 컨트롤이라 부릅니다. 그 의미는 해당 필드의 값을 표시할 수 있다는 뜻입니다.

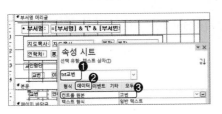
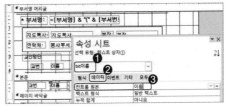

④ 'txt주민등록번호'에 입력 마스크 설정

① 'txt주민등록번호' 속성 시트의 입력 마스크에 000000-0000000을 설정한다.

🅱 기적의 TIP

입력 마스크는 데이터 입력 방법을 제어하는 것을 말합니다. 이 때 입력 마스크 문자로 0을 사용하면 그 개수만큼 숫자를 반드시 입력해야 함을 의미합니다.

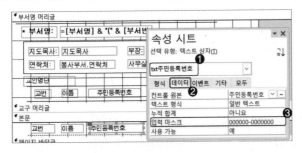

⑤ 부서명 머리글의 반복 실행 구역

① 부서명 머리글(그룹 머리글0) 속성 시트의 반복 실행 구역을 '예'로 설정하고, 디자인 보기 창을 닫는다. 변경한 내용은 [예]를 클릭하여 저장한다.

02 〈봉사부서관리〉 폼의 cmd보고서에 클릭 매크로

① [만들기]-[매크로 및 코드] 그룹에서 [매크로](🔲)를 클릭한다.

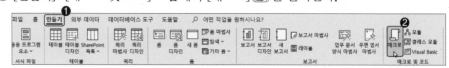

② 보고서를 열어볼 수 있는 'OpenReport' 매크로 함수를 선택하고, 아래쪽 매크로
함수 인수를 다음과 같이 설정한다. Where 조건문의 작성기를 클릭한다.

③ 식 작성기 대화상자의 입력란에 우선 [부서번호]=을 입력한다.

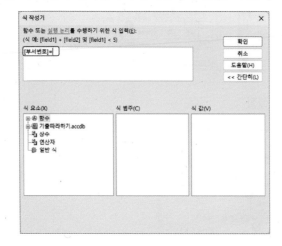

④ 다음과 같이 '기출따라하기.accdb – Forms – 모든 폼 – 봉사부서관리 – cmb조회'
순서로 펼치고 'cmb조회'를 더블클릭하면 입력란이 채워진다. [확인]을 클릭한다.

⑤ Where 조건문 인수가 '[부서번호]=[Forms]![봉사부서관리]![cmb조회]'로 채워진 것을 확인할 수 있다.

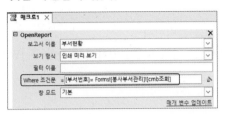

B 기적의 TIP

[Forms]![봉사부서관리]! [cmb조회]의 !를 ₩(윈도우의 경로)로 생각하면 이해하기 쉽습니다. 즉 폼들 중에서 봉사부서관리 폼, 그 폼에 있는 cmb조회 컨트롤을 의미하는 것입니다.

⑥ 매크로 디자인 보기 창은 닫고 [예]를 클릭하여 변경한 내용은 저장하고, **보고서열기**로 이름을 정하고 [확인]을 클릭한다.

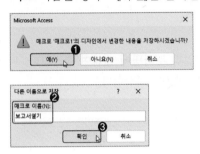

⑦ 〈봉사부서관리〉 폼에서 마우스 오른쪽 버튼을 눌러 [디자인 보기](![N])로 연다.

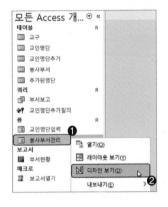

⑧ 'cmd보고서'의 속성 시트 중 On Click에서 만들어 둔 보고서열기 매크로를 선택한다. 디자인 창을 닫고 변경한 내용은 저장한다.

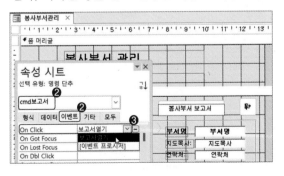

B 기적의 TIP

만약 cmd보고서의 On Click 이벤트에서 작성기를 클릭하고, 매크로 작성기를 통해 매크로를 만들면 [포함된 매크로]로 On Click 이벤트 속성이 업데이트 됩니다. 이렇게 되면 다른 이름으로 저장할 수 없음에 유의합니다.

01 〈선교부교인〉 쿼리

① [만들기]−[쿼리] 그룹의 [쿼리 디자인](📖)을 클릭한다.

② 필요한 두 테이블 〈교인명단〉, 〈봉사부서〉를 각각 더블클릭하여 추가한 후 [닫기]를 클릭한다.

③ 미리보기 그림대로 필드를 배치하고 생년월일과 부서명에 대하여 설정한다. 디자인 보기 창은 닫고 **선교부교인** 쿼리로 변경한 내용을 저장한다.

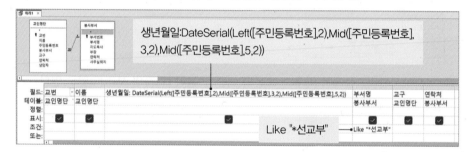

생년월일:DateSerial(Left([주민등록번호],2),Mid([주민등록번호],3,2),Mid([주민등록번호],5,2))

Like "*선교부"

➕ 더 알기 TIP

DateSerial 함수

년(year), 월(month), 일(day)을 표현하여 반환하는 함수로 DateSerial(year, month, day)의 형태로 사용된다.
예) DateSerial(2025, 09, 10) → 2025–09–10

Like 연산자

조건식(SQL식에서 WHERE절) 이하를 비교하는 연산자로, Like 뒤쪽의 조건을 포함하는지 검색한다. 이 때 와일드카드 문자를 사용하여 패턴을 지정할 수 있다.

조건	결과	조건	결과
Like "영진*"	"영진"으로 시작하는 값 찾음	Not Like "영진*"	"영진"으로 시작하지 않는 값 찾음
Like "*영진*"	"영진"을 포함하는 값 찾음	Not Like "*영진*"	"영진"을 포함하지 않는 값 찾음
Like "*영진"	"영진"으로 끝나는 값 찾음	Not Like "*영진"	"영진"으로 끝나지 않는 값 찾음
Like "[가-라]*"	"가"에서 "라" 사이의 문자로 시작하는 값	Like "영??"	"영"으로 시작하는 3글자

값의 유무를 체크하는 연산자

조건	결과	조건	결과
Is Null	값이 없는 레코드	Is Not Null	값이 있는 레코드
""(공백 없는 따옴표)	Null이 아닌 빈 값	Not ""	값이 있는 레코드

② 〈교구별교인목록〉 쿼리

① [만들기]-[쿼리] 그룹의 [쿼리 디자인](▦)을 클릭한다.
② [테이블 추가]에서 필요한 테이블 〈교인명단〉, 〈봉사부서〉를 추가하고 디자인 보기를 다음과 같이 설정한다. 변경한 내용을 **교구별교인목록**으로 창을 닫고 저장한다.

기적의 TIP

조건에 [](대괄호)로 입력하면 매개 변수 쿼리로 동작합니다. 매개 변수란 쿼리 안에서 필드에 들어 있는 값을 좀 더 세부적으로 검색하기 위한 방법입니다. 매개 변수 값 입력 대화 상자의 값과 일치하는지 검색을 하는 것입니다.

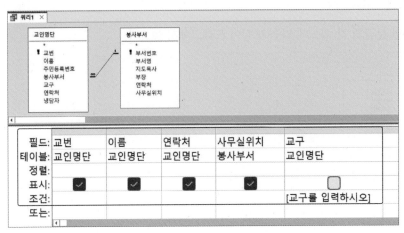

필드:	교번	이름	연락처	사무실위치	교구
테이블:	교인명단	교인명단	교인명단	봉사부서	교인명단
정렬:					
표시:	✓	✓	✓	✓	☐
조건:					[교구를 입력하시오]
또는:					

③ 〈여성7080〉 쿼리

① [만들기]-[쿼리] 그룹에서 [쿼리 디자인](▦)을 클릭한다.
② 〈교인명단〉 테이블을 더블클릭하여 추가한 후 [닫기]를 클릭한다.
③ 디자인 눈금의 각 필드에 다음과 같이 드래그해서 배치한다.

필드:	이름	봉사부서	교구	연락처	주민등록번호	Expr1: Mid([주민등록번호],7,1)
테이블:	교인명단	교인명단	교인명단	교인명단	교인명단	
정렬:						
표시:	✓	✓	✓	✓	✓	☐
조건:					Like "7*" Or Like "8*"	2
또는:						

〈조건〉 주민등록번호 : Like "7*" Or Like "8*"
〈성별〉 Mid([주민등록번호],7,1)　　　　〈조건〉 2

④ [저장](▦)을 클릭한 후 **여성7080**을 입력하고 [확인]을 클릭한다.

④ 〈교구별부서명인원수〉 쿼리

① [만들기]-[쿼리] 그룹의 [쿼리 디자인](▦)을 클릭한다.

기적의 TIP

[만들기]-[쿼리] 그룹의 [쿼리 마법사]를 클릭하여 '크로스탭 쿼리 마법사'를 이용할 수 있습니다.

② [테이블 추가]의 [쿼리] 탭에서 〈부서보고〉를 추가하고 [닫기]를 클릭한다.

③ 디자인 눈금의 각 필드에 다음과 같이 드래그해서 놓는다.

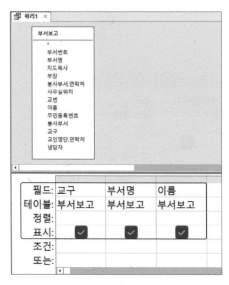

④ [쿼리 디자인]–[쿼리 유형] 그룹의 [크로스탭](▦)을 클릭한다.

⑤ 교구는 '행 머리글', 부서명은 '열 머리글', 이름은 '개수'와 '값'을 선택한다.

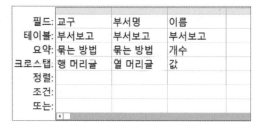

⑥ Ctrl + S 를 눌러 '다른 이름으로 저장' 대화상자에 **교구별부서명인원수**로 입력하고 [확인]을 클릭하여 저장한다.

05 〈봉사부서처리〉 쿼리

① [만들기]–[쿼리] 그룹의 [쿼리 디자인](▦)을 클릭한다.

② [테이블 표시] 대화상자의 [테이블] 탭에서 〈교구〉 테이블을 추가하고 '비고', '교구 번호' 필드를 드래그한다.

③ [쿼리 디자인] 탭의 [쿼리 유형]–[업데이트](▨)를 클릭한 후 다음과 같이 입력한다.

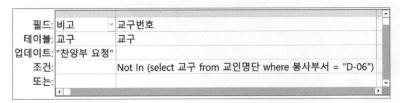

④ [저장]을 클릭한 후, 쿼리의 이름을 **봉사부서처리**로 입력하고 [확인]을 클릭한다.

⑤ [쿼리 디자인] 탭의 [결과]–[실행](▮)을 클릭한 후 메시지에서 [예]를 클릭한다.

데이터베이스
상시 기출 문제

작업파일 [2025컴활1급₩2권_데이터베이스₩상시기출문제] 폴더의 '상시기출문제1회' 파일을 열어서 작업하시오.

문제 ❶ DB구축   25점

01 제품출고 관리하는 업무를 수행하기 위한 데이터베이스를 구축하고자 한다. 다음 지시사항에 따라 테이블을 완성하시오. (각 3점)

① 〈제품〉 테이블의 '제품코드' 필드는 'A0-0000'과 같은 형태로 영문 대문자 1개와 '-'기호 1개와 숫자 5자리가 반드시 입력되도록 입력마스크를 설정하시오.
- ▶ 영문자 입력은 영어와 한글만 입력할 수 있도록 설정할 것
- ▶ 숫자 입력은 0~9까지의 숫자만 입력할 수 있도록 설정할 것
- ▶ '-' 문자도 테이블에 저장되도록 설정할 것

② 〈제품〉 테이블의 '제품명' 필드는 빈 문자열이 허용되도록 설정하시오.

③ 〈제품〉 테이블의 '유통기한' 필드는 중복 가능한 인덱스를 설정하시오.

④ 〈거래내역〉 테이블의 '출고일' 필드는 새로운 레코드가 추가되는 경우 시간을 포함하지 않는 시스템의 오늘 날짜가 기본으로 입력되도록 설정하시오.

⑤ 〈거래내역〉 테이블에 '출고일' 필드 위에 새로운 '출고번호' 필드를 추가하고 데이터 형식을 일련번호로 설정하시오.

02 〈거래내역〉 테이블의 '제품코드' 필드에 대해서 다음과 같이 조회 속성을 작성하시오. (5점)
- ▶ 〈제품〉 테이블의 '제품코드', '제품명'이 콤보 상자의 형태로 표시되도록 설정하시오.
- ▶ 필드에는 '제품코드'가 저장되도록 할 것
- ▶ 목록 너비는 5cm로 설정할 것
- ▶ 목록 값만 입력할 수 있도록 설정할 것

출고번3	출고일	제품코드	수량	단가	회원코드	석립금
1	2026-03-27	오트밀 쿠키	12	3200	C001	1344
2	2026-03-30	오트밀 쿠키	6	3000	C001	630
3	2026-03-31	버터 쿠키	2	3500	C001	245
4	2026-03-08	땅콩버터 쿠키	12	3000	C002	1260
5	2026-03-14	코코넛 쿠키	17	3000	C002	1785
6	2026-03-02	뉴욕 치즈 케이크	2	3800	C003	266
7	2026-03-17	블루베리 치즈 케이크	1	3300	C003	116
8	2026-03-22	딸기 생크림 케이크	9	13000	C003	4095
9	2026-03-28	딸기 바나나 케이크	10	6000	C003	2100
10	2026-03-03	미니 도넛	16	3300	C004	1848
		크림 도넛				

레코드: I◀ 1/53 ▶ ▶I ▶✱ 〖필터

03 〈거래내역〉 테이블의 '회원코드' 필드는 〈회원정보〉 테이블의 '회원코드' 필드를 참조하며, 각 테이블의 간의 관계는 M:1이다. 다음과 같이 테이블 간의 관계를 설정하시오. (5점)

※ 액세스 파일에 이미 설정되어 있는 관계는 수정하지 마시오.

▶ 테이블 간에 항상 참조 무결성이 유지되도록 설정하시오.

▶ 참조 필드의 값이 변경되면 관련 필드의 값도 변경되도록 설정하시오.

▶ 다른 테이블에서 참조하고 있는 레코드는 삭제할 수 없도록 설정하시오.

문제 ❷ **입력 및 수정 기능 구현** 　　　　　　　　　　　　　　　　　　　**20점**

01 〈제품출고현황〉 폼을 다음의 화면과 지시사항에 따라 완성하시오. (각 3점)

① 폼의 머리글에 '제품 출고 현황' 이라는 제목이 표시하도록 컨트롤을 생성하시오.

　▶ 레이블 이름 : LBL제목

　▶ 글꼴 : 맑은 고딕, 24pt

② 폼 머리글에 로고.jpg 그림 컨트롤을 삽입한 후, 이름은 '회사로고', 그림 유형 '포함', 크기 조절 모드 '한 방향 확대/축소', 너비 4.5cm, 높이 2.5cm로 설정하시오.

③ 폼 바닥글 영역의 'txt총금액' 컨트롤에는 금액의 총합이 표시되도록 '컨트롤 원본'과 형식을 설정하시오.

02 〈거래내역〉 폼의 본문 영역에 다음과 같이 조건부 서식을 설정하시오. (6점)

▶ '분류'가 쿠키인 경우 본문 영역의 모든 컨트롤에 '기울임꼴', 배경색은 '노랑'으로 서식을 설정하시오.

▶ 단, 하나의 규칙으로 작성하시오.

03 〈회원별출고현황〉 보고서를 '인쇄 미리보기'의 형식으로 여는 〈보고서출력〉 매크로를 생성하시오. (5점)

▶ 〈제품출고현황〉 폼의 '보고서'(cmd보고서) 단추를 클릭하면 메시지 상자가 열리고 [확인] 단추를 클릭하면 〈회원별출고현황〉 보고서를 '인쇄 미리보기' 형식으로 여는 매크로가 실행되도록 지정하시오.

문제 ❸ 조회 및 출력 기능 구현   20점

01 다음의 지시사항 및 화면을 참조하여 〈출고현황보고서〉 보고서를 완성하시오. (각 3점)

① '분류' 머리글 영역에서 매 페이지마다 반복적으로 출력되도록 설정하고, '분류' 머리글 영역이 시작되기 전에 페이지가 바뀌도록 설정하시오.

② 본문 영역에서 '제품코드', '제품명' 필드의 값이 이전 레코드와 동일한 경우에는 표시되지 않도록 설정하시오.

③ 동일한 '제품코드' 내에서는 '출고일'을 기준으로 오름차순 정렬되어 표시되도록 정렬을 추가하시오.

④ 본문의 'txt순번' 컨트롤에는 그룹별로 일련번호가 표시되도록 설정하시오.

⑤ 페이지 바닥글 영역의 'txt페이지' 컨트롤에는 페이지가 다음과 같이 표시되도록 설정하시오.
▶ 표시 예 : 현재 페이지 1 / 전체 페이지 5

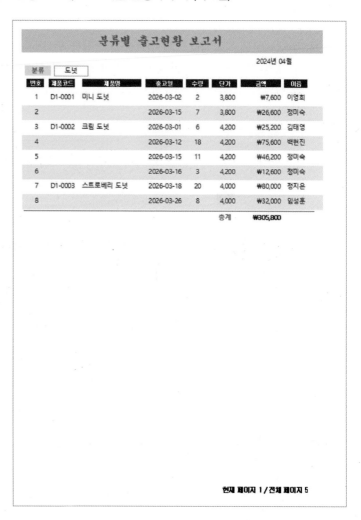

02 〈제품출고현황〉 폼의 'cmb회원코드' 컨트롤을 변경하면(Change) 다음과 같은 기능을 수행하도록 이벤트 프로시저를 구현하시오. (5점)

▶ 'cmb회원코드' 컨트롤에 선택된 회원코드에 해당하는 정보만 하위 폼에 열리도록 할 것
▶ Docmd.ApplyFilter 사용

문제 ❹	처리 기능 구현	35점

01 〈제품〉, 〈거래내역〉 테이블을 이용하여 유통기한과 출고건수를 조회하는 〈유통기한제품조회〉 쿼리를 작성하시오. (7점)

▶ 유통기한이 5개월 ~ 6개월 되는 제품만 표시하시오.
▶ Between 연산자 사용
▶ 출고건수는 〈거래내역〉 테이블의 '제품코드'를 이용하시오.
▶ 유통기한은 [표시 예]와 같이 표시되도록 형식 속성을 설정하시오. (표시 예 : 3 -〉 3개월)
▶ 쿼리 결과 표시되는 필드와 필드명은 〈그림〉과 같이 표시되도록 설정하시오.

제품명	유통기한	출고건수
레몬 마카롱	5개월	1
바닐라 마카롱	6개월	1
사과 파이	5개월	1
오트밀 쿠키	5개월	4
초콜릿 마카롱	5개월	3
코코넛 쿠키	5개월	6
크림 도넛	5개월	4

레코드: I◀ ◀ 1/7 ▶ ▶I ▶ ▽ 필터 없음 검색

02 〈회원정보〉, 〈거래내역〉 테이블을 이용하여 주문이 없는 고객에 대해 조회하는 〈주문없는회원〉 쿼리를 작성하시오. (7점)

▶ Not In 과 하위 쿼리 사용
▶ 쿼리 결과 표시되는 필드와 필드명은 〈그림〉과 같이 표시되도록 설정하시오.

회원코드	이름	전화번호
C022	박지원	010-7878-8989
C024	조성호	010-3232-4343
C026	김현우	010-7676-8787
C027	이지은	010-9898-0101
C029	박지우	010-4242-5353

레코드: I◀ ◀ 1/5 ▶ ▶I ▶ ▽ 필터 없음 검색

03 〈제품〉, 〈거래내역〉 테이블을 이용하여 출고일별, 제품별로 수량의 합계를 조회하는 〈10일이전 출고제품〉 크로스탭 쿼리를 작성하시오. (7점)

▶ 일자별 수량의 합이 없는 곳에는 "*"가 표시되도록 하시오.
▶ 출고일자가 10일 이전까지만 조회대상으로 하시오.
▶ IIf, DAY, Sum, IsNull 함수 사용

▶ 쿼리 결과 표시되는 필드와 필드명은 〈그림〉과 같이 표시되도록 설정하시오.

제품명	합계	1	2	3	5	6	7	8	9	10
뉴욕 치즈 케이크	27	*	*	*	2	5	*	*	*	20
땅콩버터 쿠키	16	*	*	16	*	*	*	*	*	*
레몬 마카롱	16	*	*	*	*	*	*	*	*	16
미니 도넛	2	*	2	*	*	*	*	*	*	*
버터 쿠키	12	*	*	*	*	*	*	12	*	*
베리 파이	15	*	*	*	*	*	15	*	*	*
블루베리 치즈 케이크	16	*	*	*	*	*	16	*	*	*
블루베리 파이	3	*	*	3	*	*	*	*	*	*
사과 파이	6	*	*	*	*	*	*	*	6	*
크림 도넛	6	6	*	*	*	*	*	*	*	*

레코드: 1/10 필터 없음 검색

④ 〈회원정보〉 테이블을 이용하여 적립금별 기타 필드의 값을 변경하는 〈우수고객관리〉 업데이트 쿼리를 작성한 후 실행하시오. (7점)

▶ '기타' 필드에 적립금이 10000 이상이면 "VIP", 5000 이상이면 "우수고객", 5000 미만이면 "일반고객"으로 표시하시오.

▶ Switch 함수 사용

▶ 쿼리 결과 표시되는 필드와 필드명은 〈그림〉과 같이 표시되도록 설정하시오.

회원코드	이름	전화번호	적립금	기타
C001	홍길동	010-1234-5678	2219	일반고객
C002	김철수	010-9876-5432	3045	일반고객
C003	이영희	010-5555-4444	6577	우수고객
C004	박영수	010-7777-8888	4224	일반고객
C005	정미숙	010-3333-2222	6321	우수고객
C006	최영호	010-9999-1111	6307	우수고객
C007	김미영	010-2222-3333	2646	일반고객

레코드: 1/30 필터 없음 검색

⑤ 〈제품〉, 〈거래내역〉 테이블을 이용하여 제품명의 일부를 매개 변수로 입력받고, 해당 제품의 거래내역을 조회하여 새 테이블로 생성하는 〈특정제품조회〉 쿼리를 작성하고 실행하시오. (7점)

▶ 쿼리 실행 후 생성되는 테이블의 이름은 〈쿠키제품〉으로 설정하시오.

▶ 쿼리 실행 결과 생성되는 테이블의 필드는 그림을 참고하여 수험자가 판단하여 설정하시오.

제품코드	분류	제품명	수량 합계	단가
C1-0001	쿠키	초콜릿칩 쿠키	2	3500
C1-0002	쿠키	오트밀 쿠키	45	3200
C1-0003	쿠키	버터 쿠키	35	3000
C1-0004	쿠키	땅콩버터 쿠키	17	3300
C1-0005	쿠키	코코넛 쿠키	63	3400

매개 변수 값 입력 ? ×
특정 제품명을 입력하세요
쿠키
확인 취소

레코드: 1/5 필터 없음 검색

문제 ① DB구축

01 〈제품〉, 〈거래내역〉 테이블

번호	필드 이름	속성 및 형식	설정 값
①	〈제품〉 제품코드	입력마스크	>L0-0000;0
②	〈제품〉 제품명	빈 문자열 허용	예
③	〈제품〉 유통기한	인덱스	예(중복 가능)
④	〈거래내역〉 출고일	기본값	Date( )
⑤	〈거래내역〉 출고번호	데이터 형식	일련 번호

02 〈거래내역〉 테이블의 '제품코드' 조회 속성

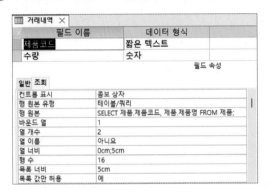

03 〈거래내역〉, 〈회원정보〉 테이블 관계 설정

문제 ② 입력 및 수정 기능 구현

01 〈제품출고현황〉 폼

번호	필드 이름	필드 속성	설정 값
①	폼 머리글 제목 레이블	이름	LBL제목
		캡션	제품 출고 현황
		글꼴 크기	24
		글꼴	맑은 고딕
②	그림 삽입	이름	회사로고
		그림 유형	포함
		크기 조절 모드	한 방향 확대/축소
		너비	4.5
		높이	2.5
③	txt총금액	컨트롤 원본	=Sum([수량]*[단가])
		형식	통화

02 〈거래내역〉 폼의 본문 영역에 조건부 서식 설정

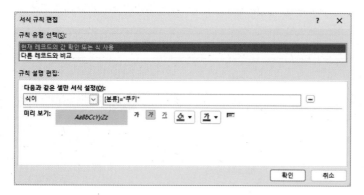

03 〈보고서출력〉 매크로

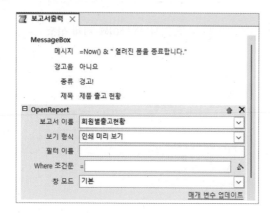

문제 ③   **조회 및 출력 기능 구현**

01 〈출고현황보고서〉 보고서

번호	필드 이름	필드 속성	설정 값
①	〈분류〉 머리글	반복 실행 구역	예
		페이지 바꿈	구역 전
②	제품코드, 제품명	중복 내용 숨기기	예
③	그룹, 정렬 및 요약		그룹, 정렬 및 요약 그룹화 기준 분류 정렬 기준 제품코드 정렬 기준 출고일 ▼ 오름차순 ▼ , 자세히 ► 昆 그룹 추가 글↓ 정렬 추가
④	txt번호	컨트롤 원본	=1
		누적 합계	그룹
⑤	txt페이지	컨트롤 원본	="현재 페이지 " & [Page] & " / 전체 페이지 " & [Pages]

```
Private Sub cmb회원코드_Change()
    DoCmd.ApplyFilter, "회원코드 = '" & cmb회원코드 & "'"
End Sub
```

문제 ④ 처리 기능 구현

① 〈유통기한제품조회〉 쿼리

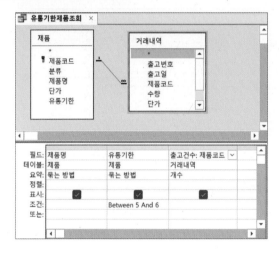

② 〈주문없는회원〉 쿼리

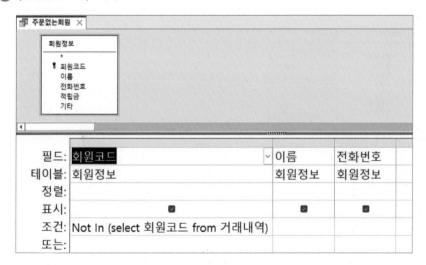

03 〈10일이전 출고제품〉 쿼리

필드:	제품명	Expr1: Day([출고일])	Expr2: IIf(IsNull(Sum([수량])),"*",Sum([수량]))	합계: 수량	Day([출고일])
테이블:	제품			거래내역	
요약:	묶는 방법	묶는 방법	식	합계	조건
크로스탭:	행 머리글	열 머리글	값	행 머리글	
정렬:					
조건:					<=10
또는:					

04 〈우수고객관리〉 쿼리

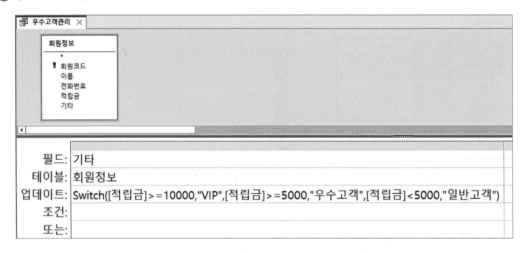

필드:	기타
테이블:	회원정보
업데이트:	Switch([적립금]>=10000,"VIP",[적립금]>=5000,"우수고객",[적립금]<5000,"일반고객")
조건:	
또는:	

05 〈특정제품조회〉 쿼리

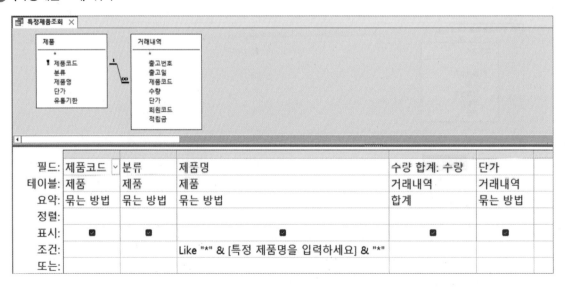

필드:	제품코드	분류	제품명	수량 합계: 수량	단가	
테이블:	제품	제품	제품	거래내역	거래내역	
요약:	묶는 방법	묶는 방법	묶는 방법	합계	묶는 방법	
정렬:						
표시:	☑	☑	☑	☑	☑	
조건:			Like "*" & [특정 제품명을 입력하세요] & "*"			
또는:						

문제 ❶ DB구축

01 〈제품〉, 〈거래내역〉 테이블

① 〈제품〉 테이블에서 마우스 오른쪽 버튼을 눌러 [디자인 보기](🖼)를 클릭한다.

② '제품코드' 필드의 '입력 마스크'에 >L0-0000;0 을 입력한다.

③ '제품명' 필드의 빈 문자열 허용을 '예'로 설정한다.

④ '유통기한' 필드의 인덱스는 '예(중복 가능)'으로 설정한다.

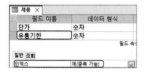

⑤ 〈거래내역〉 테이블에서 마우스 오른쪽 버튼을 눌러 [디자인 보기](🖼)를 클릭한다.

⑥ '출고일' 필드의 기본값에 Date()를 입력한다.

⑦ '출고일' 필드를 선택한 후 [테이블 디자인]-[도구] 그룹의 [행 삽입](🗗←)을 클릭한다.

⑧ 필드 이름에 출고번호, 데이터 형식은 '일련 번호'를 선택한다.

02 〈거래내역〉 테이블의 '제품코드' 필드의 조회 속성 설정

① 〈거래내역〉 테이블의 [디자인 보기](🖼) 모드에서 '제품코드' 필드를 선택하고, 필드 속성 [조회] 탭의 컨트롤 표시 속성 중 '콤보 상자'를 선택한다.

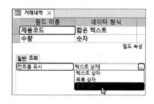

② '행 원본' 속성의 [작성기](⋯)를 클릭한다.

③ [테이블 추가]의 [테이블]에서 〈제품〉을 더블클릭한다.

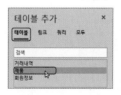

④ 〈제품〉 테이블의 '제품코드', '제품명' 필드를 더블클릭하여 눈금에 추가한다.

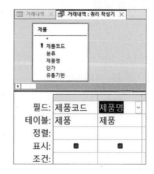

⑤ [닫기]를 클릭하면 'SQL 문의 변경 내용을 저장하고 속성을 업데이트하시겠습니까?" 메시지에서 [예]를 클릭한다.

⑥ '바운드 열', '열 개수', '열 너비', '목록 너비', '목록 값만 허용' 속성을 설정한다.

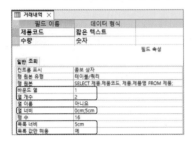

03 〈거래내역〉 ↔ 〈회원정보〉 테이블간의 관계 설정

① [데이터베이스 도구]-[관계] 그룹에서 [관계]()를 클릭한다.

② [관계 디자인] 탭의 [테이블 추가]를 클릭하여 [테이블]에서 〈회원정보〉를 더블클릭한다.

③ 〈회원정보〉 테이블의 '회원코드'를 〈거래내역〉 테이블의 '회원코드'로 드래그한다.

④ [관계 편집]에서 다음과 같이 지정하고 [만들기]를 클릭한다.

문제 ② 입력 및 수정 기능 구현

01 〈제품출고현황〉 폼

① 〈제품출고현황〉 폼에서 마우스 오른쪽 버튼을 눌러 [디자인 보기]()를 클릭한다.

② [양식 디자인]-[컨트롤] 그룹의 '레이블(가가)'을 폼 머리글 영역에 드래그한 후 속성 시트에서 이름에 **LBL제목**, 캡션에 **제품 출고 현황**을 입력한다.

③ [형식] 탭에서 글꼴은 '맑은 고딕', 크기는 '24'로 설정한다.

④ [양식 디자인] 탭의 [이미지 삽입]-[찾아보기]를 클릭하여 '로고.JPG' 파일을 선택한다.

⑤ 폼 머리글에 그림을 드래그한 후 [속성 시트]에서 이름(회사로고), 그림유형(포함), 그림 크기 조절(한 방향 확대/축소), 너비(4.5), 높이(2.5)로 수정한다.

⑥ 'txt총금액'을 선택하고 컨트롤 원본에 =Sum([수량]*[단가])를 입력하고, 형식에 '통화'를 선택한다.

02 〈거래내역〉 폼의 조건부 서식

① 본문에 모든 컨트롤을 선택하고, [서식]-[컨트롤 서식] 그룹의 [조건부 서식](▦)을 클릭하여 [새 규칙]을 클릭한다.

② '식이'를 선택한 후 [분류]="쿠키"를 입력하고, 기울임꼴, 배경색은 '노랑'을 선택하고 [확인]을 클릭한다.

03 〈제품출고현황〉 폼의 'cmd보고서' 컨트롤

① [만들기]-[매크로 및 코드] 그룹에서 [매크로]([]]))를 클릭한다.
② 매크로 함수 중 'MessageBox'를 선택한 후 필요한 인수를 설정한다.

> • 메시지 : =Now( ) & " 열려진 폼을 종료합니다."
> • 제목 : 제품 출고 현황

③ 매크로 함수 중 'OpenReport'를 선택한 후 필요한 인수를 설정한다.

④ [저장]([])을 클릭하여 매크로 이름에 **보고서출력**을 입력한 후 [확인]을 클릭한다.
⑤ 〈제품출고현황〉 폼의 [디자인 보기]([]) 모드에서 'cmd보고서' 컨트롤을 선택한다.
⑥ [이벤트] 탭의 On Click에서 '보고서출력'을 선택한다.

---

01 〈출고현황보고서〉 보고서

① 〈출고현황보고서〉 보고서에서 마우스 오른쪽 버튼을 눌러 [디자인 보기]([])를 클릭한다.
② '분류 머리글'을 선택한 후 [형식] 탭에서 반복 실행 구역은 '예', 페이지 바꿈은 '구역 전'으로 선택한다.

③ 본문 영역의 '제품코드', '제품명' 필드를 선택한 후 [형식] 탭에서 중복 내용 숨기기는 '예'를 선택한다.

④ [보고서 디자인]-[그룹화 및 요약]([]) 그룹에서 [그룹화 및 정렬]을 클릭한다.
⑤ [그룹, 정렬 및 요약]에서 [정렬 추가]를 클릭한다.
⑥ '출고일' 필드를 선택하고 '오름차순'으로 지정한다.

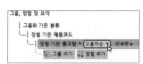

⑦ 본문의 'txt번호'를 선택한 후 [데이터] 탭에서 컨트롤 원본 =1을 입력하고, 누적 합계 '그룹'을 선택한다.

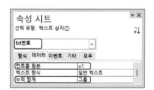

⑧ 페이지 바닥글의 'txt페이지'를 선택한 후 [데이터] 탭에서 컨트롤 원본 ="현재 페이지 " & [Page] & " / 전체 페이지 " & [Pages]를 입력한다.

02 〈제품출고현황〉 폼의 이벤트 프로시저

① 〈제품출고현황〉 폼을 [디자인 보기](🖺)로 열고 '회원코드'(cmd회원코드)를 선택하고 [이벤트] 탭의 On Change에서 [이벤트 프로시저]를 선택하고 [작성기](⋯)를 클릭한다.
② 'cmb회원코드_Change() 프로시저'에 다음과 같이 코딩한다.

```
Private Sub cmb회원코드_Change()
    DoCmd.ApplyFilter, "회원코드 = '" & cmb회원코드 & "'"
End Sub
```

문제 ❹ 처리 기능 구현

01 〈유통기한제품조회〉 쿼리

① [만들기]-[쿼리] 그룹에서 [쿼리 디자인](🖼)을 클릭한다.
② [테이블 추가]의 [테이블]에서 〈제품〉, 〈거래내역〉을 더블클릭하여 추가한다.
③ 디자인 눈금의 각 필드에 다음과 같이 드래그해서 배치한다.

④ [쿼리 디자인]-[표시/숨기기] 그룹의 [요약](Σ)을 클릭하여 제품코드는 '개수'를 선택한다.
⑤ 조건(Between 5 And 6)과 필드명(출고건수)을 다음과 같이 수정한다.

⑥ '유통기한' 필드를 선택한 후 [속성 시트]의 '형식'에 #"개월"을 입력한다.

⑦ [저장](🖫)을 클릭한 후 유통기한제품조회를 입력하고 [확인]을 클릭한다.

02 〈주문없는회원〉 쿼리

① [만들기]-[쿼리] 그룹에서 [쿼리 디자인](🖼)을 클릭한다.
② [테이블 추가]의 [테이블]에서 〈회원정보〉를 더블클릭하여 추가한다.
③ 다음과 필드를 추가한 후 '회원코드'에 조건 Not In (select 회원코드 from 거래내역)를 입력한다.

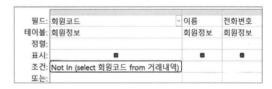

④ [저장](🖫)을 클릭한 후 주문없는회원을 입력하고 [확인]을 클릭한다.

03 〈10일이전출고제품〉 쿼리

① [만들기]-[쿼리] 그룹에서 [쿼리 디자인](🖼)을 클릭한다.
② [테이블 추가]의 [테이블]에서 〈제품〉, 〈거래내역〉을 더블클릭하여 추가한다.

③ 디자인 눈금의 각 필드에 다음과 같이 드래그해서 배치한다.

필드:	제품명	출고일	수량	수량	∨
테이블:	제품	거래내역	거래내역	거래내역	
정렬:					
표시:	■	■	■	■	
조건:					

④ [쿼리 디자인]-[쿼리 유형] 그룹의 [크로스탭] (■)을 클릭한다.

⑤ 다음과 같이 수정한다.

필드:	제품명	Expr1: Day([출고일])	Expr2: IIf(IsNull(Sum([수량])),"*",Sum([수량]))	합계: 수량	Day([출고일])
테이블:	제품			거래내역	
요약:	묶는 방법	묶는 방법	식	합계	조건
크로스탭:	행 머리글	열 머리글	값	행 머리글	
정렬:					
조건:					<=10
또는:					

- 행 머리글 : 제품명
- 열 머리글 : Day([출고일])
- 값(식) : IIf(IsNull(Sum([수량])),"*",Sum([수량]))
- 행 머리글(합계) : 합계 : 수량
- Day([출고일]) : 조건(<=10)

⑥ [저장](■)을 클릭한 후 10일이전 출고제품을 입력하고 [확인]을 클릭한다.

04 〈우수고객관리〉 쿼리

① [만들기]-[쿼리] 그룹에서 [쿼리 디자인](■)을 클릭한다.
② [테이블 추가]의 [테이블]에서 〈회원정보〉를 더블클릭하여 추가한다.
③ [쿼리 디자인]-[쿼리 유형] 그룹의 [업데이트] (■)를 클릭한다.
④ '기타' 필드를 추가한 후 '업데이트'에 Switch([적립금])>=10000,"VIP",[적립금])>=5000,"우수고객",[적립금]<5000,"일반고객")를 입력한다.

필드:	기타
테이블:	회원정보
업데이트:	Switch([적립금]>=10000,"VIP",[적립금]>=5000,"우수고객",[적립금]<5000,"일반고객")
조건:	
또는:	

⑤ [저장](■)을 클릭한 후 우수고객관리를 입력하고 [확인]을 클릭한다.
⑥ [쿼리 디자인]-[결과] 그룹의 [실행](■)을 클릭한 후 [예]를 클릭한다.

05 〈특정제품생성〉 쿼리

① [만들기]-[쿼리] 그룹에서 [쿼리 디자인](■)을 클릭한다.
② [테이블 추가]의 [테이블]에서 〈제품〉, 〈거래내역〉을 더블클릭하여 추가한다.
③ 디자인 눈금의 각 필드에 다음과 같이 드래그해서 배치하고 조건과 수량의 합계로 수정한다.

필드:	제품코드	분류	제품명	수량 합계: 수량	∨	단가
테이블:	제품	제품	제품	거래내역		거래내역
요약:	묶는 방법	묶는 방법	묶는 방법	합계		묶는 방법
정렬:						
표시:	■	■	■	■		■
조건:			Like "*" & [특정 제품명을 입력하세요] & "*"			
또는:						

Like "*" & [특정 제품명을 입력하세요] & "*"

④ [쿼리 디자인]-[쿼리 유형] 그룹의 [테이블 만들기](■)를 클릭하여 쿠키제품을 입력하고 [확인]을 클릭한다.

⑤ [저장](■)을 클릭한 후 특정제품조회를 입력하고 [확인]을 클릭한다.
⑥ [쿼리 디자인]-[결과] 그룹에서 [실행](■)을 클릭한 후 [예]를 클릭한다.

상시 기출 문제 02회

▶ 합격 강의

작업파일 [2025컴활1급₩2권_데이터베이스₩상시기출문제] 폴더의 '상시기출문제2회' 파일을 열어서 작업하시오.

문제 ❶ DB구축   25점

01 지식산업센터 관리하는 업무를 수행하기 위한 데이터베이스를 구축하고자 한다. 다음 지시사항에 따라 테이블을 완성하시오. (각 3점)

① 〈용도구분〉 테이블의 '용도코드' 필드는 'AA-000'과 같은 형태로 영문 대문자 2개와 '-'기호 1개와 숫자3가 반드시 입력되도록 입력마스크를 설정하시오.
- ▶ 영문자 입력은 영어와 한글만 입력할 수 있도록 설정할 것
- ▶ 숫자 입력은 0~9까지의 숫자만 입력할 수 있도록 설정할 것
- ▶ '-' 문자도 테이블에 저장되도록 설정할 것

② 〈용도구분〉 테이블의 '용도지역' 필드는 빈 문자열이 허용되도록 설정하시오.

③ 〈지식산업센터현황〉 테이블의 '명칭' 필드는 중복 불가능한 인덱스를 설정하시오.

④ 〈지식산업센터현황〉 테이블의 '사용승인일' 필드는 새로운 레코드가 추가되는 경우 시간을 포함하지 않는 시스템의 오늘 날짜가 기본으로 입력되도록 설정하시오.

⑤ 〈지식산업센터현황〉 테이블에서 '착공일자' 필드는 '허가일자' 보다 크거나 같은 값만 입력할 수 있도록 테이블 속성을 설정하시오.

02 외부 데이터 가져오기 기능을 이용하여 〈추가지식산업센터.xlsx〉 파일의 내용을 가져와 〈추가지식산업센터〉테이블을 생성하시오. (5점)
- ▶ 첫 번째 행은 열 머리글임
- ▶ 기본 키는 없음으로 설정

03 〈지식산업센터현황〉 테이블의 '시군코드' 필드는 〈시군구분〉 테이블의 '시군코드' 필드를 참조하며, 각 테이블의 간의 관계는 M:1이다. 다음과 같이 테이블 간의 관계를 설정하시오. (5점)
- ※ 액세스 파일에 이미 설정되어 있는 관계는 수정하지 마시오.
- ▶ 테이블 간에 항상 참조 무결성이 유지되도록 설정하시오.
- ▶ 참조 필드의 값이 변경되면 관련 필드의 값도 변경되도록 설정하시오.
- ▶ 다른 테이블에서 참조하고 있는 레코드는 삭제할 수 없도록 설정하시오.

01 〈지역별지식산업센터〉 폼을 다음의 화면과 지시사항에 따라 완성하시오. (각 3점)

① 폼이 로드될 때 하위 폼 컨트롤에는 포커스가 이동하지 않도록 설정하고, 'cmb시군명' 컨트롤에 포커스가 이동되도록 탭 인덱스를 설정하시오.

② 하위 폼에서 본문의 모든 컨트롤 테두리 스타일을 '투명'으로 설정하시오.

③ 하위 폼 본문 영역의 'txt총층수' 컨트롤에는 지하층수와 지상층수의 합계가 표시되도록 컨트롤 원본을 설정하시오. (Right 함수 사용)

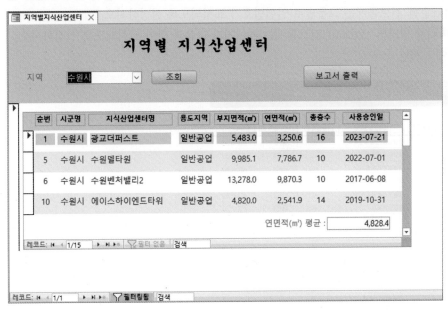

02 〈지식산업센터현황〉 폼의 본문 영역에 다음과 같이 조건부 서식을 설정하시오. (6점)

▶ '사용승인일'이 2023년 이상인 경우 본문 영역의 모든 컨트롤에 배경색은 '노랑'으로 서식을 설정하시오. (Year 함수 사용)

▶ 단, 하나의 규칙으로 작성하시오.

03 〈지산현황 보고서〉 보고서를 '인쇄 미리보기'의 형식으로 여는 〈지산현황출력〉 매크로를 생성하시오. (5점)

▶ 매크로 조건 : '시군명' 필드의 값이 'cmb시군명'에 해당되는 데이터만 표시

▶ 〈지역별지식산업센터〉 폼의 '보고서 출력'(cmd보고서출력) 단추를 클릭하면 매크로가 실행되도록 설정하시오.

01 다음의 지시사항 및 화면을 참조하여 〈지산현황 보고서〉 보고서를 완성하시오. (각 3점)

① '시군명' 머리글 영역에서 머리글의 내용이 페이지마다 반복적으로 표시되도록 설정하고, '시군명'이 변경되면 매 구역 전에 페이지도 변경되도록 설정하시오.

② 본문 영역에서 '시군명', '분양형태' 필드의 값이 이전 레코드와 동일한 경우에는 표시되지 않도록 설정하시오.

③ 동일한 '분양형태' 내에서는 '명칭'을 기준으로 오름차순 정렬되어 표시되도록 정렬을 추가하시오.

④ 본문의 'txt순번' 컨트롤에는 그룹별로 일련번호가 표시되도록 설정하시오.

⑤ 페이지 머리글 영역의 'txtDate' 컨트롤에는 페이지가 다음과 같이 표시되도록 설정하시오.

▶ 표시 예 : 26년 04월 01일

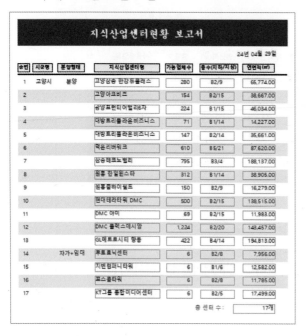

02 〈지식산업센터현황〉 폼의 'txt사용승인일' 컨트롤을 클릭하면 〈그림〉과 같은 메시지 상자를 출력하는 이벤트 프로시저를 구현하시오. (5점)

▶ '사용승인일' 필드의 ID를 찾아 '허가일자'가 표시

▶ DLookup 함수 사용

01 〈지식산업센터현황〉, 〈시군구분〉 테이블을 이용하여 지상, 지하층 수의 평균을 조회하는 〈시군별지상지하층수평균〉 쿼리를 작성하시오. (7점)

▶ Avg, Right 함수 사용
▶ 쿼리 결과 표시되는 필드와 필드명은 〈그림〉과 같이 표시되도록 설정하시오.

시군명	지상층수평균	지하층수평균
고양시	12.12	2.12
군포시	12.64	1.73
김포시	7.25	2.31
동두천시	10.00	3.00
수원시	12.33	3.00
안양시	14.85	2.60
의정부시	3.00	1.00

레코드: Ⅰ◀ ◀ 1/7 ▶ ▶Ⅰ ▶ 필터 없음 검색

02 〈지식산업센터현황〉, 〈시군구분〉, 〈분양구분〉 테이블을 이용하여 시군별, 분양형태별 개수를 조회하는 〈시군분양구분현황〉 크로스탭 쿼리를 작성하시오. (7점)

▶ 분양형태 개수는 'ID'필드를 이용하시오.
▶ 분양형태별 개수의 합계가 없는 곳에는 "○"가 표시되도록 하시오.
▶ Iif, Count 함수 사용
▶ 쿼리 결과 표시되는 필드와 필드명은 〈그림〉과 같이 표시되도록 설정하시오.

시군명	총합계	분양	분양+임대	임대	자가	자가+임대
고양시	17	13	○	○	○	4
군포시	11	5	5	1	○	○
김포시	16	14	○	2	○	○
동두천시	1	○	○	1	○	○
수원시	15	14	○	○	1	○
안양시	20	20	○	○	○	○
의정부시	1	○	○	○	○	1

레코드: Ⅰ◀ ◀ 1/7 ▶ ▶Ⅰ ▶ 필터 없음 검색

⑬ 〈지식산업센터현황〉, 〈시군구분〉 테이블을 이용하여 층수를 조회하는 〈20층이상조회〉 쿼리를 작성하시오. (7점)

- ▶ 총층수가 20층 이상인 지식산업센터만 표시
- ▶ 지하층수는 [표시 예]와 같이 층수를 표시되도록 설정하시오. (표시 예: B5 -〉 지하 5층)
- ▶ Right, Replace 함수 사용
- ▶ 쿼리 결과 표시되는 필드와 필드명은 〈그림〉과 같이 표시되도록 설정하시오.

시군명	명칭	총층수	지하 층수	지상 층수
수원시	광교플렉스데시앙	20	지하 5층	지상 15층
안양시	안양 아이에스비즈타워 센트럴	30	지하 2층	지상 28층
안양시	에이스하이테크시티 범계	24	지하 3층	지상 21층
안양시	평촌스마트베이	22	지하 1층	지상 21층
안양시	평촌오비즈타워	38	지하 3층	지상 35층
고양시	DMC 플렉스데시앙	22	지하 2층	지상 20층
고양시	덕은리버워크	26	지하 5층	지상 21층
군포시	군포IT밸리	37	지하 3층	지상 34층

레코드: I◀ 1/8 ▶ ▶I ▶* 🔽 필터 없음 검색

⑭ 준공일자의 년도를 매개변수로 입력받고, 분양형태가 임대가 아닌 데이터만 조회하는 〈년도별임대제외현황〉 쿼리를 작성하시오. (7점)

- ▶ 〈지식산업센터현황〉, 〈시군구분〉, 〈용도구분〉, 〈분양구분〉 테이블을 이용하시오
- ▶ YEAR 함수, Not Like 연산자 사용
- ▶ 쿼리 결과 표시되는 필드와 필드명은 〈그림〉과 같이 표시되도록 설정하시오.

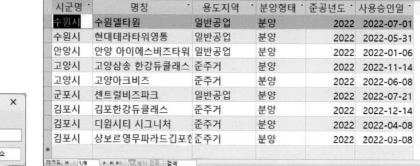

시군명	명칭	용도지역	분양형태	준공년도	사용승인일
수원시	수원델타원	일반공업	분양	2022	2022-07-01
수원시	현대테라타워영통	일반공업	분양	2022	2022-05-31
안양시	안양 아이에스비즈타워	일반공업	분양	2022	2022-01-06
고양시	고양삼송 한강듀클래스	준주거	분양	2022	2022-11-14
고양시	고양아크비즈	준주거	분양	2022	2022-06-08
군포시	센트럴비즈파크	일반공업	분양	2022	2022-07-21
김포시	김포한강듀클래스	준주거	분양	2022	2022-12-14
김포시	디원시티 시그니처	준주거	분양	2022	2022-04-08
김포시	상보르영무파라드김포한	준주거	분양	2022	2022-03-08

레코드: I◀ 1/9 ▶ ▶I ▶* 🔽 필터 없음 검색

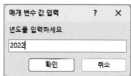

매개 변수 값 입력 ? ✕
년도를 입력하세요
2022
확인   취소

05 〈지식산업센터현황〉, 〈시군구분〉 테이블을 이용하여 지식산업센터가 있는 시군명을 조회하여 〈시군구분〉 테이블의 '기타' 필의 값을 "★★★"으로 변경하는 〈지식산업센터표시〉 업데이트 쿼리를 작성하시오. (7점)

▶ In과 하위 쿼리 사용
▶ 쿼리 결과 표시되는 필드와 필드명은 〈그림〉과 같이 표시되도록 설정하시오.

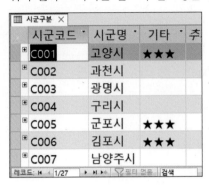

01 〈용도구분〉, 〈지식산업센터현황〉 테이블

번호	필드 이름	속성 및 형식	설정 값
①	〈용도구분〉 용도코드	입력마스크	>LL-000;0
②	〈용도구분〉 용도지역	빈 문자열 허용	예
③	〈지식산업센터현황〉 명칭	인덱스	예(중복 불가능)
④	〈지식산업센터현황〉 사용승인일	기본값	Date( )
⑤	〈지식산업센터현황〉 테이블 속성	유효성검사규칙	[허가일자]>=[착공일자]

02 외부 데이터 가져오기

시군명	지식산업센터명칭	소재지도로명주소	용도지역	부지면적(㎡)	건축면적(㎡)	층수(지하/지상)	유치가능 업체수	분양형태	공사진행상황	허가일자	착공일자	준공일자	사용승인일
평택시	고덕 G1	경기도 평택시 도시지원1길 116	준주거	8,793	6150.97	B1/10	627	분양+임대	준공	2021-04-26	2021-10-19	2023-07-20	2023-07-20
평택시	고덕STV지식산업센터	경기도 평택시 고덕면 도시지원1길 19	준주거	12,859	8995.48	B2/10	750	분양+임대	준공	2020-04-13	2020-07-20	2022-06-30	2022-06-30
평택시	고덕비즈타워	경기도 평택시 고덕면 도시지원1길 16	준주거	5,307	3454.52	B2/10	306	분양+임대	준공	2019-04-30	2019-06-05	2021-01-11	2021-01-11
평택시	더파스트타워	경기도 평택시 진위면 진위2산단로 140	공업	10,443	7834.75	B2/10	385	분양+임대	준공	2018-02-13	2018-09-01	2020-02-27	2020-02-27
평택시	마제스트타워	경기도 평택시 산단로16번길 12	공업	9,703	6704.13	B1/10	398	분양+임대	준공	2020-06-08	2020-12-29	2022-12-19	2022-12-19
평택시	삼성비지니스센터	경기도 평택시 고덕면 고덕여염로 118	준주거	8,413	5858.44	B3/10	495	분양+임대	준공	2020-02-25	2020-05-15	2022-06-09	2022-06-09

03 〈지식산업센터현황〉, 〈시군구분〉 테이블 관계 설정

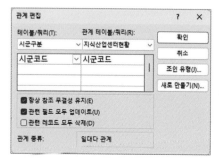

01 〈지역별지식산업센터〉 폼

번호	필드 이름	필드 속성	설정 값
①	하위 폼	탭 정지	아니요
	cmb시군명	탭 인덱스	0
②	하위 폼 '본문'	테두리 스타일	투명
③	txt총층수	컨트롤 원본	=Right([지하층수],1)+[지상층수]

02 〈지식산업센터현황〉 폼의 본문 영역에 조건부 서식 설정

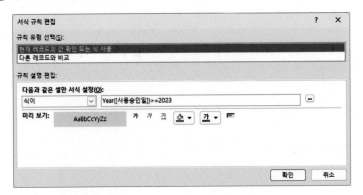

03 〈지산현황출력〉 매크로

문제 ❸	**조회 및 출력 기능 구현**

01 〈자산현황 보고서〉 보고서

번호	필드 이름	필드 속성	설정 값
①	〈시군명〉 머리글	반복 실행 구역	예
		페이지 바꿈	구역 전
②	시군명, 분양형태	중복 내용 숨기기	예
③	그룹, 정렬 및 요약	그룹, 정렬 및 요약 그룹화 기준 시군명 정렬 기준 분양형태 정렬 기준 명칭 ▾ 오름차순 ▾ , 자세히 ▶ 그룹 추가 정렬 추가	
④	txt순번	컨트롤 원본	=1
		누적 합계	그룹
⑤	txtDate	컨트롤 원본	=Date( )
		형식	보통 날짜

02 〈지식산업센터현황〉 폼의 'txt사용승인일' 컨트롤

```
Private Sub txt사용승인일_Click()
    MsgBox "허가일자 : " & DLookup("허가일자", "지식산업센터현황", "txt아이디=ID") & "입니다."
End Sub
```

01 〈시군별지상지하층수평균〉 쿼리

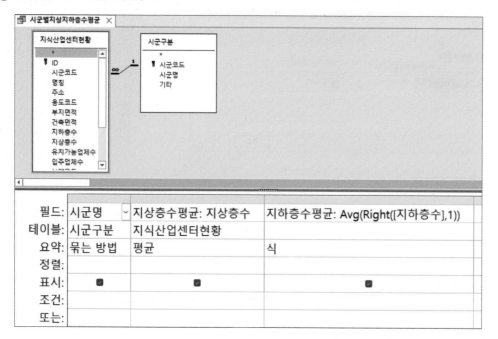

필드:	시군명	지상층수평균: 지상층수	지하층수평균: Avg(Right([지하층수],1))
테이블:	시군구분	지식산업센터현황	
요약:	묶는 방법	평균	식
정렬:			
표시:	☑	☑	☑
조건:			
또는:			

02 〈시군분양구분현황〉 쿼리

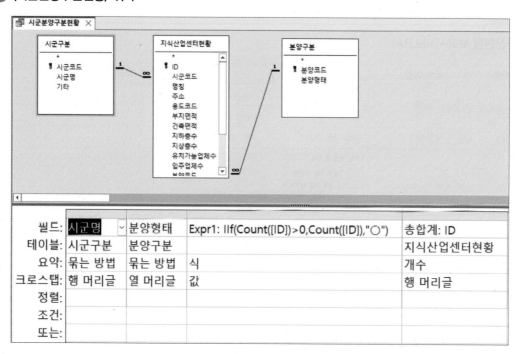

필드:	시군명	분양형태	Expr1: IIf(Count([ID])>0,Count([ID]),"○")	총합계: ID
테이블:	시군구분	분양구분		지식산업센터현황
요약:	묶는 방법	묶는 방법	식	개수
크로스탭:	행 머리글	열 머리글	값	행 머리글
정렬:				
조건:				
또는:				

03 〈20층이상조회〉 쿼리

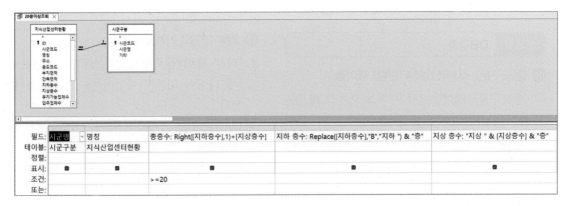

필드:	시군명	명칭	총층수: Right([지하층수],1)+[지상층수]	지하 층수: Replace([지하층수],"B","지하 ") & "층"	지상 층수: "지상 " & [지상층수] & "층"
테이블:	시군구분	지식산업센터현황			
정렬:					
표시:	■	■	■	■	■
조건:			>=20		
또는:					

04 〈년도별임대제외현황〉 쿼리

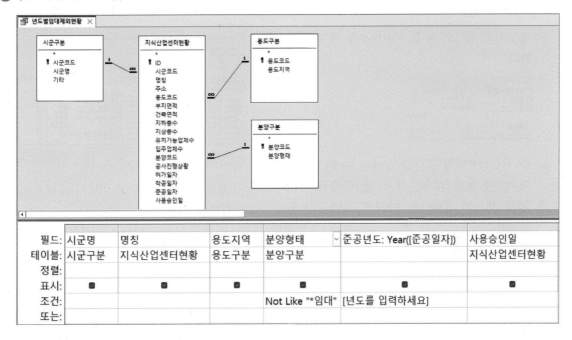

필드:	시군명	명칭	용도지역	분양형태	준공년도: Year([준공일자])	사용승인일
테이블:	시군구분	지식산업센터현황	용도구분	분양구분		지식산업센터현황
정렬:						
표시:	■	■	■	■	■	■
조건:				Not Like "*임대"	[년도를 입력하세요]	
또는:						

05 〈지식산업센터표시〉 쿼리

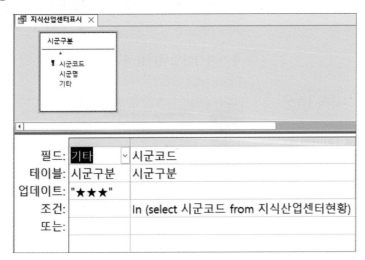

필드:	기타	시군코드
테이블:	시군구분	시군구분
업데이트:	"★★★"	
조건:		In (select 시군코드 from 지식산업센터현황)
또는:		

문제 ❶ DB구축

01 〈용도구분〉, 〈지식산업센터현황〉 테이블

① 〈용도구분〉 테이블에서 마우스 오른쪽 버튼을 눌러 [디자인 보기](📐)를 클릭한다.

② '용도코드' 필드의 입력 마스크에 >LL-000;0 을 입력한다.

③ '용도지역' 필드의 빈 문자열 허용을 '예'로 설정한다.

④ 〈지식산업센터현황〉 테이블에서 마우스 오른쪽 버튼을 눌러 [디자인 보기](📐)를 클릭한다.

⑤ '명칭' 필드의 인덱스는 '예(중복 불가능)'으로 설정한다.

⑥ '사용승인일' 필드의 기본값에 Date()를 입력한다.

⑦ [테이블 디자인]-[표시/숨기기] 그룹의 [속성 시트](🗔)를 클릭한다.

⑧ [속성 시트]의 유효성 검사 규칙에 [허가일자] <=[착공일자]를 입력한다.

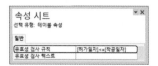

02 외부 데이터 가져오기

① [외부 데이터]-[가져오기 및 연결] 그룹에서 [새 데이터 원본]-[파일에서]-[Excel]을 클릭한다.

② [찾아보기]를 클릭하여 '추가지식산업센터.xlsx' 파일을 찾은 후 [열기]를 클릭한다.

③ '현재 데이터베이스의 새 테이블로 원본 데이터 가져오기'를 지정하고 [확인]을 클릭한다.

④ '첫 행에 열 머리글이 있음'을 선택하고 [다음]을 클릭한다.

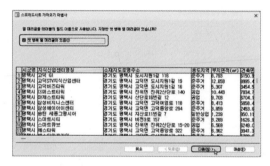

⑤ [스프레드시트 가져오기 마법사]에서 [다음]을 클릭한다.

⑥ '기본 키 없음'을 선택하고 [다음]을 클릭한다.

⑦ **추가지식산업센터**를 입력하고 [마침]을 클릭한다.

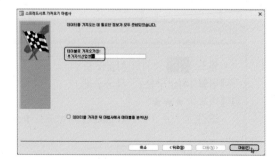

03 〈지식산업센터현황〉 ↔ 〈시군구분〉 테이블간의 관계 설정

① [데이터베이스 도구]-[관계] 그룹에서 [관계]
(🖼)를 클릭한다.

② [관계 디자인] 탭의 [테이블 추가](🖼)를 클릭하여 [테이블]에서 〈시군구분〉을 더블클릭한다.

③ 〈시군구분〉 테이블의 '시군코드'를 〈지식산업센터현황〉 테이블의 '시군코드'로 드래그한다.

④ [관계 편집]에서 다음과 같이 지정하고 [만들기]를 클릭한다.

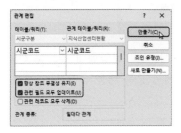

문제 ② **입력 및 수정 기능 구현**

01 〈지역별지식산업센터〉 폼

① 〈지역별지식산업센터〉 폼에서 마우스 오른쪽 버튼을 눌러 [디자인 보기](🖼)를 클릭한다.

② 하위 폼의 경계라인을 선택한 후 [기타] 탭에서 탭 정지 '아니요'를 선택한다.

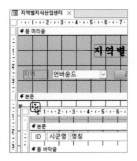

③ 〈지역별지식산업센터〉 폼의 'cmb시군명'을 선택한 후 [기타] 탭의 탭 인덱스에 0을 입력한다.

④ 하위 폼의 본문의 모든 컨트롤을 선택한 후 [형식] 탭의 테두리 스타일에서 '투명'을 선택한다.

⑤ 하위 폼의 'txt총층수'를 선택하고 컨트롤 원본에 =Right([지하층수],1)+[지상층수]를 입력한다.

02 〈지식산업센터현황〉 폼의 조건부 서식

① 〈지식산업센터현황〉 폼 바로 가기 메뉴에서 [디자인 보기](🖼)를 클릭한 후 '본문' 왼쪽 눈금자를 클릭하여 모든 컨트롤을 선택한다.

② [서식]-[컨트롤 서식] 그룹의 [조건부 서식](🖼)을 클릭하여 [새 규칙]을 클릭한다.

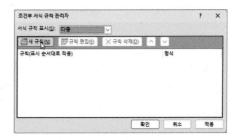

③ '식이'를 선택하고 YEAR([사용승인일])>=2023을 입력하고, 배경색은 '노랑'을 선택하고 [확인]을 클릭한다.

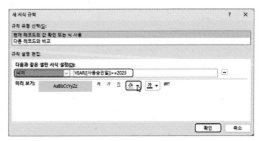

④ [조건부 서식 규칙 관리자]에서 [확인]을 클릭한다.

❸ 〈지역별지식산업센터〉 폼의 'cmd보고서출력' 컨트롤

① [만들기]-[매크로 및 코드] 그룹에서 [매크로](🗒)를 클릭한다.
② 매크로 함수 중 'OpenReport'를 선택한 후 필요한 인수를 설정한다.

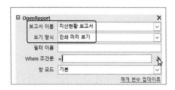

③ 'Where 조건문'에서 작성기를 클릭하여 다음과 같이 입력하고 [확인]을 클릭한다.

[시군명]= Forms![지역별지식산업센터]![cmb시군명]

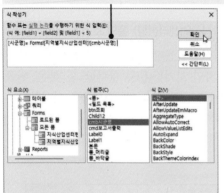

④ [저장](💾)을 클릭하여 **지산현황출력**을 입력하여 매크로로 저장한다.
⑤ 〈지역별지식산업센터〉 폼의 [디자인 보기](🔲) 노드에서 'cmd보고서출력' 컨트롤을 선택한다.
⑥ [이벤트] 탭의 On Click에서 '지산현황출력'을 선택한다.

❶ 〈지산현황 보고서〉 보고서

① 〈지산현황 보고서〉 보고서에서 마우스 오른쪽 버튼을 눌러 [디자인 보기](🔲)를 클릭한다.
② '시군명 머리글'을 선택한 후 [형식] 탭에서 반복 실행 구역은 '예', 페이지 바꿈은 '구역 전'으로 선택한다.

③ 본문 영역의 '시군명', '분양형태' 필드를 선택한 후 [형식] 탭에서 중복 내용 숨기기는 '예'를 선택한다.

④ [보고서 디자인]-[그룹화 및 요약] 그룹에서 [그룹화 및 정렬](📊)을 클릭한다.
⑤ [그룹, 정렬 및 요약]에서 [정렬 추가]를 클릭한다.
⑥ '명칭' 필드를 선택하고 '오름차순'으로 지정한다.

⑦ 본문의 'txt순번'을 선택한 후 [데이터] 탭에서 컨트롤 원본 =1을 입력하고, 누적 합계 '그룹'을 선택한다.

⑧ 페이지 머리글의 'txtDate'를 선택한 후 [데이터] 탭에서 컨트롤 원본 =Date()를 입력하고, 형식은 '보통 날짜'를 선택한다.

⑫ 〈지식산업센터현황〉 폼의 이벤트 프로시저

① 〈지식산업센터현황〉 폼을 [디자인 보기](📐)로 열고 'txt사용승인일'을 선택한 후 [이벤트] 탭의 On Click에서 [이벤트 프로시저]를 선택하고 [작성기](🖎)를 클릭한다.
② '작성기 선택' 창에서 '코드 작성기'를 선택한 후 [확인]을 클릭한다.
③ 'cmb회원코드_Click() 프로시저'에 다음과 같이 코딩한다.

```
Private Sub txt사용승인일_Click()
    MsgBox "허가일자 : " & DLookup("허가일자", "지식산업센터현황", "txt아이디=ID") & "입니다."
End Sub
```

문제 ④   처리 기능 구현

⑪ 〈시군별지상지하층수평균〉 쿼리

① [만들기]-[쿼리] 그룹에서 [쿼리 디자인](▦)을 클릭한다.
② [테이블 추가]의 [테이블]에서 〈지식산업센터현황〉, 〈시군구분〉을 더블클릭하여 추가한다.
③ 디자인 눈금의 각 필드에 다음과 같이 드래그해서 배치한다.

필드:	시군명	지상층수	지하층수
테이블:	시군구분	지식산업센터현황	지식산업센터현황
정렬:			
표시:	■	■	■
조건:			

④ [쿼리 디자인]-[표시/숨기기] 그룹의 [요약](∑)을 클릭하여 다음과 같이 수정한다.

필드:	시군명	지상층수평균: 지상층수	지하층수평균: Avg(Right([지하층수],1))
테이블:	시군구분	지식산업센터현황	
요약:	묶는 방법	평균	식
정렬:			
표시:	■	■	■
조건:			
또는:			

• **지상층수평균** : 지상층수 => 평균
• **지하층수평균** : Avg(Right([지하층수],1)) => 식

⑤ '지상층수평균' 필드를 선택한 후 [속성 시트]의 '형식'에 '표준', 소수 자릿수는 2를 입력한다.

⑥ 같은 방법으로 '지하층수평균'도 '표준'의 소수 자릿수는 2로 지정한다.
⑦ [저장](💾)을 클릭한 후 **시군별지상지하층수평균**을 입력하고 [확인]을 클릭한다.

⑫ 〈시군분양구분현황〉 쿼리

① [만들기]-[쿼리] 그룹에서 [쿼리 디자인](▦)을 클릭한다.
② [테이블 추가]의 [테이블]에서 〈시군구분〉, 〈지식산업센터현황〉, 〈분양구분〉을 더블클릭하여 추가한다.
③ 디자인 눈금의 각 필드에 다음과 같이 드래그해서 배치한다.

필드:	시군명	분양형태	ID	ID
테이블:	시군구분	분양구분	지식산업센터현황	지식산업센터현황
정렬:				
표시:	■	■	■	■
조건:				
또는:				

④ [쿼리 디자인]-[쿼리 유형] 그룹의 [크로스탭](▦)을 클릭한다.

⑤ 다음과 같이 수정한다.

필드:	시군명	분양형태	Expr1: Iif(Count([ID])>0,Count([ID]),"○")	총합계: ID
테이블:	시군구분	분양구분		지식산업센터현황
요약:	묶는 방법	묶는 방법	식	개수
크로스탭:	행 머리글	열 머리글	값	행 머리글
정렬:				
조건:				
또는:				

- **행 머리글** : 시군명
- **열 머리글** : 분양형태
- **값(식)** : Iif(Count([ID])>0,Count([ID]),"○")
- **행 머리글(개수)** : 총합계: ID

⑥ 크로스탭(값)에 커서를 두고 [속성 시트]의 형식에서 '표준'을 선택한다.

⑦ [저장](圖)을 클릭한 후 **시군분양구분현황**을 입력하고 [확인]을 클릭한다.

03 〈20층이상조회〉 쿼리

① [만들기]−[쿼리] 그룹에서 [쿼리 디자인](圖)을 클릭한다.

② [테이블 추가]의 [테이블]에서 〈지식산업센터현황〉, 〈시군구분〉을 더블클릭하여 추가한다.

③ 다음과 필드를 추가한 후 다음과 같이 수정한다.

- **총층수**: Right([지하층수],1)+[지상층수]
- **조건** : >=20
- **지하 층수**: Replace([지하층수],"B","지하 ") & "층"
- **지상 층수**: "지상 " & [지상층수] & "층"

④ [저장](圖)을 클릭한 후 **년도별임대제외현황**을 입력히고 [확인]을 클릭한다.

04 〈년도별임대제외현황〉 쿼리

① [만들기]−[쿼리] 그룹에서 [쿼리 디자인](圖)을 클릭한다.

② [테이블 추가]의 [테이블]에서 〈지식산업센터현황〉, 〈시군구분〉, 〈용도구분〉, 〈분양구분〉을 더블클릭하여 추가한다.

③ 다음과 필드를 추가한 후 다음과 같이 수정한다.

필드:	시군명	명칭	용도지역	분양형태	준공년도: Year([준공일자])	사용승인일
테이블:	시군구분	지식산업센터현황	용도구분	분양구분		지식산업센터현황
정렬:						
표시:	■	■	■	■	■	■
조건:				Not Like "*임대"	[년도를 입력하세요]	
또는:						

- **분양형태**
- **조건** : Not Like "*임대"
- **준공년도** : YEAR(준공일자)
- **조건** : [년도를 입력하세요]

④ [저장](圖)을 클릭한 후 **20층이상조회**를 입력하고 [확인]을 클릭한다.

05 〈지식산업센터표시〉 쿼리

① [만들기]−[쿼리] 그룹에서 [쿼리 디자인](圖)을 클릭한다.

② [테이블 추가]의 [테이블]에서 〈시군구분〉을 더블클릭하여 추가한다.

③ [쿼리 디자인]−[쿼리 유형] 그룹의 [업데이트](圖)를 클릭한다.

④ 디자인 눈금의 각 필드에 다음과 같이 드래그해서 배치하고 업데이트 "★★★"를 입력하고, 조건 In (select 시군코드 from 지식산업센터현황)를 입력한다.

필드:	기타	시군코드
테이블:	시군구분	시군구분
업데이트:	"★★★"	
조건:		In (select 시군코드 from 지식산업센터현황)
또는:		

⑤ [저장](圖)을 클릭한 후 **지시산업센디표시**를 입력하고 [확인]을 클릭한다.

⑥ [쿼리 디자인]−[결과] 그룹에서 [실행](❗)을 클릭한 후 [예]를 클릭한다.

상시 기출 문제 03회

시험 시간	풀이 시간	합격 점수	내 점수
45분	분	70점	점

▶ 합격 강의

작업파일 [2025컴활1급₩2권_데이터베이스₩상시기출문제] 폴더의 '상시기출문제3회' 파일을 열어서 작업하시오.

문제 ❶ DB구축　　　　　　　　　　　　　　　　　　　　　　　　　25점

01 학생들의 봉사활동 내역을 관리하기 위한 데이터베이스를 구축하고자 한다. 다음의 지시사항에 따라 각 테이블을 완성하시오. (각 3점)

① 〈봉사기관〉 테이블의 '기관코드' 필드는 'S-00'와 같은 형태로 영문 대문자 1개, '-' 기호 1개와 숫자 2개가 반드시 포함되어 입력되도록 입력 마스크를 설정하시오.
　▶ 영문자 입력은 영어와 한글만 입력할 수 있도록 설정할 것
　▶ 숫자 입력은 0~9까지의 숫자만 입력할 수 있도록 설정할 것
　▶ '-' 문자도 테이블에 저장되도록 설정할 것

② 〈봉사내역〉 테이블의 '시수' 필드에는 1부터~8까지의 정수가 입력되도록 유효성 검사 규칙을 설정하시오.

③ 〈봉사내역〉 테이블의 '봉사날짜' 필드는 새로운 레코드가 추가되는 경우 시간을 포함하지 않는 시스템의 오늘 날짜가 기본으로 입력되도록 설정하시오.

④ 〈재학생〉 테이블의 '학과' 필드는 중복 가능한 인덱스를 설정하시오.

⑤ 〈재학생〉 테이블의 '연락처' 필드는 빈 문자열이 허용되도록 설정하시오.

02 외부 데이터 가져오기 기능을 이용하여 〈추가기관.xlsx〉에서 '추가기관'이란 이름으로 정의된 범위의 내용을 가져와 〈봉사기관추가〉 테이블을 생성하시오. (5점)

▶ 첫 번째 행은 열 머리글임
▶ 기본 키는 없음으로 설정

03 〈봉사내역〉 테이블의 '기관코드' 필드는 〈봉사기관〉 테이블의 '기관코드' 필드를 참조하고 테이블 간의 관계는 1:M이다. 두 테이블에 대해 다음과 같이 관계를 설정하시오. (5점)

※ 액세스 파일에 이미 설정되어 있는 관계는 수정하지 마시오.
▶ 테이블 간에 항상 참조 무결성이 유지되도록 설정하시오.
▶ 참조 필드의 값이 변경되면 관련 필드의 값도 변경되도록 설정하시오.
▶ 다른 테이블에서 참조하고 있는 레코드는 삭제할 수 없도록 설정하시오.

01 〈봉사내역입력〉 폼을 다음의 화면과 지시사항에 따라 완성하시오. (각 3점)

① 폼의 '기본 보기' 속성을 〈그림〉과 같이 설정하시오.

② 폼의 '레코드 선택기'와 '탐색 단추'가 표시되도록 관련 속성을 설정하시오.

③ 폼 바닥글 영역의 'txt총시수' 컨트롤에는 시수의 총합이 표시되도록 컨트롤 원본을 설정하시오.

▶ 표시 예: 15 → 총 시수: 15

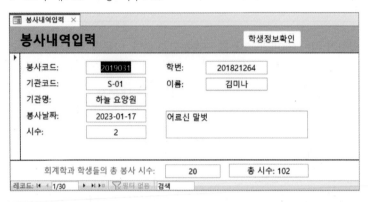

02 〈봉사내역입력〉 폼의 폼 바닥글 영역에서 'txt봉사시수합계' 컨트롤에는 학과가 '회계학과'인 학생들의 시수 합계가 표시되도록 설정하시오. (6점)

▶ 〈봉사내역입력〉 쿼리와 DSUM 함수 사용

03 〈재학생관리〉 폼을 '폼 보기'형식으로 여는 〈재학생보기〉 매크로를 생성하고, 〈봉사내역입력〉 폼의 '학생정보 확인'(cmd보기) 단추를 클릭하면 〈재학생보기〉 매크로가 실행되도록 지정하시오. (5점)

▶ 매크로 조건 : '학번' 필드의 값이 'txt학번'에 해당하는 재학생의 정보만 표시

01 다음의 지시사항 및 화면을 참조하여 〈봉사현황〉 보고서를 완성하시오. (각 3점)

　① 동일한 '기관명' 내에서는 '학과' 필드를 기준으로 내림차순 정렬되어 표시되도록 정렬을 추가하시오.

　② 페이지 머리글 영역의 'txt날짜' 컨트롤에는 [표시 예]와 같이 표시되도록 형식을 설정하시오.

　　▶ 표시 예: 2025-01-03 → 2025년 1월

　③ 기관명 머리글 영역에서 머리글 내용이 페이지마다 반복적으로 표시되도록 설정하시오.

　④ 본문 영역의 'txt기관명' 컨트롤의 값이 이전 레코드와 같은 경우에는 표시되지 않도록 설정하시오.

　⑤ 페이지 바닥글 영역의 'txt페이지' 컨트롤에는 페이지가 다음과 같이 표시되도록 설정하시오.

　　▶ 표시 예: 5페이지 중 2페이지

봉사현황　　　　　　　　　　　　　　　　　2023년 9월

기관명	학과	이름	봉사날짜	봉사내용	시수
꿈나래 복지관	회계학과	김민교	2023-06-25	목욕도우미	2
	회계학과	김민교	2023-06-18	청소도우미	3
	회계학과	이재후	2023-07-16	빨래도우미	4
	금융정보과	박정은	2023-07-17	스마트폰 활용	3
	국제통상과	임시우	2023-06-11	스마트폰 활용	4
	국제통상과	강경민	2023-08-13	악기 연주	4
	국제통상과	정민섭	2023-07-09	스마트폰 활용	5
	관광경영과	이소연	2023-09-10	급식도우미	3

기관명	학과	이름	봉사날짜	봉사내용	시수
믿음 청소년관	회계학과	김민교	2023-11-12	수학 멘토	5
	금융정보과	김미나	2023-10-29	수학 멘토	3
	국제통상과	강경민	2023-10-15	영어 멘토	2
	관광경영과	민철호	2023-10-22	영어 멘토	4

기관명	학과	이름	봉사날짜	봉사내용	시수
반석 복지관	회계학과	김민교	2023-12-25	수학 멘토	2
	금융정보과	신현섭	2023-12-20	영어 멘토	4

3페이지 중 1페이지

02 〈봉사내역관리〉 폼의 오름(cmd오름) 단추와 내림(cmd내림) 단추를 클릭(On Click)하면 시수를 기준으로 정렬을 수행하는 이벤트 프로시저를 구현하시오. (5점)

　▶ '오름' 단추를 클릭하면 오름차순 정렬, '내림' 단추를 클릭하면 내림차순으로 정렬

　▶ 폼의 OrderBy, OrderByOn 속성 사용

01 〈재학생〉, 〈봉사내역〉 테이블을 이용하여 시수의 합계가 10이상인 학생의 '비고' 필드의 값을 '우수 봉사학생'
으로 변경하는 〈우수봉사학생처리〉 업데이트 쿼리를 작성한 후 실행하시오. (7점)

▶ In 연산자와 하위 쿼리 사용

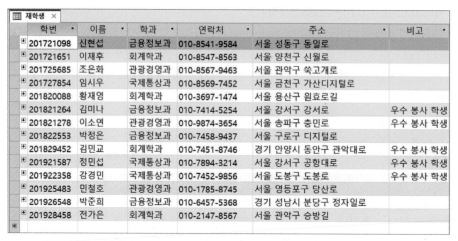

※ 〈우수봉사학생처리〉 쿼리를 실행한 후의 〈재학생〉 테이블

02 기관별, 학과별로 봉사 횟수를 조회하는 〈봉사횟수조회〉 크로스탭 쿼리를 작성하시오. (7점)

▶ 〈봉사기관〉, 〈봉사내역〉, 〈재학생〉 테이블을 이용하시오.

▶ 봉사횟수는 '봉사코드' 필드를 이용하시오.

▶ 봉사날짜가 2023년 7월 1일부터 2023년 12월 31일까지만 조회대상으로 하시오.

▶ Between 연산자 사용

▶ 쿼리 실행 결과 표시되는 필드와 필드명은 〈그림〉과 같이 표시되도록 설정하시오.

기관명	총횟수	관광경영고	국제통상고	금융정보고	회계학과
꿈나래 복지관	5	1	2	1	1
믿음 청소년관	4	1	1	1	1
반석 복지관	6	2	2	1	1

03 학과별로 봉사활동을 한 학생들의 총 인원수와 총 시수를 조회하는 〈학과별봉사현황〉 쿼리를 작성하시오. (7점)

- ▶ 〈봉사내역〉과 〈재학생〉 테이블을 이용하시오.
- ▶ 봉사학생수는 '학번' 필드를 이용하시오.
- ▶ 총시수는 내림차순 정렬하시오.
- ▶ 학생당봉사시수 = 총시수 / 봉사학생수
- ▶ 학생당봉사시수는 [표시 예]와 같이 표시되도록 형식을 설정하시오.
  [표시 예: 0 → 0.0, 1.234 → 1.2]
- ▶ 쿼리 실행 결과 표시되는 필드와 필드명은 〈그림〉과 같이 표시되도록 설정하시오.

학과	봉사학생수	총시수	학생당봉사시수
국제통상과	10	38	3.8
관광경영과	8	25	3.1
회계학과	6	20	3.3
금융정보과	6	19	3.2

04 〈봉사현황〉 쿼리를 이용하여 학과명의 일부를 매개 변수로 입력받고, 해당 학과의 봉사현황을 조회하여 새 테이블로 생성하는 〈학과현황생성〉 쿼리를 작성하고 실행하시오. (7점)

- ▶ 쿼리 실행 후 생성되는 테이블의 이름은 [조회학과봉사현황]으로 설정하시오.
- ▶ 쿼리 실행 결과 생성되는 테이블의 필드는 그림을 참고하여 수험자가 판단하여 설정하시오.

봉사날짜	기관명	시수	학번	이름	봉사내용
2023-12-24	석 복지관	3	201725685	조은화	영어 멘토
2023-01-21	하늘 요양원	5	201821278	이소연	어르신 말벗
2023-05-14	희망 복지관	3	201821278	이소연	청소도우미
2023-05-21	희망 복지관	2	201821278	이소연	악기 연주
2023-09-10	꿈나래 복지	3	201821278	이소연	급식도우미
2023-12-17	반석 복지관	2	201821278	이소연	수학 멘토
2023-03-12	하늘 요양원	3	201925483	민철호	어르신 말벗
2023-10-22	믿음 청소년	4	201925483	민철호	영어 멘토

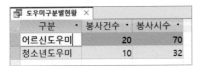

※ 〈학과현황생성〉 쿼리의 매개 변수 값으로 '경영'을 입력하여 실행한 후의 〈조회학과봉사현황〉 테이블

05 〈봉사내역〉 테이블을 이용하여 도우미구분별 봉사건수와 시수의 합계를 조회하는 〈도우미구분별현황〉 쿼리를 작성하시오. (7점)

- ▶ 봉사건수는 '봉사코드' 필드를, 봉사시수는 '시수' 필드를 이용하시오.
- ▶ 도우미구분은 봉사내용의 마지막 2개의 문자가 '멘토'인 경우 '청소년도우미', 그 외는 '어르신도우미'로 설정하시오.
- ▶ IIf , Right 함수 사용
- ▶ 쿼리 실행 결과 표시되는 필드와 필드명은 〈그림〉과 같이 표시되도록 설정하시오.

구분	봉사건수	봉사시수
어르신도우미	20	70
청소년도우미	10	32

문제 ❶ DB구축

01 〈봉사기관〉, 〈봉사내역〉, 〈재학생〉 테이블

〈봉사기관〉 테이블

번호	필드 이름	속성 및 형식	설정 값
①	기관코드	입력마스크	>L-00:0

〈기관코드〉 테이블

번호	필드 이름	속성 및 형식	설정 값
①	시수	유효성 검사 규칙	Between 1 And 8
②	봉사날짜	기본값	Date()

〈재학생〉 테이블

번호	필드 이름	속성 및 형식	설정 값
①	학과	인덱스	예(중복 가능)
②	연락처	빈 문자열 허용	예

02 외부 데이터 가져오기

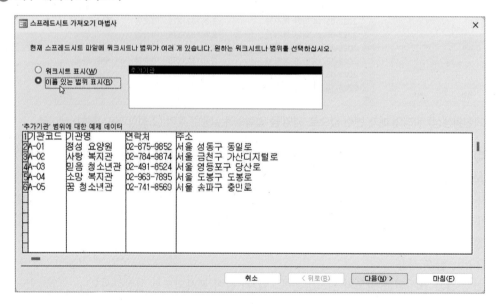

③ 〈봉사내역〉 ↔ 〈봉사기관〉 테이블간의 관계 설정

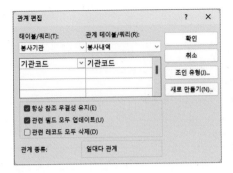

① 〈봉사내역입력〉 폼 완성

번호	개체	속성	설정 값
①	폼	기본 보기	단일 폼
②	폼	레코드 선택기	예
		탐색 단추	
③	txt총시수	컨트롤 원본	="총 시수: " & Sum([시수])

② 〈봉사내역입력〉 폼의 'txt봉사시수합계'에 컨트롤 원본 설정

=DSum("[시수]","봉사내역입력","[학과] = '회계학과'")

③ 〈봉사내역입력〉 폼의 'cmd보기' 컨트롤

01 〈봉사현황〉 보고서 완성

번호	개체	속성	설정 값
①	그룹화 및 정렬	그룹, 정렬 및 요약 ⁝ 그룹화 기준 기관명 └ 정렬 기준 학과 ▾ 내림차순 ▾ , 자세히 ► ⬆ ⬇ ✕ 문 그룹 추가 ᵗↆ 정렬 추가	
②	txt날짜	형식	yyyy년 m월
③	기관명 머리글	반복 실행 구역	예
④	txt기관명	중복 내용 숨기기	예
⑤	txt페이지	컨트롤 원본	=[Pages] & "페이지 중 " & [Page] & "페이지"

02 〈봉사내역관리〉 폼의 'cmd오름'과 'cmd내림' 컨트롤

```
Private Sub cmd오름_Click()
    Me.OrderBy = "시수 asc"
    Me.OrderByOn = True
End Sub
```

```
Private Sub cmd내림_Click()
    Me.OrderBy = "시수 desc"
    Me.OrderByOn = True
End Sub
```

01 〈우수봉사학생처리〉 쿼리

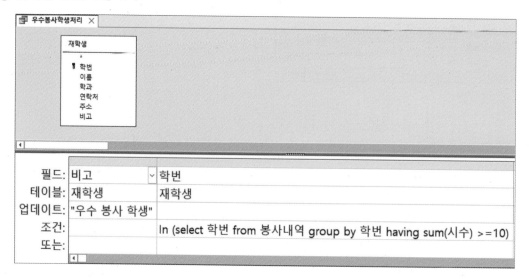

02 〈봉사횟수조회〉 쿼리

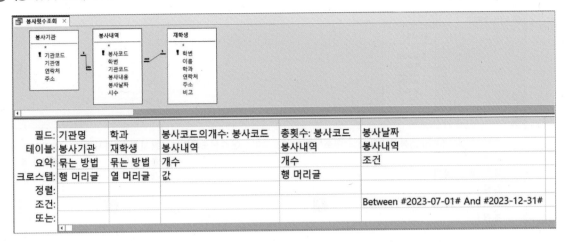

필드:	기관명	학과	봉사코드의개수: 봉사코드	총횟수: 봉사코드	봉사날짜
테이블:	봉사기관	재학생	봉사내역	봉사내역	봉사내역
요약:	묶는 방법	묶는 방법	개수	개수	조건
크로스탭:	행 머리글	열 머리글	값	행 머리글	
정렬:					
조건:					Between #2023-07-01# And #2023-12-31#
또는:					

03 〈학과별봉사현황〉 쿼리

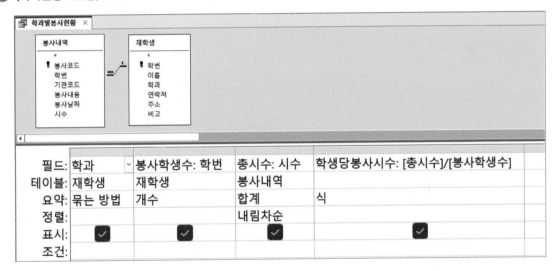

필드:	학과	봉사학생수: 학번	총시수: 시수	학생당봉사시수: [총시수]/[봉사학생수]
테이블:	재학생	재학생	봉사내역	
요약:	묶는 방법	개수	합계	식
정렬:			내림차순	
표시:	✓	✓	✓	✓
조건:				

04 〈학과현황생성〉 쿼리

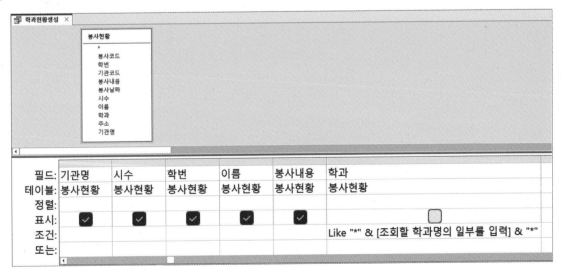

필드:	기관명	시수	학번	이름	봉사내용	학과
테이블:	봉사현황	봉사현황	봉사현황	봉사현황	봉사현황	봉사현황
정렬:						
표시:	✓	✓	✓	✓	✓	☐
조건:						Like "*" & [조회할 학과명의 일부를 입력] & "*"
또는:						

05 〈도우미구분별현황〉 쿼리

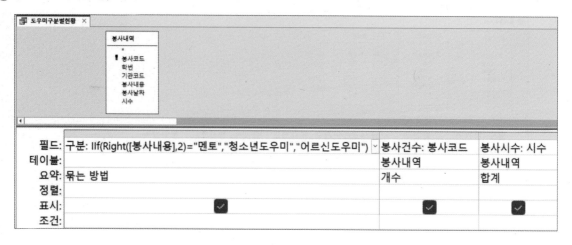

필드:	구분: IIf(Right([봉사내용],2)="멘토","청소년도우미","어르신도우미")	봉사건수: 봉사코드	봉사시수: 시수
테이블:		봉사내역	봉사내역
요약:	묶는 방법	개수	합계
정렬:			
표시:	✓	✓	✓
조건:			

문제 ① DB구축

01 〈봉사기관〉, 〈봉사내역〉, 〈재학생〉 테이블

① 〈봉사기관〉 테이블에서 마우스 오른쪽 버튼을 눌러 [디자인 보기](N)로 열고, '기관코드' 필드 속성 중 입력 마스크에 >L-00;0으로 설정한다. 변경한 내용은 저장한다.

② 〈봉사내역〉 테이블에서 마우스 오른쪽 버튼을 눌러 [디자인 보기](N)로 열어 '시수' 필드 속성 중 유효성 검사 규칙에 Between 1 And 8을 설정한다.

③ '봉사날짜' 필드 속성 중 기본값에 Date()를 설정하고, 변경한 내용은 저장한다.

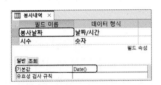

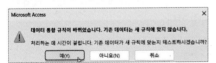

④ 〈재학생〉 테이블에서 마우스 오른쪽 버튼을 눌러 [디자인 보기](N)로 열고 '학과' 필드 속성 중 인덱스를 '예(중복 가능)'으로 설정한다.

⑤ '연락처' 필드 속성 중 빈 문자열 허용을 '예'로 설정하고 저장한다.

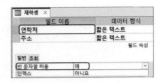

02 외부 데이터 가져오기

① [외부 데이터]-[가져오기 및 연결] 그룹에서 [새 데이터 원본]-[파일에서]-[Excel]을 클릭한다.
② [찾아보기] 단추를 클릭하고 '추가기관.xlsx' 파일을 찾은 후 [열기]를 클릭한다.
③ '현재 데이터베이스의 새 테이블로 원본 데이터 가져오기'를 지정하고 [확인]을 클릭한다.
④ 마법사가 시작되면 '이름 있는 범위 표시'에서 '추가기관'을 선택하고 [다음]을 클릭한다.

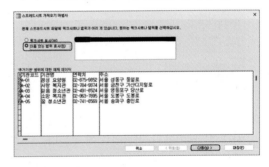

⑤ '첫 행에 열 머리글이 있음'에 체크하고 [다음]을 클릭한다.
⑥ [다음]을 클릭하고 '기본 키 없음' 선택 후 [다음]을 클릭한다.

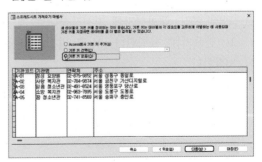

⑦ **봉사기관추가** 테이블 이름을 입력한 후 [마침]을 클릭한다('가져오기 단계 저장'은 [닫기] 클릭).

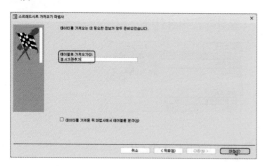

⑧ 가져온 데이터로 〈봉사기관추가〉 테이블이 생성되었다.

03 〈봉사내역〉 ↔ 〈봉사기관〉 테이블간의 관계 설정

① [데이터베이스 도구]-[관계] 그룹에서 [관계](🖳)를 클릭하고, [관계 디자인]-[관계] 그룹에서 [테이블 추가]를 클릭한다.

② [테이블 추가] 대화상자에서 〈봉사기관〉 테이블을 [추가]하고 [닫기]를 클릭한다.

③ 〈봉사기관〉 테이블의 '기관코드' 필드를 끌어 〈봉사내역〉 테이블의 '기관코드'에 놓는다.

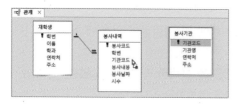

④ [관계 편집] 대화상자에 지시사항대로 체크하고 [만들기]를 클릭한다. 이 후 변경한 내용은 저장한다.

문제 ❷ **입력 및 수정 기능 구현**

01 〈봉사내역입력〉 폼

① 〈봉사내역입력〉 폼을 [디자인 보기](📄)로 열고 기본 보기 속성을 '단일 폼'으로 설정한다.

② 레코드 선택기, 탐색 단추 속성을 '예'로 설정한다.

③ 'txt총시수' 컨트롤 원본 속성에 ="**총 시수: **" & Sum([시수])를 설정한다.

※ 컨트롤 원본 속성에서 Shift + F2 를 눌러 [확대/축소] 창에 작업

02 〈봉사내역입력〉 폼의 'txt봉사시수합계'에 컨트롤 원본 설정

① 〈봉사내역입력〉 폼의 'txt봉사시수합계' 컨트롤 원본 속성에 =DSum("시수","봉사내역입력","**학과='회계학과'**")를 설정한다. 이후 변경한 내용은 저장한다.

03 〈봉사내역입력〉 폼의 'cmd보기' 컨트롤

① [만들기]-[매크로 및 코드] 그룹에서 [매크로](🖳)를 클릭한다.

② 매크로 함수 중 'OpenForm'를 선택한 후 필요한 인수를 설정한다.

Where 조건문 : [학번]=[Forms]![봉사내역입력]![txt학번]

③ [저장]([💾])을 클릭하여 매크로 이름에 **재학생보기**를 입력하고 [확인]을 클릭한다.
④ 〈봉사내역입력〉 폼의 [디자인 보기]([📐]) 모드에서 'cmd보기' 컨트롤을 선택한다.
⑤ [이벤트] 탭의 'On Click'에서 '재학생보기'를 선택한다.

문제 ❸ 조회 및 출력 기능 구현

01 〈봉사현황〉 보고서

① 데이터베이스 탐색 창에서 〈봉사현황〉 보고서를 선택하고 Ctrl + Enter 를 누른다.
② [그룹, 정렬 및 요약] 창에서 [정렬 추가]를 클릭하고 '학과' 필드를 선택한 후 '내림차순' 정렬한다.

③ 'txt날짜'의 형식 속성에 **yyyy년 m월**을 설정한다.

④ '기관명 머리글' 구역을 선택하고 반복 실행 구역 속성을 '예'로 설정한다.

⑤ 'txt기관명'의 중복 내용 숨기기 속성을 '예'로 설정한다.

⑥ 'txt페이지'의 컨트롤 원본 속성에 =[Pages] & **"페이지 중 "** & [page] & **"페이지"**를 설정한다. 이후 변경한 내용은 저장한다.

02 〈봉사내역관리〉 폼의 오름(cmd오름), 내림(cmd내림)에 클릭 이벤트 프로시저 작성

① 〈봉사내역관리〉 폼을 [디자인 보기]([📐])로 열고 속성 시트에서 'cmd오름' 명령 단추 개체를 선택한 후 [이벤트] 탭의 On Click에서 [이벤트 프로시저]를 선택하고 [작성기]([⋯])를 클릭한다.
② 'cmd오름_Click() 프로시저'에 다음과 같이 코딩한다.

```
Private Sub cmd오름_Click()
    Me.OrderBy = "시수 asc"
    Me.OrderByOn = True
End Sub
```

③ 'cmd내림' 명령 단추 개체를 선택한 후 [이벤트] 탭의 On Click에서 [이벤트 프로시저]를 선택하고 [작성기]([⋯])를 클릭한다.

④ 'cmd내림_Click() 프로시저'에 다음과 같이 코딩한다.

```
Private Sub cmd내림_Click()
    Me.OrderBy = "시수 desc"
    Me.OrderByOn = True
End Sub
```

문제 ④ **처리 기능 구현**

01 〈우수봉사학생처리〉 업데이트 쿼리

① [만들기]–[쿼리] 그룹에서 [쿼리 디자인](▦)을 클릭한다.
② [테이블 추가] 대화상자의 [테이블] 탭에서 〈재학생〉 테이블을 추가하고 '비고'와 '학번' 필드를 드래그한다.
③ [쿼리 디자인] 탭의 [쿼리 유형]–[업데이트](▨)를 클릭한 후 다음과 같이 입력한다.

- **업데이트** : "우수 봉사 학생"
- **조건** : In (select 학번 from 봉사내역 group by 학번 having sum(시수) >=10)

④ 쿼리의 이름을 **우수봉사학생처리**로 입력하고 [확인]을 클릭한다.
⑤ [쿼리 디자인] 탭의 [결과]–[실행](❗)을 클릭하면 다음의 메시지가 표시되면 [예]를 클릭한다.

02 〈봉사횟수조회〉 크로스탭 쿼리

① [만들기]–[쿼리] 그룹에서 [쿼리 디자인](▦)을 클릭한다.

② 〈봉사기관〉, 〈봉사내역〉, 〈재학생〉 테이블을 선택하고 [추가]를 누른 후 [닫기]를 클릭한다.

③ 디자인 눈금의 각 필드에 다음과 같이 드래그해서 배치한 후 [쿼리 디자인]–[쿼리 유형] 그룹의 [크로스탭](▦)을 클릭한다.

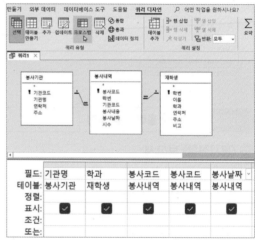

④ 행 머리글, 열 머리글, 값을 다음과 같이 지정하고, '봉사날짜' 필드 조건에 Between #2023-07-01# And #2023-12-31# 을 입력한다.

⑤ [저장](💾)을 클릭한 후 **봉사횟수조회**를 입력하고 [확인]을 클릭한다.

03 〈학과별봉사현황〉 쿼리

① [만들기]–[쿼리] 그룹에서 [쿼리 디자인](▦) 클릭한다.

② 〈봉사내역〉, 〈재학생〉 테이블을 선택하고 [추가]를 누른 후 [닫기]를 클릭한다.

③ 디자인 눈금의 각 필드에 다음과 같이 드래그해서 배치한 후 [쿼리 디자인] 탭의 [요약](Σ)을 클릭한다.

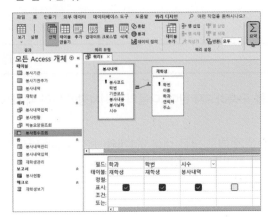

④ '학번' 필드는 **봉사학생수:**를 추가하고, 요약은 '개수', '시수' 필드는 **총시수:**를 추가하고 요약은 '합계'로, **학생당봉사시수: [총시수]/[봉사학생수]**추가하고 요약은 '식'으로 수정한다.

⑤ '학생당봉사시수' 필드를 선택하고 [속성 시트]에서 형식은 '표준', 소수 자릿수는 1을 입력한다.

⑥ [저장]($\boxed{}$)을 클릭한 후 **학과별봉사현황**을 입력하고 [확인]을 클릭한다.

04 〈학과현황생성〉 쿼리

① [만들기]-[쿼리] 그룹에서 [쿼리 디자인]($\boxed{}$)을 클릭한다.

② 〈봉사현황〉 쿼리를 선택하고 [추가]를 누른 후 [닫기]를 클릭한다.

③ 디자인 눈금의 각 필드에 다음과 같이 드래그해서 배치한 후, '학과' 필드의 체크를 해지하고, 조건에 Like "*" & [조회할 학과명의 일부를 입력] & "*"를 입력한다.

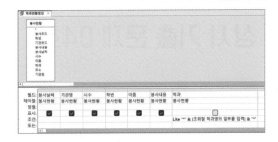

④ [쿼리 디자인] 탭의 [테이블 만들기]($\boxed{}$)를 클릭한다.

⑤ [테이블 만들기]의 테이블 이름에 **조회학과봉사현황**을 입력하고 [확인]을 클릭한다.

⑥ [저장]($\boxed{}$)을 클릭한 후 **학과현황생성**을 입력하고 [확인]을 클릭한다.

05 〈도우미구분별현황〉 쿼리

① [만들기]-[쿼리] 그룹에서 [쿼리 디자인]($\boxed{}$)을 클릭한다.

② 〈봉사내역〉 테이블을 선택하고 [추가]를 누른 후 [닫기]를 클릭한다.

③ 디자인 눈금의 각 필드에 다음과 같이 드래그해서 배치한 후 [쿼리 디자인] 탭의 [요약](Σ)을 클릭한다.

④ '봉사코드' 필드는 **봉사건수:**를 추가하고, 요약은 '개수', '시수' 필드는 **봉사시수:**를 추가하고 요약은 '합계'로, **구분: Iif(Right([봉사내용],2)="멘토","청소년도우미","어르신도우미")** 필드를 추가한다.

⑤ [저장]($\boxed{}$)을 클릭한 후 **도우미구분별현황**을 입력하고 [확인]을 클릭한다.

작업파일 [2025컴활1급₩2권_데이터베이스₩상시기출문제] 폴더의 '상시기출문제4회' 파일을 열어서 작업하시오.

문제 ① **DB구축** 25점

01 씨앗을 판매하는 업무를 수행하기 위한 데이터베이스를 구축하고자 한다. 다음의 지시사항에 따라 각 테이블을 완성하시오. (각 3점)

① 〈씨앗〉 테이블의 '씨앗코드' 필드는 'A0000'과 같은 형태로 영문 대문자 1개와 숫자 4개가 반드시 입력되도록 입력 마스크를 설정하시오.
  ▶ 영문자 입력은 영어와 한글만 입력할 수 있도록 설정할 것
  ▶ 숫자 입력은 0~9까지의 숫자만 입력할 수 있도록 설정할 것
② 〈씨앗〉 테이블의 '씨앗명' 필드는 필드 크기를 10으로 설정하고, 반드시 입력되도록 설정하시오.
③ 〈회원〉 테이블의 '전화번호' 필드에는 중복된 값이 입력될 수 없도록 인덱스를 설정하시오.
④ 〈회원〉 테이블의 'E-Mail' 필드에는 '@'문자가 반드시 포함되도록 유효성 검사 규칙을 설정하시오.
⑤ 〈씨앗입고〉 테이블의 '입고수량' 필드는 새로운 레코드를 추가하면 '20'이 기본적으로 입력되도록 설정하시오.

02 외부 데이터 가져오기 기능을 이용하여 〈B2B납품.xlsx〉 파일의 내용을 가져와 〈B2B납품〉 테이블을 생성하시오. (5점)

  ▶ 첫 번째 행은 열 머리글임
  ▶ 기본 키는 없음으로 설정

03 〈주문〉 테이블의 '고객ID' 필드는 〈회원〉 테이블의 '고객ID' 필드를, 〈주문〉 테이블의 '씨앗코드' 필드는 〈씨앗〉 테이블의 '씨앗코드' 필드를 참조하며, 각 테이블 간의 관계는 M:1이다. 다음과 같이 테이블 간의 관계를 설정하시오. (5점)

※ 액세스 파일에 이미 설정되어 있는 관계는 수정하지 미시오.
  ▶ 각 테이블 간에 항상 참조 무결성이 유지되도록 설정하시오.
  ▶ 참조 필드의 값이 변경되면 관련 필드의 값도 변경되도록 설정하시오.
  ▶ 다른 테이블에서 참조하고 있는 레코드는 삭제할 수 없도록 설정하시오.

문제 ❷ 입력 및 수정 기능 구현   **20점**

01 〈씨앗입고현황〉 폼을 다음의 화면과 지시사항에 따라 완성하시오. (각 3점)

① 폼의 '기본 보기' 속성을 〈그림〉과 같이 설정하시오.

② 본문 영역에서 탭이 다음의 순서대로 정지하도록 관련 속성을 설정하시오.

▶ txt판매단가, txt입고단가, txt입고수량, txt씨앗명, txt씨앗코드, txt입고일자, txt상품입고번호

③ 폼 바닥글 영역의 'txt총입고수량' 컨트롤에는 입고수량의 합계가 표시되도록 컨트롤 원본 속성을 설정하시오.

02 〈씨앗입고현황〉 폼에 다음의 지시사항과 같이 조건부 서식을 순서대로 설정하시오. (6점)

▶ '씨앗코드'가 'A'로 시작하면서 '입고단가'가 10,000원 이상인 경우 본문 영역의 모든 컨트롤에 대해 배경색은 '표준 색−노랑', 글꼴 스타일은 '기울임꼴' 로 설정

▶ '씨앗코드'가 'B'로 시작하면서 '입고단가'가 10,000원 이상인 경우 본문 영역의 모든 컨트롤에 대해 배경색은 '표준 색−주황', 글꼴 스타일은 '기울임꼴' 로 설정

▶ And와 Left 함수 사용

03 〈씨앗코드별주문현황〉 보고서를 '인쇄 미리 보기'의 형식으로 연 후 〈씨앗정보찾기〉 폼을 닫는 〈보고서출력〉 매크로를 생성하고, 〈씨앗정보찾기〉 폼의 '보고서'(cmd보고서) 단추를 클릭하면 〈보고서출력〉 매크로가 실행되도록 지정하시오. (5점)

▶ 매크로 조건: '씨앗코드' 필드의 값이 'txt씨앗코드'에 해당하는 씨앗 정보만 표시

문제 ③ 조회 및 출력 기능 구현　　　　　　　　　　　　　　**20점**

01 다음의 지시사항 및 화면을 참조하여 〈씨앗코드별주문현황〉 보고서를 완성하시오. (각 3점)

① 씨앗코드 머리글 영역에서 머리글의 내용이 페이지마다 반복적으로 표시되도록 설정하고, '씨앗코드'가 변경되면 매 구역 전에 페이지도 변경되도록 설정하시오.

② 동일한 '씨앗코드' 내에서는 '주문일자'를 기준으로 오름차순 정렬되어 표시되도록 정렬을 추가하시오.

③ 본문 영역에서 '씨앗코드' 필드의 값이 이전레코드와 동일한 경우에는 표시되지 않도록 설정하시오.

④ 본문 영역의 배경색을 '교차 행'으로 변경하시오.

⑤ 씨앗코드 바닥글 영역의 'txt주문횟수'컨트롤에는 씨앗코드별 전체 레코드 수가 표시되도록 컨트롤 원본 속성을 설정하시오.

▶ 표시 예: 5회

▶ & 연산자 이용

주문현황　　　　　　　　　　　　　　　　　　2023-09-07

씨앗코드	주문일자	이름	전화번호	수량
A0077	2023-04-14	최다희	010-9984-2585	8
	2023-04-17	노현수	010-1477-7414	1
	2023-04-21	노현수	010-1477-7414	10
	2023-04-23	이창수	010-0003-2576	9

주문횟수 :　　4회

1/12페이지

02 〈주문현황〉 폼에서 'txt수량' 컨트롤에 포커스가 이동하면(GotFocus) 〈그림〉과 같은 메시지 상자를 출력하는 이벤트 프로시저를 구현하시오. (5점)

▶ 'txt수량' 컨트롤에 표시된 값이 10 이상이면 '인기품종', 10 미만 6 이상이면 '보통품종', 그 외에는 '비인기품종'으로 표시하시오.

▶ If ~ ElseIf 문 사용

문제 ❹ 처리 기능 구현   35점

01 〈회원〉, 〈주문〉 테이블을 이용하여 최근 주문이 없는 고객에 대해 〈회원〉 테이블의 '비고' 필드의 값을 '★ 관리대상회원'으로 변경하는 〈관리대상회원처리〉 업데이트 쿼리를 작성한 후 실행하시오. (7점)

▶ 최근 주문이 없는 고객이란 주문일자가 2023년 4월 10일부터 2023년 4월 30일까지중에서 〈회원〉 테이블에는 '고객ID'가 있으나 〈주문〉 테이블에는 '고객ID'가 없는 고객임.

▶ Not In 과 하위 쿼리 사용

고객ID	이름	전화번호	우편번호	주소	E-Mail	비고
20170729	최다영	010-2000-3635	136-802	서울특별시 성북구 길음로	cdy@ho.net	★ 관리대상회원
20171010	김철수	010-1542-3658	712-862	경상북도 경산시 남산면 갈지로	kcs@nm.com	
20171120	이찬영	010-9654-3695	132-820	서울특별시 도봉구 도담로	lcy@jo.com	
20171214	박삼수	010-8888-3252	368-905	충청북도 증평군 증평읍 중앙로	pss@gol.com	
20171220	조성민	010-6547-6542	480-841	경기도 의정부시 평화로	jsm@go.co.kr	
20190131	이지영	010-9874-1245	367-893	충청북도 괴산군 감물면 감물로	lgy@aol.com	
20190227	박지수	010-6321-8411	417-802	인천광역시 강화군 강화읍 갑룡길	pjs@niver.com	
20190411	김혜원	010-7878-0107	506-358	광주광역시 광산구 고봉로	khw@dim.com	
20190428	김민철	010-9696-9632	151-801	서울특별시 관악구 과천대로	kmc@sangong.com	
20190808	정찬수	010-7474-2145	306-160	대전광역시 대덕구 대청호수로	jcs@do.co.kr	
20190930	노현수	010-1477-7414	143-803	서울특별시 광진구 광나루로	nhs@chul.net	
20191124	김민규	010-0012-7411	680-130	울산광역시 남구 용잠로	kmk@gol.com	★ 관리대상회원
20200702	최다희	010-9984-2585	477-803	경기도 가평군 가평읍 가랫골길	cdh@korea.co.kr	
20200711	이창수	010-0003-2576	158-811	서울특별시 양천구 공항대로	lcs@mu.net	

※ 〈관리대상회원처리〉 쿼리를 실행한 후의 〈회원〉테이블

02 입고월별 생산지별로 입고수량의 합계를 조회하는 〈입고현황〉 크로스탭 쿼리를 작성하시오. (7점)

▶ 〈씨앗〉, 〈씨앗입고〉 테이블을 이용하시오.
▶ 입고품종수는 '씨앗코드' 필드를 이용하시오. ▶ 입고월은 입고일자의 월로 설정하시오.
▶ 생산지는 원산지가 한국이면 '국내산', 그 외는 '수입산'으로 설정하시오.
▶ IIf , Month함수 사용
▶ 쿼리 결과 표시되는 필드와 필드명은 〈그림〉과 같이 표시되도록 설정하시오.

입고월	입고품종수	국내산	수입산
1월	10	65	245
2월	15	150	375
3월	5	15	125

03 〈씨앗〉과 〈씨앗입고〉 테이블을 이용하여 검색할 씨앗명의 일부를 매개 변수로 입력받아 해당 제품의 입고정보를 조회하는 〈씨앗입고조회〉 매개변수 쿼리를 작성하시오. (7점)

▶ '부가세' 필드는 '입고단가'가 10000 이하이면 '판매단가'의 10%로, 10000초과 50000이하이면 '판매단가'의 20%로, 50000초과이면 '판매단가'의 30%로 계산하시오.
▶ '입고일자' 필드를 기준으로 내림차순 정렬하여 표시하시오.
▶ Switch 함수 사용
▶ 쿼리 결과 표시되는 필드와 필드명, 필드의 형식은 〈그림〉과 같이 표시되도록 설정하시오.

입고일자	씨앗명	입고수량	입고단가	판매단가	부가세
2023-03-07	수레국화	20	₩4,500	₩5,000	₩500
2023-02-14	금계국	10	₩40,000	₩45,000	₩9,000

04 〈씨앗입고〉, 〈씨앗〉, 〈주문〉 테이블을 이용하여 씨앗명별 최근입고일자, 총입고량, 총주문량을 조회하는 〈재고현황〉 쿼리를 작성하시오. (7점)

▶ '최근입고일자'는 '입고일자'의 최대값, '총입고량'은 '입고수량'의 합계, '총주문량'은 〈주문〉 테이블 '수량' 필드의 합계로 처리하시오.
▶ 씨앗코드가 A부터 B까지의 문자 중 하나로 시작하는 것만 조회대상으로 하시오.
▶ 재고비율 = 총주문량 / 총입고량
▶ 재고비율은 [표시 예]와 같이 표시되도록 형식을 설정하시오. [표시 예: 0 → 0.0%, 0.34523 → 34.5%]
▶ Like 연산자 사용
▶ 쿼리 결과 표시되는 필드와 필드명은 〈그림〉과 같이 표시되도록 설정하시오

씨앗명	최근입고일자	총입고량	총주문량	재고비율
금계국	2023-02-14	40	28	70.0%
끈끈이대나물	2023-02-07	135	15	11.1%
나팔꽃	2023-02-07	165	50	30.3%
메밀꽃	2023-02-07	220	48	21.8%
물망초	2023-02-07	195	54	27.7%
양귀비	2023-02-14	510	138	27.1%
자운영	2023-02-14	110	11	10.0%
한련화	2023-03-07	260	42	16.2%

05 〈씨앗〉, 〈씨앗입고〉 쿼리를 이용하여 다음씨앗입고일을 조회하여 새 테이블로 생성하는 〈다음입고일생성〉 쿼리를 작성하고 실행하시오. (7점)

▶ 판매단가가 10000이하인 경우만 조회대상으로 설정하시오.
▶ 다음입고일자는 입고일자로부터 15일후로 계산하시오.
▶ 필요수량은 입고수량의 2배로 계산하시오.
▶ 쿼리 실행 후 생성되는 테이블의 이름은 [다음씨앗입고관리]로 설정하시오.
▶ DateAdd 함수 사용
▶ 쿼리 실행 결과 생성되는 테이블의 필드는 그림을 참고하여 수험자가 판단하여 설정하시오.

씨앗코드	씨앗명	다음입고일자	필요수량
B0001	물망초	2023-01-18	70
P0005	치커리	2023-01-18	110
B3500	달맞이꽃	2023-01-18	80
P2500	샤스타데이지	2023-01-30	60
P6001	별노랑이	2023-02-22	90
A3200	나팔꽃	2023-02-22	110
B0001	물망초	2023-02-22	60
P3170	쑥부쟁이	2023-02-22	60
B6211	끈끈이대나물	2023-02-22	90
B3500	달맞이꽃	2023-02-22	30
P0005	치커리	2023-03-01	30
B1355	수레국화	2023-03-22	40
P2500	샤스타데이지	2023-03-22	50

※ 〈다음입고일생성〉 쿼리를 실행한 후의 〈다음씨앗입고관리〉 테이블

문제 ❶ DB구축

① 〈씨앗〉, 〈회원〉, 〈씨앗입고〉 테이블

〈씨앗〉 테이블

번호	필드 이름	속성 및 형식	설정 값
①	씨앗코드	입력 마스크	>L0000
②	씨앗명	필드 크기	10
		필수	예

〈회원〉 테이블

번호	필드 이름	속성 및 형식	설정 값
③	전화번호	인덱스	예(중복 불가능)
④	E-Mail	유효성 검사 규칙	Like "*@*"

〈씨앗입고〉 테이블

번호	필드 이름	속성 및 형식	설정 값
⑤	입고수량	기본값	20

② 외부 데이터 가져오기

③ 〈회원〉 ↔ 〈주문〉 ↔ 〈씨앗〉 테이블간의 관계 설정

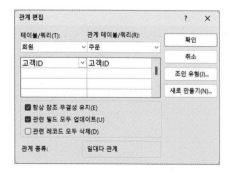

01 〈씨앗입고현황〉 폼 완성

번호	개체	속성	설정 값
①	폼	기본 보기	연속 폼
②	폼	탭 순서	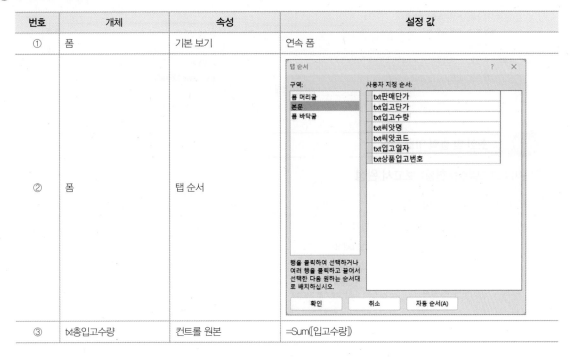
③	txt총입고수량	컨트롤 원본	=Sum([입고수량])

02 〈씨앗입고현황〉 폼의 본문 영역에 조건부 서식 설정

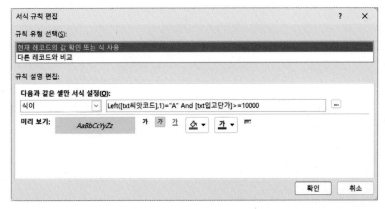

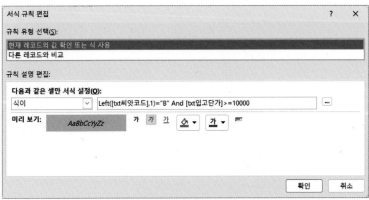

〈보고서출력〉 매크로

문제 ❸   조회 및 출력 기능 구현

01 〈씨앗코드별주문현황〉 보고서 완성

번호	개체	속성	설정 값
①	씨앗코드 머리글	반복 실행 구역	예
		페이지 바꿈	구역전
②	그룹화 및 정렬	그룹, 정렬 및 요약 그룹화 기준 씨앗코드 ▼ 오름차순 ▼, 자세히 ▶ 정렬 기준 주문일자 그룹 추가 정렬 추가	
③	txt씨앗코드	중복 내용 숨기기	예
④	본문 영역	배경색	교차 행
⑤	txt주문횟수	컨트롤 원본	=Count(*)&"회"

02 〈주문현황〉 폼의 txt수량

```
Private Sub txt수량_GotFocus()
    If txt수량 >= 10 Then
        MsgBox "인기품종", , "인기도분석"
    ElseIf txt수량 >= 6 Then
        MsgBox "보통품종", , "인기도분석"
    Else
        MsgBox "비인기품종", , "인기도분석"
    End If
End Sub
```

① 〈관리대상회원처리〉 쿼리

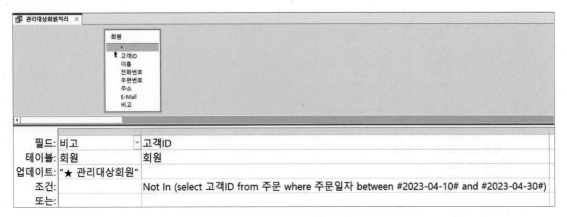

필드:	비고	고객ID
테이블:	회원	회원
업데이트:	"★ 관리대상회원"	
조건:		Not In (select 고객ID from 주문 where 주문일자 between #2023-04-10# and #2023-04-30#)
또는:		

② 〈입고현황〉 쿼리

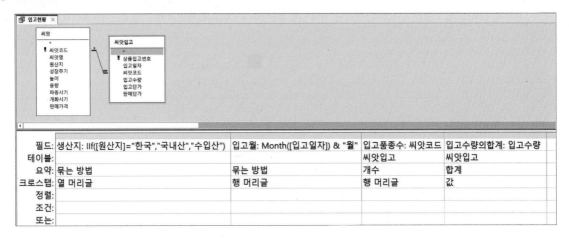

필드:	생산지: IIf([원산지]="한국","국내산","수입산")	입고월: Month([입고일자]) & "월"	입고품종수: 씨앗코드	입고수량의합계: 입고수량	
테이블:			씨앗입고	씨앗입고	
요약:	묶는 방법	묶는 방법	개수	합계	
크로스탭:	열 머리글	행 머리글	행 머리글	값	
정렬:					
조건:					
또는:					

③ 〈씨앗입고조회〉 매개 변수 쿼리

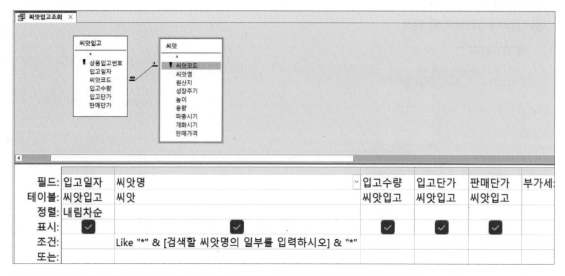

필드:	입고일자	씨앗명		입고수량	입고단가	판매단가	부가세
테이블:	씨앗입고	씨앗		씨앗입고	씨앗입고	씨앗입고	
정렬:	내림차순						
표시:	✔			✔	✔	✔	
조건:		Like "*" & [검색할 씨앗명의 일부를 입력하시오] & "*"					
또는:							

부가세: Switch([입고단가]<=10000,[판매단가]*0.1,[입고단가]<=50000,[판매단가]*0.2,[입고단가]>50000,[판매단가]*0.3)

✔

④ 〈재고현황〉 쿼리

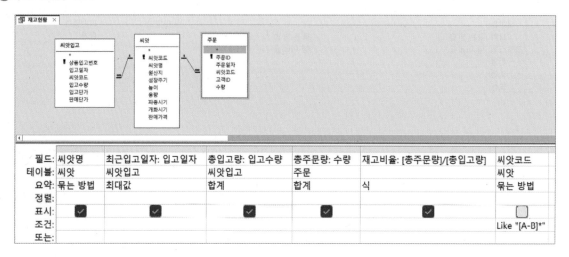

필드:	씨앗명	최근입고일자: 입고일자	총입고량: 입고수량	총주문량: 수량	재고비율: [총주문량]/[총입고량]	씨앗코드
테이블:	씨앗	씨앗입고	씨앗입고	주문		씨앗
요약:	묶는 방법	최대값	합계	합계	식	묶는 방법
정렬:						
표시:	✔	✔	✔	✔	✔	☐
조건:						Like "[A-B]*"
또는:						

05 〈다음입고일생성〉 쿼리

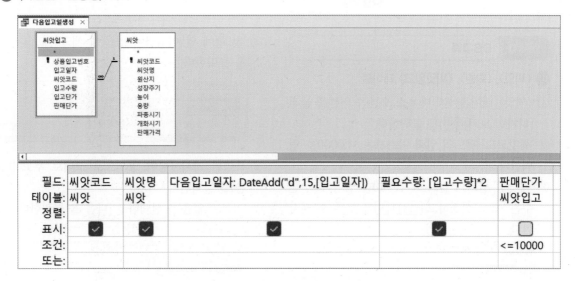

필드:	씨앗코드	씨앗명	다음입고일자: DateAdd("d",15,[입고일자])	필요수량: [입고수량]*2	판매단가
테이블:	씨앗	씨앗			씨앗입고
정렬:					
표시:	✓	✓	✓	✓	☐
조건:					<=10000
또는:					

문제 ① DB구축

01 〈씨앗〉, 〈회원〉, 〈씨앗입고〉 테이블

① 〈씨앗〉 테이블에서 마우스 오른쪽 버튼을 눌러 [디자인 보기](📐)를 클릭한다.

② '씨앗코드' 필드의 입력 마스크는 >L0000을 입력한다.

③ '씨앗명' 필드의 필드 크기는 10을 입력하고, 필수는 '예'로 설정하고 Ctrl+S를 누른 후 저장한다.

④ 〈회원〉 테이블의 바로 가기 메뉴에서 [디자인 보기](📐)를 클릭한다.

⑤ '전화번호' 필드의 인덱스는 '예(중복 불가능)'으로 설정한다.

⑥ 'E-Mail' 필드의 유효성 검사 규칙에 Like "*@*"을 입력한다.

⑦ 〈씨앗입고〉 테이블의 바로 가기 메뉴에서 [디자인 보기](📐)를 클릭하여 '입고수량' 필드의 기본값에 20을 입력한다.

02 외부 데이터 가져오기

① [외부 데이터]-[가져오기 및 연결] 그룹에서 [새 데이터 원본]-[파일에서]-[Excel]을 클릭한다.

② [찾아보기] 단추를 클릭하고 'B2B납품.xlsx' 파일을 찾은 후 [열기]를 클릭한다.

③ '현재 데이터베이스의 새 테이블로 원본 데이터 가져오기'를 선택하고 [확인]을 클릭한다.

④ [스프레드시트 가져오기 마법사]가 시작되면 특별한 지시사항이 없으므로 [다음]을 클릭한다.

⑤ '첫 행에 열 머리글이 있음'에 체크하고 [다음]을 클릭한다.

⑥ 특별한 지시사항이 없으므로 그대로 두고 [다음]을 클릭한다.

⑦ '기본키 없음'을 선택하고 [다음]을 클릭한다.

⑧ 테이블로 가져오기 입력란에 B2B납품을 입력하고 [마침]을 클릭한다.

⑨ 가져오기 단계 저장 대화상자가 나타나면 [닫기]를 클릭한다.

03 〈회원〉 ↔ 〈주문〉 ↔ 〈씨앗〉 테이블간의 관계 설정

① [데이터베이스 도구]-[관계] 그룹에서 [관계](🗃)를 클릭한다.

② [관계 디자인]-[관계] 그룹에서 [테이블 추가]를 클릭한다.

③ 〈주문〉, 〈회원〉 테이블을 선택하고 [추가]를 클릭한 후 [닫기]를 클릭한다.

④ 〈주문〉, 〈회원〉 테이블의 '고객ID' 필드끼리 관계를 맺고 지시사항대로 체크한 후 [만들기]를 클릭한다.

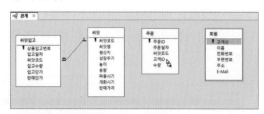

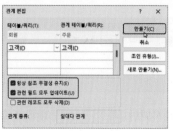

⑤ 〈주문〉, 〈씨앗〉 테이블의 '씨앗코드' 필드끼리 관계를 맺고 지시사항대로 체크한 후 [만들기]를 클릭한다.

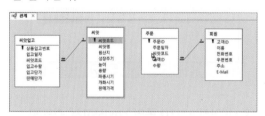

⑥ [관계 디자인] 탭의 [닫기]를 클릭하고 변경한 내용은 [예]를 눌러 저장한다.

01 〈씨앗입고현황〉 폼 완성

① 〈씨앗입고현황〉 폼을 [디자인 보기](📐)로 열고 폼의 기본 보기를 '연속 폼'으로 설정한다.

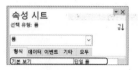

② 폼 선택기의 바로 가기 메뉴 중 [탭 순서]를 클릭한다.

③ 이동할 컨트롤에 대한 선택기를 클릭하여 선택한 후 목록의 원하는 위치로 컨트롤을 끌어다 놓는다.

④ 문제의 지시사항대로 순서가 정해지면 [확인]을 누른다.

⑤ 'txt총입고수량' 컨트롤 원본 속성에 =Sum([입고수량])을 설정한다.

02 〈씨앗입고현황〉 폼의 본문 영역에 조건부 서식설정

① 〈씨앗입고현황〉 폼의 [디자인 보기](📐) 모드에서 선택기를 클릭하여 본문 영역의 모든 컨트롤을 선택한다.

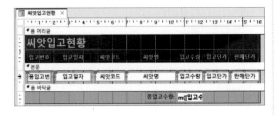

② [서식]-[컨트롤 서식] 그룹에서 [조건부 서식]을 클릭한 후 [조건부 서식 규칙 관리자]에서 [새 규칙]을 클릭한다.

③ [새 서식 규칙] 대화상자에서 '식이'를 선택하고 식 입력란에 Left([txt씨앗코드],1)="A" And [txt입고단가])>=10000을 설정하고 배경색은 [표준색-노랑], 글꼴 스타일은 [기울임꼴]을 클릭한 후 [확인]을 클릭한다.

④ 다시 한번 [새 규칙]-[새 서식 규칙] 대화상자에서 '식이'를 선택하고 식 입력란에 Left([txt씨앗코드],1)="B" And [txt입고단가])>=10000을 설정하고 배경색은 [표준색-주황], 글꼴 스타일은 [기울임꼴]을 클릭한 후 [확인]을 클릭한다.

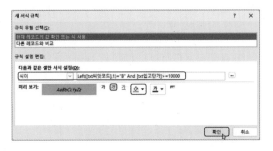

⑤ 새 규칙이 표시되면 [확인]을 클릭하여 적용한다.

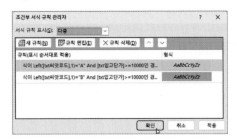

03 〈씨앗정보찾기〉 폼의 'cmd보고서' 컨트롤

① [만들기]-[매크로 및 코드] 그룹에서 [매크로](📄)를 클릭한다.

② 매크로 함수 중 'OpenReport'를 선택한 후 필요한 인수를 설정한다.

Where 조건문 : [씨앗코드]=[Forms]![씨앗정보찾기]![txt씨앗코드]

③ [저장](💾)을 클릭하여 **보고서출력** 매크로로 저장한다.

④ 〈씨앗정보찾기〉 폼의 [디자인 보기](📐) 모드에서 'cmd보고서' 컨트롤을 선택한다.

⑤ [이벤트] 탭의 On Click에서 '보고서출력'을 선택한다.

문제 ❸ 조회 및 출력 기능 구현

01 〈씨앗코드별주문현황〉 보고서 완성

① 〈씨앗코드별주문현황〉 보고서를 [디자인 보기]
(📄)로 열고 '씨앗코드 머리글' 구역을 선택한다.

② 반복 실행 구역은 '예', 페이지 바꿈은 '구역 전'으로 설정한다.

③ [그룹, 정렬 및 요약] 창에서 [정렬 추가]를 클릭하고 '주문일자' 필드를 선택한 후 '오름차순' 정렬(디폴트 값)로 설정한다.

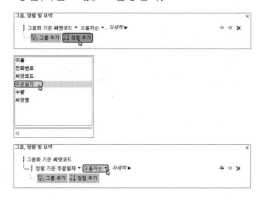

④ 본문 영역의 '씨앗코드' 필드(txt씨앗코드)를 선택하고 중복 내용 숨기기를 '예'로 설정한다.

⑤ 본문 구역을 선택하고 배경색을 '교차 행'으로 변경한다.

⑥ 'txt주문횟수' 필드의 컨트롤 원본 속성에 =Count(*) & "회"를 설정하고 변경한 내용은 저장한다.

02 〈주문현황〉 폼의 'txt수량'

① 〈주문현황〉 폼을 [디자인 보기](📄)로 열고 속성 시트에서 'txt수량' 컨트롤을 선택한 후 [이벤트] 탭의 On Got Focus 속성에서 [이벤트 프로시저]를 선택하고 [작성기](⋯)를 클릭한다.

② 'txt수량_GotFocus() 프로시저'에 다음과 같이 코딩한다.

```
Private Sub txt수량_GotFocus()
    If txt수량 >= 10 Then
        MsgBox "인기품종", , "인기도분석"
    ElseIf txt수량 >= 6 Then
        MsgBox "보통품종", , "인기도분석"
    Else
        MsgBox "비인기품종", , "인기도분석"
    End If
End Sub
```

문제 ④ **처리 기능 구현**

01 〈관리대상회원처리〉 업데이트 쿼리 작성

① [만들기]–[쿼리] 그룹의 [쿼리 디자인](▦)을 클릭한다.

② [테이블 추가] 대화상자의 [테이블] 탭에서 〈회원〉 테이블을 추가하고 '비고'와 '고객ID' 필드를 드래그한다.

③ [쿼리 디자인] 탭의 [쿼리 유형]–[업데이트](▦)를 클릭한 후 다음과 같이 입력한다.

- **업데이트** : "★ 관리대상회원"
- **조건** : Not In (select 고객ID from 주문 where 주문일자 between #2023–04–10# and #2023–04–30#)

④ 쿼리의 이름을 **관리대상회원처리**로 입력히고 [확인]을 클릭한다.

⑤ [쿼리 디자인] 탭의 [결과]–[실행](❗)을 클릭하면 다음의 메시지가 표시되면 [예]를 클릭한다.

---

02 〈입고현황〉 크로스탭 쿼리 작성

① [만들기]–[쿼리] 그룹에서 [쿼리 디자인](▦)을 클릭한다.

② 〈씨앗〉, 〈씨앗입고〉 테이블을 선택하고 [추가]를 누른 후 [닫기]를 클릭한다.

③ 디자인 눈금의 각 필드에 다음과 같이 드래그 해서 배치한 후 [쿼리 디자인]–[쿼리 유형] 그룹의 [크로스탭](▦)을 클릭한다.

필드:	입고일자	원산지	씨앗코드	입고수량 ∨
테이블:	씨앗입고	씨앗	씨앗	씨앗입고
요약:	묶는 방법	묶는 방법	묶는 방법	묶는 방법
크로스탭:				

④ 행 머리글 '입고월: ', 열 머리글 '생산지; ', 값은 '입고수량'의 합계, 행 머리글 '입고품종수: '로 수정한다.

⑤ [저장](💾)을 클릭한 후 **입고현황**을 입력하고 [확인]을 클릭한다.

---

03 〈씨앗입고조회〉 쿼리 작성

① [만들기]–[쿼리] 그룹에서 [쿼리 디자인](▦)을 클릭한다.

② 〈씨앗〉, 〈씨앗입고〉 테이블을 선택하고 [추가]를 누른 후 [닫기]를 클릭한다.

③ 디자인 눈금의 각 필드에 다음과 같이 드래그 해서 배치한다.

필드:	입고일자	씨앗명	입고수량	입고단가	판매단가 ∨
테이블:	씨앗입고	씨앗	씨앗입고	씨앗입고	씨앗입고
정렬:					
표시:	☑	☑	☑	☑	☑
조건:					
또는:					

④ [속성 시트]를 표시한 후 '입고단가'를 선택한 후 형식에 '통화'를 선택한다.

⑤ '판매단가' 필드도 '형식'에 '통화'를 선택한다.

⑥ '부가세' 필드를 추가하여 다음과 같이 입력한다.

> 부가세: Switch([입고단가]<=10000,[판매단가]*0.1,
> [입고단가]<=50000,[판매단가]*0.2,[입고단가]>50000,
> [판매단가]*0.3)

⑦ '씨앗명' 필드 조건에 Like "*" & [검색할 씨앗명의 일부를 입력하시오] & "*"를 입력한다.

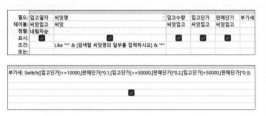

⑧ [저장]( )을 클릭한 후 **씨앗입고조회**를 입력하고 [확인]을 클릭한다.

04 〈재고현황〉 쿼리 작성

① [만들기]-[쿼리] 그룹에서 [쿼리 디자인]( )을 클릭한다.
② 〈씨앗입고〉, 〈씨앗〉, 〈주문〉 테이블을 선택하고 [추가]를 누른 후 [닫기]를 클릭한다.

③ 디자인 눈금의 각 필드에 다음과 같이 드래그해서 배치한 후 [쿼리 디자인] 탭의 [요약](∑)을 클릭한다.

필드:	씨앗명	입고일자	입고수량	수량	∨
테이블:	씨앗	씨앗입고	씨앗입고	주문	
정렬:					
표시:	☑	☑	☑	☑	
조건:					
또는:					

④ 다음과 같이 수정한다. (**최근입고일자:입고일자**, 최대값, **총입고량:입고수량**, 합계, **총주문량:수량**, 합계, **재고비율: [총주문량]/[총입고량]**, 식, 씨앗코드의 조건은 'Like "[A-B]*"')

⑤ '재고비율' 필드의 형식은 '백분율', 소수 자릿수는 '1'로 선택한다.

⑥ [저장]( )을 클릭한 후 **재고현황**을 입력하고 [확인]을 클릭한다.

05 〈다음입고일생성〉 쿼리 작성

① [만들기]-[쿼리] 그룹에서 [쿼리 디자인]( )을 클릭한다.
② 〈씨앗입고〉, 〈씨앗〉 테이블을 선택하고 [추가]를 클릭한다.
③ 디자인 눈금의 각 필드에 드래그해서 배치한 후 다음과 같이 수정한다.

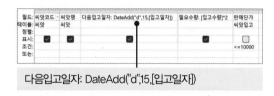

> 다음입고일자: DateAdd("d",15,[입고일자])

④ [쿼리 디자인]-[쿼리 유형]에서 [테이블 만들기]( )를 클릭하여 다음씨앗입고현황을 입력하고 [확인]을 클릭한다.

⑤ [저장]( )을 클릭한 후 **다음입고일생성**을 입력하고 [확인]을 클릭한다.

상시 기출 문제 05회

▶ 합격 강의

작업파일 [2025컴활1급₩2권_데이터베이스₩상시기출문제] 폴더의 '상시기출문제5회' 파일을 열어서 작업하시오.

문제 ❶ DB구축   25점

01 스포츠센터 회원을 관리하기 위한 데이터베이스를 구축하고자 한다. 다음의 지시사항에 따라 각 테이블을 완성하시오. (각 3점)

〈회원〉 테이블

① '회원코드' 필드를 기본키(PK)로 지정하시오.

② '주민번호' 필드에는 값이 반드시 입력되도록 설정하고 빈 문자열은 허용되지 않도록 설정하시오.

③ '이메일' 필드에는 @가 반드시 포함되도록 설정하시오.

〈강사〉 테이블

④ '강사코드' 필드는 'C101' 형식으로 한 글자의 문자와 세 글자의 숫자가 반드시 입력되도록 다음과 같이 설정하시오.
   ▶ "C"가 문자로 저장되도록 설정할 것
   ▶ 숫자는 0~9까지의 숫자만 입력될 수 있도록 설정할 것

⑤ '이메일' 필드는 중복된 데이터가 입력될 수 없도록 인덱스를 설정하시오.

02 〈강사〉 테이블의 '강좌코드' 필드에 대해서 다음과 같이 조회 속성을 설정하시오. (5점)

▶ 〈강좌〉 테이블의 '강좌코드'와 '강좌명' 필드를 콤보 상자 형태로 표시되도록 설정하시오.

▶ 필드에는 '강좌코드'가 저장되도록 설정하시오.

▶ 열 이름이 표시되도록 설정하시오.

▶ '강좌코드'와 '강좌명' 필드의 열 너비를 각각 2cm와 3cm, 목록 너비를 5cm로 설정하시오.

03 〈강사〉 테이블의 '강좌코드' 필드는 〈강좌〉 테이블의 '강좌코드' 필드를 참조하며, 테이블 간의 관계는 M:1이다. 다음과 같이 테이블 간의 관계를 설정하시오. (5점)

※ 액세스 파일에 이미 설정되어 있는 관계는 수정하지 마시오.
▶ 테이블 간에 항상 참조 무결성이 유지되도록 설정하시오.
▶ 참조 필드의 값이 변경되면 관련 필드의 값도 변경되도록 설정하시오.
▶ 다른 테이블에서 참조하고 있는 레코드는 삭제할 수 없도록 설정하시오.

문제 ❷ 입력 및 수정 기능 구현 20점

01 〈강사별배정현황〉 폼을 다음의 화면과 지시사항에 따라 완성하시오. (각 3점)

① 폼 머리글의 배경색을 'Access 테마 2'으로 설정하시오.
② 본문의 모든 컨트롤에 대해 특수 효과를 '오목'으로 설정하시오.
③ 폼 바닥글의 'txt회원수' 컨트롤에는 전체 레코드의 수가 〈그림〉과 같이 표시되도록 컨트롤 원본 속성을 설정하시오.

02 〈강사별배정현황〉 폼 본문의 'txt강사명' 컨트롤에는 〈강사〉 테이블의 '강사코드' 필드가 'txt지도강사코드' 컨트롤의 값과 같은 '강사명'을 표시하시오. (6점)

▶ DLookup 함수 사용
▶ 1번 〈그림〉 참조

03 〈강사별배정현황〉 폼 본문의 'txt지도강사코드' 컨트롤을 클릭하면 〈강사별지도회원현황〉 폼을 대화상자 형태로 여는 〈폼보기〉 매크로를 생성하여 지정하시오. (5점)

▶ 〈강사별지도회원현황〉 폼의 '강사코드' 필드의 값이 〈강사별배정현황〉 폼 본문의 'txt지도강사코드' 컨트롤의 값과 같은 교수의 정보만 표시

01 다음의 지시사항 및 화면을 참조하여 〈강좌별회원정보〉 보고서를 완성하시오. (각 3점)

① 동일한 그룹 내에서 '회원가입년도'를 기준으로 내림차순 정렬되도록 하시오.

② '강사.강좌코드' 머리글 영역이 매 페이지마다 반복적으로 출력되도록 설정하고, '강사.강좌코드' 머리글 영역이 시작되기 전에 페이지가 바뀌도록 설정하시오.

③ 본문 영역의 'txt가입상태' 컨트롤의 값이 이전 레코드와 동일한 경우에는 표시되지 않도록 관련 속성을 설정하시오.

④ 본문 영역의 'txt순번' 컨트롤에는 그룹별로 순번이 표시되도록 관련 속성을 설정하시오.

⑤ 페이지 바닥글 영역의 'txt페이지' 컨트롤에는 페이지가 다음과 같이 표시되도록 컨트롤 원본 속성을 설정하시오.

▶ 현재 페이지가 1 페이지이고 전체 페이지가 3 페이지인 경우 : 3페이지 중 1페이지

강좌별회원정보

2023년 5월 7일 일요일

수영상급(김나래)

순번	이름	주민번호	전화번호	가입상태	이메일
1	유정화	030125-7******	010-9928-7447	정회원	sourcebank@hanmall.net
2	김테일러	970922-5******	010-3222-9569		fontrice@hanmall.net
3	김정재	890321-1******	010-9210-5224		meetmusic@hottmall.com
4	유정언	990116-1******	010-0112-1809		computermic@hanmall.net
5	윤두준	810720-1******	010-1522-4359		mobiletable@navor.com
6	김조희	950813-2******	010-8087-2274		clocknote@hanmall.net
7	장서윤	840609-2******	010-6675-7130		mangomemo@navor.com
8	이서아	040517-7******	010-6687-6937		cashpeople@hanmall.net
9	김민겸	940915-1******	010-6064-3559		namepen@hanmall.net
10	서지현	940312-2******	010-4359-3830	임시회원	airportpencil@hottmall.com

12페이지 중 1페이지

02 〈강사별지도회원현황〉 폼 머리글의 'txt조회' 컨트롤에 조회할 강사명을 입력하고 '조회(cmd조회)' 단추를 클릭하면 다음과 같은 기능을 수행하도록 이벤트 프로시저를 구현하시오. (5점)

▶ 'txt조회' 컨트롤에 입력된 강사명에 해당하는 강사의 지도회원 정보가 표시되도록 하시오.
▶ 현재 폼의 RecordSource와 Requery 속성을 이용하시오.

문제 ❹ 처리 기능 구현   35점

01 〈강사〉와 〈강좌〉 테이블을 이용하여 강좌명이 '상급'으로 끝나는 레코드를 조회하는 〈상급반〉 쿼리를 작성하시오. (7점)

▶ 조건은 Like 연산자를 사용하시오.
▶ 아이디와 도메인은 Left, InStr, Right, Len 함수를 이용하여 이메일의 @ 앞과 뒤에 내용을 표시하시오.
▶ 쿼리 실행 결과 표시되는 필드와 필드명은 〈그림〉과 같이 표시되도록 설정하시오.

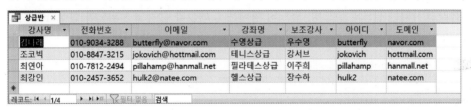

02 〈회원〉 테이블을 이용하여 '회원가입년도'를 매개 변수로 입력받아 해당 년도에 가입한 회원의 정보를 조회하여 새 테이블로 생성하는 〈가입년도회원조회〉 쿼리를 작성하고 실행하시오. (7점)

▶ 쿼리 실행 후 생성되는 테이블의 이름은 [회원조회]로 설정하시오.
▶ 주민번호 8번째 자리가 3인 회원만을 대상으로 하시오. (MID 함수 사용)
▶ 쿼리 결과 표시되는 필드와 필드명, 필드의 형식은 〈그림〉과 같이 표시되도록 설정하시오.

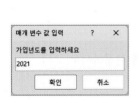

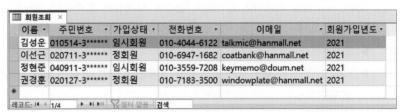

03 회원가입년도별, 가입상태별 인원수를 조회하는 〈가입년도별회원수〉 크로스탭 쿼리를 작성하시오. (7점)

- ▶ 〈회원〉 테이블을 이용하시오.
- ▶ '가입상태' 필드의 값이 '정회원'이면 '회원', '임시회원'이면 '비회원'으로 열 머리글을 표시하시오. (SWITCH 함수 이용)
- ▶ 인원수는 '회원코드' 필드를 이용하시오.
- ▶ 쿼리 결과 표시되는 필드와 필드명, 필드의 형식은 〈그림〉과 같이 표시되도록 설정하시오.

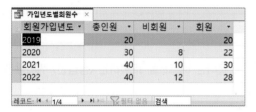

04 〈회원〉, 〈강사〉 테이블을 이용하여 '지도강사코드'와 '강사코드'가 일치하지 않은 회원을 조회하는 〈미수강회원〉 쿼리를 작성하시오. (7점)

- ▶ 〈회원〉 테이블에서 '지도강사코드'가 비어 있는 회원을 대상으로 할 것(Is Null 사용)
- ▶ 쿼리 결과 표시되는 필드와 필드명, 필드의 형식은 〈그림〉과 같이 표시되도록 설정하시오.

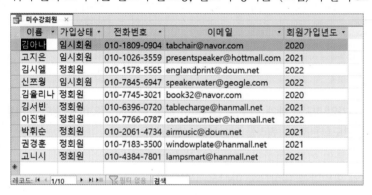

05 〈강좌〉 테이블을 이용하여 강좌명이 '헬스'로 시작하는 '보조강사' 필드의 값을 '장수하'로 변경하는 〈보조강사변경처리〉 업데이트 쿼리를 작성한 후 실행하시오. (7점)

- ▶ 조건은 Like 연산자를 사용하시오.
- ▶ 쿼리 실행 결과 표시되는 필드와 필드명은 〈그림〉과 같이 표시되도록 설정하시오.

※ 〈보조강사변경처리〉 쿼리를 실행한 후의 〈강좌〉 테이블

문제 ❶ DB구축

01 〈회원〉, 〈강사〉 테이블

〈회원〉 테이블

번호	필드 이름	속성 및 형식	설정 값
①	회원코드	기본 키	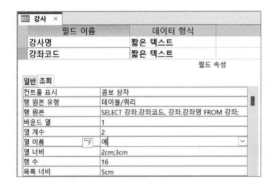
②	주민번호	필수	예
		빈 문자열 허용	아니요
③	이메일	유효성 검사 규칙	Like "*@*"

〈강사〉 테이블

번호	필드 이름	속성 및 형식	설정 값
④	강사코드	입력마스크	"C"000
⑤	이메일	인덱스	예(중복 불가능)

02 〈강사〉 테이블의 '강좌코드' 조회 속성

일반 조회	
컨트롤 표시	콤보 상자
행 원본 유형	테이블/쿼리
행 원본	SELECT 강좌.강좌코드, 강좌.강좌명 FROM 강좌;
바운드 열	1
열 개수	2
열 이름	예
열 너비	2cm;3cm
행 수	16
목록 너비	5cm

03 〈강사〉, 〈강좌〉 테이블 관계 설정

01 〈강사별배정현황〉 폼

번호	필드 이름	필드 속성	설정 값
①	폼 머리글	배경색	Access 테마 2
②	본문	특수 효과	오목
③	txt회원수	컨트롤 원본	=Count(*) & "명"

02 〈강사별배정현황〉 폼 'txt강사명' 컨트롤 원본

=DLookUp("강사명","강사","강사코드=txt지도강사코드")

03 〈폼보기〉 매크로

01 〈강좌별회원정보〉 보고서

번호	필드 이름	필드 속성	설정 값
①	그룹, 정렬 및 요약	그룹화 기준 **강사.강좌코드** 정렬 기준 **회원가입년도 ▼ 내림차순 ▼**, 자세히 ▶ 그룹 추가 ↓ 정렬 추가	
②	강사.강좌코드 머리글	반복 실행 구역	예
		페이지 바꿈	구역 전
③	txt가입상태	중복 내용 숨기기	예
④	txt순번	컨트롤 원본	=1
		누적 합계	그룹
⑤	txt페이지	컨트롤 원본	=[Pages] & "페이지 중 " & [Page] & "페이지"

02 〈강사별지도회원현황〉 폼의 'cmd조회' 컨트롤

```
Private Sub cmd조회_Click()
    Me.RecordSource = "select * from 강사 where 강사명 = '" & txt조회 & "'"
    Me.Requery
End Sub
```

01 〈상급반〉 쿼리

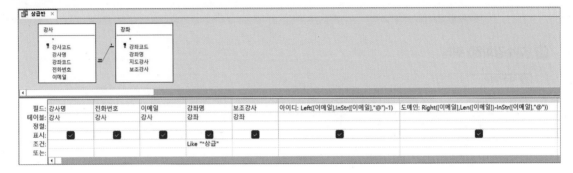

02 〈가입년도회원조회〉 쿼리

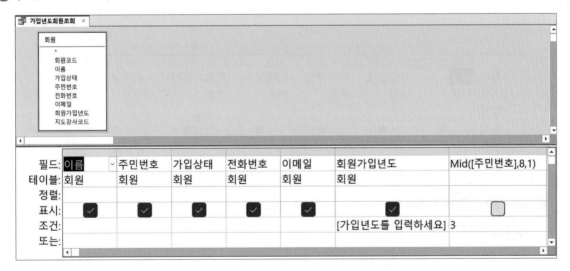

03 〈가입년도별회원수〉 쿼리

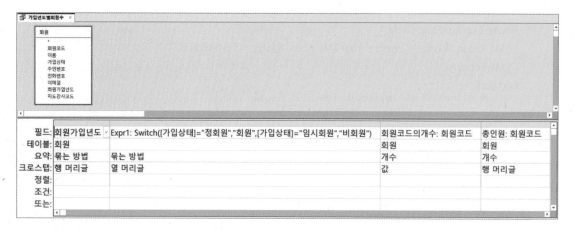

04 〈미수강회원〉 쿼리

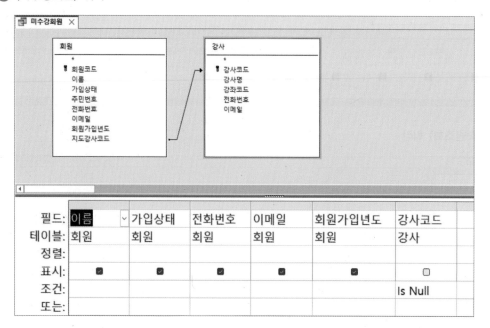

05 〈보조강사변경처리〉 쿼리

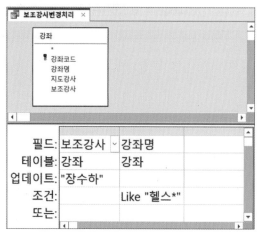

문제 ① DB구축

01 〈회원〉 테이블

① 〈회원〉 테이블에서 마우스 오른쪽 버튼을 눌러 [디자인 보기](📐)를 클릭한다.

② '회원코드' 필드 선택한 후 [테이블 디자인]-[도구] 그룹의 [기본 키](🔑)를 클릭한다.

③ '주민번호' 필드의 필수를 '예', 빈 문자열 허용을 '아니요'로 설정한다.

④ '이메일' 필드의 유효성 검사 규칙에 ***@***를 입력하면 Like "*@*"로 표시되면 Ctrl + S 를 누른 후 [예]를 클릭한다.

⑤ 〈강사〉 테이블에서 마우스 오른쪽 버튼을 눌러 [디자인 보기](📐)를 클릭한다.

⑥ '강사코드' 필드의 입력 마스크에 "C"000을 입력한다.

⑦ '이메일' 필드의 인덱스에 '예(중복 불가능)'을 선택하고 Ctrl + S 를 누른 후 [예]를 클릭한다.

02 〈강사〉 테이블의 '강좌코드' 필드의 조회 속성

① 〈강사〉 테이블의 [디자인 보기](📐) 모드에서 '강좌코드' 필드를 선택하고, 필드 속성 [조회] 탭의 컨트롤 표시 속성 중 '콤보 상자'를 선택한다.

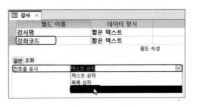

② 행 원본의 [작성기](⋯)를 클릭한다.

③ [테이블 추가]의 [테이블]에서 〈강좌〉를 더블클릭한다.

④ 〈강좌〉 테이블의 '강좌코드', '강좌명' 필드를 더블클릭하여 눈금에 추가한다.

⑤ [닫기]를 클릭하면 'SQL 문의 변경 내용을 저장하고 속성을 업데이트하시겠습니까?" 메시지에서 [예]를 클릭한다.

⑥ 바운드 열, 열 개수, 열 이름, 열 너비, 목록 너비 속성을 설정한다.

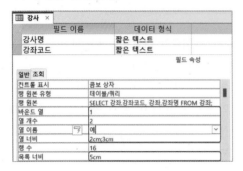

03 〈강사〉 ↔ 〈강좌〉 테이블간의 관계 설정

① [데이터베이스 도구]-[관계] 그룹에서 [관계]($\boxed{}$)를 클릭한다.

② [테이블 추가]의 [테이블]에서 〈강좌〉를 더블클릭한다.

③ 〈강좌〉 테이블의 '강좌코드'를 〈강사〉 테이블의 '강좌코드'로 드래그한다.

④ [관계 편집]에서 다음과 같이 지정하고 [만들기]를 클릭한다.

문제 ② **입력 및 수정 기능 구현**

01 〈강사별배정현황〉 폼

① 〈강사별배정현황〉 폼에서 마우스 오른쪽 버튼을 눌러 [디자인 보기]($\boxed{}$)를 클릭한다.

② '폼_머리글' 개체를 선택하고 배경색에 'Access 테마2'를 선택한다.

③ 본문 앞의 세로 눈금자를 클릭하여 본문의 모든 컨트롤을 선택한 후 '특수 효과'에서 '오목'을 선택한다.

④ 'txt회원수'를 선택하고 컨트롤 원본에 =Count (*) & "명"을 입력한다.

02 〈강사별배정현황〉 폼의 'txt강사명' 컨트롤

① 'txt강사명'을 선택하고 컨트롤 원본에 =DLookUp("강사명","강사","강사코드=txt지도강사코드")를 입력한다.

03 〈강사별배정현황〉 폼의 'txt지도강사코드' 컨트롤

① [만들기]-[매크로 및 코드] 그룹에서 [매크로]($\boxed{}$)를 클릭한다.

② 매크로 함수 중 'OpenForm'을 선택한 후 필요한 인수를 설정한다.

③ [저장]($\boxed{}$)을 클릭하여 **폼보기** 매크로로 저장한다.

④ 〈강사별배정현황〉 폼의 [디자인 보기](🔲) 모드에서 'txt지도강사코드' 컨트롤을 선택한다.

⑤ [이벤트] 탭의 'On Click'에서 '폼보기'를 선택한다.

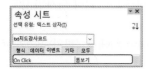

문제 ❸ **조회 및 출력 기능 구현**

01 〈강좌별회원정보〉 보고서

① 〈강좌별회원정보〉 보고서에서 마우스 오른쪽 버튼을 눌러 [디자인 보기](🔲)를 클릭한 후 [보고서 디자인]-[그룹화 및 요약] 그룹에서 [그룹화 및 정렬]을 클릭한다.

② [그룹, 정렬 및 요약]에서 [정렬 추가]를 클릭한다.

③ '회원가입년도' 필드를 선택하고 '내림차순'으로 지정한다.

④ '강사.강좌코드' 머리글을 선택한 후 반복 실행 구역에 '예', 페이지 바꿈에 '구역 전'을 선택한다.

⑤ 'txt가입상태'를 선택한 후 중복 내용 숨기기에 '예'를 선택한다.

⑥ 'txt순번'을 선택한 후 컨트롤 원본에 =1, 누적 합계는 '그룹'을 선택한다.

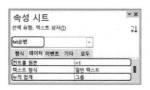

⑦ 'txt페이지'의 '컨트롤 원본'은 =[Pages] & "페이지 중 " & [Page] & "페이지"를 입력한다.

02 〈강사별지도회원현황〉 폼의 이벤트 프로시저

① 〈강사별지도회원현황〉 폼을 [디자인 보기](🔲)로 열고 '조회(cmd조회)' 컨트롤을 선택한 후 [이벤트] 탭의 On Click에서 [이벤트 프로시저]를 선택하고 [작성기](⋯)를 클릭한다.

② '작성기 선택' 창에서 '코드 작성기'를 선택한 후 〈확인〉을 클릭한다.

③ 'cmd조회_Click() 프로시저'에 다음과 같이 코딩한다.

```
Private Sub cmd조회_Click()
    Me.RecordSource = "select * from 강사 where
강사명 = '" & txt조회 & "'"
    Me.Requery
End Sub
```

문제 ❹ **처리 기능 구현**

01 〈상급반〉 쿼리

① [만들기]-[쿼리] 그룹에서 [쿼리 디자인](▦)을 클릭한다.

② [테이블 추가]의 [테이블]에서 〈강사〉, 〈강좌〉를 더블클릭하여 추가한다.

③ 디자인 눈금의 각 필드에 다음과 같이 드래그
해서 배치한 후 '강좌명' 필드에 조건 Like "*
상급"을 입력하고, 아이디 필드는 **아이디: Left
([이메일],InStr([이메일],"@")−1)**, 도메인 필
드는 **도메인: Right([이메일],Len([이메일])−
InStr([이메일],"@"))**를 입력한다.

④ [저장](📄)을 클릭한 후 **상급반**을 입력하고 [확
인]을 클릭한다.

02 〈가입년도회원조회〉 쿼리

① [만들기]−[쿼리] 그룹에서 [쿼리 디자인](📰)을
클릭한다.
② [테이블 추가]의 [테이블]에서 〈회원〉을 더블클
릭하여 추가한다.
③ 디자인 눈금의 각 필드에 다음과 같이 드래그
해서 배치하고, 매개변수와 Mid 함수를 이용하
여 조건을 작성한다.

④ [쿼리 디자인] 탭의 [테이블 만들기](📰)를 클
릭한다.
⑤ [테이블 만들기]의 테이블 이름에 **회원조회**를
입력하고 [확인]을 클릭한다.

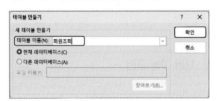

⑥ [쿼리 디자인]−[결과] 그룹의 [실행](❗)을 클릭
하여 2021을 입력한 후 [확인]을 클릭한다.
⑦ 메시지에서 [예]를 클릭한다.

⑧ [저장](📄)을 클릭한 후 **가입년도회원조회**를 입
력하고 [확인]을 클릭한다.

03 〈가입년도별회원수〉 쿼리

① [만들기]−[쿼리] 그룹에서 [쿼리 디자인](📰)을
클릭한다.
② [테이블 추가]의 [테이블]에서 〈회원〉을 더블클
릭하여 추가한다.
③ 디자인 눈금의 각 필드에 다음과 같이 드래그
해서 배치한 후 [쿼리 디자인] 탭의 [크로스탭]
(📰)을 클릭한다.

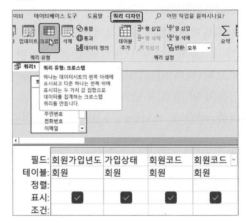

④ 행 머리글 '회원가입년도', 열 머리글 **Switch
([가입상태]="정회원","회원",[가입상태]="임
시회원","비회원")**으로 수정하고, 값은 '회원코
드', 요약은 '개수', 행 머리글 **총인원: 회원코
드**, 요약은 '개수'로 수정한다.

⑤ [저상](📄)을 클릭한 후 **가입년도별회원수**를 입
력하고 [확인]을 클릭한다.

04 〈미수강회원〉 쿼리

① [만들기]−[쿼리] 그룹에서 [쿼리 마법사](📰)을
클릭한다.
② [새 쿼리]에서 '불일치 검색 쿼리 마법사'를 선
택하고 [확인]을 클릭한다.

③ [불일치 검색 쿼리 마법사]에서 '테이블 : 회원'을 선택하고 [다음]을 클릭한다.

④ [불일치 검색 쿼리 마법사]에서 '테이블 : 강사'를 선택하고 [다음]을 클릭한다.

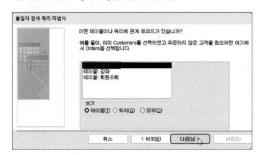

⑤ [불일치 검색 쿼리 마법사]에서 '지도강사코드', '강사코드'를 선택하고 [다음]을 클릭한다.

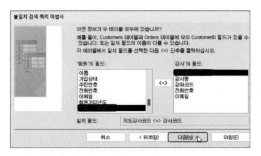

⑥ [불일치 검색 쿼리 마법사]에서 다음과 같이 지정하고 [다음]을 클릭한다.

⑦ **미수강회원**을 입력하고 [마침]을 클릭한다.

05 〈보조강사변경처리〉 쿼리

① [만들기]−[쿼리] 그룹의 [쿼리 디자인](▦)을 클릭한다.
② [테이블 표시]의 [테이블] 탭에서 〈강좌〉 테이블을 추가하고 '보조강사'와 '강좌명' 필드를 드래그한다.
③ [쿼리 디자인] 탭의 [쿼리 유형]−[업데이트](▦)를 클릭한 후 다음과 같이 입력한다.

필드:	보조강사	강좌명	
테이블:	강좌	강좌	
업데이트:	"장수하"		
조건:		Like "헬스*"	
또는:			

④ 쿼리의 이름을 **보조강사변경처리**로 입력하고 [확인]을 클릭한다.
⑤ [쿼리 디자인] 탭의 [결과]−[실행](❘)을 클릭하면 다음의 메시지가 표시되면 [예]를 클릭한다.

시험 시간	풀이 시간	합격 점수	내 점수
45분	분	70점	점

▶ 합격 강의

작업파일 [2025컴활1급₩2권_데이터베이스₩상시기출문제] 폴더의 '상시기출문제6회' 파일을 열어서 작업하시오.

문제 ❶ DB구축   25점

01 회원들의 전동 킥보드 대여정보를 관리하기 위한 데이터베이스를 구축하고자 한다. 다음의 지시사항에 따라 〈회원정보〉 테이블을 완성하시오. (각 3점)

① '회원번호' 필드는 'P001' 형식으로 영문 대문자 한자리와 숫자 세 자리가 반드시 입력되도록 다음과 같이 설정하시오.
   ▶ 문자는 영문이나 한글이 반드시 입력되도록 설정할 것
   ▶ 숫자는 0~9까지의 숫자가 반드시 입력될 수 있도록 설정할 것
② '휴대폰번호' 필드에는 값이 반드시 입력되도록 설정하시오.
③ '나이' 필드에는 255자 이하의 숫자가 입력될 수 있도록 데이터 형식과 필드 크기를 설정하시오.
④ '성별' 필드는 새 레코드 추가 시 기본적으로 "남"이 입력되도록 설정하고, "남"이나 "여" 외에 다른 값은 입력되지 않도록 유효성 검사 규칙을 설정하시오.
⑤ '성별' 필드 뒤에 '비고' 필드를 추가한 후 255자 이상의 데이터가 입력되도록 데이터 형식을 설정하시오.

02 다음 지시사항에 따라 '신규킥보드목록.txt' 파일을 가져와 테이블로 생성하시오. (5점)

   ▶ 구분 기호는 탭으로 설정하시오.
   ▶ 첫 번째 행은 필드의 이름으로 설정하시오.
   ▶ 킥보드코드를 기본키로 설정하시오.
   ▶ 테이블 이름을 '신규킥보드목록'으로 하시오.

03 〈대여내역〉 테이블의 '킥보드코드' 필드는 〈킥보드〉 테이블의 '킥보드코드' 필드를 참조하며, 테이블 간의 관계는 M:1이다. 다음과 같이 테이블 간의 관계를 설정하시오. (5점)

   ※ 액세스 파일에 이미 설정되어 있는 관계는 수정하지 마시오.
   ▶ 테이블 간에 항상 참조 무결성이 유지되도록 설정하시오.
   ▶ 참조 필드의 값이 변경되면 관련 필드의 값도 변경되도록 설정하시오.
   ▶ 다른 테이블에서 참조하고 있는 레코드는 삭제할 수 없도록 설정하시오.

01 〈대여내역관리〉 폼을 다음의 화면과 지시사항에 따라 완성하시오. (각 3점)

① 폼 머리글에 그림과 같이 제목 레이블을 생성하시오.

▶ 이름 : 제목　　　　▶ 크기 : 22　　　　▶ 문자 색 : 파랑, 강조1

② 본문의 'txt일련번호'는 그림과 같이 선택할 수 없도록 관련 속성을 설정하시오.

③ 본문의 'txt회원명' 컨트롤에는 포커스가 이동되지 않도록 관련 속성을 설정하시오.

02 〈대여내역관리〉 폼 본문의 'txt회원명' 컨트롤에는 〈회원정보〉 테이블의 '회원번호' 필드가 'txt회원번호' 컨트롤의 값과 같은 '회원명'을 표시하시오. (6점)

▶ DLookup 함수 사용

▶ 1번 〈그림〉 참조

03 〈킥보드찾기〉 폼을 읽기 전용 모드 형식으로 열고, 〈대여내역현황〉 보고서를 인쇄 미리 보기 형식으로 여는 〈보고서출력〉 매크로를 생성하시오. 〈회원정보〉 폼의 '킥보드대여정보확인'(cmd확인) 단추를 클릭하면 〈보고서출력〉 매크로가 실행되도록 하시오. (5점)

▶ 보고서 출력 조건 : 〈회원정보〉 폼의 'txt회원번호' 컨트롤에 입력된 회원번호와 같은 정보만 표시

01 다음의 지시사항 및 화면을 참조하여 〈대여내역현황〉 보고서를 완성하시오. (각 3점)

① 동일한 킥보드코드 내에서 '대여일자'를 기준으로 오름차순 정렬되도록 하시오.

② 페이지 머리글이 표시되도록 설정하시오.

③ '킥보드코드' 머리글 영역이 매 페이지마다 반복하여 출력되도록 설정하시오.

④ 본문 영역의 'txt순번' 컨트롤에는 그룹별로 순번이 표시되도록 관련 속성을 설정하시오.

⑤ 킥보드코드 바닥글 영역의 'txt합계' 컨트롤에는 대여요금의 합계가 표시되도록 컨트롤 원본 속성을 설정하시오.

킥보드 대여 관리 보고서

킥보드명 : 쿽고잉 아이킥2

순번	대여일자	회원명	휴대폰번호	나이	성별	대여요금
1	2025-04-07	유하연	010-2534-1812	35	여	2200
2	2025-04-16	성유진	010-2548-3541	28	여	2200
3	2025-04-29	송정미	010-5462-8585	35	여	2200
				대여요금 합계 :		6600

킥보드명 : 싱싱 에코

순번	대여일자	회원명	휴대폰번호	나이	성별	대여요금
1	2025-04-08	박노엘	010-3357-2847	29	남	1800
2	2025-04-19	김준희	010-2419-3396	23	여	1800
3	2025-04-22	공민성	010-7810-2247	24	남	1800
				대여요금 합계 :		5400

킥보드명 : 지지쿠터 엠피2

순번	대여일자	회원명	휴대폰번호	나이	성별	대여요금
1	2025-04-14	서여진	010-6589-9851	24	여	2700
2	2025-04-20	진선미	010-3524-6450	33	여	2700
3	2025-04-29	김민정	010-3322-8592	25	여	2700
4	2025-04-29	공민성	010-7810-2247	24	남	2700
				대여요금 합계 :		10800

킥보드명 : 싱싱 레드윙블루

순번	대여일자	회원명	휴대폰번호	나이	성별	대여요금
1	2025-04-04	최정민	010-8515-9945	19	남	3300
2	2025-04-05	김민정	010-3322-8592	25	여	3300
3	2025-04-17	최정민	010-8515-9945	19	남	3300

2/4

02 〈킥보드찾기〉 폼 머리글의 'txt조회' 컨트롤에 조회할 킥보드명을 입력하고 '찾기'(cmd찾기) 단추를 클릭하면 다음과 같은 기능을 수행하도록 이벤트 프로시저를 구현하시오. (5점)

▶ 'txt조회' 컨트롤에 입력된 킥보드명을 포함하는 킥보드명이 표시되도록 하시오.

▶ 현재 폼의 RecordSource 속성을 이용하시오.

문제 ❹ 처리 기능 구현   **35점**

01 〈킥보드〉 테이블을 이용하여 출시일자가 "2024년 5월 1일" 이후인 레코드를 조회하는 〈신제품킥보드〉 쿼리를 작성하시오. (7점)

▶ 쿼리 실행 결과 표시되는 필드와 필드명은 〈그림〉과 같이 표시되도록 설정하시오.

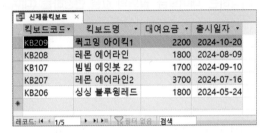

02 〈대여내역관리〉 쿼리를 이용하여 '대여횟수'를 매개 변수로 입력받아 해당 대여횟수만큼 대여한 회원의 정보를 조회하는 〈대여횟수조회〉 매개 변수 쿼리를 작성하시오. (7점)

▶ 대여횟수는 '일련번호' 필드를 이용하여 '개수'를 구하고 '▶'를 반복하여 표시하시오. (String, Count 함수 이용)

▶ 최근대여일자는 대여일자의 최근 날짜가 표시되도록 설정하시오.

▶ 쿼리 결과 표시되는 필드와 필드명, 필드의 형식은 〈그림〉과 같이 표시되도록 설정하시오.

03 〈킥보드〉, 〈대여내역〉 테이블을 이용하여 한 번도 대여되지 않은 킥보드를 조회하는 〈미대여킥보드〉 쿼리를 작성하시오. (7점)

▶ 〈대여내역〉 테이블의 '킥보드코드' 필드에 존재하지 않은 〈킥보드〉 테이블의 '킥보드코드'를 대상으로 할 것(Is Null 사용)

▶ 쿼리 결과 표시되는 필드와 필드명, 필드의 형식은 〈그림〉과 같이 표시되도록 설정하시오.

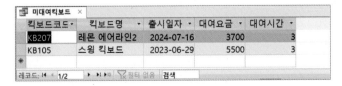

04 〈킥보드〉, 〈대여내역〉, 〈회원정보〉 테이블을 이용하여 킥보드별 성별별 대여횟수를 조회하는 〈킥보드대여현황〉 크로스탭 쿼리를 작성하시오. (7점)

▶ 대여횟수는 '일련번호' 필드를 이용하시오.

▶ 평균나이는 '나이' 필드를 이용하며, 형식은 표준, 소수 자릿수는 0으로 설정하시오.

▶ '킥보드코드' 필드의 마지막이 1~3으로 끝나는 자료만을 대상으로 하시오.

▶ 쿼리 결과 표시되는 필드와 필드명, 필드의 형식은 〈그림〉과 같이 표시되도록 설정하시오.

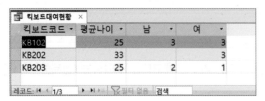

05 〈킥보드〉 테이블을 이용하여 킥보드명이 '빔빔'으로 시작하는 '대여요금' 필드의 값을 변경하는 〈대여요금변경 처리〉 업데이트 쿼리를 작성한 후 실행하시오. (7점)

▶ 조건은 like 연산자를 이용하시오

▶ 대여요금은 기존 요금에 500원 더하여 계산하시오.

▶ 쿼리 실행 결과 표시되는 필드와 필드명은 〈그림〉과 같이 표시되도록 설정하시오.

※ 〈대여요금변경처리〉 쿼리를 실행한 후의 〈킥보드〉 테이블

01 〈회원정보〉 테이블 완성

번호	필드 이름	속성 및 형식	설정 값
①	회원번호	입력마스크	>L000
②	휴대폰번호	필수	예
③	나이	데이터 형식	숫자
		필드 크기	바이트
④	성별	기본값	"남"
		유효성 검사 규치	In ("남","여")
⑤	비고	데이터 형식	긴 텍스트

02 '신규킥보드목록.txt' 파일 가져오기

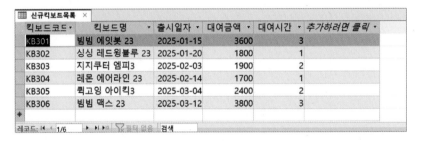

03 〈킥보드〉, 〈대여내역〉 테이블 관계 설정

01 〈대여내역관리〉 폼 완성

번호	필드 이름	필드 속성	설정 값
①	폼 머리글 제목 레이블	이름	제목
		캡션	킥보드 대여내역관리
		글꼴 크기	22
		문자색	파랑, 강조1
②	txt일련번호	사용 가능	아니요
③	txt회원명	탭 정지	아니요

02 〈대여내역관리〉 폼 'txt회원명' 컨트롤 원본

=DLookUp("회원명","회원정보","회원번호=txt회원번호")

03 〈보고서출력〉 매크로

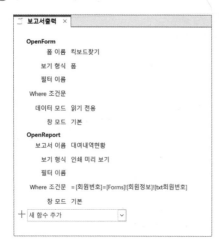

01 〈대여내역현황〉 보고서 완성

번호	필드 이름	필드 속성	설정 값
①	그룹, 정렬 및 요약	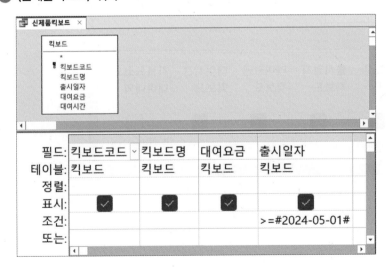	
②	페이지 머리글	표시	예
③	킥보드코드 머리글	반복 실행 구역	예
④	txt순번	컨트롤 원본	=1
		누적 합계	그룹
⑤	txt합계	컨트롤 원본	=Sum([대여요금])

02 〈킥보드찾기〉 폼의 'cmd찾기' 컨트롤

```
Private Sub cmd찾기_Click()
    Me.RecordSource = "select * from 킥보드 where 킥보드명 like '*" & txt조회 & "*'"
End Sub
```

01 〈신제품킥보드〉 쿼리

02 〈대여횟수조회〉 쿼리

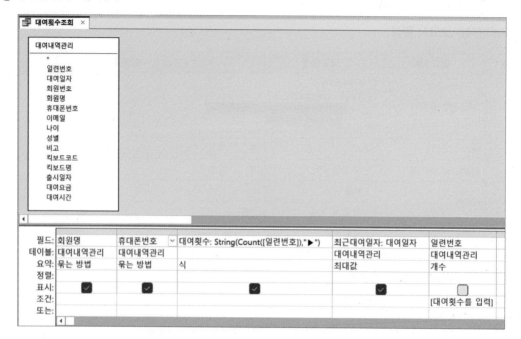

03 〈미대여킥보드〉 쿼리

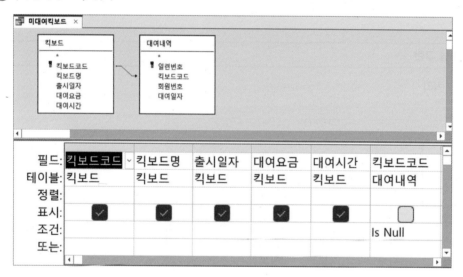

04 〈킥보드대여현황〉 쿼리

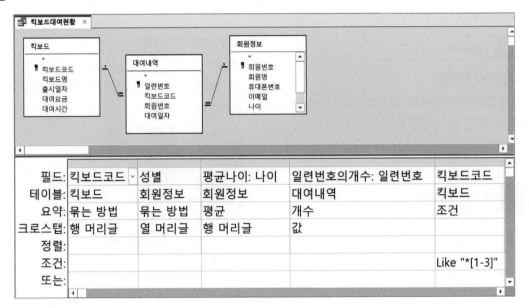

05 〈대여요금변경처리〉 쿼리

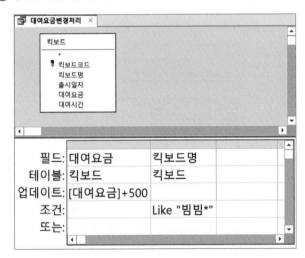

문제 ① DB구축

① 〈회원정보〉 테이블

① 〈회원정보〉 테이블에서 마우스 오른쪽 버튼을 눌러 [디자인 보기](🔲)를 클릭한다.

② '회원번호' 필드의 입력 마스크에 〉L000을 입력한다.

③ '휴대폰번호' 필드의 필수를 '예'로 설정한다.

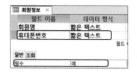

④ '나이' 필드의 데이터 형식은 '숫자', 필드 크기는 '바이트'로 설정한다.

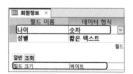

⑤ '성별' 필드의 기본값에 **남**을 입력하고, 유효성 검사 규칙에 In ("남","여")을 입력한다.

⑥ '성별' 필드 아래에 **비고**를 입력하고, 데이터 형식은 '긴 텍스트'를 선택하고 Ctrl + S 를 누른 후 [예]를 클릭한다.

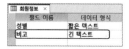

② 외부 데이터 가져오기

① [외부 데이터]-[가져오기 및 연결] 그룹에서 [새 데이터 원본]-[파일에서]-[텍스트 파일]을 클릭한다.

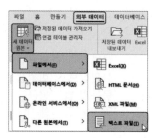

② [찾아보기]를 클릭하여 '신규킥보드목록.txt' 파일을 찾은 후 [열기]를 클릭한다.

③ '현재 데이터베이스의 새 테이블로 원본 데이터 가져오기'를 지정하고 [확인]을 클릭한다.

④ '구분'을 선택하고 [다음]을 클릭한다.

⑤ 구분 기호 '탭'을 선택하고, '첫 행에 필드 이름 포함'을 선택하고 [다음]을 클릭한다.

⑥ '기본 키 선택'에서 '킥보드코드'로 선택하고 [다음]을 클릭한다.

⑦ **신규킥보드목록**을 입력하고 [마침]을 클릭한다.

03 〈대여내역〉 ↔ 〈킥보드〉 테이블간의 관계 설정

① [데이터베이스 도구]-[관계] 그룹에서 [관계](🖳)를 클릭한다.
② [테이블 추가]의 [테이블]에서 〈킥보드〉를 더블 클릭한다.
③ 〈킥보드〉 테이블의 '킥보드코드'를 〈대여내역〉 테이블의 '킥보드코드'로 드래그한다.
④ [관계 편집]에서 다음과 같이 지정하고 [만들기]를 클릭한다.

문제 ❷   입력 및 수정 기능 구현

01 〈대여내역관리〉 폼

① 〈대여내역관리〉 폼에서 마우스 오른쪽 버튼을 눌러 [디자인 보기](📐)를 클릭한다.
② [양식 디자인]-[컨트롤] 그룹의 '레이블'을 폼 머리글 영역에 드래그한 후 속성 시트에서 이름에 **제목**, 캡션에 **킥보드 대여내역관리**를 입력한다.

③ 글꼴 크기는 '22', 문자색은 '파랑, 강조1'을 선택한다.

④ 'txt일련번호'를 선택하고 사용 가능에서 '아니요'를 선택한다.

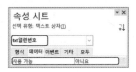

⑤ 'txt회원명'을 선택하고 탭 정지에 '아니요'를 선택한다.

02 〈대여내역관리〉 폼의 'txt회원명' 컨트롤

① 'txt회원명'을 선택하고 컨트롤 원본에 =DLookUp("회원명","회원정보","회원번호= txt회원번호")를 입력한다.

03 〈회원정보〉 폼의 'cmd확인' 컨트롤

① [만들기]-[매크로 및 코드] 그룹에서 [매크로] ( )를 클릭한다.

② 매크로 함수 중 'OpenForm'과 'OpenReport'를 선택한 후 필요한 인수를 설정한다.

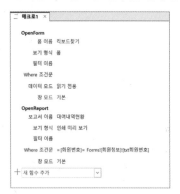

③ [저장]( )을 클릭하여 **보고서출력** 매크로로 저장한다.

④ 〈회원정보〉 폼의 [디자인 보기]( ) 모드에서 'cmd확인' 컨트롤을 선택한다.

⑤ [이벤트] 탭의 On Click에서 '보고서출력'을 선택한다.

문제 ③   조회 및 출력 기능 구현

01 〈대여내역현황〉 보고서

① 〈대여내역현황〉 보고서에서 마우스 오른쪽 버튼을 눌러 [디자인 보기]( )를 클릭한 후 [보고서 디자인]-[그룹화 및 요약] 그룹에서 [그룹화 및 정렬]을 클릭한다.

② [그룹, 정렬 및 요약]에서 [정렬 추가]를 클릭한다.

③ '대여일자' 필드를 선택하고 '오름차순'으로 지정한다.

④ '페이지 머리글'을 선택한 후 표시에 '예'를 선택한다.

⑤ '킥보드코드' 머리글을 선택한 후 반복 실행 구역에 '예'를 선택한다.

⑥ 'txt순번'을 선택한 후 컨트롤 원본에 =1, '누적 합계'는 '그룹'을 선택한다.

⑦ 'txt합계'의 컨트롤 원본은 =Sum([대여요금])을 입력한다.

02 〈킥보드찾기〉 폼의 이벤트 프로시저 작성

① 〈킥보드찾기〉 폼을 [디자인 보기]( )로 열고 '찾기'(cmd찾기)를 선택하고 [이벤트] 탭의 On Click에서 [이벤트 프로시저]를 선택하고 [작성기]( )를 클릭한다.

② '작성기 선택' 창에서 '코드 작성기'를 선택한 후 〈확인〉을 클릭한다.

③ 'cmd찾기_Click() 프로시저'에 다음과 같이 코딩한다.

```
Private Sub cmd찾기_Click()
    Me.RecordSource = "select * from 킥보드
    where 킥보드명 like '*' & txt조회 & '*'"
End Sub
```

01 〈신제품킥보드〉 쿼리

① [만들기]-[쿼리] 그룹에서 [쿼리 디자인](🔲)을 클릭한다.

② [테이블 추가]의 [테이블]에서 〈킥보드〉를 더블 클릭하여 추가한다.

③ 디자인 눈금의 각 필드에 다음과 같이 드래그 해서 배치한 후 '출시일자' 필드에 조건을 입력한다.

필드:	킥보드코드	킥보드명	대여요금	출시일자
테이블:	킥보드	킥보드	킥보드	킥보드
정렬:				
표시:	✓	✓	✓	✓
조건:				>=#2024-05-01#
또는:				

④ [저장](💾)을 클릭한 후 **신제품킥보드**를 입력하고 [확인]을 클릭한다.

02 〈대여횟수조회〉 쿼리

① [만들기]-[쿼리] 그룹에서 [쿼리 디자인](🔲)을 클릭한다.

② [테이블 추가]의 [쿼리]에서 〈대여내역관리〉를 더블클릭하여 추가한다.

③ 디자인 눈금의 각 필드에 다음과 같이 드래그 해서 배치한 후 [쿼리 디자인]-[표시/숨기기] 그룹에서 [요약](∑)을 클릭한 후 일련번호는 '개수'를 선택한다.

④ '일련번호'는 조건을 입력한 후 체크를 해제하고, '대여일자'는 '최대값'을 선택한 후 '최근 대여일자'를 입력하고, 대여횟수는 **대여횟수: String(Count([일련번호]),"▶")**를 입력하고 요약은 '식'으로 선택한다.

필드:	회원명	휴대폰번호	대여횟수: String(Count([일련번호]),"▶")	최근대여일자: 대여일자	일련번호
테이블:	대여내역관리	대여내역관리		대여내역관리	대여내역관리
요약:	묶는 방법	묶는 방법	식	최대값	개수
정렬:					
표시:	■	■	■	■	□
조건:					(대여횟수 입력)
또는:					

⑤ [저장](💾)을 클릭한 후 **대여횟수조회**를 입력하고 [확인]을 클릭한다.

03 〈미대여킥보드〉 쿼리

① [만들기]-[쿼리] 그룹에서 [쿼리 마법사](🔲)을 클릭한다.

② [새 쿼리]에서 '불일치 검색 쿼리 마법사'를 선택하고 [확인]을 클릭한다.

③ [불일치 검색 쿼리 마법사]에서 '테이블 : 킥보드'를 선택하고 [다음]을 클릭한다.

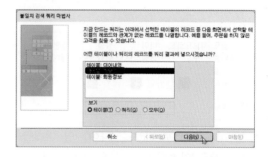

④ [불일치 검색 쿼리 마법사]에서 '테이블 : 대여내역'을 선택하고 [다음]을 클릭한다.

⑤ [불일치 검색 쿼리 마법사]에서 '킥보드코드', '킥보드코드'를 선택하고 [다음]을 클릭한다.

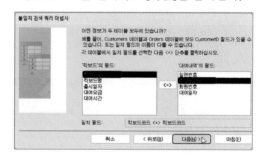

⑥ [불일치 검색 쿼리 마법사]에서 다음과 같이 지정하고 [다음]을 클릭한다.

⑦ **미대여킥보드**를 입력하고 [마침]을 클릭한다.

04 〈킥보드대여현황〉 쿼리

① [만들기]-[쿼리] 그룹에서 [쿼리 디자인](▦)을 클릭한다.

② [테이블 추가]의 [테이블]에서 〈킥보드〉, 〈대여내역〉, 〈회원정보〉를 더블클릭하여 추가한다.

③ 디자인 눈금의 각 필드에 다음과 같이 드래그해서 배치한 후 [쿼리 디자인] 탭의 [크로스탭]을 클릭한다.

④ 행 머리글 '킥보드코드', '나이', 열 머리글 '성별', 값은 '일련번호', 요약은 '개수', 행 머리글 **평균나이 : 나이**, 요약은 '평균'으로 수정하고, '킥보드코드', '조건', Like "*[1-3]"으로 지정한다.

⑤ '나이' 필드를 선택하고 형식은 '표준', 소수 자릿수는 '0'으로 설정한다.

⑥ [저장](▤)을 클릭한 후 **킥보드대여현황**을 입력하고 [확인]을 클릭한다.

05 〈대여요금변경처리〉 쿼리

① [만들기]-[쿼리] 그룹의 [쿼리 디자인](▦)을 클릭한다.

② [테이블 추가]의 [테이블] 탭에서 〈킥보드〉 테이블을 추가하고 '대여요금'와 '킥보드명' 필드를 드래그한다.

③ [쿼리 디자인] 탭의 [쿼리 유형]-[업데이트](▦)를 클릭한 후 다음과 같이 입력한다.

④ 쿼리의 이름을 **대여요금변경처리**로 입력하고 [확인]을 클릭한다.

⑤ [쿼리 디자인] 탭의 [결과]-[실행](▯)을 클릭하면 다음의 메시지가 표시되면 [예]를 클릭한다.

작업파일 [2025컴활1급₩2권_데이터베이스₩상시기출문제] 폴더의 '상시기출문제7회' 파일을 열어서 작업하시오.

문제 ❶ DB구축 25점

01 다음의 지시사항에 따라 각 테이블을 완성하시오. (각 3점)

〈기업〉 테이블

① '기업명' 필드는 반드시 입력하되 중복된 데이터 입력이 가능하도록 인덱스를 설정하시오.

② '시장구분' 필드에는 "코스피", "코스닥", "유가증권"만 입력되도록 유효성 검사 규칙을 설정하시오.

③ '지역' 필드의 필드 크기는 2로 설정하시오.

〈재무〉 테이블

④ '종목코드'와 '년도' 필드를 기본키(PK)로 지정하시오.

⑤ '년도' 필드는 숫자 4자리만 입력받도록 다음과 같이 입력 마스크를 설정하시오.

    ▶ 숫자 입력은 0~9까지의 숫자가 반드시 입력될 수 있도록 설정할 것

    ▶ 입력 시 데이터가 입력될 자리를 '#'으로 표시

02 외부 데이터 가져오기 기능을 이용하여 '추가재무정보.xlsx' 파일을 테이블 형태로 가져오시오. (5점)

    ▶ 첫 번째 행은 필드 이름임

    ▶ 기본키는 '종목코드' 필드로 지정하고 테이블 이름을 '추가재무'로 할 것

03 〈재무〉 테이블의 '종목코드' 필드는 〈기업〉 테이블의 '종목코드' 필드를 참조하며, 테이블 간의 관계는 M:1이다. 다음과 같이 테이블 간의 관계를 설정하시오. (5점)

    ▶ 테이블 간에 항상 참조 무결성이 유지되도록 설정하시오.

    ▶ 참조 필드의 값이 변경되면 관련 필드의 값도 변경되도록 설정하시오.

    ▶ 다른 테이블에서 참조하고 있는 레코드는 삭제할 수 없도록 설정하시오.

문제 ❷ 입력 및 수정 기능 구현 20점

01 〈재무조회〉 폼을 다음의 화면과 지시사항에 따라 완성하시오. (각 3점)

① 폼이 팝업 폼으로 열리도록 설정하시오.

② 폼 바닥글의 'txt총개수' 컨트롤의 레코드 개수가 [표시 예]와 같이 표시되도록 컨트롤 원본 속성을 설정하시오.

    [표시 예 : 20 → 20개]

③ 폼 바닥글의 'txt최대매출액' 컨트롤에는 매출액의 최대값이 〈그림〉과 같이 표시되도록 컨트롤 원본 속성을 설정하시오.

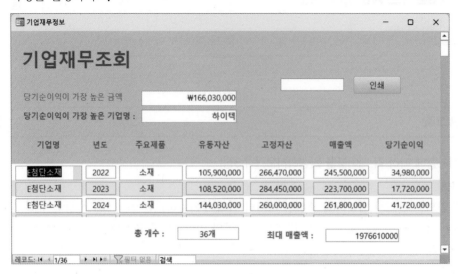

02 〈기업조회〉 폼의 본문 영역에 다음과 같이 조건부 서식을 설정하시오. (6점)

▶ '시장구분' 필드의 값이 '유가증권'인 경우 본문 영역의 모든 텍스트 상자의 글꼴 색을 '파랑'으로 설정하시오.

▶ 단, 하나의 규칙으로 작성하시오.

03 〈재무조회〉 폼의 'txt기업조회' 컨트롤에 '기업명'의 일부를 입력하고 '인쇄(cmd인쇄)' 단추를 클릭하면 〈기업재무〉보고서를 인쇄 미리 보기 형태의 대화 상자 형식으로 여는 〈보고서인쇄〉 매크로를 생성하여 지정하시오. (5점)

　▶ 매크로 조건 : 'txt기업조회' 컨트롤에 입력한 기업명을 포함하는 정보만 표시

문제 ❸ 조회 및 출력 기능 구현　　　　20점

01 다음의 지시사항 및 화면을 참조하여 〈기업재무〉 보고서를 완성하시오. (각 3점)

① 동일한 '종목코드' 안에서 '년도'를 기준으로 오름차순으로 정렬되어 표시되도록 설정하시오.

② 보고서 머리글 영역의 'txt날짜' 컨트롤에는 오늘 날짜와 현재 시간을 다음과 같이 표시되도록 '컨트롤 원본'과 형식을 설정하시오.

　▶ 표시 예 : 2025-05-05 (월) 오전 10:30

③ 그룹 머리글이 표시되지 않도록 설정하고, 그룹 바닥글 영역의 'txt매출액평균', 'txt영업이익평균', 'txt당기순이익평균' 컨트롤에 매출액, 영업이익, 당기순이익의 평균이 각각 표시되도록 설정하시오.

④ 그룹 바닥글의 배경색을 보고서 머리글 영역의 배경색과 동일하게 설정하시오.

⑤ 페이지 바닥글의 'txt페이지' 컨트롤에는 페이지 번호가 다음과 같이 표시되도록 컨트롤 원본을 설정하시오.

　▶ 현재 페이지가 1 페이지고 전체 페이지가 3 페이지인 경우 : 총 3쪽중 1쪽

기업재무현황보고서

2023-04-29 (토) 오전 2:06

종목코드	기업명	년도	자본금	매출액	영업이익	당기순이익
1990	하이텍	2022	292,540,000	669,280,000	112,990,000	86,830,000
		2023	182,130,000	807,420,000	181,290,000	104,640,000
		2024	202,560,000	935,920,000	239,340,000	166,030,000
		평균:		₩804,206,667	₩177,873,333	₩119,166,667
3190	월드시멘트	2022	15,820,000	843,760,000	79,190,000	17,210,000
		2023	19,480,000	836,810,000	81,160,000	28,700,000
		2024	21,480,000	787,550,000	75,310,000	25,080,000
		평균:		₩822,706,667	₩78,553,333	₩23,663,333
3500	미풍제지	2022	109,010,000	1,976,610,000	120,660,000	40,820,000
		2023	132,010,000	1,679,130,000	95,960,000	40,020,000
		2024	159,010,000	1,509,870,000	94,560,000	59,270,000
		평균:		₩1,721,870,000	₩103,726,667	₩46,703,333
4160	DY패키지	2022	58,500,000	300,060,000	9,510,000	10,620,000
		2023	54,200,000	270,090,000	13,410,000	10,790,000
		2024	63,200,000	260,710,000	4,700,000	3,310,000
		평균:		₩276,953,333	₩9,206,667	₩8,240,000
4850	참여행사	2022	6,000,000	65,010,000	12,850,000	10,240,000
		2023	7,000,000	62,060,000	7,140,000	22,890,000
		2024	8,000,000	12,640,000	-12,020,000	-2,100,000
		평균:		₩46,570,000	₩2,656,667	₩10,343,333
5960	하늘건설	2022	105,460,000	898,150,000	31,820,000	73,950,000
		2023	110,250,000	1,155,370,000	55,470,000	59,800,000
		2024	114,640,000	1,172,210,000	48,170,000	44,330,000

총 3쪽중 1쪽

02 〈재무조회〉 폼이 로드(Load)될 때 〈기업재무정보〉 쿼리에서 당기순이익이 'txt최대값' 컨트롤과 동일한 기업명을 찾아 'txt당기순회사' 컨트롤에 표시되도록 이벤트 프로시저를 구현하시오. (5점)

　▶ DLookup 함수 사용

01 〈기업〉 테이블을 이용하여 지역이 '경기'이고 비고가 '관심종목'인 레코드를 조회하는 〈경기관심종목〉 쿼리를 작성하시오. (7점)

▶ 쿼리 실행 결과 표시되는 필드와 필드명은 〈그림〉과 같이 표시되도록 설정하시오.

02 〈기업재무정보〉 쿼리를 이용하여 매개 변수로 입력된 '기업명'을 포함하는 기업들의 2024년 정보를 조회하여 새 테이블로 생성하는 〈자산조회〉 쿼리를 작성하고 실행하시오. (7점)

▶ 자산총계 = 유동자산 + 고정자산
▶ 쿼리 실행 후 생성되는 테이블의 이름은 [회사정보조회]로 설정하시오.
▶ 쿼리 결과 표시되는 필드와 필드명, 필드의 형식은 〈그림〉과 같이 표시되도록 설정하시오.

03 〈기업재무정보〉 쿼리를 이용하여 업종별 시장구분별 매출액의 평균을 계산하는 〈업종별매출액평균〉 크로스탭 쿼리를 작성하시오. (7점)

▶ 구분은 '업종'의 오른쪽 6글자를 좌우 공백없이 이용하시오.(Right, Trim 함수 사용)
▶ 시장구분은 '코스닥', '유가증권' 순으로 표시하시오.
▶ 매출액은 0 이상이고 500,000,000 이하인 자료만을 대상으로 하시오.
▶ 쿼리 결과 표시되는 필드와 필드명, 필드의 형식은 〈그림〉과 같이 표시되도록 설정하시오.

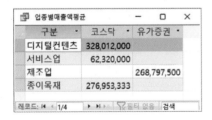

04 〈기업〉, 〈재무〉 테이블을 이용하여 유동부채가 비어 있지 않는 2024년 자료를 조회하는 〈2024년재무정보〉 쿼리를 작성하시오. (7점)

▶ Is Not Null을 이용하시오.

▶ 쿼리 결과 표시되는 필드와 필드명, 필드의 형식은 〈그림〉과 같이 표시되도록 설정하시오.

기업명	유동자산	유동부채	자본금	영업이익
컴게임	716080000	65940000	9860000	114120000
MS인더스	285100000	224680000	19790000	66210000
하이텍	459210000	261700000	202560000	239340000
월드시멘	346930000	219400000	21480000	75310000
월드투어	208330000	173260000	6970000	-114870000
월드오션	662520000	604300000	534310000	225210000
미풍제지	567000000	618260000	159010000	94560000
DY패키지	58560000	41580000	63200000	4700000
하늘건설	541190000	261360000	114640000	48170000
와이키키	333400000	92400000	19620000	108260000

레코드: ◄ ◄ 1/10 ► ►I ►※ ▼ 필터 없음 검색

05 〈기업〉, 〈재무〉 테이블을 이용하여 년도가 2024이고, 당기순이익이 0 미만인 종목코드의 '비고' 필드에 '★'으로 변경하는 〈2024년당기순이익분석〉 업데이트 쿼리를 작성한 후 실행하시오. (7점)

▶ In 연산자와 하위 쿼리 사용

01 〈기업〉, 〈재무〉 테이블

〈기업〉 테이블

번호	필드 이름	속성 및 형식	설정 값
①	기업명	필수	예
		인덱스	예(중복 가능)
②	시장구분	유효성 검사 규칙	In ("코스피","코스닥","유가증권")
③	지역	필드 크기	2

〈재무〉 테이블

번호	필드 이름	속성 및 형식	설정 값
④	종목코드, 년도	기본키	필드 이름 / 데이터 형식 종목코드 — 숫자 년도 — 숫자
⑤	년도	입력 마스크	0000;;#

02 '추가재무정보.xlsx' 파일 가져오기

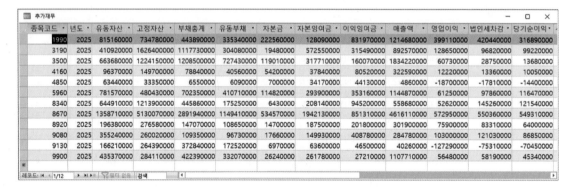

03 〈재무〉, 〈기업〉 테이블 관계 설정

01 〈재무조회〉 폼

번호	필드 이름	필드 속성	설정 값
①	폼	팝업	예
②	폼 바닥글(txt총개수)	컨트롤 원본	=Count(*) & "개"
③	폼 바닥글(txt최대매출액)	컨트롤 원본	=Max([매출액])

02 〈기업조회〉 폼 '본문' 컨트롤(조건부 서식)

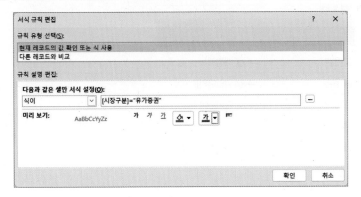

03 〈보고서인쇄〉 매크로

01 〈기업재무〉 보고서

번호	필드 이름	필드 속성	설정 값
①	년도 정렬 추가	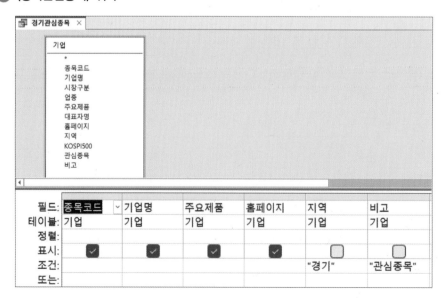 그룹, 정렬 및 요약 ⊠ 그룹화 기준 기업.종목코드 정렬 기준 년도 ▼ 오름차순 ▼, 자세히 ► ← ↕ ✕ 물 그룹 추가 Ⴑ↓ 정렬 추가	
②	txt날짜	컨트롤 원본	=Now( )
		형식	yyyy–mm–dd (aaa) ampm hh:nn
③	그룹 머리글	그룹, 정렬 및 요약 그룹화 기준 기업.종목코드 ▼ 오름차순 ▼, 전체 값 ▼, 요약 표시 안 함 ▼ 제목 추가하려면 클릭, 머리글 구역 표시 안 함 ▼, 바닥글 구역 표시 ▼	
	txt매출액평균	컨트롤 원본	=Avg([매출액])
	txt영업이익평균	컨트롤 원본	=Avg([영업이익])
	txt당기순이익평균	컨트롤 원본	=Avg([당기순이익])
④	그룹 바닥글	배경색	강조색 5, 보다 밝게 80%(파랑, 강조5, 80%더 밝게)
⑤	txt페이지	컨트롤 원본	="총 " & [Pages] & "쪽중 " & [Page] & "쪽"

02 〈재무조회〉 폼의 On Load

```
Private Sub Form_Load()
    txt당기순회사 = DLookup("기업명", "기업재무정보", "당기순이익= txt최대값")
End Sub
```

01 〈경기관심종목〉 쿼리

기업
*
종목코드
기업명
시장구분
업종
주요제품
대표자명
홈페이지
지역
KOSPI500
관심종목
비고

필드:	종목코드 ⌄	기업명	주요제품	홈페이지	지역	비고
테이블:	기업	기업	기업	기업	기업	기업
정렬:						
표시:	☑	☑	☑	☑	☐	☐
조건:					"경기"	"관심종목"
또는:						

02 ⟨자산조회⟩ 쿼리

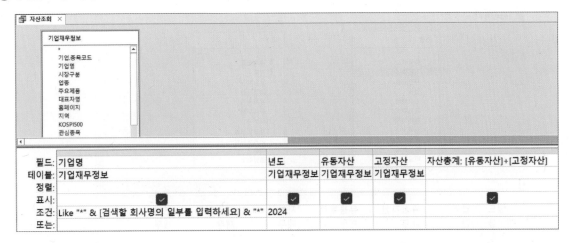

필드:	기업명		년도	유동자산	고정자산	자산총계: [유동자산]+[고정자산]
테이블:	기업재무정보		기업재무정보	기업재무정보	기업재무정보	
정렬:						
표시:	✓		✓	✓	✓	✓
조건:	Like "*" & [검색할 회사명의 일부를 입력하세요] & "*"		2024			
또는:						

03 ⟨업종별매출액평균⟩ 쿼리

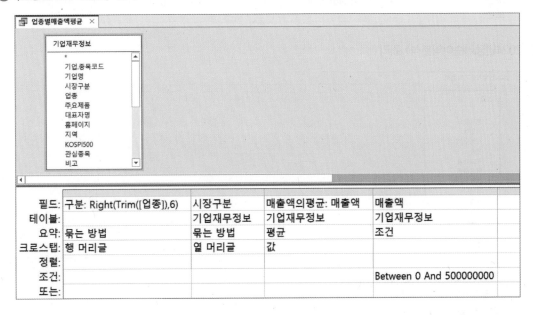

필드:	구분: Right(Trim([업종]),6)	시장구분	매출액의평균: 매출액	매출액	
테이블:		기업재무정보	기업재무정보	기업재무정보	
요약:	묶는 방법	묶는 방법	평균	조건	
크로스탭:	행 머리글	열 머리글	값		
정렬:					
조건:				Between 0 And 500000000	
또는:					

04 〈2024년재무정보〉 쿼리

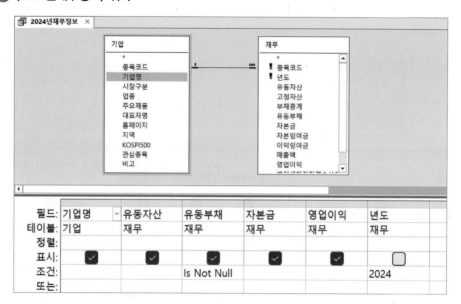

필드	기업명	유동자산	유동부채	자본금	영업이익	년도	
테이블	기업	재무	재무	재무	재무	재무	
정렬							
표시	☑	☑	☑	☑	☑	☐	
조건			Is Not Null			2024	
또는							

05 〈2024년당기순이익분석〉 쿼리

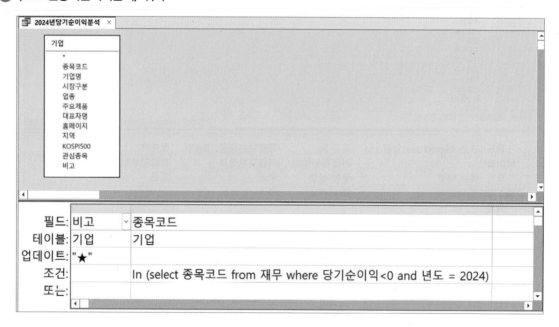

필드	비고	종목코드
테이블	기업	기업
업데이트	"★"	
조건		In (select 종목코드 from 재무 where 당기순이익<0 and 년도 = 2024)
또는		

문제 ① DB구축

01 〈기업〉, 〈재무〉 테이블

① 〈기업〉 테이블에서 마우스 오른쪽 버튼을 눌러 [디자인 보기](圖)를 클릭한다.

② '기업명' 필드의 필수를 '예', 인덱스를 '예(중복 가능)'으로 설정한다.

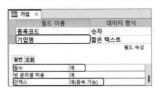

③ '시장구분' 필드의 유효성 검사 규칙에 In("코스피","코스닥","유가증권")을 입력한다.

④ '지역' 필드의 필드 크기에 2를 입력하고 Ctrl + S를 누른 후 [예]를 클릭한다.

⑤ 〈재무〉 테이블에서 마우스 오른쪽 버튼을 눌러 [디자인 보기](圖)를 클릭한다.

⑥ '종목코드' 필드와 '년도' 필드를 동시에 선택한 후 [테이블 디자인] 탭의 [기본 키](圖)를 클릭한다.

⑦ '년도' 필드의 입력 마스크에 0000;;#을 입력하고 Ctrl + S를 누른 후 [예]를 클릭한다.

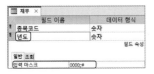

02 외부 데이터 가져오기

① [외부 데이터]-[가져오기 및 연결] 그룹에서 [새 데이터 원본]-[파일에서]-[Excel]을 클릭한다.

② [찾아보기]를 클릭하여 '추가재무정보.xlsx' 파일을 찾은 후 [열기]를 클릭한다.

③ '현재 데이터베이스의 새 테이블로 원본 데이터 가져오기'를 지정하고 [확인]을 클릭한다.

④ '워크시트 표시'를 선택한 후 [다음]을 클릭한다.

⑤ '첫 행에 열 머리글이 있음'을 체크하고 [다음]을 클릭한다.

⑥ '기본 키 선택'에서 '종목코드'를 선택하고 [다음]을 클릭한다.

⑦ **추가재무** 테이블 이름을 입력하고 [마침]을 클릭한 후 [닫기]를 클릭한다.

03 〈재무〉 ↔ 〈기업〉 테이블간의 관계 설정

① [데이터베이스 도구]-[관계] 그룹에서 [관계] (🖼)를 클릭한다.

② 〈기업〉, 〈재무〉 테이블을 선택하고 [추가]를 클릭한 후 [닫기]를 클릭한다.

③ 〈기업〉, 〈재무〉 테이블의 '종목코드' 필드끼리 관계를 맺고 지시사항대로 체크한 후 [만들기]를 클릭한다.

④ [관계 디자인] 탭의 [닫기]를 클릭하고 변경한 내용은 [예]를 눌러 저장한다.

문제 ❷ 입력 및 수정 기능 구현

01 〈재무조회〉 폼

① 〈재무조회〉 폼에서 마우스 오른쪽 버튼을 눌러 [디자인 보기](🖼)를 클릭한다.

② 속성 시트에서 '폼' 개체를 선택하고 팝업 속성을 '예'로 설정한다.

③ 'txt총개수'를 선택하고 컨트롤 원본에 =Count (*) & "개"를 입력한다.

④ 'txt최대매출액'을 선택하고 컨트롤 원본에 =Max([매출액])을 입력한다.

02 조건부 서식

① 〈기업조회〉 폼의 [디자인 보기](🖼) 모드에서 '본문' 구역의 텍스트 상자를 Ctrl을 이용하여 선택한다.

② [서식]-[컨트롤 서식] 그룹에서 [조건부 서식] (🖼)을 클릭한다.

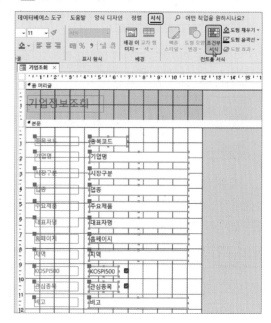

③ [새 규칙]을 클릭하여 '식이'를 선택하고 [시장 구분]="유가증권"을 입력하고, [글꼴 색]에서 '파랑색'을 선택하고 [확인]을 클릭한다.

④ [조건부 서식 규칙 관리자]에서 [확인]을 클릭한다.

03 〈재무조회〉 폼의 'cmd인쇄' 컨트롤

① [만들기]-[매크로 및 코드] 그룹에서 [매크로]([])를 클릭한다.
② 매크로 함수 중 'OpenReport'를 선택한 후 필요한 인수를 설정한다.

③ [저장]([])을 클릭하여 **보고서인쇄** 매크로로 저장한다.
④ 〈재무조회〉 폼의 [디자인 보기]([]) 모드에서 'cmd인쇄' 컨트롤을 선택한다.
⑤ [이벤트] 탭의 On Click에서 '보고서인쇄'를 선택한다.

01 〈기업재무〉 보고서

① 〈기업재무〉 보고서에서 마우스 오른쪽 버튼을 눌러 [디자인 보기]([])를 클릭한 후 [보고서 디자인]-[그룹화 및 요약] 그룹에서 [그룹화 및 정렬]을 클릭한다.
② [그룹, 정렬 및 요약]에서 [정렬 추가]를 클릭한다.

③ '년도' 필드를 선택하고 '오름차순'으로 지정한다.

④ 'txt날짜' 컨트롤을 선택한 후 컨트롤 원본에 =now()를 입력하고, 형식에 yyyy-mm-dd (aaa) ampm hh:nn을 입력한다.

⑤ [그룹, 정렬 및 요약]의 '기업.종목코드'에서 '머리글 구역 표시 안 함'을 선택한다.

⑥ 'txt매출액평균' 컨트롤을 선택한 후 컨트롤 원본에 =Avg([매출액])을 입력한다.

⑦ 'txt영업이익평균'의 컨트롤 원본은 =Avg([영업이익]), 'txt당기순이익평균'의 '컨트롤 원본'은 =Avg([당기순이익])을 입력한다.

⑧ '보고서 머리글'을 선택한 후 '배경색'을 확인한 후 '기업.종목코드 바닥글'을 선택하여 '배경색'에 '파랑, 강조 5, 80% 더 밝게'를 선택한다.

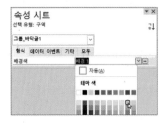

⑨ 'txt페이지' 컨트롤을 선택한 후 컨트롤 원본에 ="총 " & [Pages] & "쪽중 " & [Page] & "쪽"을 입력한다.

⑫ 〈재무조회〉 폼의 이벤트 프로시저 작성

① 〈재무조회〉 폼을 [디자인 보기](🖳)로 열고 [폼 속성 시트]의 [이벤트] 탭의 On Load 속성에서 [이벤트 프로시저]를 선택하고 [작성기](…)를 클릭한다.

② 'Form_Load( ) 프로시저'에 다음과 같이 코딩한다.

```
Private Sub Form_Load()
    txt당기순회사 = DLookup("기업명", "기업재무정
보", "당기순이익= txt최대값")
End Sub
```

문제 ④ 처리 기능 구현

⑪ 〈경기관심종목〉 쿼리

① [만들기]-[쿼리] 그룹에서 [쿼리 디자인](🖾)을 클릭한다.

② 〈기업〉 테이블을 더블클릭하여 추가한 후 [닫기]를 클릭한다.

③ 디자인 눈금의 각 필드에 다음과 같이 드래그 해서 배치한 후 '지역', '비고' 표시 체크를 해제하고 조건을 입력한다.

필드:	종목코드	기업명	주요제품	홈페이지	지역	비고
테이블:	기업	기업	기업	기업	기업	기업
정렬:						
표시:	☑	☑	☑	☑	☐	☐
조건:					"경기"	"관심종목"
또는:						

④ [저장](🖫)을 클릭한 후 **경기관심종목**을 입력하고 [확인]을 클릭한다.

⑫ 〈자산조회〉 쿼리

① [만들기]-[쿼리] 그룹에서 [쿼리 디자인](🖾)을 클릭한다.

② 〈기업재무정보〉 쿼리를 더블클릭하여 추가한 후 [닫기]를 클릭한다.

③ 디자인 눈금의 각 필드에 다음과 같이 드래그 해서 배치한다.

필드:	기업명	년도	유동자산	고정자산
테이블:	기업재무정보	기업재무정보	기업재무정보	기업재무정보
정렬:				
표시:	☑	☑	☑	☑
조건:				
또는:				

④ '기업명' 필드의 조건에 Like "*" & [검색할 회사명의 일부를 입력하세요] & "*"를 입력하고, '년도' 필드의 조건에 2024을 입력하고, **자산총계 : [유동자산] + [고정자산]** 필드를 추가한다.

⑤ [쿼리 디자인] 탭의 [테이블 만들기](🖾)를 클릭한다.

⑥ [테이블 만들기]의 테이블 이름에 **회사정보조회**를 입력하고 [확인]을 클릭한다.

⑦ [쿼리 디자인] 탭의 [실행](▮)을 클릭하여 **여행**을 입력한 후 [확인]을 클릭한다.

⑧ 메시지에서 [예]를 클릭한다.

⑨ [저장](🖫)을 클릭한 후 **자산조회**를 입력하고 [확인]을 클릭한다.

⑬ 〈업종별매출액평균〉 쿼리

① [만들기]-[쿼리] 그룹에서 [쿼리 디자인](🖾)을 클릭한다.

② 〈기업재무정보〉 쿼리를 더블클릭하여 추가한 후 [닫기]를 클릭한다.

③ 디자인 눈금의 각 필드에 다음과 같이 드래그 해서 배치한 후 [쿼리 디자인] 탭의 [크로스탭] (▦)을 클릭한다.

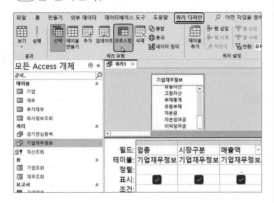

④ 행 머리글 구분: Right(Trim([업종]),6)으로 수 정하고, 열 머리글 '시장구분', 값은 '매출액', 요 약은 '평균'으로 지정한다.

⑤ 조건을 작성하기 위해 '매출액' 필드를 추가하 여 조건에 Between 0 And 500000000을 입력 한다.

⑥ '시장구분' 필드에서 마우스 오른쪽 버튼을 눌 러 [속성]을 클릭하여 열 머리글에 "코스닥", "유 가증권"을 입력한다.

⑦ '매출액' 필드를 선택한 후 [속성 시트]의 형식 은 '표준', 소수 자릿수는 0을 입력한다.

⑧ [저장](▦)을 클릭한 후 업종별매출액평균을 입 력하고 [확인]을 클릭한다.

04 〈2024년재무정보〉 쿼리

① [만들기]-[쿼리] 그룹에서 [쿼리 디자인](▦)을 클릭한다.

② 〈기업〉, 〈재무〉 테이블을 더블클릭하여 추가한 후 [닫기]를 클릭한다.

③ 디자인 눈금의 각 필드에 다음과 같이 드래그 해서 배치한 후 '유동부채' 필드에 조건 Is Not Null을 입력하고, '년도' 필드의 체크를 해제하 고 2024를 입력한다.

필드	기업명	유동자산	유동부채	자본금	영업이익	년도
테이블	기업	재무	재무	재무	재무	재무
정렬						
표시	✓	✓	✓	✓	✓	□
조건			Is Not Null			2024
또는						

④ [저장](▦)을 클릭한 후 2024년재무정보를 입력 하고 [확인]을 클릭한다.

05 〈2024년당기순이익분석〉 업데이트 쿼리

① [만들기]-[쿼리] 그룹의 [쿼리 디자인](▦)을 클릭한다.

② [테이블 추가]의 [테이블] 탭에서 〈기업〉 테이 블을 추가하고 '비고'와 '종목코드' 필드를 드래 그한다.

③ [쿼리 디자인] 탭의 [쿼리 유형]-[업데이트] (▦)를 클릭한 후 다음과 같이 입력한다.

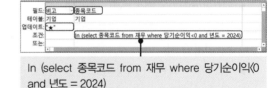

In (select 종목코드 from 재무 where 당기순이익<0 and 년도 = 2024)

④ 쿼리의 이름을 2024년당기순이익분석으로 입 력하고 [확인]을 클릭한다.

⑤ [쿼리 디자인] 탭의 [결과]-[실행](❗)을 클릭하 여 메시지가 표시되면 [예]를 클릭한다.

작업파일 [2025컴활1급₩2권_데이터베이스₩상시기출문제] 폴더의 '상시기출문제8회' 파일을 열어서 작업하시오.

문제 ❶ DB구축   25점

01 다음의 지시사항에 따라 각 테이블을 완성하시오. (각 3점)

〈취업추천〉 테이블

① '순번' 필드에는 값이 반드시 입력되도록 설정하고, 기본키(PK)로 지정하고, 새 레코드 추가 시 기본적으로 0으로 입력되도록 설정하시오.

② 새로운 레코드가 추가되는 경우 '추천일자' 필드에는 시간을 포함하지 않은 시스템의 오늘 날짜가 입력되도록 설정하시오.

〈졸업예정자〉 테이블

③ '학번' 필드는 필드 크기를 8로 설정하고, 반드시 입력되도록 설정하시오.

④ '전화번호' 필드에는 '010-####-####'과 같이 "010" 문자열, 8자리 숫자, '-' 2자리가 반드시 입력되도록 입력 마스크를 설정하시오.

   ▶ 숫자 입력은 0~9까지의 숫자가 반드시 입력될 수 있도록 설정할 것

   ▶ 자료 입력 시 화면에는 '#'을 표시하고, '-' 기호도 함께 테이블에 저장되도록 설정할 것

⑤ '이메일주소' 필드에는 "@"문자가 반드시 포함되도록 유효성 검사 규칙을 설정하시오.

02 〈취업추천〉 테이블의 '학번' 필드에 대해 다음과 같이 조회 속성을 설정하시오. (5점)

   ▶ 〈졸업예정자〉 테이블의 '학번'과 '이름'이 콤보 상자의 형태로 표시되도록 설정할 것

   ▶ 필드에는 '학번'이 저장되도록 할 것

   ▶ 목록 너비를 3cm로 설정할 것

   ▶ 목록 값만 입력할 수 있도록 설정할 것

03 〈취업추천〉 테이블의 '학번' 필드는 〈졸업예정자〉 테이블의 '학번' 필드를 참조하며, 테이블 간의 관계는 M:1이다. 다음과 같이 테이블 간의 관계를 설정하시오. (5점)

※ 액세스 파일에 이미 설정되어 있는 관계는 수정하지 마시오.

▶ 테이블 간에 항상 참조 무결성이 유지되도록 설정하시오.

▶ 참조 필드의 값이 변경되면 관련 필드의 값도 변경되도록 설정하시오.

▶ 다른 테이블에서 참조하고 있는 레코드는 삭제할 수 없도록 설정하시오.

문제 ❷ 입력 및 수정 기능 구현   **20점**

01 〈채용회사〉 폼을 다음의 화면과 지시사항에 따라 완성하시오. (각 3점)

① 본문 영역의 'txt회사명', 'txt인사담당자명' 컨트롤에는 각각 '회사명', '인사담당자명' 필드의 내용이 표시되도록 관련 속성을 설정하시오.

② 폼 바닥글의 'txt회사수' 컨트롤에는 전체 회사 수가 [표시 예]와 같이 표시되도록 컨트롤 원본 속성을 설정하시오.

▶ 표시 예 : 20 → 20개

③ 본문의 모든 컨트롤에 대해 특수 효과를 '오목'으로 설정하시오.

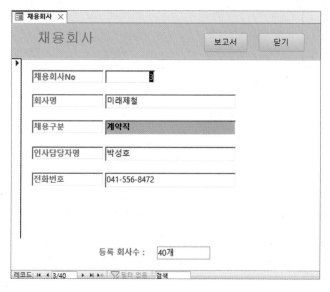

02 〈채용회사〉 폼의 'txt채용구분' 컨트롤에 대하여 다음과 같이 조건부 서식을 설정하시오. (6점)

▶ '채용구분' 필드의 값이 '계약직'인 경우 글꼴 스타일은 '굵게', 배경색을 표준 색 '진한 바다색 3'으로 지정하시오.

▶ 단, 하나의 규칙으로 작성하시오.   ▶ 1번 그림 참조

03 〈채용회사〉 폼의 '보고서'(cmd보고서) 단추를 클릭하면 〈채용회사〉 보고서를 '인쇄 미리보기' 형태의 '대화 상자'로 여는 〈출력〉 매크로를 생성하고 지정하시오. (5점)

▶ 매크로 조건 : '채용구분' 필드의 값이 '정규직'인 정보만 표시

01 다음의 지시사항 및 화면을 참조하여 〈채용회사〉 보고서를 완성하시오. (각 3점)

① 같은 '채용구분' 안에서는 '회사명'을 기준으로 내림차순으로 정렬하여 표시되도록 설정하시오.

② 페이지 머리글의 컨트롤을 〈그림〉과 같이 표시되도록 채용구분 머리글로 이동하고, 채용구분 머리글 영역이 매 페이지마다 반복하여 출력되도록 설정하시오.

③ 채용구분 머리글의 'txt채용구분' 컨트롤에는 [표시 예]와 같은 형식으로 정보를 표시하도록 설정하시오.

▶ [표시 예] 채용구분 : [채용구분] [10개]

④ 본문 영역의 'txt순번' 컨트롤에는 그룹별로 순번이 표시되도록 관련 속성을 설정하시오.

⑤ 페이지 바닥글의 'txt날짜' 컨트롤에는 현재 날짜만 표시되도록 컨트롤 원본을 설정하고, 〈그림〉과 같이 표시되도록 형식을 보통 날짜로 설정하시오.

채용회사분류

채용구분 : [계약직] [20개]

순번	회사명	인사담당자명	전화번호
1	GJGGV	정교훈	02-2542-5050
2	호텔경주	한예나	054-245-6397
3	한국항공	김선아	032-564-9851
4	한국사이언스	곽이진	031-957-5123
5	하이텍	마영훈	033-264-5283
6	하늘건설	곽성규	02-1425-2345
7	크립프톤	선호중	031-6524-2451
8	코가스공사	이성훈	053-542-6392
9	컴게임	김성현	02-2547-8820
10	참여행사	민주회	051-658-9950
11	제일에너지	김청진	052-354-5800
12	제일면세점	정온하	032-864-5287
13	월드투어	김혁인	02-4560-5501
14	월드시멘트	소우진	033-963-7400
15	에코어스	고성진	054-524-5423
16	스페이스	강성훈	055-250-2220
17	서원산업	원미훈	031-450-3200
18	미풍제지	강준가	041-423-3320
19	미래제철	박성호	041-556-8472
20	마린시티	신유림	051-652-9988

채용구분 : [정규직] [20개]

순번	회사명	인사담당자명	전화번호
1	SM반도체	정훈성	031-254-6328
2	MS인더스	박정국	063-569-3210
3	KS바이오사이언스	이주람	032-992-9542
4	K&TG	한정국	042-547-5631
5	E첨단소재	문수현	063-563-4450
6	DY패키지	송미진	062-589-4420
7	화이브	공성진	02-2640-5428
8	현대에셋	강하나	02-7780-5124

24년 06월 07일   1/2

02 〈채용회사〉 폼 머리글의 '닫기'(cmd닫기) 단추를 클릭하면 다음과 같은 기능을 수행하도록 이벤트 프로시저를 구현하시오. (5점)

▶ '닫기(cmd닫기)' 단추를 클릭하면 〈그림〉과 같이 메시지 상자를 표시하시오.

▶ 메시지 상자에서 〈예〉를 클릭했을 때만 저장 여부를 묻지 않고 저장한 후 폼을 종료하시오.

▶ DoCmd, Close 함수를 사용하시오.

폼 종료 ✕

폼을 종료하겠습니까?

[예(Y)]   [아니오(N)]

01 〈채용회사〉테이블을 이용하여 '채용구분'이 '계약직'이고 전화번호 국번 뒤 '–'뒤 글자가 4로 시작하는 회사의 정보를 조회하는 〈계약직회사〉쿼리를 작성하시오. (7점)

- ▶ '회사명'을 기준으로 오름차순 정렬하여 표시하시오.
- ▶ 쿼리 실행 결과 표시되는 필드와 필드명은 〈그림〉과 같이 표시되도록 설정하시오.

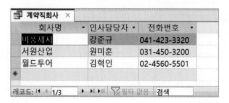

02 〈채용회사〉테이블을 이용하여 매개 변수로 입력된 '주소'를 포함하는 기업들의 정보를 조회하여 새 테이블로 생성하는 〈기업조회〉쿼리를 작성하고 실행하시오. (7점)

- ▶ 쿼리 실행 후 생성되는 테이블의 이름은 [경기도업체]로 설정하시오.
- ▶ 쿼리 결과 표시되는 필드와 필드명, 필드의 형식은 〈그림〉과 같이 표시되도록 설정하시오.

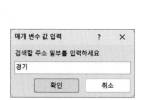

03 회사별, 채용구분별 추천 인원수를 조회하는 〈회사별인원수〉크로스탭 쿼리를 작성하시오. (7점)

- ▶ 〈채용회사〉, 〈취업추천〉테이블을 이용하시오.
- ▶ 인원수는 '학번' 필드를 이용하여 계산하되, 빈 셀에는 '*'를 표시하시오. (IIf, IsNull, Count 함수 이용)
- ▶ 쿼리 결과 표시되는 필드와 필드명, 필드의 형식은 〈그림〉과 같이 표시되도록 설정하시오.

04 〈졸업자예정자〉 테이블을 이용하여 서울에 거주하는 졸업생을 조회하는 〈서울거주학생〉 쿼리를 작성하시오. (7점)

- ▶ '주소' 필드의 값이 '서울'로 시작하는 졸업생만을 대상으로 하시오.
- ▶ '학번' 필드를 기준으로 오름차순 정렬하여 표시하시오.
- ▶ 지역은 Left, InStr 함수를 이용하여 '구'까지 표시하시오.
- ▶ 쿼리 실행 결과 표시되는 필드와 필드명은 〈그림〉과 같이 표시되도록 설정하시오.

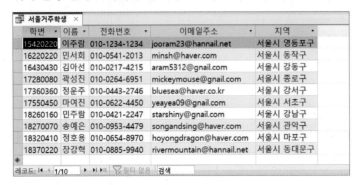

05 〈졸업예정자〉 테이블을 이용하여 '이름', '전화번호'를 매개 변수로 입력받아 〈전화번호변경〉 업데이트 쿼리를 작성한 후 실행하시오. (7점)

- ▶ 조건은 '이름'을 매개변수로 입력받아 이용하시오
- ▶ 업데이트는 '전화번호' 매개변수로 입력받아 이용하시오
- ▶ 쿼리 실행 결과 표시되는 필드와 필드명은 〈그림〉과 같이 표시되도록 설정하시오.

※ 〈전화번호변경〉 쿼리를 실행한 후의 〈졸업예정자〉 테이블

01 〈취업추천〉, 〈졸업예정자〉 테이블

〈취업추천〉 테이블

번호	필드 이름	속성 및 형식	설정 값
①	순번	필수	예
		기본 키	필드 이름 / 데이터 형식 — 순번 : 숫자, 학번 : 짧은 텍스트
		기본값	0
②	추천일자	기본값	Date( )

〈졸업예정자〉 테이블

번호	필드 이름	속성 및 형식	설정 값
③	학번	필드 크기	8
		필수	예
④	전화번호	입력 마스크	"010"-0000-0000;0;#
⑤	이메일주소	유효성 검사 규칙	Like "*@*"

02 〈취업추천〉 테이블의 '학번' 필드의 조회 속성

일반 조회	
컨트롤 표시	콤보 상자
행 원본 유형	테이블/쿼리
행 원본	SELECT 졸업예정자.학번, 졸업예정자.이름 FROM 졸업예정자;
바운드 열	1
열 개수	2
열 이름	아니요
열 너비	0cm;3cm
행 수	16
목록 너비	3cm
목록 값만 허용	예
여러 값 허용	아니요
값 목록 편집 허용	아니요
목록 항목 편집 폼	
행 원본 값만 표시	아니요

03 〈취업추천〉, 〈졸업예정자〉 테이블 관계 설정

ⓞ 〈채용회사〉 폼 완성

번호	필드 이름	필드 속성	설정 값
①	txt회사명	컨트롤 원본	회사명
	txt인사담당자명	컨트롤 원본	인사담당자명
②	txt회사수	컨트롤 원본	=Count(*) & "개"
③	본문 컨트롤	특수 효과	오목

ⓜ 〈채용회사〉 폼 'txt채용구분' 컨트롤(조건부 서식)

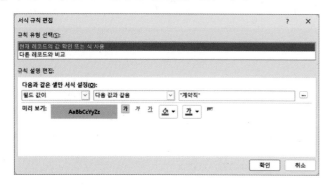

ⓝ 〈출력〉 매크로

ⓞ 〈채용회사〉 보고서 완성

번호	필드 이름	필드 속성	설정 값
①	회사명 정렬	그룹, 정렬 및 요약 그룹화 기준 채용구분 정렬 기준 회사명 ▼ 내림차순 ▼ , 자세히 ▶ 그룹 추가 정렬 추가	
②	페이지 머리글	이동	채용구분 머리글
		높이	0
	채용구분 머리글	반복 실행 구역	예
③	txt채용구분	컨트롤 원본	="채용구분 : [" & [채용구분] & "] [" & Count(*) & "개]"
④	txt순번	컨트롤 원본	=1
		누적 합계	그룹
⑤	txt날짜	컨트롤 원본	=Date()
		형식	보통 날짜

② 〈채용회사〉 폼의 cmd닫기

```
Private Sub cmd닫기_Click()
    Dim a
    a = MsgBox("폼을 종료하겠습니까?", vbYesNo, "폼 종료")
    If a = vbYes Then
        DoCmd.Close acForm, "채용회사", acSaveYes
    End If
End Sub
```

문제 ④ 처리 기능 구현

① 〈계약직회사〉 쿼리

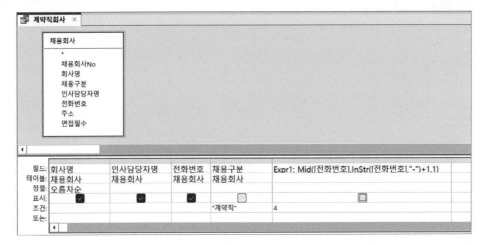

② 〈기업조회〉 쿼리

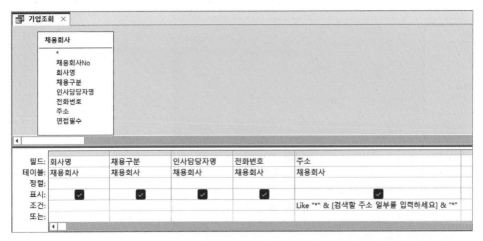

03 〈회사별인원수〉 쿼리

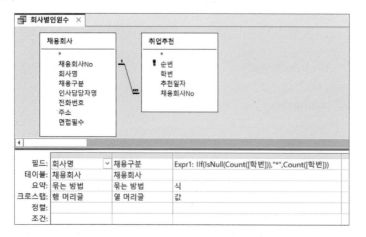

04 〈서울거주학생〉 쿼리

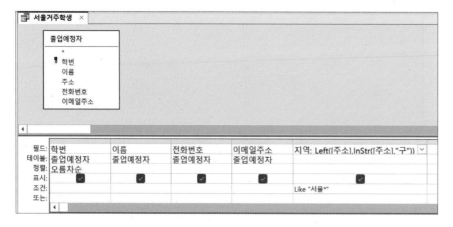

05 〈전화번호변경〉 쿼리

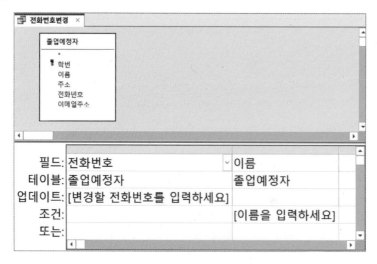

문제 ❶ **DB구축**

01 〈취업추천〉, 〈졸업예정자〉 테이블

① 〈취업추천〉 테이블에서 마우스 오른쪽 버튼을 눌러 [디자인 보기](■)를 클릭한다.

② '순번' 필드의 필수는 '예'를 선택하고, 기본값에 0을 입력한다.

③ [테이블 디자인] 탭에서 [기본 키](🔍)를 클릭한다.

④ '추천일자' 필드의 기본값에 DATE()를 입력하고 Ctrl+S를 누른 후 데이터 통합 규칙이 바뀌었다는 메시지에서 [예]를 클릭한다.

⑤ 〈졸업예정자〉 테이블에서 마우스 오른쪽 버튼을 눌러 [디자인 보기](■)를 클릭한다.

⑥ '학번' 필드의 필드 크기는 8을 입력한다.

⑦ '학번' 필드의 필수는 '예'를 선택한다.

⑧ '전화번호' 필드의 입력 마스크에 "010"-0000-0000;0;#을 입력한다.

⑨ '이메일주소' 필드의 유효성 검사 규칙에 Like "*@*"을 입력하고 Ctrl+S를 누른 후 데이터 일부가 손실될 수 있다는 메시지에서 [예]를 클릭한다.

02 〈취업추천〉 테이블의 '학번' 필드의 조회 속성 설정

① 〈취업추천〉 테이블의 [디자인 보기](■) 모드에서 '학번' 필드를 선택하고, 필드 속성 [조회] 탭의 컨트롤 표시 속성 중 '콤보 상자'를 선택한다.

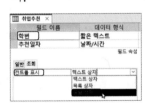

② 행 원본 속성의 [작성기](▥)를 클릭한다.

③ [테이블 추가]에서 〈졸업예정자〉 테이블을 선택하고 [추가]를 클릭한 다음 [닫기]를 클릭한다.

④ 〈졸업예정자〉 테이블의 '학번', '이름' 필드를 더블클릭하여 눈금에 추가한다.

⑤ [닫기]를 클릭하면 'SQL 문의 변경 내용을 저장하고 속성을 업데이트하시겠습니까?" 메시지에서 [예]를 클릭한다.

⑥ '바운드 열', '열 개수', '열 너비', '목록 너비', '목록 값만 허용' 속성 등을 설정한다.

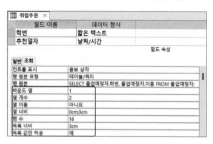

03 〈취업추천〉 ↔ 〈졸업예정자〉 테이블간의 관계 설정

① [데이터베이스 도구]-[관계] 그룹에서 [관계]( )를 클릭한다.
② [관계 디자인]-[관계] 그룹에서 [테이블 추가]( )를 클릭한다.
③ 〈졸업예정자〉 테이블을 선택하고 [추가]를 클릭한 후 [닫기]를 클릭한다.
④ 〈취업추천〉, 〈졸업예정자〉 테이블의 '학번' 필드끼리 관계를 맺고 지시사항대로 체크한 후 [만들기]를 클릭한다.

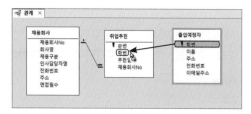

⑤ [관계 디자인] 탭의 [닫기]를 클릭하고 변경한 내용은 [예]를 눌러 저장한다.

문제 ❷ **입력 및 수정 기능 구현**

01 〈채용회사〉 폼

① 〈채용회사〉 폼에서 마우스 오른쪽 버튼을 눌러 [디자인 보기]( )를 클릭한다.
② 'txt회사명'을 선택하고 컨트롤 원본에 '회사명'을 설정하고, 'txt인사담당자명'의 컨트롤 원본에 '인사담당자명'으로 설정한다.

③ 'txt회사수'를 선택하고 컨트롤 원본에 =Count(*) & "개"를 입력한다.

④ '본문' 구역의 왼쪽 눈금자를 클릭하여 본문 영역의 모든 컨트롤을 선택한 후 '특수 효과' 컨트롤에 '오목'을 설정한다.

02 조건부 서식

① 〈채용회사〉 폼의 [디자인 보기](⬛) 모드에서 'txt채용구분' 컨트롤을 선택한다.

② [서식]−[컨트롤 서식] 그룹에서 [조건부 서식](⬛)을 클릭한다.

③ [새 규칙]을 클릭하여 '필드 값이'를 선택하여 '다음 값과 같음'에 **계약직**을 입력하고, '굵게' 지정하고 [배경색]에서 '진한 바다색3'을 선택하고 [확인]을 클릭한다.

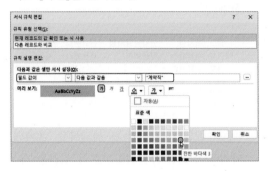

④ [조건부 서식 규칙 관리자]에서 [확인]을 클릭한다.

03 〈채용회사〉 폼의 'cmd보고서' 컨트롤

① [만들기]−[매크로 및 코드] 그룹에서 [매크로](⬛)를 클릭한다.

② 매크로 함수 중 'OpenReport'를 선택한 후 필요한 인수를 설정한다.

③ [저장](⬛)을 클릭하여 **출력** 매크로로 저장한다.

④ 〈채용회사〉 폼의 [디자인 보기](⬛) 모드에서 'cmd보고서' 컨트롤을 선택한다.

⑤ [이벤트] 탭의 On Click에서 '출력'을 선택한다.

01 〈채용회사〉 보고서

① 〈채용회사〉 보고서에서 마우스 오른쪽 버튼을 눌러 [디자인 보기](⬛)를 클릭한 후 [보고서 디자인]−[그룹화 및 요약] 그룹에서 [그룹화 및 정렬]을 클릭한다.

② [그룹, 정렬 및 요약]에서 [정렬 추가]를 클릭한다.

③ '회사명' 필드를 선택하고 '내림차순'으로 지정한다.

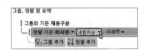

④ 본문의 경계라인을 드래그하여 아래로 이동한다.

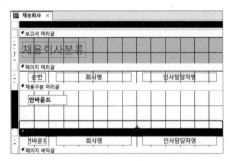

⑤ 페이지 머리글의 왼쪽 눈금자를 클릭하여 모든 컨트롤을 선택한 후 '채용구분 머리글'로 드래그한다.

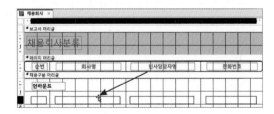

⑥ 채용구분 머리글 경계라인을 드래그하여 조절한 후 '채용구분 머리글'의 반복 실행 구역에 '예'를 선택한다.

⑦ 'txt채용구분' 컨트롤을 선택한 후 컨트롤 원본에 ="채용구분 : [" & [채용구분] & "] [" & Count(*) & "개"]"를 입력한다.

⑧ 'txt순번' 컨트롤을 선택한 후 컨트롤 원본에 =1을 입력하고 '누적 합계'에 '그룹'으로 설정한다.

⑨ 'txt날짜' 컨트롤을 선택한 후 컨트롤 원본에 =DATE()을 입력하고, '형식'에 '보통 날짜'로 설정한다.

⑩ 〈채용회사〉 폼의 닫기(cmd닫기)에 클릭 이벤트 프로시저 작성

① 〈채용회사〉 폼을 [디자인 보기](📄)로 열고 속성 시트에서 'cmd닫기' 명령 단추 개체를 선택한 후 [이벤트] 탭의 On Click에서 [이벤트 프로시저]를 선택하고 [작성기](…)를 클릭한다.
② 'cmd닫기_Click() 프로시저'에 다음과 같이 코딩한다.

```
Private Sub cmd닫기_Click()
    Dim a
    a = MsgBox("폼을 종료하겠습니까?", vbYesNo,
    "폼 종료")
    If a = vbYes Then
        DoCmd.Close acForm, "채용회사", acSav-
        eYes
    End If
End Sub
```

⑩ 〈계약직회사〉 쿼리

① [만들기]-[쿼리] 그룹에서 [쿼리 디자인](🔲)을 클릭한다.
② 〈채용회사〉 테이블을 더블클릭하여 추가한 후 [닫기]를 클릭한다.
③ 디자인 눈금의 각 필드에 다음과 같이 드래그해서 배치한 후 '회사명'은 '오름차순'으로 지정한다.

필드:	회사명	인사담당자명	전화번호	채용구분	
테이블:	채용회사	채용회사	채용회사	채용회사	
정렬:	오름차순				
표시:	☑	☑	☑	☑	
조건:					
또는:					

④ '채용구분'의 표시 체크를 해제하고, 조건에 **계약직**을 입력한 후, 전화번호의 조건을 작성하기 위해 Mid([전화번호],InStr([전화번호],"-")+1,1)을 입력하고, 조건에 4를 입력하고 체크를 해제한다.

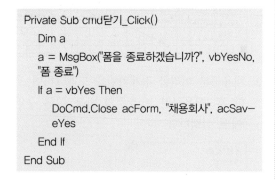

⑤ [저장](💾)을 클릭한 후 **계약직회사**를 입력하고 [확인]을 클릭한다.

⑩ 〈기업조회〉 쿼리

① [만들기]-[쿼리] 그룹에서 [쿼리 디자인](🔲)을 클릭한다.
② 〈채용회사〉 테이블을 더블클릭하여 추가한 후 [닫기]를 클릭한다.
③ 디자인 눈금의 각 필드에 다음과 같이 드래그해서 배치한다.

필드:	회사명	채용구분	인사담당자명	전화번호	주소	
테이블:	채용회사	채용회사	채용회사	채용회사	채용회사	
정렬:						
표시:	☑	☑	☑	☑	☑	
조건:						
또는:						

④ '주소' 필드의 조건에 Like "*" & [검색할 주소 일부를 입력하세요] & "*"를 입력한다.

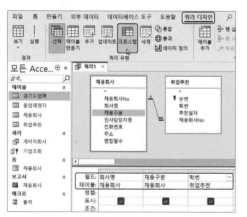

⑤ [쿼리 디자인] 탭의 [테이블 만들기](🔲)를 클릭한다.
⑥ [테이블 만들기]의 테이블 이름에 경기도업체를 입력하고 [확인]을 클릭한다.
⑦ [쿼리 디자인] 탭의 [실행](❗)을 클릭하여 경기를 입력한 후 [확인]을 클릭한다.
⑧ 메시지에서 [예]를 클릭한다.
⑨ [저장](💾)을 클릭한 후 기업조회를 입력하고 [확인]을 클릭한다.

03 〈회사별인원수〉 쿼리

① [만들기]–[쿼리] 그룹에서 [쿼리 디자인](🔲)을 클릭한다.
② 〈채용회사〉, 〈취업추천〉 테이블을 더블클릭하여 추가한 후 [닫기]를 클릭한다.
③ 디자인 눈금의 각 필드에 다음과 같이 드래그해서 배치한 후 [쿼리 디자인] 탭의 [크로스탭](🔲)을 클릭한다.

④ 행 머리글 '회사명', 열 머리글 '채용구분', 값의 필드명은 IIf(IsNull(Count([학번])),"*", Count([학번]))으로 입력하고 요약은 '식'으로 변경한다.

⑤ [저장](💾)을 클릭한 후 회사별인원수를 입력하고 [확인]을 클릭한다.

04 〈서울거주학생〉 쿼리

① [만들기]–[쿼리] 그룹에서 [쿼리 디자인](🔲)을 클릭한다.
② 〈졸업예정자〉 테이블을 더블클릭하여 추가한 후 [닫기]를 클릭한다.
③ 디자인 눈금의 각 필드에 다음과 같이 드래그해서 배치한다.

필드:	학번	이름	전화번호	이메일주소	주소
테이블:	졸업예정자	졸업예정자	졸업예정자	졸업예정자	졸업예정자
정렬:	오름차순				
표시:	☑	☑	☑	☑	☑
조건:					
또는:					

④ '학번' 필드 정렬은 '오름차순'으로 지정하고, '지역' 필드는 Left([주소],InStr([주소],"구"))을 입력하고 조건에 Like "서울*"를 입력한다.

⑤ [저장](💾)을 클릭한 후 서울거주학생을 입력하고 [확인]을 클릭한다.

05 〈전화번호변경〉 쿼리

① [만들기]–[쿼리] 그룹의 [쿼리 디자인](🔲)을 클릭한다.
② [테이블 추가]의 [테이블] 탭에서 〈졸업예정자〉 테이블을 추가하고 '전화번호'와 '이름' 필드를 드래그한다.
③ [쿼리 디자인] 탭의 [쿼리 유형]–[업데이트](🔲)를 클릭한 후 다음과 같이 입력한다.

필드:	전화번호	이름
테이블:	졸업예정자	졸업예정자
업데이트:	[변경할 전화번호를 입력하세요]	
조건:		[이름을 입력하세요]
또는:		

④ 쿼리의 이름을 전화번호변경으로 입력하고 [확인]을 클릭한다.
⑤ [쿼리 디자인] 탭의 [결과]–[실행](❗)을 클릭하여 메시지가 표시되면 [예]를 클릭한다.

상시 기출 문제 09회

시험 시간	풀이 시간	합격 점수	내 점수
45분	분	70점	점

▶ 합격 강의

작업파일 [2025컴활1급₩2권_데이터베이스₩상시기출문제] 폴더의 '상시기출문제9회' 파일을 열어서 작업하시오.

문제 ❶ DB구축   25점

01 상품 정보의 관리를 위해 데이터베이스를 구축하였다. 다음의 지시사항에 따라 〈상품〉 테이블을 완성하시오. (각 3점)

① '상품코드' 필드를 기본 키(PK)로 설정하시오.
② '상품명' 필드는 기본 키가 아니면서도 중복된 값을 갖지 않도록 인덱스를 설정하시오.
③ '상품명' 필드에는 값이 반드시 입력되도록 설정하시오.
④ '상품코드' 필드에는 반드시 6글자의 값이 입력되도록 설정하시오.
⑤ 새로운 레코드가 추가되는 경우 '소비자가' 필드에는 기본적으로 0이 입력되도록 설정하시오.

02 〈상품〉 테이블의 '브랜드코드' 필드에 대해서 다음과 같이 조회 속성을 설정하시오. (5점)

▶ 〈브랜드〉 테이블의 '브랜드코드'와 '브랜드명'을 콤보 상자의 형태로 나타내되 '브랜드코드'는 표시되지 않도록 할 것
▶ 필드에는 '브랜드코드'가 저장되도록 할 것
▶ 목록 이외의 값은 입력될 수 없도록 할 것

상품코드	상품명	분류코드	브랜드코드	소비자가
010001	Wing	0104	RUN & FUN	25000
010002	Arena	0101	RUN & FUN	30000
010003	Transfer	0102	L'AMANT	33000
010004	ReadMe	0102	MAUI & SONS	33000
010005	Access	0102	NIKE	33000
010006	PLAYER	0109	VITRO	23000
010007	BASIC	0109	AIR WALK	23000
010008	PATCH	0108	KIKA	15000
010009	FLASH	0108	RUN & FUN	20000

03 〈상품〉 테이블의 '분류코드'는 〈분류〉 테이블의 '분류코드'를 참조하며 두 테이블간의 관계는 M:1이다. 두 테이블에 대해 다음과 같이 관계를 설정하시오. (5점)

▶ 두 테이블 간에 항상 참조 무결성을 유지하도록 설정하시오.
▶ 〈분류〉 테이블의 '분류코드'가 변경되면 이를 참조하는 〈상품〉 테이블의 '분류코드'도 따라 변경되도록 설정하시오.
▶ 〈상품〉 테이블에서 참조하고 있는 〈분류〉 테이블의 레코드를 삭제할 수 없도록 하시오.

문제 ② 입력 및 수정 기능 구현　　　　　　　　　　　　　　　　　　　　　20점

01 상품 정보를 입력 및 수정하는 〈상품등록〉 폼에 대해 다음의 작업을 수행하시오. (각 3점)

① 'cmb브랜드' 콤보상자를 활성화 할 수 있도록 설정하시오.

② 폼 바닥글의 'txt개수' 컨트롤에는 레코드의 개수가 표시되도록 설정하시오.

③ 본문 영역의 모든 컨트롤에 대해 홀수행, 짝수행 배경색 다르게 설정하시오.

　　▶ 다른 배경색 : 바다색, 강조 5, 60% 더 밝게

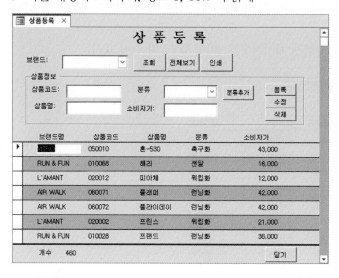

02 〈상품등록〉 폼에서 '삭제(cmd삭제)' 버튼을 클릭하면 다음과 같은 기능을 수행하도록 구현하시오. (6점)

　▶ 〈상품〉 테이블에서 상품코드가 'txt상품코드' 컨트롤의 값과 동일한 레코드가 삭제되도록 할 것

　▶ Requery 메서드를 호출하여 폼의 데이터를 다시 불러올 것

03 〈상품등록〉 폼의 '분류추가(cmd분류추가)' 버튼을 클릭하면 다음과 같은 기능을 수행하도록 구현하시오. (5점)

　▶ '분류등록' 폼을 폼 보기 형태로 열 것

　▶ 'Macro1' 매크로를 생성한 후 지정할 것

문제 ③ 조회 및 출력 기능 구현　　　　　　　　　　　　　　　　　　　　　20점

01 다음의 지시사항 및 화면을 참조하여 〈상품목록〉 보고서를 완성하시오. (각 3점)

① 다음과 같이 정렬 및 그룹화 하시오.

　　▶ 2차 정렬 기준을 '분류코드(오름차순)'로 할 것

　　▶ '분류코드'에 대해서는 그룹 바닥글을 설정할 것

② '브랜드코드 머리글' 구역을 페이지마다 맨 위에 반복하도록 설정하시오.

③ '브랜드코드 머리글' 구역의 'txt브랜드'에 '브랜드명(브랜드코드)'와 같은 형식으로 정보를 표시하도록 설정하시오.

[표시 예 : 브랜드 : RUN & FUN(01)]

④ '분류코드 바닥글'에 다음과 같이 상품수가 표시되도록 설정하시오.

▶ 텍스트 상자, 선 컨트롤 등을 모두 생성할 것

▶ 텍스트 상자 컨트롤 이름은 'txt상품수'로 설정

▶ 선 컨트롤(이름은 'Line22'로 설정)은 본문의 선 컨트롤을 복사해서 사용

⑤ 페이지 바닥글의 'txt페이지'에는 페이지를 '현재 페이지 / 전체 페이지'의 형태로 표시하도록 설정하시오.

[표시 예 : 전체 페이지수가 5이고 현재 페이지수가 2이면 '2 / 5'와 같이 표시]

상품목록

브랜드: RUN & FUN(01)

분류코드	분류명	상품코드	상품명	소비자가
0101	테니스화	010021	ACADIAN	23,000
		010042	Agness	39,000
		010043	Alpah	34,000
		010002	Arena	30,000
		010039	Feel	31,000
		010032	HI.점프	35,000
		010031	NAVI.CAN	35,500
		010030	WHITE.CAN	35,500
		010036	레코닝	35,000
	총상품수:			9
0102	런닝화	010005	Access	33,000
		010026	CODEX	32,000
		010020	ENCODER	33,000
		010025	FANTASY	33,000
		010060	FAZE	34,600
		010024	PUMPKIN	33,000
		010062	Quick speed	35,400
		010061	Racing	34,600
		010004	ReadMe	33,000
		010003	Transfer	33,000
		010029	에어프랜드	40,000
		010033	테라	35,000
		010028	프랜드	36,000
	총상품수:			13
0104	에어로빅화	010067	JULLIETTE	25,000

2023년 8월 20일 일요일   1 / 23

02 〈상품등록〉 폼의 '조회(cmd조회)' 버튼을 클릭할 때 다음과 같은 기능을 수행하도록 구현하시오. (5점)

▶ 현재 폼의 데이터에서 '브랜드코드'가 'cmb브랜드'의 값과 동일한 레코드만을 표시할 것

▶ 조회된 브랜드명들은 상품명 필드를 기준으로 내림차순으로 표시되도록 할 것

▶ 폼의 Filter 및 FilterOn, OrderBy, OrderByOn 속성을 이용할 것

01 〈분류〉 테이블을 이용하여 분류코드가 05, 06으로 시작하는 데이터만 표시하는 〈0506분류코드〉 쿼리를 작성하시오. (7점)

▶ Like 연산자를 이용하여 작성

▶ 쿼리 실행 결과 표시되는 필드와 필드명은 〈그림〉과 같이 표시되도록 설정하시오.

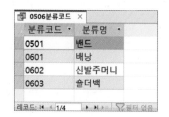

02 다음과 같은 기능을 수행하는 〈분류별상품수〉 쿼리를 작성하고 저장하시오. (7점)

▶ 전체 상품에 대해서 분류별 상품수를 조회할 것

▶ 결과 필드명은 '분류코드', '분류명', '상품수'로 표시할 것

▶ '상품종합' 쿼리를 이용할 것

03 분류명, 브랜드명로 상품명의 개수를 조회하는 〈분류브랜드별분류〉 크로스탭 쿼리를 작성하시오. (7점)

▶ 〈분류〉, 〈브랜드〉, 〈상품〉 테이블을 이용하시오.

▶ 개수는 '상품명' 필드를 이용하시오.

▶ 쿼리 실행 결과 표시되는 필드와 필드명은 〈그림〉과 같이 표시되도록 설정하시오.

분류명	AIR WALK	KIKA	L'AMANT	MAUI & S	NIKE	RUN & FU	VITRO
긴팔티	6				5		
농구화					15		
드래스샌달	3		2				
드레스화	11						
등산화			2	2			
라운드티					2		
런닝화	3				35	13	3
면바지	3						
면반바지					2		
민소매티					1		
반바지	6				6		
반팔티	40				18		
배낭					38		
배드민턴화						1	2

레코드: ◄ ◄ 1/45 ► ►◄ ▽필터 없음 검색

04 〈분류〉, 〈브랜드〉, 〈상품〉 테이블을 이용하여 검색할 브랜드코드를 입력받아 해당 브랜드코드의 정보를 조회하는 〈브랜드코드조회〉 매개변수 쿼리를 작성하시오. (7점)

▶ '분류명' 필드를 기준으로 오름차순 정렬하여 표시하시오.

05 〈분류〉, 〈상품〉 테이블을 이용하여 분류코드가 지정되지 않은 '분류명'에 대해 〈분류〉 테이블의 '비고' 필드의 값을 '※ 분류코드지정'으로 변경하는 〈분류코드지정처리〉 업데이트 쿼리를 작성한 후 실행하시오. (7점)

▶ 〈분류〉 테이블에는 '분류코드'가 있는데 〈상품〉 테이블에는 '분류코드'가 없는 상품

▶ Not In 과 하위 쿼리 사용

※ 〈분류코드지정처리〉 쿼리를 실행한 후의 〈분류〉 테이블

문제 ❶ DB구축

01 〈상품〉 테이블

번호	필드 이름	속성 및 형식	설정 값
①	상품코드	기본 키	
②	상품명	인덱스	예(중복 불가능)
③		필수	예
④	상품코드	유효성 검사 규칙	Len([상품코드])=6
⑤	소비자가	기본값	0

02 〈상품〉 테이블의 '브랜드코드' 필드에 조회 속성 설정

일반	조회
컨트롤 표시	콤보 상자
행 원본 유형	테이블/쿼리
행 원본	SELECT 브랜드.브랜드코드, 브랜드.브랜드명 FROM 브랜드;
바운드 열	1
열 개수	2
열 이름	아니요
열 너비	0cm
행 수	16
목록 너비	자동
목록 값만 허용	예
여러 값 허용	아니요
값 목록 편집 허용	아니요
목록 항목 편집 폼	
행 원본 값만 표시	아니요

03 〈상품〉, 〈분류〉 테이블간의 관계설정

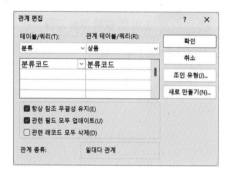

문제 ❷ 입력 및 수정 기능 구현

01 〈상품등록〉 폼

번호	개체	속성	설정 값
①	cmb브랜드	사용 가능	예
②	txt개수	컨트롤 원본	=Count(*)
③	본문	다른 배경색	

속성 시트
선택 유형: 구역

본문

형식 데이터 이벤트 기타 모두
높이   0.698cm
배경색   시스템 단추 모양
다른 배경색   강조색 5, 보다 밝게 60%
특수 효과

자동(A)

테마 색

02 〈상품등록〉 폼의 'cmd삭제' 버튼에 클릭 이벤트 프로시저 작성

```
Private Sub cmd삭제_Click()
    DoCmd.RunSQL "DELETE 상품코드 FROM 상품 WHERE 상품코드 = '" & txt상품코드 & "'"
    Me.Requery
End Sub
```

03 〈Macro1〉 매크로 생성 후, 〈상품등록〉 폼의 'cmd분류추가' 버튼에 지정

01 〈상품목록〉 보고서

번호	개체	속성	설정 값
①	그룹화 및 정렬	그룹, 정렬 및 요약 그룹화 기준 브랜드코드 그룹화 기준 분류코드 ▼ 오름차순 ▼, 전체 값 ▼, 요약 표시 안 함 ▼, 제목 추가하려면 클릭, 머리글 구역 표시 안 함 ▼, 바닥글 구역 표시 ▼, 같은 페이지에 표시 안 함 ▼, 간단히 ◀	
②	브랜드코드 머리글	반복 실행 구역	예
③	txt브랜드	컨트롤 원본	=[브랜드명] & "(" & [브랜드코드] & ")"
④	txt상품수	컨트롤 원본	=Count(*)
⑤	txt페이지	컨트롤 원본	=[Page] & " / " & [Pages]

02 〈상품등록〉 폼의 'cmd조회' 버튼에 클릭 이벤트 프로시저 작성

```
Private Sub cmd조회_Click()
    Me.Filter = "브랜드코드 = '" & cmb브랜드 & "'"
    Me.FilterOn = True
    Me.OrderBy = "상품명 DESC"
    Me.OrderByOn = True
End Sub
```

01 〈0506분류코드〉 쿼리

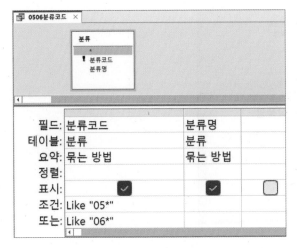

02 〈분류별상품수〉 쿼리

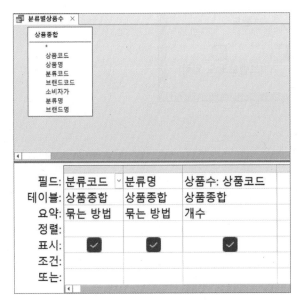

03 〈분류브랜드분류〉 쿼리

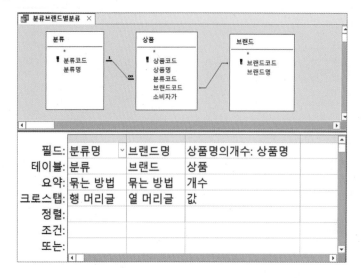

04 〈브랜드코드조회〉 쿼리

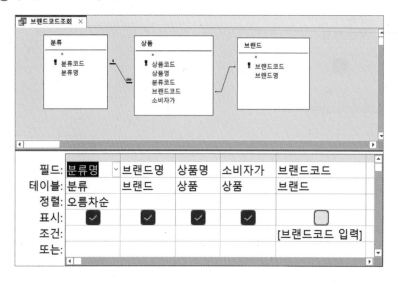

05 〈분류코드지정처리〉 쿼리

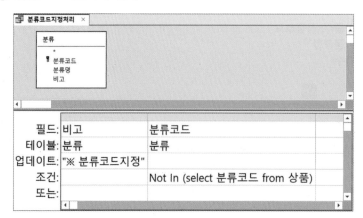

문제 ❶ DB구축

01 〈상품〉 테이블

> **기적의 TIP**
>
> 원활한 작업을 위해 보안 경고 표시줄의 [콘텐츠 사용] 버튼을 클릭합니다.
>
> ⓘ 보안 경고 일부 액티브 콘텐츠를 사용할 수 없도록 설정했습니다. 자세한 내용을 보려면 클릭하세요.   콘텐츠 사용

① 〈상품〉 테이블에서 마우스 오른쪽 버튼을 눌러 [디자인 보기](🆖)를 클릭한다.

② '상품코드' 필드에서 마우스 오른쪽 버튼을 눌러 [기본 키](🔍)를 클릭한다.

③ '상품명' 필드를 선택하고 아래쪽 필드 속성 중 인덱스를 '예(중복 불가능)'으로, 필수를 '예'로 설정한다.

④ '상품코드' 필드를 선택하고 유효성 검사 규칙 속성에 Len([상품코드])=6을 입력한다.

> **기적의 TIP**
>
> • 유효성 검사 규칙은 테이블의 필드에 대해 유효한 입력 값을 정의하는 속성입니다.
> • Len 함수는 문자열내의 문자수를 반환하는 함수입니다.
> • 즉 'Len([상품코드])=6'이란 '상품코드' 필드의 입력 값은 문자수 6자리일 때만 유효하다는 의미입니다.

⑤ '소비자가' 필드를 선택하고 기본값에 0을 입력하고 Ctrl+S를 눌러 작업한 내용을 저장한다.

02 〈상품〉 테이블의 '브랜드코드' 필드에 조회 속성 설정

① 〈상품〉 테이블을 [디자인 보기](🆖)로 열고 '브랜드코드' 필드를 선택한 후 아래쪽 필드 속성의 [조회] 탭을 클릭한다. 그 다음 컨트롤 표시 속성을 '콤보 상자'로 변경한다.

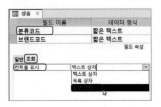

② '행 원본' 속성의 [작성기](⋯)를 클릭한다.

③ [테이블 추가]에서 〈브랜드〉 테이블을 선택하고 [추가] 단추를 클릭한 후 [닫기] 단추로 대화 상자를 닫는다.

④ 쿼리 작성기창의 디자인 눈금에 '브랜드코드'와 '브랜드명' 필드가 추가되도록 각각 순서대로 더블클릭한다.

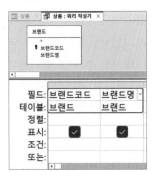

> **기적의 TIP**
>
> '브랜드코드'와 '브랜드명'을 각각 순서대로 마우스로 끌어서 디자인 눈금에 놓아도 됩니다(드래그 앤 드롭).

⑤ [쿼리 디자인] 탭의 [닫기]를 클릭한다.

⑥ 쿼리 작성기창에서 작업한 내용을 저장하고 이를 [조회] 탭의 행 원본에 업데이트 할 것인지 묻는 경고창인데, [예]를 클릭하면 된다.

⑦ 다음과 같이 속성을 설정하고 Ctrl + S 를 눌러 변경한 내용을 저장한다.

일반 조회	
컨트롤 표시	콤보 상자
행 원본 유형	테이블/쿼리
행 원본	SELECT 브랜드.브랜드코드, 브랜드.브랜드명 FROM 브랜드;
바운드 열	1
열 개수	2
열 이름	아니요
열 너비	0cm
행 수	16
목록 너비	자동
목록 값만 허용	예
여러 값 허용	아니요
값 목록 편집 허용	아니요
목록 항목 편집 폼	
행 원본 값만 표시	아니요

🅕 기적의 TIP

• 첫 번째 열 '브랜드코드'와 두 번째 열 '브랜드명'을 콤보 상자에 나타내기 위해서 '열 개수'를 '2'로 설정합니다.
• 하지만 첫 번째 열 '브랜드코드'는 표시되지 않도록 '열 너비'를 '0,'으로 설정합니다. :는 열을 구분하는 기호입니다. 첫 번째 열은 0Cm이고 두 번째 열을 비워두었는데 자동으로 너비가 정해진다는 의미이며 결과 값에 나타나지 않습니다. 단위(Cm)는 윈도우즈의 국가 또는 지역 추가 설정에서 '단위' 설정 값(미터)에 따라서 자동으로 붙습니다.
• 필드에 첫 번째 열 '브랜드코드'가 저장되도록 '바운드 열'을 '1'로 설정합니다.
• 목록 이외의 값은 입력될 수 없도록 '목록 값만 허용'을 '예'로 설정합니다.

⑱ 〈상품〉, 〈분류〉 테이블간의 관계설정

① [데이터베이스 도구]-[관계](📧)를 클릭한다.
② [관계 디자인] 탭의 [테이블 추가]를 클릭한다.
③ [분류] 테이블을 더블클릭한 후 [상품] 테이블을 더블 클릭하고 [닫기]를 클릭한다.

🅕 기적의 TIP

• 〈분류〉 테이블 선택 후 [추가] 버튼, 〈상품〉 테이블 선택 후 [추가] 버튼을 클릭하여도 됩니다.
• 〈분류〉 테이블 선택 후 Ctrl 을 누른 채로 〈상품〉 테이블을 선택하고 [추가] 버튼을 클릭하여도 됩니다.

④ 〈분류〉 테이블의 '분류코드' 필드를 끌어서 〈상품〉 테이블의 '분류코드' 필드에 놓는다.

⑤ 지시사항대로 '항상 참조 무결성 유지', '관련 필드 모두 업데이트'에 체크하고 '관련 레코드 모두 삭제'는 체크 해제(디폴트값)한 후 [만들기]를 클릭한다.

⑥ [관계 디자인] 탭의 [닫기]를 클릭하고 변경한 내용은 [예]를 눌러 저장한다.

문제 ❷ 입력 및 수정 기능 구현

⑪ 〈상품등록〉 폼

① 〈상품등록〉 폼에서 마우스 오른쪽 버튼을 눌러 [디자인 보기](🔲)를 클릭한다.

🅕 기적의 TIP

• [속성 시트]가 보이지 않으면 [양식 디자인] 탭의 [속성 시트]를 클릭하면 됩니다.
• 폼 개체에 관련된 속성을 지정할 때는 [폼 선택기]를 클릭하거나 [속성 시트]에서 선택 유형을 '폼'으로 하면 됩니다.

② 'cmb브랜드' 컨트롤을 선택한 후 사용 가능을 '예'로 설정한다.

③ 'txt개수' 컨트롤을 선택한 후 컨트롤 원본에 '=Count(*)'를 설정한다.

📗 기적의 TIP

· Count 함수는 레코드의 개수를 계산하는 함수입니다.
· =Count(*)는 Null 필드가 있는 레코드까지 포함한 전체 레코드 개수를 계산합니다.
· =Count([필드명])은 Null 필드가 있는 레코드는 제외하고 개수를 계산합니다.

④ [본문] 영역을 선택한 후 속성 시트에서 '다른 배경색' 속성을 '바다색, 강조 5, 60% 더 밝게'를 선택한다.

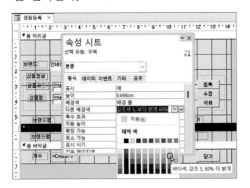

⑤ Ctrl + S 를 눌러 변경한 내용을 저장한다.

02 〈상품등록〉 폼의 'cmd삭제' 버튼에 클릭 이벤트 프로시저 작성

① 〈상품등록〉 폼을 디자인 보기로 열고 'cmd삭제'의 On Click에서 [이벤트 프로시저]를 선택한 후 [작성기](□)를 클릭한다.

② 코드 창에 다음과 같이 코딩한다.

```
Private Sub cmd삭제_Click()
    DoCmd.RunSQL "DELETE 상품코드 FROM 상품
WHERE 상품코드 = '" & txt상품코드 & "'"
    Me.Requery
End Sub
```

📗 기적의 TIP

· DoCmd개체의 RunSQL 메서드를 이용하면 SQL문을 통해 실행 쿼리를 직접 실행할 수 있습니다.
· 실행 쿼리란 추가 쿼리(INSERT INTO), 삭제 쿼리(DELETE), 테이블 만들기 쿼리(SELECT INTO), 업데이트 쿼리(UPDATE) 등을 말합니다.
· Me는 현재 작업 중인 폼을 의미하고, Requery 메서드는 앞서 실행된 DELETE 실행 쿼리로 인해 삭제된 레코드가 있다면 이를 반영할 수 있도록 폼의 레코드 원본을 다시 쿼리 하여 폼의 데이터를 업데이트 하는 역할을 수행합니다.

③ Ctrl + S 를 눌러 변경한 내용을 저장한 후 Microsoft Visual Basic for Applications 창을 닫고 디자인 보기 창도 닫는다.

03 〈Macro1〉 매크로 생성 후, 〈상품등록〉 폼의 'cmd 분류추가' 버튼에 지정

① [만들기]─[매크로 및 코드] 그룹에서 [매크로](□)를 클릭한다.

② 매크로 작성기의 새 함수 추가 드롭 다운 목록에서 'OpenForm'을 선택하고 폼 이름 인수에 '분류등록' 폼을 설정한다.

③ Ctrl + S 를 누른 후 다른 이름으로 저장 대화 상자에 매크로 이름을 'Macro1'로 설정하고 [확인]을 클릭한다.

④ 〈상품등록〉 폼을 [디자인 보기](□)로 열어 'cmd분류추가'를 선택한 후 On Click에 'Macro1'을 지정하고 변경한 내용은 저장한다.

01 〈상품목록〉 보고서 완성

① 〈상품목록〉 보고서에서 마우스 오른쪽 버튼을 눌러 [디자인 보기](Ⓝ)를 클릭한다.

② 아래쪽 [그룹, 정렬 및 요약] 창에서 [정렬 추가]를 클릭한다.

> **기적의 TIP**
>
> 아래쪽에 그룹, 정렬 및 요약 창이 나오지 않을 경우 [보고서 디자인 도구] – [디자인] 탭의 [그룹화 및 정렬]을 클릭하면 나타납니다.

③ 필드 목록 중 '분류코드'를 선택한다.

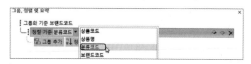

④ 정렬 기준 분류코드의 [자세히]를 클릭한다.

⑤ 그룹 바닥글을 설정하기 위해서 '바닥글 구역 표시'를 클릭한다.

⑥ 속성 시트에서 '브랜드코드 머리글' 구역을 선택하고 반복 실행 구역을 '예'로 설정한다.

⑦ 'txt브랜드' 텍스트 상자를 선택하고 컨트롤 원본에 =[브랜드명] & "(" & [브랜드코드] & ")"를 설정한다.

⑧ [보고서 디자인]–[컨트롤] 그룹에서 [텍스트 상자]를 클릭한다.

⑨ 미리보기 그림을 참조하여 분류코드 바닥글 구역에서 텍스트 상자가 놓일 적당한 위치를 찾아 클릭하여 삽입한다.

⑩ 생성한 텍스트 상자의 속성 시트에서 이름을 txt상품수로, 컨트롤 원본을 =Count(*)로 설정한다.

⑪ 왼쪽 레이블을 선택하고 캡션을 **총상품수:**로 설정한다. 너비는 적당하게 끌어서 글자가 보이도록 조절한다.

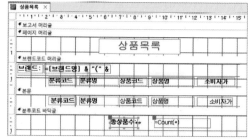

⑫ 본문의 선 컨트롤(Line21)을 선택한 다음 Ctrl +C를 눌러 복사하고, '분류코드 바닥글'에서 Ctrl+V를 눌러 붙여넣기 한다.

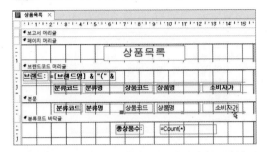

⑬ 미리보기 그림을 참조하여 적당한 위치로 끌어다 놓고, 속성 시트의 이름을 'Line22'로 설정한다.

⑭ 'txt페이지' 텍스트 상자를 선택하고 컨트롤 원본에 =[Page] & " / " & [Pages]를 설정한다 (확대/축소 입력창 이용).

> **기적의 TIP**
>
> 계산 컨트롤은 =으로 시작하고 [Page]는 현재 페이지, [Pages]는 전체 페이지를 나타내는 속성입니다. 공백(공백문자)과 /는 텍스트이므로 ""큰 따옴표로 묶고 나머지 인수와 결합하기 위해서 &(앰퍼샌드) 연산자를 사용합니다.

⑮ 보고서 디자인 보기 창을 닫고 변경한 내용은 [예]를 클릭하여 저장한다.

02 〈상품등록〉 폼의 'cmd조회' 버튼에 클릭 이벤트 프로시저 작성

① 〈상품등록〉 폼에서 마우스 오른쪽 버튼을 눌러 [디자인 보기](N)를 클릭한다.

② 'cmd조회' 명령 단추를 선택한 후 On Click의 [이벤트 프로시저]에서 [작성기](⋯)를 클릭한다.

③ 코드 창에 다음과 같이 코딩하고 변경한 내용은 저장한다.

```
Private Sub cmd조회_Click()
    Me.Filter = "브랜드코드 = '" & cmb브랜드 & "'"
    Me.FilterOn = True
    Me.OrderBy = "상품명 DESC"
    Me.OrderByOn = True
End Sub
```

문제 ④ 처리 기능 구현

01 〈0506분류코드〉 쿼리

① [만들기]-[쿼리] 그룹에서 [쿼리 디자인](▦)을 클릭한다.
② 〈분류〉 테이블을 더블클릭하여 추가한 후 [닫기]를 클릭한다.
③ 디자인 눈금의 각 필드에 다음과 같이 드래그해서 배치한다.

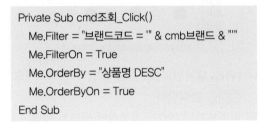

④ [저장](▦)을 클릭한 후 **0506분류코드**를 입력하고 [확인]을 클릭한다.

02 〈분류별상품수〉 쿼리

① [만들기]-[쿼리] 그룹에서 [쿼리 디자인](▦)을 클릭한다.
② [테이블 추가]에서 [쿼리] 탭의 〈상품종합〉 쿼리를 더블클릭하여 추가한 후 [닫기]를 클릭한다.

③ 미리보기 〈그림〉을 참조하여 필요한 필드를 디자인 눈금으로 끌어다 놓거나 더블클릭한다.

④ [쿼리 디자인]-[표시/숨기기] 그룹에서 [요약] (Σ)을 클릭한다.

⑤ 미리보기 〈그림〉을 참조하여 필드의 별명(Alias)을 '상품수:'로 명명하고 묶는 방법을 '개수'로 설정한다.

⑥ Ctrl + S 를 눌러 [다른 이름으로 저장] 대화상자에 **분류별상품수**를 입력하고 [확인]을 클릭하여 저장한다.

03 〈분류브랜드별분류〉 쿼리

① [만들기]-[쿼리] 그룹의 [쿼리 디자인](▦)을 클릭한다.

② [테이블 추가]의 [테이블] 탭에서 〈분류〉, 〈상품〉, 〈브랜드〉를 추가하고 [닫기]를 클릭한다.

③ 디자인 눈금의 각 필드에 다음과 같이 드래그해서 놓는다.

④ [쿼리 디자인]-[쿼리 유형] 그룹의 [크로스탭] (▦)을 클릭한다.

⑤ 분류명은 '행 머리글', 브랜드명은 '열 머리글', 상품명은 '개수'와 '값'을 선택한다.

⑥ Ctrl + S 를 눌러 [다른 이름으로 저장] 대화상자에 **분류브랜드별분류**로 입력하고 [확인]을 클릭하여 저장한다.

04 〈브랜드코드조회〉 쿼리

① [만들기]-[쿼리] 그룹의 [쿼리 디자인](▦)을 클릭한다.

② [테이블 추가]의 [테이블] 탭에서 〈분류〉, 〈상품〉, 〈브랜드〉를 추가하고 [닫기]를 클릭한다.

③ 디자인 눈금의 각 필드에 다음과 같이 드래그해서 놓는다.

④ 분류명은 '오름차순', '브랜드코드'는 표시의 체크를 해제하고 조건에 [**브랜드코드 입력**]을 입력한다.

⑤ Ctrl + S 를 눌러 '다른 이름으로 저장' 대화상자에 **브랜드코드조회**로 입력하고 [확인]을 클릭하여 저장한다.

05 〈분류코드지정처리〉 쿼리

① [만들기]-[쿼리] 그룹의 [쿼리 디자인](▦)을
   클릭한다.

② [테이블 추가]의 [테이블] 탭에서 〈분류〉 테이
   블을 추가하고 '비고', '분류코드' 필드를 드래그
   한다.

③ [쿼리 디자인] 탭의 [쿼리 유형]-[업데이트]
   (▦)를 클릭한 후 다음과 같이 입력한다.

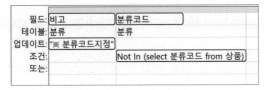

④ 쿼리의 이름을 **분류코드지정처리**로 입력하고
   [확인]을 클릭한다.

⑤ [쿼리 디자인] 탭의 [결과]-[실행](❘)을 클릭하
   면 다음의 메시지가 표시되면 [예]를 클릭한다.

작업파일 [2025컴활1급₩2권_데이터베이스₩상시기출문제] 폴더의 '상시기출문제10회' 파일을 열어서 작업하시오.

문제 ❶ DB구축   25점

01 고속도로 서울요금소의 통행차량을 관리하기 위하여 다음과 같이 데이터베이스를 구축하였다. 다음 지시사항에 따라 〈통행목록〉 테이블을 완성하시오. (각 3점)

① 첫 번째 필드로 '통행번호' 필드를 추가하고, 데이터 형식을 '일련 번호'로 지정한 후 기본 키로 설정하시오.

② '차량번호' 필드는 다음과 같은 형태로 입력되도록 입력 마스크를 설정하시오.
- ▶ '02마1234'와 같이 7자리의 데이터가 입력되며, 반드시 앞의 두 자리는 숫자, 세 번째 자리는 한글, 뒤의 네 자리는 숫자로 입력되어야 함
- ▶ 한글 입력은 영어와 한글만 입력할 수 있도록 설정할 것
- ▶ 숫자 입력은 0~9까지의 숫자만 입력할 수 있도록 설정할 것

③ '진입시간' 필드는 새 레코드가 추가되는 경우 기본적으로 시스템의 오늘 날짜와 시간이 입력되도록 설정하시오.

④ '경차유무' 필드는 데이터 형식을 'Yes/No'로 설정하시오.

⑤ '할인구분' 필드는 '경차할인', '출퇴근할인', '화물차심야할인'만 입력되도록 유효성 검사 규칙을 설정하시오.

02 〈통행목록〉 테이블의 '입구ID' 필드에 조회 속성을 설정하시오. (5점)
- ▶ 〈지역정보〉 테이블의 '지역코드', '지역명' 필드의 값들이 콤보 상자 형태로 표시되도록 설정하시오.
- ▶ 필드에는 '지역코드'가 저장되도록 설정하시오.
- ▶ 열 너비는 각각 2cm로 설정하고, 목록 너비는 4cm로 설정하시오.

03 〈통행목록〉 테이블의 '입구ID' 필드는 〈지역정보〉 테이블의 '지역코드' 필드를 참조하고, 각 테이블 간의 관계는 M:1이다. 두 테이블에 대해 다음과 같이 관계를 설정하시오. (5점)
- ▶ 두 테이블 간에 항상 참조 무결성을 유지하도록 설정하시오.
- ▶ 참조 필드의 값이 변경되면 관련 필드의 값도 변경되도록 설정하시오.
- ▶ 다른 테이블에서 참조하고 있는 레코드는 삭제할 수 없도록 설정하시오.

01 〈영업소이용관리〉 폼을 다음의 화면과 지시사항에 따라 완성하시오. (각 3점)

① 하위 폼에 '탐색 단추'와 '레코드 선택기'가 표시되지 않도록 설정하시오.

② 하위 폼 본문의 'txt납입액' 컨트롤에 탭 전환 시 포커스가 이동하지 않도록 설정하시오.

③ 하위 폼 바닥글의 'txt통행차량수' 컨트롤에는 전체 통행차량의 수가 〈그림〉과 같이 표시되도록 컨트롤 원본과 형식 속성을 설정하시오.

▶ [표시 예 : 9 → 9건, 0 → 0건]

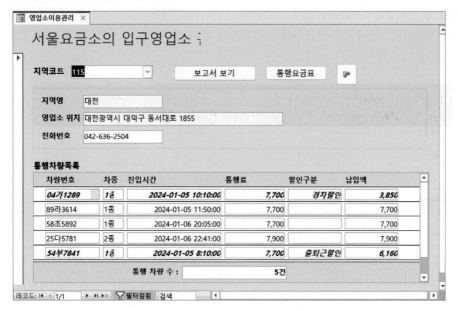

02 〈영업소이용관리〉 폼의 'cmb지역조회' 컨트롤에서 지역코드를 선택하면(Change) 다음과 같은 조회 기능을 수행하는 이벤트 프로시저를 작성하시오. (6점)

▶ '지역코드'가 'cmb지역조회'에서 선택한 지역과 같은 레코드만을 표시하도록 설정하시오.

▶ 폼의 Filter와 FilterOn 속성 사용

03 〈통행차량보기〉 폼에 대하여 다음과 같이 조건부 서식을 설정하시오. (5점)

▶ '할인구분'의 값이 NULL이 아닌 경우 본문 영역의 모든 텍스트 상자 컨트롤에 '굵게', '기울임꼴' 서식이 적용되도록 설정하시오.

▶ 단, 규칙은 식으로 작성하시오.

01 다음의 지시사항 및 화면을 참조하여 〈출발지별통행내역〉 보고서를 완성하시오. (각 3점)

① 입구ID 머리글 영역의 'txt입구ID' 컨트롤에는 '입구ID'와 '지역명'을 함께 표시하시오.

▶ 입구ID가 '115'이고, 지역명이 '대전'인 경우 [표시 예 : 115-대전]

② 본문 영역의 'txt순번' 컨트롤에는 그룹별로 일련번호가 표시되도록 설정하시오.

③ 본문 영역의 'txt차종' 컨트롤에는 '차종' 필드의 값이 이전 레코드와 동일한 경우에는 표시되지 않도록 설정하시오.

④ 입구ID 바닥글 영역의 'txt총납입액' 컨트롤에는 납입액의 합계가 표시되도록 설정하시오.

⑤ 페이지 바닥글의 'txt페이지' 컨트롤에는 〈그림〉과 같이 페이지 번호가 표시되도록 설정하시오.

▶ [표시 예 : 1 / 3]

출발지별통행내역							
입구ID	순번	진입시간	차량번호	차종	통행료	할인구분	납입액
108-천안							
	1	2024-01-05 7:03:00	04모8421	3종	4,600	출퇴근할인	3,680
	2	2024-01-05 13:01:00	01수9020	1종	4,300		4,300
	3	2024-01-05 23:07:00	29바2111	4종	5,800	화물차심야할인	2,900
						총 납입액 :	₩10,880
115-대전							
	1	2024-01-05 8:10:00	54부7841	1종	7,700	출퇴근할인	6,160
	2	2024-01-05 10:10:00	04가1289		7,700	경차할인	3,850
	3	2024-01-05 11:50:00	89라3614		7,700		7,700
	4	2024-01-06 20:05:00	58조5892		7,700		7,700
	5	2024-01-06 22:41:00	25다5781	2종	7,900		7,900
						총 납입액 :	₩33,310

1 / 4

02 〈영업소이용관리〉 폼의 '보고서 보기'(cmd보고서) 단추를 클릭하면 〈출발지별통행내역〉 보고서를 '인쇄 미리 보기' 형태로 여는 〈보고서출력〉 매크로를 생성하여 지정하시오. (5점)

▶ 입구ID가 'cmb지역조회' 컨트롤에 입력된 지역코드와 동일한 레코드만을 대상으로 설정하시오.

01 영업소주소의 일부를 매개 변수로 입력 받아 해당하는 주소의 통행요금 정보를 표시하는 〈통행요금조회〉 쿼리를 작성하시오. (7점)

▶ 〈통행요금〉과 〈지역정보〉 테이블을 이용하며, 두 테이블의 조인된 필드(출발지코드와 지역코드)가 일치하는 행만 포함되도록 설정하시오.

▶ 출퇴근할인요금은 요금에 20% 할인율을 적용한 금액으로 나타내시오.

▶ 쿼리 결과 표시되는 필드와 필드명, 필드의 형식은 〈그림〉과 같이 표시되도록 설정하시오.

영업소주소	차종	요금	출퇴근할인요금
전남 장성군 남면 호남고속도로 90	1종	₩14,400	₩11,520
전남 장성군 남면 호남고속도로 90	2종	₩14,600	₩11,680
전남 장성군 남면 호남고속도로 90	3종	₩15,200	₩12,160
전남 장성군 남면 호남고속도로 90	4종	₩20,000	₩16,000
전남 장성군 남면 호남고속도로 90	5종	₩23,500	₩18,800
전남 장성군 남면 호남고속도로 90	6종	₩7,200	₩5,760

레코드: I◀ 1/6 ▶ ▶I ▶ 필터 없음 검색

매개 변수 값 입력
주소의 일부를 입력하세요
남면
확인 취소

02 〈지역정보〉, 〈통행목록〉 테이블을 이용하여 지역별 '통행료'의 합계를 조회하는 〈지역별합계〉 쿼리를 작성하시오. (7점)

▶ '지역명' 필드를 기준으로 내림차순 정렬되어 표시되도록 설정하시오.

▶ 쿼리 결과 표시되는 필드와 필드명은 〈그림〉과 같이 표시되도록 설정하시오.

지역명	영업소주소	전화번호	통행료합계
횡성	강원 횡성군 횡성읍 중앙고속도로 51	033-434-7292	6200
천안	충남 천안시 동남구 만남로 164-1	041-564-2504	14700
전주	전북 전주시 덕진구 동부대로 1723	063-212-9772	62500
울산	울산 울주군 범서읍 백천2길 43	052-254-8800	76800
부산	부산광역시 금정구 고분로 148	051-973-1700	119000
대전	대전광역시 대덕구 동서대로 1855	042-636-2504	38700
대구	대구 달서구 중부내륙지선고속도로 23	053-591-2504	27300
구미	경북 구미시 경부고속도로 172	054-462-8800	14900
광주	전남 장성군 남면 호남고속도로 90	061-392-9772	34400
강릉	강원 강릉시 성산면 소목길 123-7	033-643-2727	24300

레코드: I◀ 1/10 ▶ ▶I ▶ 필터 없음 검색

③ 〈통행목록〉 테이블을 이용하여 진입시간이 평일인 통행목록을 표시하는 〈평일통행목록〉 쿼리를 작성하시오. (7점)

> ▶ 쿼리 실행 결과 표시되는 필드와 필드명은 〈그림〉과 같이 표시되도록 설정하시오.
> ▶ Weekday, Between 함수 사용

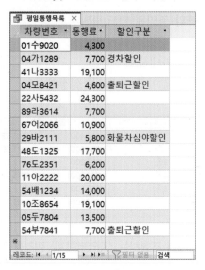

④ 차종별, 경차유무로 차량수를 조회하는 〈차종별통행차량〉 크로스탭 쿼리를 작성하시오. (7점)

> ▶ 〈통행목록〉 테이블을 이용하시오.
> ▶ 차량수는 '차량번호' 필드를 이용하시오.
> ▶ 경차유무는 체크가 해제되어 있으면(false=0) '일반', 체크가 되어 있으면 '경차'로 표시하시오.(IIF 함수 사용)
> ▶ 쿼리 실행 결과 표시되는 필드와 필드명(열 순서)는 〈그림〉과 같이 표시되도록 설정하시오.

05 〈통행목록〉 테이블을 이용하여 〈시간대별차량분석〉 쿼리를 작성하시오. (7점)

▶ 차량대수는 '입구ID' 필드와 String, Count 함수 사용

▶ 시간 필드는 '진입시간' 필드와 Day, Hour 함수 사용

▶ 쿼리 실행 결과 표시되는 필드와 필드명은 〈그림〉과 같이 표시되도록 설정하시오.

시간	차량대수	납입액 합계
5일 10시~	■	3850
5일 11시~	■	7700
5일 12시~	■	19100
5일 13시~	■	4300
5일 15시~	■	13500
5일 17시~	■	14000
5일 23시~	■■	22000
5일 2시~	■	17700
5일 3시~	■	24300
5일 7시~	■	3680
5일 8시~	■■	26160
5일 9시~	■	6200
6일 0시~	■	15500
6일 10시~	■■	18100
6일 13시~	■■	23000
6일 15시~	■	13800
6일 18시~	■	11000
6일 19시~	■	9400
6일 20시~	■■■	49000
6일 22시~	■	7900
6일 3시~	■	8800
6일 6시~	■	14900
6일 9시~	■■	34800

레코드: 1/23 필터 없음 검색

문제 ❶ DB구축

01 〈통행목록〉 테이블

번호	필드 이름	속성 및 형식	설정 값
①	통행번호	필드 추가	일련 번호 데이터 형식, 기본 키
②	차량번호	입력 마스크	00L.0000
③	진입시간	기본값	Now()
④	경차유무	데이터 형식	Yes/No
⑤	할인구분	유효성 검사 규칙	In ("경차할인","출퇴근할인","화물차심야할인")

02 〈통행목록〉 테이블의 '입구ID' 필드에 조회 속성 설정

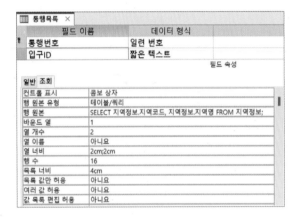

03 〈통행목록〉 ↔ 〈지역정보〉 테이블간의 관계 설정

문제 ② **입력 및 수정 기능 구현**

① 〈영업소이용관리〉 폼

번호	개체	속성	설정 값
①	폼(하위 폼)	탐색 단추	아니요
		레코드 선택기	
②	txt납입액	탭 정지	아니요
③	txt통행차량수	컨트롤 원본	=Count(*)
		형식	0건

② 〈영업소이용관리〉 폼의 'cmb지역조회'에 이벤트 프로시저

```
Private Sub cmb지역조회_Change( )
Me.Filter = "지역코드 = '" & cmb지역조회 & "'"
Me.FilterOn = True
End Sub
```

③ 〈통행차량보기〉 폼의 본문 영역에 조건부 서식 설정

01 〈출발지별통행내역〉 보고서

번호	개체	속성	설정 값
①	txt입구ID	컨트롤 원본	=[입구ID] & "-" & [지역명]
②	txt순번	컨트롤 원본	=1
		누적 합계	그룹
③	txt차종	중복 내용 숨기기	예
④	txt총납입액	컨트롤 원본	=Sum([납입액])
⑤	txt페이지	컨트롤 원본	=[Page] & " / " & [Pages]

02 〈보고서출력〉 매크로 생성 후 〈영업소이용관리〉 폼의 'cmd보고서'에 지정

01 〈통행요금조회〉 쿼리

필드:	영업소주소		차종	요금	출퇴근할인요금: [요금]-[요금]*0.2
테이블:	지역정보		통행요금	통행요금	
정렬:					
표시:	✓		✓	✓	✓
조건:	Like "*" & [주소의 일부를 입력하세요] & "*"				
또는:					

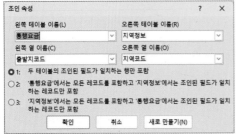

02 ⟨지역별합계⟩ 쿼리

필드:	지역명	영업소주소	전화번호	통행료합계: 통행료
테이블:	지역정보	지역정보	지역정보	통행목록
요약:	묶는 방법	묶는 방법	묶는 방법	합계
정렬:	내림차순			
표시:	✓	✓	✓	✓
조건:				
또는:				

03 ⟨평일통행목록⟩ 쿼리

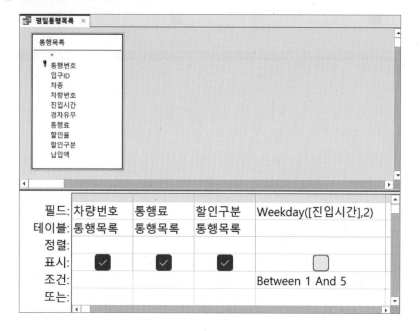

04 ⟨차종별통행차량⟩ 쿼리

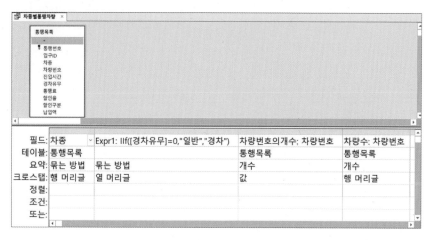

05 〈시간대별차량분석〉 쿼리

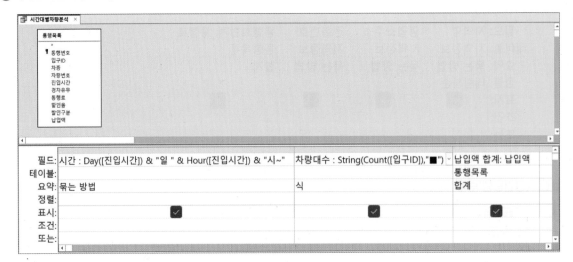

필드:	시간 : Day([진입시간]) & "일 " & Hour([진입시간]) & "시~"	차량대수 : String(Count([입구ID]),"■")	납입액 합계: 납입액
테이블:			통행목록
요약:	묶는 방법	식	합계
정렬:			
표시:	☑	☑	☑
조건:			
또는:			

문제 ① DB구축

01 〈통행목록〉 테이블

① 〈통행목록〉 테이블에서 마우스 오른쪽 버튼을 눌러 [디자인 보기](📝)를 클릭한다.

② 테이블 디자인 눈금에서 '입구ID' 필드의 행 선택기를 클릭한 후 [테이블 디자인]-[도구] 그룹에서 [행 삽입](📑)을 클릭한다.

> **🅑 기적의 TIP**
>
> 테이블 디자인 눈금의 제일 위쪽이 첫 번째 필드가 됩니다. 또한 [행 삽입] 기능은 선택한 행의 위쪽에 새로운 행이 삽입되므로 이를 고려하여 작업하세요.

③ 삽입된 행의 필드 이름에 '통행번호'를 입력하고 데이터 형식은 '일련 번호'로 지정한 후 [테이블 디자인]-[도구] 그룹에서 [기본 키](🔑)를 클릭한다.

④ '차량번호' 필드의 행 선택기를 클릭한 후 필드 속성의 입력 마스크에 00L0000을 입력한다.

> **🅑 기적의 TIP**
>
> 작은 텍스트 상자에 식이나 다른 텍스트를 편리하게 입력할 수 있도록 바로 가기 키 Shift + F2를 눌러 '확대/축소' 상자를 열어서 작업하면 편리합니다.

⑤ '진입시간' 필드의 기본값에 Now()를 입력한다.
⑥ '경차유무' 필드의 데이터 형식을 'Yes/No'로 지정한다.

⑦ '할인구분' 필드의 유효성 검사 규칙에 In("**경차할인**", "**출퇴근할인**", "**화물차심야할인**")을 입력하고 변경한 내용은 Ctrl + S로 저장한다.

> **🅑 기적의 TIP**
>
> • [유효성 검사 규칙] 속성에 지정한 요구 사항을 검사하여 이에 타당한 데이터만 필드에 입력받게 합니다.
> • In 연산자로 필드에 입력하려는 값이 지정된 목록에 있는 여러 값과 같은지 여부를 확인합니다.

02 〈통행목록〉 테이블의 '입구ID' 필드에 조회 속성 설정

① 〈통행목록〉 테이블의 디자인 눈금에서 '입구ID' 필드의 행 선택기를 클릭한 후 필드 속성의 [조회] 탭을 클릭하고 컨트롤 표시 속성 중 '콤보 상자'를 선택한다.

② [행 원본] 속성의 [작성기](⋯)를 클릭한다.

③ [테이블 추가]에서 〈지역정보〉 테이블을 선택한 후 [추가] 단추를 클릭하고 [닫기] 단추를 클릭한다.

④ '지역코드'와 '지역명' 필드를 차례로 더블클릭하여 디자인 눈금에 추가하고, 디자인 탭의 닫기 그룹에서 [닫기] 단추를 클릭한다.

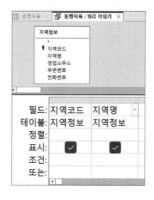

⑤ 'SQL 문의 변경 내용을 저장하고 속성을 업데이트 하시겠습니까?'라고 뜨면 [예]를 클릭한다.

⑥ 바운드 열, 열 개수, 열 너비, 목록 너비 속성을 알맞게 지정하고 변경한 내용은 저장한 후 Ctrl+W를 눌러 현재 탭 문서를 닫는다.

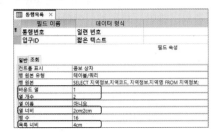

⑥3 〈통행목록〉 ↔ 〈지역정보〉 테이블간의 관계 설정

① [데이터베이스 도구]-[관계] 그룹에서 [관계](🔲)를 클릭한다.
② [관계 디자인]-[관계] 그룹에서 [테이블 추가]를 클릭한다.
③ 〈지역정보〉, 〈통행목록〉 테이블을 선택 후 [추가] 단추를 클릭하고 [닫기] 단추를 클릭한다.

④ 관계 디자인 창에서 '지역코드' 필드를 끌어 '입구ID' 필드에 놓는다.

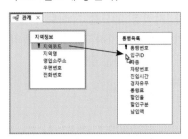

⑤ 관계 편집 대화 상자에 지시사항대로 체크하고 [만들기]를 클릭한다.

⑥ [관계 디자인]-[관계]의 [닫기]를 클릭하고 변경한 내용은 저장한다.

⑥1 〈영업소이용관리〉 폼

① 〈영업소이용관리〉 폼에서 마우스 오른쪽 버튼을 눌러 [디자인 보기](🔳)를 클릭한다.
② 하위 폼의 폼 선택기를 클릭한 후 탐색 단추, 레코드 선택기를 '아니요'로 설정한다.

③ 'txt납입액' 컨트롤의 탭 정지를 '아니요'로 설정한다.

④ 'txt통행차량수' 컨트롤의 컨트롤 원본에 =Count(*)를 설정하고, 형식에 0건을 설정한다.

> 📒 기적의 TIP
>
> • Count(*)는 Null 필드가 있는 레코드까지 포함하여 개수를 헤아립니다.
> • 0은 숫자 또는 0을 표시하는 자리 표시자입니다.

02 〈영업소이용관리〉 폼의 'cmb지역조회'에 이벤트 프로시저

① 〈영업소이용관리〉 폼에서 마우스 오른쪽 버튼을 눌러 [디자인 보기](🖹)로 열고 'cmb지역조회' 컨트롤의 On Change에서 [이벤트 프로시저]를 선택한 후 [작성기](⋯)를 클릭한다.

② 코딩 창에 다음과 같이 코딩하고 변경한 내용은 저장한다.

```
Private Sub cmb지역조회_Change()
❶ Me.Filter = "지역코드 = '" & cmb지역조회 & "'"
❷ Me.FilterOn = True
End Sub
```

----

❶ 'cmb지역조회'에서 선택한 값과 '지역코드'를 비교하여 동일한 레코드만 필터링하고

❷ Filter 속성을 적용합니다.

03 〈통행차량보기〉 폼의 본문 영역에 조건부 서식 설정

① 〈통행차량보기〉 폼에서 마우스 오른쪽 버튼을 눌러 [디자인 보기](🖹)로 열고 본문 영역의 모든 텍스트 상자 컨트롤을 선택한다.

② [서식]-[컨트롤 서식] 그룹의 컨트롤 서식 그룹 중 [조건부 서식]을 클릭한다.

③ [조건부 서식 규칙 관리자]에서 [새 규칙]을 클릭한다.

④ 다음과 같이 설정한 후 [확인]을 클릭한다.

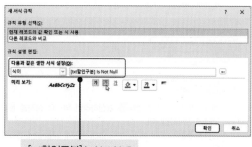

[txt할인구분] is Not Null

> 🅱 **기적의 TIP**
>
> • '식이'를 선택하고 '[txt할인구분] Is Not Null'을 입력합니다.
> • [굵게], [기울임꼴] 단추를 클릭합니다.
> • Is 연산자로 Null인지(Is Null) Null이 아닌지(Is Not Null) 비교합니다.

⑤ [확인]을 눌러 조건부 서식을 적용한다.

> **문제 ❸** 조회 및 출력 기능 구현

01 〈출발지별통행내역〉 보고서

① 데이터베이스 탐색 창에서 〈출발지별통행내역〉 보고서를 선택한 후 Ctrl + Enter 를 누른다.

② 'txt입구ID'의 [컨트롤 원본] 속성을 =[입구ID] & "-" & [지역명]으로 설정한다.

> 🅱 **기적의 TIP**
>
> • Access에서 컨트롤의 값을 계산 할 때는 등호 연산자(=)로 식을 시작합니다.
> • Access의 식에서 필드(계산에 사용되는 필드 ; 계산 필드)는 식별자로 불리며 대괄호로 묶습니다.
> • Access의 식에서 앰퍼샌드(&) 연산자는 필드 값과 문자(열)를 결합(연결)하는 역할을 합니다.
> • Access의 식에서 텍스트 문자열 값을 사용하려면, 해당 문자열을 따옴표로 묶어야 합니다.

③ 'txt순번'의 컨트롤 원본에 =1을 설정하고 누적 합계에서 '그룹'을 선택한다.

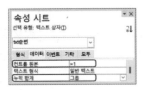

④ 'txt차종'의 중복 내용 숨기기에 '예'를 설정한다.
⑤ 'txt총납입액'의 컨트롤 원본에 =Sum([납입액])을 설정한다.
⑥ 'txt페이지'의 컨트롤 원본에 =[Page] & " / " & [Pages]를 설정한다.

⑦ 변경한 내용은 Ctrl + S 를 눌러 저장한다.

02 〈보고서출력〉 매크로 생성 후 〈영업소이용관리〉 폼의 'cmd보고서'에 지정

① [만들기]-[매크로 및 코드] 그룹에서 [매크로]( )를 클릭한다.
② 'OpenReport' 매크로 함수를 선택하고 필요한 인수를 설정한다. Where 조건문의 [식 작성기]( )를 클릭한다.

③ 비교할 필드에 [입구ID] =을 입력하고 컨트롤 이름을 식 요소에서 [Forms] → [모든 폼] → [영업소이용관리] 순서로 펼쳐, 식 범주에서 [cmb지역조회]를 찾은 후 더블클릭하여 입력한다. 이후 [확인]을 클릭한다.

④ Ctrl + S 를 눌러 **보고서출력** 매크로로 저장한다.
⑤ 〈영업소이용관리〉 폼에서 마우스 오른쪽 버튼을 눌러 [디자인 보기]( )로 열어 'cmd보고서'의 On Click에서 〈보고서출력〉 매크로를 지정하고 저장한다.

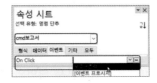

문제 ④ 처리 기능 구현

01 〈통행요금조회〉 쿼리

① [만들기]-[쿼리] 그룹에서 [쿼리 디자인]( )을 클릭한다.

② [테이블 추가] 창에서 〈통행요금〉 선택 후 더블
클릭, 〈지역정보〉 테이블 선택 후 더블클릭하
여 쿼리 디자인 창에 테이블을 추가한 다음 [닫
기]를 클릭한다.

③ '지역코드'와 '출발지코드' 필드끼리 끌어다 놓
아 관계를 맺고, 조인 선을 더블클릭하여 [조인
속성] 창에서 첫 번째 항목 선택 후 [확인]을 클
릭한다. 내부 조인(inner join) 관계(디폴트 값)
를 만들기 위함이다.

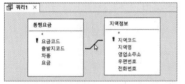

기적의 TIP

1: 내부 조인 / 2: 왼쪽 우선 외부 조인 / 3: 오른쪽 우선 외부 조인

④ 미리보기 그림을 보고 필요한 필드들을 더블클
릭하여 디자인 눈금의 필드 행에 추가한다.

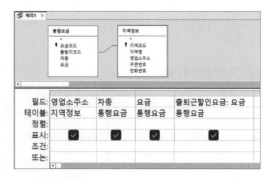

기적의 TIP

필드 행에 '출퇴근할인요금:요금'처럼 사용자가 원하는 별명 뒤
에 콜론 입력 후 원래 필드 이름을 입력하면, 원래 필드 이름에
Alias(별명)를 붙일 수 있습니다.

⑤ 필드 행에서 '요금'과 '출퇴근할인요금' 필드를
각각 선택 후 [형식] 속성에 '통화'를 설정한다.

⑥ '영업소주소' 디자인 눈금의 조건 행에 Like "*"
& [주소의 일부를 입력하세요] & "*"를 설정하
여 매개 변수 값을 입력 받을 수 있게 한다.

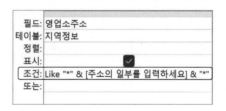

⑦ '출퇴근할인요금' 필드 행에 출퇴근할인요금:
[요금]-([요금]*0.2)로 설정하여 20% 할인율
이 적용되도록 설정한다.

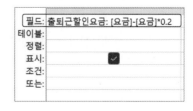

⑧ Ctrl + S 를 눌러 〈통행요금조회〉 쿼리로 저장한다.

② 〈지역별합계〉 쿼리

① [만들기]–[쿼리] 그룹에서 [쿼리 디자인](▦)을 클릭한다.
② [테이블 추가] 창에서 〈지역정보〉, 〈통행목록〉 테이블 선택 후 [추가]를 클릭하고 [닫기]를 클릭한다.
③ 미리보기 그림을 보고 필요한 필드들을 더블클릭하여 디자인 눈금의 필드 행에 추가한다.

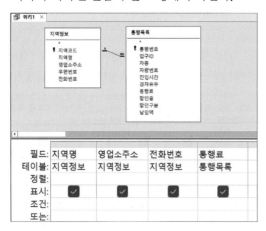

④ [쿼리 디자인]–[표시/숨기기] 그룹에서 [요약](Σ)을 클릭한다.
⑤ '지역명' 필드의 정렬 행에 '내림차순', 통행료합계(통행료 필드의 Alias) 필드의 요약 행에 '합계'를 선택한다.

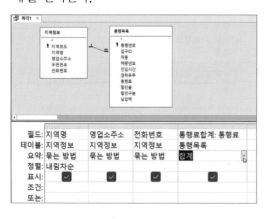

⑥ 변경한 내용은 〈지역별합계〉 쿼리로 저장한다.

③ 〈평일통행목록〉 쿼리

① [만들기]–[쿼리] 그룹에서 [쿼리 디자인](▦)을 클릭한다.
② 〈통행목록〉 테이블을 [추가]를 누른 후 [닫기]를 클릭한다.
③ 디자인 눈금의 각 필드에 다음과 같이 드래그해서 배치하고 조건을 입력한다.

필드:	차량번호	통행료	할인구분	Weekday([진입시간],2)
테이블:	통행목록	통행목록	통행목록	
정렬:				
표시:	☑	☑	☑	☐
조건:				Between 1 And 5
또는:				

④ [저장](▦)을 클릭한 후 **평일통행목록**을 입력하고 [확인]을 클릭한다.

④ 〈차종별통행차량〉 쿼리

① [만들기]–[쿼리] 그룹의 [쿼리 마법사](▦)를 클릭한다.
② [새 쿼리] 대화상자에서 '크로스탭 쿼리 마법사'를 선택하고 [확인]을 클릭한다.
③ '테이블:통행목록'을 선택하고 [다음]을 클릭한다.
④ '차종'을 선택하고 '선택한 필드'로 드래그하고 [다음]을 클릭한다.
⑤ '경차유무'를 선택하고 [다음]을 클릭한다.

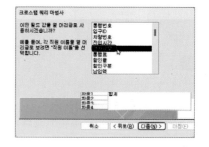

⑥ '차량번호' 필드를 선택하고, 함수는 '개수'를 선택하고 [다음]을 클릭한다.

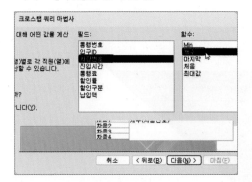

⑦ 쿼리 이름 **차종별통행차량**을 입력하고 [마침]을 클릭한다.

⑧ 〈차종별통행차량〉 쿼리에서 마우스 오른쪽 버튼을 눌러 [디자인 보기](🔃)를 클릭한 후 열 머리글을 Iif([경차유무]=0,"일반","경차")로 수정하고, '합계 차량번호'를 **차량수:**를 입력하여 별명(Alias)으로 수정한다.

⑨ 쿼리 창 위쪽 회색 부분에서 마우스 오른쪽 버튼을 눌러 [속성]을 클릭한 후 열 머리글에 "**일반**","**경차**"를 입력한 후 [저장]을 클릭한다.

05 〈시간대별차량분석〉 쿼리

① [만들기]-[쿼리] 그룹의 [쿼리 디자인](🔳)을 클릭한다.

② [테이블 추가]의 [테이블] 탭에서 〈통행목록〉 테이블을 추가하고 다음과 같이 필드를 추가한다.

③ [쿼리 디자인] 탭의 [표시/숨기기] 그룹에서 [요약](∑)을 클릭하고 조건을 입력한다.

> 시간 : Day([진입시간]) & "일 " & Hour([진입시간]) & "시~"
> 차량대수 : String(Count([입구ID]),"■") ⇒ 식
> 납입액 : 합계

④ 쿼리의 이름을 **시간대별차량분석**으로 입력하고 [확인]을 클릭한다.

PART

04

데이터베이스
기출 유형 문제

기출 유형 문제 01회

시험 시간	풀이 시간	합격 점수	내 점수
45분	분	70점	점

▶ 합격 강의

작업파일 [2025컴활1급₩2권_데이터베이스₩기출유형문제] 폴더의 '기출유형문제1회' 파일을 열어서 작업하시오.

문제 ❶ DB구축   25점

01 상품별 판매를 위한 데이터베이스를 구축하였다. 다음의 지시에 따라 테이블을 완성하시오. (각 3점)

※ 〈관리〉, 〈거래물품〉 테이블을 이용하시오.

① 〈관리〉 테이블의 '상품번호'와 '상품명' 필드를 기본 키로 설정하시오. 단 다음과 같은 경고창이 나타날 경우 수검자 스스로 판단하여 기본 키 설정 작업을 완료하시오.

> ▶ '상품번호'와 '상품명' 필드의 중복 값을 검색하는 〈동일상품〉 쿼리를 만들고, 마지막 레코드(단가가 50,000인)의 '상품번호'와 '상품명'을 각각 '9', '철판건재'로 변경하시오.

② 〈거래물품〉 테이블의 '재고' 필드는 0 이상의 값이 입력되도록 설정하시오.

③ 〈거래물품〉 테이블의 '할인율' 필드는 소수자리 없는 %(백분율) 형태로 설정하고, 10%(0.1)를 기본값으로 설정하시오.

④ 〈거래물품〉 테이블의 '단종품' 필드에는 기본값을 'N'으로 설정하고, 'Y'와 'N' 이외의 문자는 입력될 수 없도록 설정하시오.

⑤ 〈거래물품〉 테이블의 '비고' 필드는 데이터 형식을 255 이상의 텍스트를 입력할 수 있도록 설정하시오.

02 〈거래처추가〉 테이블의 레코드를 〈거래처〉 테이블에 추가하시오. (5점)

> ▶ 레코드 추가 시 공급업체명이 '전자'로 끝나는 레코드는 제외하시오.
> ▶ 추가 쿼리를 작성하여 처리하고, 추가 쿼리명은 〈전자제외추가〉로 설정하시오.
> ▶ Not In 연산자와 하위 쿼리 사용

03 〈거래물품〉 테이블의 '분류번호'는 목록 상자 리스트 중에서 선택되도록 '조회' 속성을 다음과 같이 설정하시오. (5점)

▶ 컨트롤 표시를 '목록 상자'로 설정하시오.
▶ 〈물품분류〉 테이블의 '분류번호' 필드를 행 원본으로 설정하시오.

문제 ❷ 입력 및 수정 기능 구현   20점

01 〈거래처별상품〉 폼의 하위 폼으로 사용되는 〈거래내역〉 폼을 다음의 지시사항에 따라 완성하시오. (각 3점)

① 이 폼이 〈거래물품〉 테이블의 모든 데이터를 '상품명'을 기준으로 오름차순으로 표시하도록 '레코드 원본' 속성을 설정하시오.
② 폼이 〈화면〉과 같은 형태로 표시되도록 '기본 보기' 속성을 '연속 폼'으로 설정하시오.
③ 'txt상품번호', 'txt상품명', 'txt분류번호', 'txt공급업체명', 'txt단가', 'txt재고', 'txt할인율'에 각각 '상품번호', '상품명', '분류번호', '공급업체명', '단가', '재고', '할인율' 필드를 바운드 시키시오.

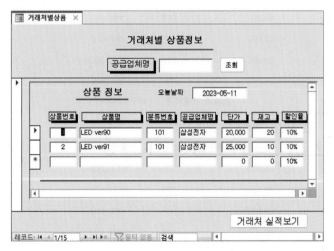

⑫ 〈거래처별상품〉 폼에 대하여 다음의 지시사항을 수행하시오. (6점)

▶ 본문 영역에 〈거래내역〉 폼을 하위 폼으로 추가하시오.

▶ 기본 폼과 하위 폼을 각각 '공급업체명' 필드를 기준으로 연결하시오.

▶ 하위 폼/하위 보고서 컨트롤의 이름을 '거래내역'으로 지정하시오.

⑬ 〈거래처별상품〉 폼의 'txt공급업체명'에 '공급업체명'을 입력하고 '조회(cmd조회)' 버튼을 클릭하면 다음과 같은 기능이 수행되도록 구현하시오. (5점)

▶ 〈거래물품〉 테이블에서 'txt공급업체명'에 입력된 공급업체의 상품정보만 조회되도록 하시오.

▶ 현재 폼의 RecordSource 속성을 이용하여 이벤트 프로시저를 작성하시오.

문제 ❸ 조회 및 출력 기능 구현   20점

⑪ 다음의 지시사항 및 〈화면〉을 참조하여 〈거래보고서〉 보고서를 완성하시오. (각 3점)

① 본문의 'txt순번' 컨트롤에는 해당 '구매업체' 내의 일련번호가 표시되도록 설정하시오.

② 'txt판매일'에서 동일한 판매일이 연속적으로 나타나는 경우에는 한 번만 표시되도록 설정하시오.

③ 'txt업체별판매액계'는 구매업체별로 'txt판매액'의 합계를 표시하시오.

▶ 판매액 = 단가×판매수량×(1−할인율)

④ 'txt판매액', 'txt업체별판매액계'는 통화(₩)로 표시하고, 소수점 이하는 나타나지 않도록 설정하시오.

⑤ 페이지 바닥글에 'txt페이지정보' 컨트롤을 생성하고 〈화면〉과 같이 전체 페이지를 기준으로 현재 페이지를 표시하도록 설정하시오.

▶ 표시 예 : '현재1페이지 / 총2페이지'와 같은 형식

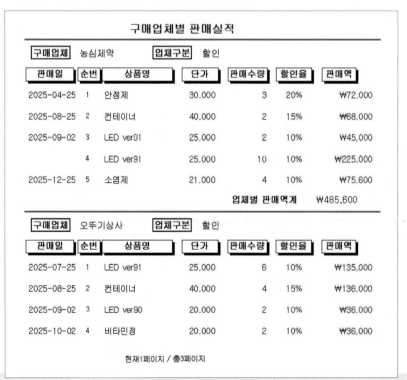

02 〈거래보고서〉 보고서의 'txt업체구분' 컨트롤이 다음과 같은 기능을 수행하도록 구현하시오. (5점)

▶ '구매업체' 필드의 값이 '팔도상사'면 '매입'으로, 그렇지 않으면 '할인'으로 표시하도록 하시오.

▶ iif( ) 함수를 이용하여 컨트롤 원본을 설정하시오.

문제 ❹ 처리 기능 구현   35점

01 〈거래물품〉 테이블을 이용하여 분류번호가 '101'에 해당한 재고현황을 조회하는 〈101 재고조회〉 쿼리를 작성하시오. (7점)

▶ 상품명을 기준으로 오름차순 정렬하여 표시하시오.

▶ 쿼리 실행 결과 표시되는 필드와 필드명은 〈그림〉과 같이 표시되도록 설정하시오.

02 다음과 같은 작업을 수행하는 〈거래처명변경〉 쿼리를 작성하시오. (7점)

▶ 〈협력사〉 테이블의 '구매업체명' 필드에 대해 '오주제약'을 '오주식품'으로 변경하시오.

▶ 업데이트(Update) 쿼리로 작성만 하고 실행시키지 말 것

03 9월의 거래내역을 〈화면〉처럼 보여주는 〈월별거래〉 쿼리를 작성하시오. (7점)

▶ 9월의 거래실적에 대해 '판매일', '상품명', '판매수량', '단가'가 조회되도록 하시오.

▶ 〈거래정보〉 테이블과 〈거래물품〉 테이블을 이용하시오.

▶ '상품명'별 내림차순으로 정렬하고, '상품명'이 같은 상품은 '판매수량'별 오름차순으로 정렬하시오.

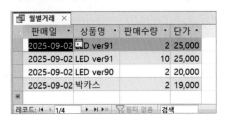

04 〈화면〉에 보이는 것과 같이 구매업체별 분기 및 연간 판매수량 합계를 보여주는 〈Q_거래내역〉 크로스탭 쿼리를 작성하시오. (7점)

▶ 〈거래정보〉 테이블을 이용하시오.

▶ 구매업체별로 회사의 분기별 판매수량의 합계를 구하시오.

▶ 구매업체별 회사의 연간 총판매수량도 구하시오.

구매업체 ·	연 판매수량 ·	1 분기 ·	2 분기 ·	3 분기 ·	4 분기 ·
농심제약	21		3	14	4
오뚜기상사	14			12	2
오주식품	29	3	6	5	15
오주제약	14		4	5	5
팔도상사	10			7	3

05 〈거래정보〉 테이블을 이용하여 판매수량의 합계가 5이상인 〈거래물품〉 테이블의 '비고' 필드의 값을 '인기 상품'으로 변경하는 〈인기상품처리〉 업데이트 쿼리를 작성한 후 실행하시오. (7점)

▶ In 연산자와 하위 쿼리 사용

상품번호 ·	상품명 ·	분류번호 ·	공급업체명 ·	단가 ·	재고 ·	단종품 ·	할인율 ·	비고 ·
1	LED ver90	101	삼성전자	20,000	20	N	10%	
10	건위소화제	107	광동제약	41,000	15	N	15%	
11	염산	107	경신화학	25,000	10	N	15%	
12	과산화수소	107	경신화학	25,000	10	N	15%	
13	베어링	103	초도정밀	12,000	20	N	12%	
14	캠축	103	초도정밀	24,000	40	N	20%	인기 상품
15	밀링머신	103	초도정밀	10,000	40	N	20%	
2	LED ver91	101	삼성전자	25,000	10	N	10%	인기 상품
3	박카스	101	대웅제약	19,000	5	Y	15%	인기 상품
4	비타민정	101	대웅제약	20,000	44	N	10%	인기 상품
5	소염제	101	금성제과	21,000	24	N	10%	인기 상품
6	진통제	101	금성제과	24,000	10	N	10%	인기 상품
7	안정제	101	대웅제약	30,000	1	Y	20%	인기 상품
8	컨테이너	107	오성상사	40,000	10	N	15%	인기 상품
9	철판건재	107	오성상사	50,000	20	N	15%	
*				0	0	N	10%	

※ 〈인기상품처리〉 쿼리를 실행한 후의 〈거래물품〉 테이블

01 〈관리〉, 〈거래물품〉 테이블

〈관리〉 테이블

번호	필드 이름	속성 및 형식	설정 값
①	상품번호, 상품명	기본 키	관리 × 필드 이름 / 데이터 형식 상품번호 : 짧은 텍스트 상품명 : 짧은 텍스트 분류번호 : 짧은 텍스트

〈거래물품〉 테이블

번호	필드 이름	속성 및 형식	설정 값
②	재고	유효성 검사 규칙	>=0
③	할인율	형식	백분율
		소수 자릿수	0
		기본값	0.1
④	단종품	기본값	'N'
		유효성 검사 규칙	'Y' Or 'N'
⑤	비고	데이터 형식	긴 텍스트

02 테이블 추가

03 조회 속성 설정

필드 이름	데이터 형식	설명(옵션)
상품번호	짧은 텍스트	
상품명	짧은 텍스트	
분류번호	짧은 텍스트	
공급업체명	짧은 텍스트	
단가	숫자	
재고	숫자	
단종품	짧은 텍스트	
할인율	숫자	
비고	긴 텍스트	

필드 속성

일반 조회

컨트롤 표시	목록 상자
행 원본 유형	테이블/쿼리
행 원본	SELECT 물품분류.분류번호 FROM 물품분류;
바운드 열	1
열 개수	1
열 이름	아니요
열 너비	
여러 값 허용	아니요
값 목록 편집 허용	아니요
목록 항목 편집 품	
행 원본 값만 표시	아니요

필드 이름은 공백을 포함하여 64자까지 사용할 수 있습니다. 자세한 내용을 보려면 <F1> 키를 누르십시오.

문제 ❷ 입력 및 수정 기능 구현

01 〈거래내역〉 폼

번호	개체	속성	설정 값
①	폼	레코드 원본	SELECT 거래물품.* FROM 거래물품 ORDER BY 거래물품.상품명;
②	폼	기본 보기	연속 폼
③	txt상품번호	컨트롤 원본	상품번호
	나머지 'txt상품명', 'txt분류번호', 'txt공급업체명', 'txt단가', 'txt재고', 'txt할인율' 컨트롤도 '상품명', '분류번호', '공급업체명', '단가', '재고', '할인율'로 컨트롤 원본 설정		

02 하위 폼 추가

03 〈거래처별상품〉 폼의 '조회(cmd조회)' 버튼 클릭 이벤트

```
Private Sub cmd조회_Click()
 Me.RecordSource = "SELECT 거래물품.공급업체명 FROM 거래물품 Where 공급업체명 = '" & txt공급업체명 & "'"
End Sub
```

01 〈거래보고서〉 보고서

번호	개체	속성	설정 값
①	txt순번	컨트롤 원본	=1
		누적 합계	그룹
②	txt판매일	중복 내용 숨기기	예
③	txt업체별판매액계	컨트롤 원본	=Sum([단가]*[판매수량]*(1-[할인율]))
④	txt판매액, txt업체별판매액계	형식	통화
		소수 자릿수	0
⑤	텍스트 상자 생성	이름	txt페이지정보
		컨트롤 원본	="현재" & [Page] & "페이지 / 총" & [Pages] & "페이지"

02 〈거래보고서〉 보고서의 'txt업체구분' 컨트롤 원본

01 〈101 재고조회〉 쿼리

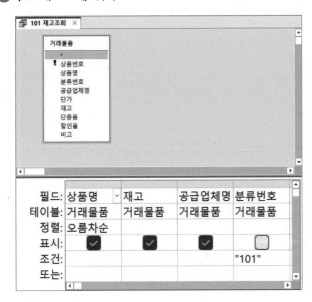

02 〈거래처명변경〉 쿼리

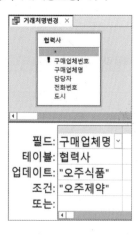

03 〈월별거래〉 쿼리

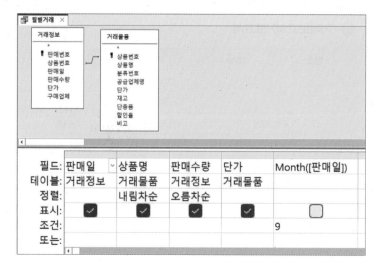

04 〈Q_거래내역〉 쿼리

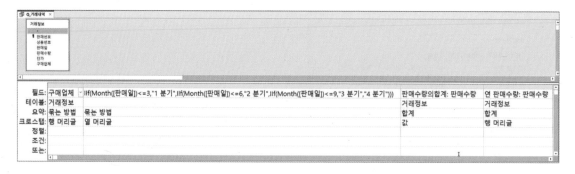

05 〈인기상품처리〉 쿼리

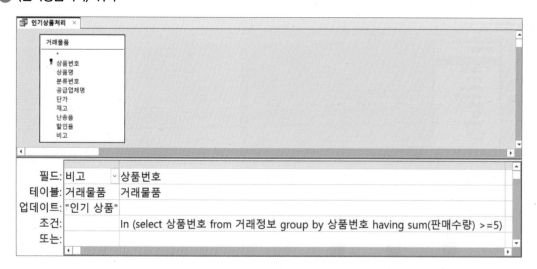

기출 유형 문제 01회 / 해설

문제 ① DB구축

01 〈관리〉, 〈거래물품〉 테이블

> **B 기적의 TIP**
>
> 기본 키는 Null 값이나 중복 값이 될 수 없는 고유 값이기 때문에 '상품번호'와 '상품명'에 중복 값이 있을 경우 기본 키로 설정할 수 없음에 유의합니다.

① [만들기]-[쿼리] 그룹의 [쿼리 마법사](📊)를 클릭한다.

> **B 기적의 TIP**
>
> 탐색 창에서 〈관리〉 테이블을 열어보면 중복 값이 있음을 알 수 있습니다.

② 중복 데이터 검색 쿼리 마법사를 선택하고 [확인]을 클릭한다.
③ 테이블:관리를 선택하고 [다음]을 클릭, 중복된 필드로 '상품번호'와 '상품명'을 옮기고 [다음]을 클릭한다.

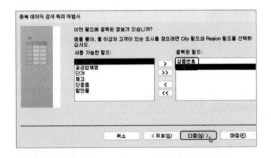

④ 중복 값과 함께 필드를 표시할 필요는 없기 때문에 [다음]을 클릭하고, 쿼리 이름을 〈동일상품〉으로 입력 후 [마침]을 클릭한다.
⑤ 〈동일상품〉 쿼리를 실행해보면 〈관리〉 테이블을 열어서 확인했듯이 2개의 레코드가 중복됨을 알 수 있다.

⑥ 〈관리〉 테이블을 직접 열어서 마지막 레코드를 지시사항대로 값을 수정한다.

⑦ '상품번호', '상품명' 필드를 선택하고 마우스 오른쪽 버튼을 눌러 [디자인 보기](📐)를 클릭하여 [기본 키](🔑)를 설정하고 변경한 내용은 저장한다.

> **B 기적의 TIP**
>
> [Shift]를 누른 채로 바로 가기 메뉴를 불러서 설정하면 편리합니다.

⑧ 〈거래물품〉 테이블에서 마우스 오른쪽 버튼을 눌러 [디자인 보기](📐)를 클릭한다
⑨ '재고' 필드의 [일반] 탭에서 유효성 검사 규칙을 >=0으로 입력한다.
⑩ '할인율' 필드의 [일반] 탭에서 형식을 '백분율', 소수 자릿수를 0,기본값을 0.1로 지정한다.
⑪ '단종품'의 [일반] 탭에서 기본값을 N으로, 유효성 검사 규칙을 "Y" Or "N"으로 입력한다.
⑫ '비고' 필드를 선택한 후 데이터 형식을 '긴 텍스트'로 지정한다.

⑫ 테이블 추가

① [만들기]-[쿼리] 그룹의 [쿼리 디자인](🔲)을 클릭한다.

② [테이블 추가]의 [테이블] 탭에서 〈거래처추가〉를 추가하고 [닫기]를 클릭한다.

③ 디자인 눈금의 각 필드에 다음과 같이 드래그해서 놓는다.

④ [쿼리 디자인]-[쿼리 유형] 그룹의 [추가](📄)를 선택한 후 [추가]에서 〈거래처〉 테이블을 선택하고 [확인]을 클릭한다.

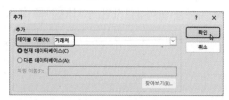

⑤ '공급업체명' 필드의 '조건:' 속성에 다음과 같이 입력한다.

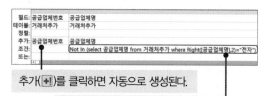

추가(⊞)를 클릭하면 자동으로 생성된다.

> Not In (select 공급업체명 from 거래처추가 where Right([공급업체명],2)="전자")

⑥ 쿼리 이름을 **전자제외추가**라고 입력한다.

⑦ 작성된 〈전자제외추가〉 쿼리를 더블클릭하여 실행시킨 후 4행을 추가한다는 대화상자가 나타나면 [예]를 클릭한다.

⑬ 조회 속성 설정

① 〈거래물품〉 테이블에서 마우스 오른쪽 버튼을 눌러 [디자인 보기](🔲)를 클릭한다.

② '분류번호' 필드의 [조회] 탭에서 '컨트롤 표시'를 '목록 상자'로 바꾸고, '행 원본'에서 [작성기](💬)를 클릭한다.

③ [테이블 추가]의 [테이블] 탭에서 〈물품분류〉를 추가한 후 [닫기]를 클릭한다.

④ 디자인 눈금에 '분류번호'를 드래그해서 놓은 다음 닫는다.

SELECT 물품분류.분류번호 FROM 물품분류;

문제 ❷ **입력 및 수정 기능 구현**

⑪ 〈거래내역〉 폼

① 〈거래내역〉 폼에서 마우스 오른쪽 버튼을 눌러 [디자인 보기](🔲)를 클릭한다.

② '폼 선택기'(■)를 더블클릭하여 '레코드 원본' 속성에서 [작성기](💬)를 클릭한 다음 〈거래물품〉 테이블을 추가한 후, 다음과 같이 설정한 후 업데이트 메시지에서 [예]를 클릭한다.

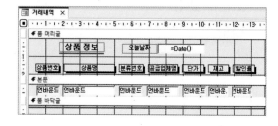

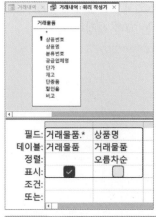

③ '폼 선택기'(■)를 선택하여 기본 보기를 '연속 폼'으로 설정한다.

④ 'txt상품번호' 컨트롤을 선택하여 컨트롤 원본을 '상품번호'로 설정한다. 나머지 'txt상품명', 'txt분류번호', 'txt공급업체명', 'txt단가', 'txt재고', 'txt할인율' 컨트롤도 선택하여 컨트롤 원본에 '상품명', '분류번호', '공급업체명', '단가', '재고', '할인율'로 설정한다.

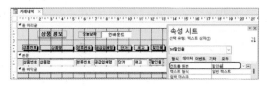

⑫ 하위 폼 추가

① 〈거래처별상품〉 폼에서 마우스 오른쪽 버튼을 눌러 [디자인 보기](⬚)를 클릭한 후, [양식 디자인]-[컨트롤] 그룹에서 [컨트롤 마법사 사용](⬚)과 [하위 폼/하위 보고서](⬚)를 선택하고 적당한 위치까지 드래그한 후 놓으면 [하위 폼 마법사]가 나타난다.

② [하위 폼 마법사]의 '기존 폼 사용'에서 〈거래내역〉 폼을 하위 폼으로 설정하고 [다음]을 클릭한다.

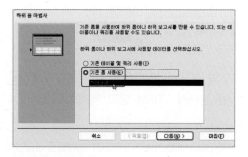

③ '목록에서 선택'을 선택하고 [다음]을 클릭한다.

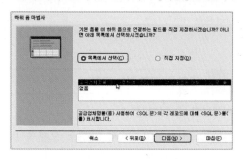

④ 하위 폼의 이름을 **거래내역**으로 입력하고 [마침]을 클릭한다.

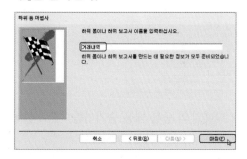

⑤ 추가된 하위 폼 위의 '거래내역 레이블'은 삭제한다.

⑬ 〈거래처별상품〉 폼의 '조회(cmd조회)' 버튼 클릭 이벤트

① 〈거래처별상품〉 폼에서 마우스 오른쪽 버튼을 눌러 [디자인 보기](⬚)를 클릭한다.
② '조회(cmd조회)' 버튼을 클릭한 후 [이벤트] 탭에서 On Click의 [작성기](⬚)를 클릭한다.

③ [작성기 선택] 대화상자에서 '코드 작성기'를 선택한다.

④ VBE의 '코드 창'에 다음과 같이 코딩하고 Alt + Q를 눌러서 VBE를 닫고 액세스로 돌아온다.

```
Private Sub cmd조회_Click()
    Me.RecordSource = "SELECT 거래물품.공급업체
    명 FROM 거래물품 Where 공급업체명 = '"
    & txt공급업체명 & "'"
End Sub
```

문제 ③ 조회 및 출력 기능 구현

01 〈거래보고서〉 보고서

① 〈거래보고서〉 보고서에서 마우스 오른쪽 버튼을 눌러 [디자인 보기](☐)를 클릭한다.

② 'txt순번'의 컨트롤 원본을 =1로 입력하고 누적 합계를 '그룹'으로 설정한다.

③ 'txt판매일'의 중복 내용 숨기기를 '예'로 설정한다.

④ 'txt업체별판매액계'의 컨트롤 원본을 설정한다.

=Sum([단가]*[판매수량]*(1-[할인율]))

⑤ 'txt판매액'과 'txt업체별판매액계'의 형식은 '통화', 소수 자릿수는 '0'을 설정한다.

⑥ [보고서 디자인]-[컨트롤] 그룹의 [텍스트 상자](☐)를 선택한 후 [페이지 바닥글]을 문제지의 〈화면〉과 같이 설정하고, Lable은 삭제한다. 그리고 '이름'과 컨트롤 원본을 입력한다.

=" 현재" & [Page] & "페이지 / 총" & [Pages] & "페이지"

02 〈거래보고서〉 보고서의 'txt업체구분' 컨트롤 원본 속성 설정

① 〈거래보고서〉 보고서의 바로 가기 메뉴에서 [디자인 보기](☐)를 클릭한다.

② 'txt업체구분'의 컨트롤 원본을 다음과 같이 설정한다.

=IIf([구매업체]="팔도상사","매입","할인")

01 〈101 재고조회〉 쿼리

① [만들기]–[쿼리] 그룹의 [쿼리 디자인](🔲)을 클릭한다.

② [테이블 추가]의 [테이블] 탭에서 〈거래물품〉을 추가하고 [닫기]를 클릭한다.

③ 디자인 눈금의 각 필드에 다음과 같이 드래그 해서 놓는다.

④ 상품명은 '오름차순'로 정렬하고, 분류번호는 표시의 체크를 해제하고 조건에 101을 입력한다.

⑤ Ctrl+S를 눌러 '다른 이름으로 저장' 대화상 자에 101 재고조회로 입력하고 [확인]을 클릭한 다.

02 〈거래처명변경〉 쿼리

① [만들기]–[쿼리] 그룹의 [쿼리 디자인](🔲)을 클릭한다.

② [테이블 추가]의 [테이블] 탭에서 〈협력사〉를 추가하고 [닫기]를 클릭한다.

③ 디자인 눈금의 각 필드에 다음과 같이 드래그 해서 놓는다.

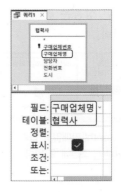

④ [쿼리 디자인]–[쿼리 유형] 그룹의 [업데이트] (🔲)를 선택한 후 다음과 같이 설정한다.

⑤ 쿼리의 이름을 **거래처명변경**으로 입력하고 [확 인]을 클릭한다.

03 〈월별거래〉 쿼리

① [만들기]–[쿼리] 그룹의 [쿼리 디자인](🔲)을 클릭한다.

② [테이블 추가]의 [테이블] 탭에서 〈거래정보〉와 〈거래물품〉 테이블을 추가하고 다음과 같이 필 드를 드래그한다.

③ 디자인 눈금의 각 필드에 다음과 같이 드래그 해서 놓는다.

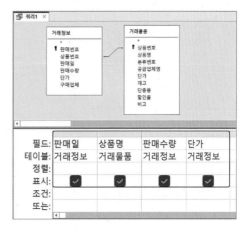

④ 9월의 거래실적(**❶**)에 대해 판매일, 상품명, 판매수량, 단가가 조회되도록 하고, 상품명별 내림차순(**❷**), 상품명이 같은 상품은 판매수량별 오름차순(**❸**)으로 정렬한다.

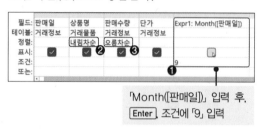

「Month([판매일])」 입력 후, Enter, 조건에 「9」 입력

⑤ '단가' 필드를 선택하고 [속성 시트]의 형식은 '표준', 소수 자릿수는 0을 입력한다.
⑥ 쿼리의 이름을 **월별거래**로 입력하고 [확인]을 클릭한다.

04 〈Q_거래내역〉 쿼리

① [만들기]–[쿼리] 그룹의 [쿼리 디자인](▦)을 클릭한다.
② [테이블 추가]의 [테이블] 탭에서 〈거래정보〉를 추가하고 [닫기]를 클릭한다.
③ 쿼리 디자인 창 빈 영역에서 마우스 오른쪽 버튼을 눌러 [쿼리 유형]–[크로스탭 쿼리]를 클릭한다.

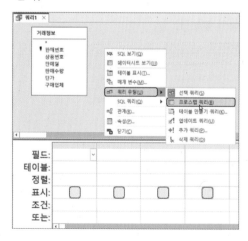

④ 문제지 미리보기 그림과 크로스탭 쿼리의 요소를 고려하여 다음과 같이 설정한다.

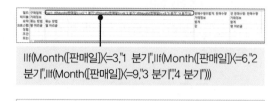

IIf(Month([판매일])<=3,"1 분기",IIf(Month([판매일])<=6,"2 분기",IIf(Month([판매일])<=9,"3 분기","4 분기")))

• 구매업체 : 행머리글
• 판매수량 : 행머리글 (합계)
• 판매일 : 열머리글
• 판매수량 : 값 (합계)

⑤ 디자인 창을 닫고 쿼리의 이름을 **Q_거래내역**으로 입력하고 [확인]을 클릭한다.

05 〈인기상품처리〉 쿼리

① [만들기]–[쿼리] 그룹의 [쿼리 디자인](▦)을 클릭한다.
② [테이블 표시] 대화상자의 [테이블] 탭에서 〈거래물품〉 테이블을 추가하고 필드를 드래그한다.
③ [쿼리 디자인] 탭의 [쿼리 유형]–[업데이트](▨)를 클릭한 후 다음과 같이 입력한다.

In (select 상품번호 from 거래정보 group by 상품번호 having sum(판매수량))=5)

④ 쿼리의 이름을 **인기상품처리**로 입력하고 [확인]을 클릭한다.
⑤ [쿼리 디자인] 탭의 [결과]–[실행](❗)을 클릭하면 다음의 메시지가 표시되면 [에]를 클릭한다.

작업파일 [2025컴활1급₩2권_데이터베이스₩기출유형문제] 폴더의 '기출유형문제2회' 파일을 열어서 작업하시오.

문제 ❶ **DB구축** **25점**

01 학생 및 학과별 시간표 배정을 위해서 데이터베이스를 구축하였다. 다음의 지시사항에 따라 〈시간표〉 테이블을 완성하시오. (각 3점)

① '과목코드', '분반' 필드를 기본 키(PK)로 설정하시오.
② '강의시간' 필드에 새로운 레코드가 추가되는 경우 '시간'이라는 값이 입력되도록 설정하시오.
③ '분반' 필드에 영문자가 입력된다. 해당 필드에 데이터가 입력될 때 자동적으로 '영문' 입력상태로 변환되도록 설정하시오.
④ '분반' 필드에 'A'부터 'E'까지만 입력되도록 설정하시오.
⑤ '분반' 필드에 'A'부터 'E' 이외의 값이 입력되면 '데이터입력오류!' 메시지가 나타나도록 설정하시오.

02 〈시간표_ADD〉 테이블의 데이터를 〈시간표〉 테이블에 추가하시오. (5점)

▶ 〈시간표_ADD〉 테이블의 '학점' 필드는 추가 대상에서 제외하시오.
▶ 추가 질의(Insert Query)를 이용하여 처리하고, 질의 이름은 〈시간표추가〉로 지정하시오.

03 〈시간표〉 테이블의 '학생코드' 필드는 〈학생〉 테이블의 '학생코드' 필드를 참조하며, 〈시간표〉 테이블의 '과목코드' 필드는 〈수강과목〉 테이블의 '과목코드' 필드를 참조한다. 〈학생〉 테이블과 〈시간표〉 테이블, 그리고 〈수강과목〉 테이블과 〈시간표〉 테이블 간의 관계는 1:M이다. 각각의 테이블에 대하여 다음의 관계를 설정하시오. (5점)

▶ 테이블 간에는 항상 참조 무결성이 유지되도록 설정하시오.
▶ 〈학생〉 테이블의 '학생코드' 및 〈수강과목〉 테이블의 '과목코드'가 변경되면 이를 참조하는 〈시간표〉 테이블의 '학생코드', '과목코드'도 따라서 변경되도록 설정하시오.
▶ 〈수강과목〉의 특정 레코드가 삭제되면 이를 참조하는 〈시간표〉 테이블의 해당 레코드도 따라서 삭제되도록 설정하시오.

01 수강 과목별 학점과 시간수 내역 등을 입력하는 〈배치입력〉 폼에 대해 다음 작업을 수행하시오. (각 3점)

    ① 가장 적절한 테이블을 폼의 레코드 원본으로 설정하시오.

    ② 〈화면〉과 같이 '레코드 선택기' 속성을 설정하시오.

    ③ 폼에 레코드를 추가하거나 삭제할 수 없도록 설정하시오.

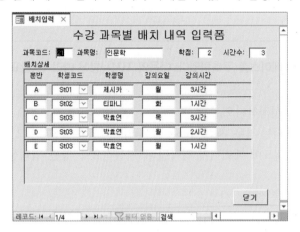

02 앞의 〈화면〉과 같이 〈배치입력〉 폼에 〈과별배치도〉 폼을 하위 폼으로 지정하여 관련 정보가 나타나도록 설정하시오. (6점)

    ▶ 하위 폼/보고서 컨트롤의 이름을 '배치상세'로 하시오.

    ▶ 기본 폼과 하위 폼을 각각 '과목코드' 필드를 기준으로 연결하시오.

03 다음과 같은 〈배치입력〉 폼의 '닫기(Cmd닫기)' 버튼을 클릭하면 현재 폼을 닫는 기능을 수행하도록 이벤트 프로시저를 구현하시오. (5점)

    ▶ DoCmd 객체를 이용할 것

    ▶ 폼에 변경 내용이 있으면 사용자 확인 없이, 무조건 저장하고 개체를 닫도록 할 것

01 다음의 지시사항과 화면을 참조하여 〈학생배치보고서〉 보고서를 완성하시오. (각 3점)

　① 보고서 머리글의 제목은 매 페이지의 윗부분에 나타나도록 컨트롤의 위치를 옮기시오.

　② 학생코드 머리글의 내용이 화면에 나타나도록 설정하시오.

　③ 본문 영역의 'txt순번' 컨트롤에는 해당 학생에 할당된 과목의 일련번호가 표시되도록 설정하시오.

　④ 학생코드 바닥글의 'txt총강좌'와 'txt총시간'에는 해당 학생에 대한 강좌의 개수와 시간수의 합계가
　　 표시되도록 설정하시오.

　⑤ 페이지 바닥글의 'txt페이지'에는 다음과 같은 형태로 페이지를 표시하도록 설정하시오.

　　▶ 전체 페이지수가 4이고 현재 페이지가 1이면 '1 / 4'와 같이 표시

02 〈학생검색〉 폼의 '학생검색(Cmd검색)' 버튼을 클릭하면 다음과 같이 조회 기능을 수행하도록 이벤트 프로시
저를 구현하시오. (5점)

　▶ 학생명을 입력받는 'Txt찾기' 컨트롤에 학생명의 일부를 입력하면 '학생명' 필드의 내용 중 해당 문자
　　 가 포함된 레코드를 찾아 표시하도록 구현하시오.

　▶ Filter와 FilterOn 속성을 이용하시오.

　▶ 예 '연'으로 조회하는 경우 '박효연', '최태연', '채연이' 등이 조회되도록 하시오.

01 학생코드별로 배정된 과목수를 조회하는 쿼리를 작성하시오. (7점)

▶ 〈시간표〉 테이블을 이용하시오.

▶ 쿼리 결과 필드들은 〈화면〉과 같이 나오도록 설정하시오.

▶ 쿼리 이름은 〈학생별강좌수〉로 설정하시오.

02 강의시간이 3시간 이상인 과목을 조회하는 쿼리를 작성하시오. (7점)

▶ 〈수강과목〉, 〈시간표〉 테이블을 이용하시오.

▶ 쿼리 결과 필드들은 〈화면〉과 같이 나오도록 설정하시오.

▶ 쿼리 결과는 '수강과목'을 기준으로 오름차순으로 정렬하시오.

▶ 쿼리 이름은 〈수면과목〉으로 설정하시오.

03 학과, 수강과목별로 학생코드의 개수를 조회하는 〈학과별과목별인원수〉 크로스탭 쿼리를 작성하시오. (7점)

▶ 〈학생별학과수집〉 쿼리를 이용하시오.

▶ 학생수는 '학생코드' 필드를 이용하시오.

▶ 쿼리 실행 결과 표시되는 필드와 필드명은 〈그림〉과 같이 표시되도록 설정하시오.

04 〈학생별학과수집〉 쿼리를 이용하여 학과의 일부를 매개 변수로 입력받고, 해당 학과의 학점을 조회하여 새 테이블로 생성하는 〈학과현황생성〉 쿼리를 작성하고 실행하시오. (7점)

▶ 쿼리 실행 후 생성되는 테이블의 이름은 [조회학과학점현황]으로 설정하시오.

▶ 쿼리 실행 결과 생성되는 테이블의 필드는 그림을 참고하여 수험자가 판단하여 설정하시오.

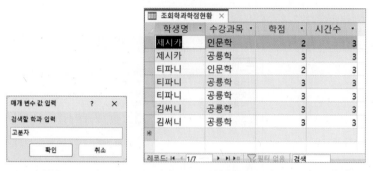

※ 〈학과현황생성〉 쿼리의 매개 변수 값으로 '고분자'를 입력하여 실행한 후의 〈조회학과학점현황〉 테이블

05 〈시간표〉 테이블의 '학생코드'를 이용하여 '강의요일'이 '금'에 해당한 〈학생〉 테이블의 '비고' 필드의 값을 '금요일 수강'으로 변경하는 〈금요일수강생처리〉 업데이트 쿼리를 작성한 후 실행하시오. (7점)

▶ In 연산자와 하위 쿼리 이용

※ 〈금요일수강생처리〉 쿼리를 실행한 후의 〈학생〉 테이블

문제 ① DB구축

01 〈시간표〉 테이블

번호	필드 이름	기본 키, 필드 속성	설정 값
①	과목코드 분반	기본 키	
②	강의시간	기본값	시간
③		IME 모드	영숫자 반자
④	분반	유효성 검사 규칙	In("A","B","C","D","E")
⑤		유효성 검사 텍스트	데이터입력오류!

02 테이블 추가

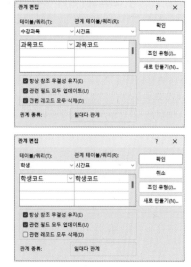

03 〈수강과목〉, 〈시간표〉, 〈학생〉 관계

01 〈배치입력〉 폼

번호	개체	속성	설정 값
①	폼	레코드 원본	수강과목
②		레코드 선택기	아니요
③	폼	삭제 가능	아니요
		추가 가능	아니요

02 하위 폼 추가

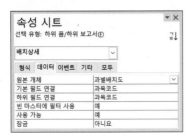

03 〈배치입력〉 폼의 '닫기(Cmd닫기)' 버튼

```
Private Sub Cmd닫기_Click()
    DoCmd.Close acForm,"배치입력", acSaveYes
End Sub
```

01 〈학생배치보고서〉 보고서

번호	개체	속성	설정 값
①	보고서	[보고서 머리글] → [페이지 머리글]	제목 이동
②	학생코드 머리글	표시	예
③	txt순번	컨트롤 원본	=1
		누적 합계	그룹
④	txt총강좌	컨트롤 원본	=Count(*)
	txt총시간		=Sum([시간수])
⑤	txt페이지	컨트롤 원본	=[Page] & " / " & [Pages]

02 〈학생검색〉 폼의 '학생검색(Cmd검색)' 버튼 클릭 이벤트

```
Private Sub Cmd검색_Click()
    Me.Filter = "학생명 like '*" & Txt찾기 & "*'"
    Me.FilterOn = True
End Sub
```

01 〈학생별강좌수〉 쿼리

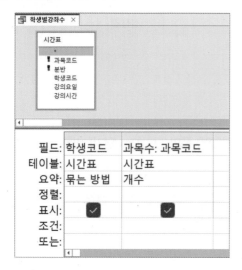

02 〈수면과목〉 쿼리

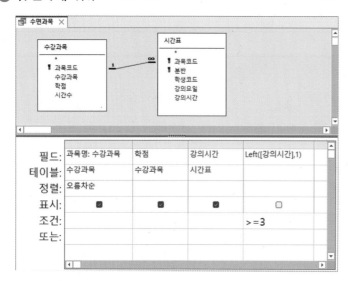

03 〈학과별과목별인원수〉 쿼리

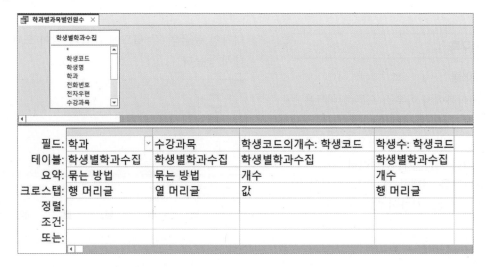

필드:	학과	수강과목	학생코드의개수: 학생코드	학생수: 학생코드	
테이블:	학생별학과수집	학생별학과수집	학생별학과수집	학생별학과수집	
요약:	묶는 방법	묶는 방법	개수	개수	
크로스탭:	행 머리글	열 머리글	값	행 머리글	
정렬:					
조건:					
또는:					

04 〈학과현황생성〉 쿼리

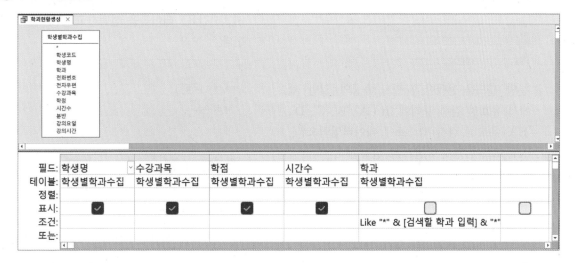

필드:	학생명	수강과목	학점	시간수	학과	
테이블:	학생별학과수집	학생별학과수집	학생별학과수집	학생별학과수집	학생별학과수집	
정렬:						
표시:	☑	☑	☑	☑	☐	☐
조건:					Like "*" & [검색할 학과 입력] & "*"	
또는:						

05 〈금요일수강생처리〉 쿼리

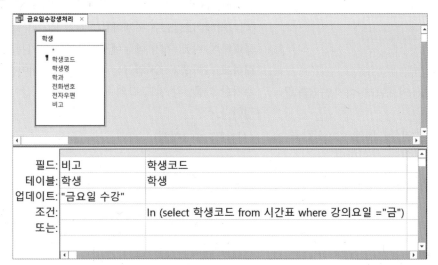

필드:	비고	학생코드
테이블:	학생	학생
업데이트:	"금요일 수강"	
조건:		In (select 학생코드 from 시간표 where 강의요일 ="금")
또는:		

01 〈시간표〉 테이블

① 〈시간표〉 테이블에서 마우스 오른쪽 버튼을 눌러 [디자인 보기](🔲)를 클릭한다.
② '과목코드'와 '분반' 필드에서 마우스 오른쪽 버튼을 눌러 [기본 키](🔑)를 선택한다.
③ '강의시간' 필드를 선택한 후 필드 속성의 [일반] 탭에서 기본값을 **시간**이라고 입력한다.

시간표 ×	
필드 이름	데이터 형식
과목코드	짧은 텍스트
분반	짧은 텍스트
학생코드	짧은 텍스트
강의요일	짧은 텍스트
강의시간	짧은 텍스트

일반 조회	
필드 크기	4
형식	
입력 마스크	
캡션	
기본값	"시간"

④ '분반' 필드를 선택한 후 필드 속성의 [일반] 탭에서 유효성 검사 규칙에 In ("A","B","C","D","E"), 유효성 검사 텍스트에 **데이터입력오류!**, IME 모드에 '영숫자 반자'로 설정한다.

시간표 ×	
필드 이름	데이터 형식
과목코드	짧은 텍스트
분반	짧은 텍스트

일반 조회	
필드 크기	1
형식	
입력 마스크	
캡션	
기본값	
유효성 검사 규칙	In ("A","B","C","D","E")
유효성 검사 텍스트	데이터입력오류!
필수	예
빈 문자열 허용	아니요
인덱스	아니요
유니코드 압축	예
IME 모드	영숫자 반자
문장 입력 시스템 모드	없음
텍스트 맞춤	일반

02 테이블 추가

① [만들기]-[쿼리] 그룹의 [쿼리 디자인](🔲)을 클릭한다.
② [테이블 추가]의 [테이블] 탭에서 〈시간표_ADD〉를 추가하고 [닫기]를 클릭한다.

③ 디자인 눈금의 각 필드에 다음과 같이 드래그해서 놓는다.

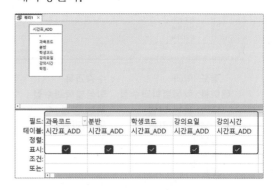

필드:	과목코드	분반	학생코드	강의요일	강의시간
테이블:	시간표_ADD	시간표_ADD	시간표_ADD	시간표_ADD	시간표_ADD
정렬:					
표시:	✓	✓	✓	✓	✓
조건:					
또는:					

④ 창의 빈 영역에서 마우스 오른쪽 버튼을 눌러 [쿼리 유형]-[추가 쿼리]를 선택한다. [추가]에서 〈시간표〉 테이블을 선택하고 [확인]을 클릭한다.

필드:	과목코드	분반	학생코드	강의요일	강의시간
테이블:	시간표_ADD	시간표_ADD	시간표_ADD	시간표_ADD	시간표_ADD
정렬:					
추가:	과목코드	분반	학생코드	강의요일	강의시간
조건:					
또는:					

⑤ 쿼리 이름을 **시간표추가**라고 입력하고 [확인]을 클릭한다.

03 관계 설정

[데이터베이스 도구]-[관계] 그룹의 [관계](🔲)를 클릭하여 바로 가기 메뉴에서 [테이블 추가]를 클릭하고, 〈학생〉, 〈시간표〉, 〈수강과목〉 테이블을 추가한 다음, 각 필드 간의 관계를 다음과 같이 설정한다.

〈시간표〉 ↔ 〈학생〉

〈시간표〉 ↔ 〈수강과목〉

01 〈배치입력〉 폼

① 〈배치입력〉 폼에서 마우스 오른쪽 버튼을 눌러 [디자인 보기](📐)를 클릭한다.

② '폼 선택기'(■)를 더블클릭하여 레코드 원본은 '수강과목', 삭제 가능은 '아니요', 추가 가능은 '아니요', 레코드 선택기는 '아니요'를 설정한다.

02 하위 폼 추가

① 〈배치입력〉 폼에서 마우스 오른쪽 버튼을 눌러 [디자인 보기](📐)를 클릭한 후, [양식 디자인]-[컨트롤] 그룹에서 [컨트롤 마법사 사용](🗲)과 [하위 폼/하위 보고서](▥)를 선택하고 적당한 위치까지 드래그한 후 놓으면 [하위 폼 마법사]가 나타난다.

② [하위 폼 마법사]의 '기존 폼 사용'에서 〈과별배치도〉 폼을 하위 폼으로 설정하고 [다음]을 클릭한다.

③ '목록에서 선택'을 선택하고 [다음]을 클릭한다.

④ 하위 폼의 이름으로 **배치상세**를 입력하고 [마침]을 클릭한다.

03 〈배치입력〉 폼의 '닫기(Cmd닫기)' 버튼

① 〈배치입력〉 폼에서 마우스 오른쪽 버튼을 눌러 [디자인 보기](📐)를 클릭한다.

② '닫기' 버튼을 클릭한 후 [이벤트] 탭에서 On Click의 [작성기](┅)를 클릭한다.

③ [작성기 선택]에서 '코드 작성기'를 선택한다.

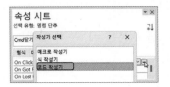

④ VBE의 '코드 창'에 다음과 같이 코딩하고 [Alt]+[Q]를 눌러서 VBE를 닫고 액세스로 돌아온다.

```
Private Sub Cmd닫기_Click()
    DoCmd.Close acForm,"배치입력", acSaveYes
End Sub
```

01 〈학생배치보고서〉 보고서

① 〈학생배치보고서〉 보고서에서 마우스 오른쪽 버튼을 눌러 [디자인 보기](📐)를 클릭한다.

② [보고서 머리글]의 제목을 매 페이지의 윗부분에 나타나도록 하기 위해 [페이지 머리글]로 이동한다.

③ [학생코드 머리글]의 구역 선택기를 클릭하여
바로 가기 메뉴에서 [속성]을 선택한 후 '표시'
속성을 설정한다.

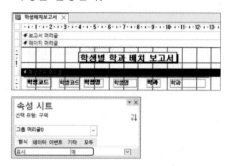

④ 'txt순번'의 컨트롤 원본은 =1, 누적 합계는 '그
룹'을 설정한다.

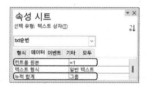

⑤ 'txt총강좌'와 'txt총시간'의 컨트롤 원본을 설정
한다.

=Count(*)

=Sum([시간수])

⑥ 'txt페이지'의 컨트롤 원본을 설정한다.

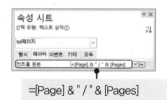

=[Page] & " / " & [Pages]

02 〈학생검색〉 폼의 '학생검색(Cmd검색)'버튼

① 〈학생검색〉 폼에서 마우스 오른쪽 버튼을 눌러
[디자인 보기](📐)를 클릭한다.
② '학생검색(Cmd검색)' 버튼을 클릭한 후 [이벤
트] 탭에서 On Click의 [작성기](🔲)를 클릭한
다.

③ [작성기 선택]에서 '코드 작성기'를 선택한다.
④ VBE의 '코드 창'에 다음과 같이 코딩하고 Alt+
Q를 눌러서 VBE를 닫고 액세스로 돌아온다.

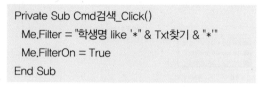

```
Private Sub Cmd검색_Click()
    Me.Filter = "학생명 like '*" & Txt찾기 & "*'"
    Me.FilterOn = True
End Sub
```

> **문제 ④** **처리 기능 구현**

01 〈학생별강좌수〉 쿼리

① [만들기]-[쿼리] 그룹의 [쿼리 디자인](🖼)을
클릭한다.
② [테이블 추가]의 [테이블] 탭에서 〈시간표〉를
추가하고 [닫기]를 클릭한다.
③ 디자인 눈금의 각 필드에 다음과 같이 드래그
해서 놓는다.

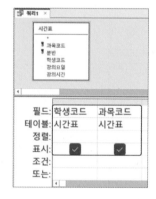

④ [쿼리 디자인]-[표시/숨기기] 그룹의 [요약](Σ)
을 클릭한 후 '과목코드' 필드의 묶는 방법을 '개
수'로 설정하고, '과목코드' 필드에 **과목수:**를
입력하여 필드 이름(별명)을 변경한다.

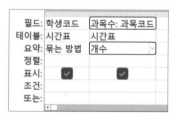

⑤ 쿼리의 이름을 **학생별강좌수**로 입력하고 [확
인]을 클릭한다.

02 〈수면과목〉 쿼리

① [만들기]−[쿼리] 그룹의 [쿼리 디자인](▦)을 클릭한다.

② [테이블 추가]의 [테이블] 탭에서 〈수강과목〉, 〈시간표〉를 추가하고 [닫기]를 클릭한다.

③ 디자인 눈금의 각 필드에 다음과 같이 드래그 해서 놓는다.

④ '수강과목' 필드에 **과목명:**을 입력하여 필드 이름(별명)을 변경한 다음, '수강과목' 필드를 '오름차순'으로 정렬하고, 강의시간이 3시간 이상인 과목이 조회되도록 설정한다.

⑤ 쿼리의 이름을 **수면과목**으로 입력하고 [확인]을 클릭한다.

03 〈학과별과목별인원수〉 쿼리

① [만들기]−[쿼리] 그룹에서 [쿼리 마법사](▦)를 클릭한다.

② [새 쿼리]에서 '크로스탭 쿼리 마법사'를 선택하고 [확인]을 클릭한다.

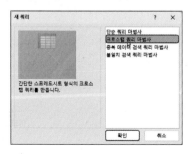

③ '쿼리 : 학생별학과수집'을 선택하고 [다음]을 클릭한다.

④ '학과'를 더블클릭하여 '행 머리글'로 지정하고 [다음]을 클릭한다.

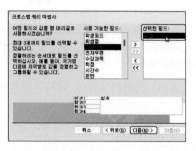

⑤ '수강과목'을 선택하여 '열 머리글'로 지정하고 [다음]을 클릭한다.

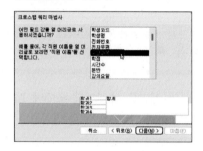

⑥ '학생코드'의 '개수'를 선택하고 [다음]을 클릭한다.

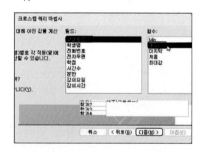

⑦ **학과별과목별인원수**를 입력하고 '디자인 수정'을 선택하고 [마침]을 클릭한다.

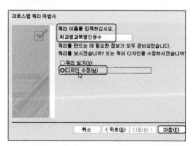

⑧ 행 머리글을 **학생수: 학생코드**로 수정하고 [저장](🖫)을 클릭한다.

04 〈학과현황생성〉 쿼리

① [만들기]—[쿼리] 그룹의 [쿼리 디자인](🖽)을 클릭한다.
② [테이블 추가]의 [쿼리] 탭에서 〈학생별학과수집〉를 추가하고 [닫기]를 클릭한다.
③ 디자인 눈금의 각 필드에 다음과 같이 드래그해서 놓는다.

④ 학과는 표시의 체크를 해제하고 조건에 Like "*" & [검색할 학과 입력] & "*"을 입력한다.

⑤ [쿼리 디자인]—[쿼리 유형] 그룹의 [테이블 만들기](🖽)를 클릭한다.

⑥ 테이블 이름은 **조회학과학점현황**을 입력하고 [확인]을 클릭한다.

⑦ [쿼리 디자인]—[결과] 그룹의 [실행](⫙)을 클릭한다.
⑧ Ctrl+S를 눌러 '다른 이름으로 저장' 대화상자에 **학과현황생성**으로 입력하고 [확인]을 클릭한다.

05 〈금요일수강생처리〉 쿼리

① [만들기]—[쿼리] 그룹의 [쿼리 디자인](🖽)을 클릭한다.
② [테이블 표시] 대화상자의 [테이블] 탭에서 〈학생〉 테이블을 추가하고 '비고', '학생코드' 필드를 드래그한다.
③ [쿼리 디자인] 탭의 [쿼리 유형]—[업데이트](📝)를 클릭한 후 다음과 같이 입력한다.

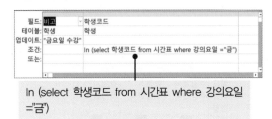

In (select 학생코드 from 시간표 where 강의요일 ="금")

④ 쿼리의 이름을 **금요일수강생처리**로 입력하고 [확인]을 클릭한다.
⑤ [쿼리 디자인] 탭의 [결과]—[실행](⫙)을 클릭하면 다음의 메시지가 표시되면 [예]를 클릭한다.

작업파일 [2025컴활1급₩2권_데이터베이스₩기출유형문제] 폴더의 '기출유형문제3회' 파일을 열어서 작업하시오.

문제 ❶ DB구축   25점

01 제품납품 관리를 위하여 데이터베이스를 구축하고자 한다. 다음의 지시사항에 따라 테이블을 완성하시오. (각 3점)

※ 〈납품현황〉 테이블을 사용하시오.

① 기본 키(Primary Key)는 '납품일자', '납품업체코드', '제품코드'로 구성된다. 기본 키를 설정하시오.

② '납품일자' 필드에는 값이 반드시 입력되도록 설정하시오.

③ '수량' 필드에는 1부터 1000사이의 값만 입력되도록 설정하고, 그 이외의 값이 입력되면 '1부터 1000 사이의 값을 입력하세요'라는 메시지가 표시되도록 설정하시오.

※ 〈납품업체〉 테이블을 사용하시오.

④ '사업자번호' 필드를 입력할 때 '숫자3자리−숫자2자리−숫자5자리' 형태로 필수 입력되도록 입력 마스크를 설정하시오.

   ▶ 입력 마스크 기호는 밑줄(_)을 사용하고 숫자 사이의 '−'도 함께 저장되도록 설정하시오.

⑤ '홈페이지주소' 필드의 데이터 형식은 입력된 인터넷 URL 주소를 클릭하면 자동으로 연결되도록 설정하시오.

02 〈추가납품〉 테이블의 데이터를 〈납품현황〉 테이블에 추가하시오. (5점)

   ▶ 〈추가납품〉 테이블의 '납품번호', '비고' 필드는 추가 대상에서 제외하시오.

   ▶ '납품일자' 필드가 '2025년 1월 1일'보다 같거나 큰 레코드만 추가하시오.

   ▶ 추가 쿼리(Insert Query)를 이용하여 처리하고, 쿼리의 이름은 '2025년도납품추가'로 지정하시오.

03 〈납품현황〉 테이블의 '납품업체코드', '제품코드' 필드는 각각 〈납품업체〉 테이블의 '납품업체코드' 필드와 〈제품목록〉 테이블의 '제품코드' 필드를 참조하며, 테이블 간의 관계는 다대일(M:1)이다. 각 테이블에 대해 다음과 같이 관계를 설정하시오. (5점)

   ▶ 각 테이블 간에 참조 무결성이 유지되도록 설정하시오.

   ▶ 각 테이블의 참조 필드의 값이 변경되면 관련 필드의 값들도 변경되도록 설정하시오.

01 제품별 납품현황 조회를 위한 〈제품조회〉 폼을 다음의 〈화면〉과 지시사항에 따라 완성하시오. (각 3점)

　① 〈화면〉과 같이 폼의 최소화 단추만 표시(활성화)되도록 설정하시오.

　② 폼 머리글의 컨트롤에 대해서 탭 순서가 'Txt조회코드', 'Cmd조회', 'Cmd인쇄', 'Txt제품코드', 'Txt제품명', 'Txt제조사', 'Txt원가', 'Txt주문방법' 순서가 되도록 설정하시오.

　③ 폼의 본문 안에 〈납품현황〉 폼을 하위 폼으로 작성하고 다음사항을 설정하시오.

　　▶ 기본 폼을 하위 폼으로 연결하는 필드는 '제품코드'로 직접 지정하시오.

　　▶ 하위 폼 컨트롤의 이름은 '납품현황상세'로 할 것

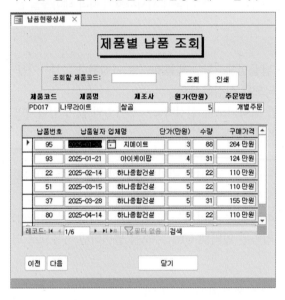

02 〈제품조회〉 폼의 폼 바닥글에 위 〈화면〉과 같이 '닫기(Cmd닫기)' 버튼을 작성하고 버튼을 클릭하면 다음과 같은 기능을 수행하도록 구현하시오. (6점)

　▶ 다음 〈화면〉과 같은 메시지 대화상자를 표시한 후 [예]를 클릭할 때만 현재 폼이 닫히도록 설정하시오.

　▶ DoCmd 객체, MsgBox, Dim a 변수 선언을 사용하여 작성하시오.

03 〈제품조회〉 폼의 'Txt주문방법' 컨트롤에는 '원가' 필드가 10보다 크거나 같은 경우에는 '본사주문'을, 그 이외의 경우에는 '개별주문'이 표시되도록 구현하시오. (5점)

　▶ Iif 함수 이용

01 다음의 지시사항 및 〈화면〉을 참조하여 〈납품현황상세〉 보고서를 완성하시오. (각 3점)

① 제품코드 바닥글의 모든 컨트롤의 글꼴 두께를 '굵게'로 설정하시오.

② 제품코드 바닥글에 〈화면〉과 같이 실선을 표시하도록 컨트롤을 생성하시오.

　▶ 컨트롤 이름은 'Line바닥글'로 지정

③ 본문의 'Txt구매가' 컨트롤에 계산 값이 표시되도록 설정하시오.

　▶ Txt구매가 = 단가(만원) × 10000

④ 본문의 'Txt누적수량' 컨트롤은 해당 그룹 내에서의 '수량' 필드의 누계 값을 표시하도록 설정하시오.

⑤ 제품코드 바닥글의 'Txt평균단가' 컨트롤에 계산 값이 표시되도록 설정하시오.

　▶ Txt평균단가 = 단가(만원) 필드의 평균 × 10000

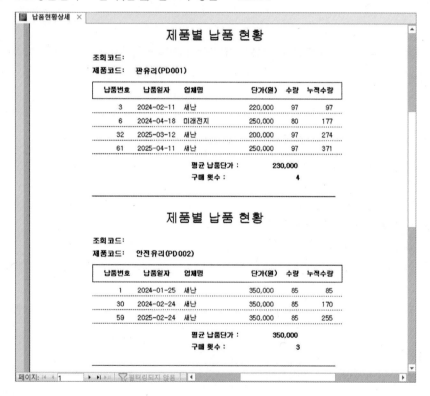

02 〈제품조회〉 폼의 '조회(Cmd조회)' 버튼을 클릭하면 다음과 같이 조회 기능을 수행하도록 이벤트 프로시저를 구현하시오. (5점)

▶ 'Txt조회코드' 컨트롤에 입력된 제품코드에 해당하는 레코드만을 대상으로 하시오.

▶ Filter, FilterOn 속성을 이용하시오.

01 〈제품목록〉, 〈납품현황〉 테이블을 이용하여 수량의 합계 상위 5개만 표시하는 '수량 상위' 쿼리를 작성하시오. (7점)

▶ 수량을 기준으로 내림차순 정렬하여 표시하시오.

▶ 쿼리 결과로 표시되는 필드와 필드명은 〈그림〉과 같이 표시되도록 설정하시오.

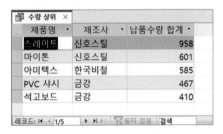

02 〈제품목록〉 테이블을 이용하여 다음과 같은 기능을 수행하는 쿼리를 작성하시오. (7점)

▶ 한 번도 납품이 이루어지지 않은 제품코드, 제품명, 제조사, 원가를 조회하시오.

▶ 〈납품현황〉 테이블과 Not In 연산자를 이용하여 SQL 명령으로 작성하시오.

▶ 쿼리 이름은 〈미구매제품현황〉으로 설정하시오.

03 〈납품현황상세〉 쿼리의 '단가(만원)' 필드를 '원가 × (1 − 할인율)'의 값으로 변경하는 업데이트 쿼리를 작성하시오. (7점)

▶ 쿼리를 작성하고 이를 실행하시오.

▶ 쿼리 이름은 '납품단가계산'으로 설정하시오.

04 〈납품현황상세〉 쿼리를 이용하여 다음과 같은 기능을 수행하는 쿼리를 작성하시오. (7점)

▶ 원하는 연도를 매개 변수 값으로 입력받아 '납품일자' 필드의 연도와 일치하는 레코드만을 대상으로 납품업체 코드별 '단가(만원) × 수량'의 합계가 표시되도록 설정하시오.

▶ 조회 결과는 〈화면〉과 같이 표시할 것

▶ 쿼리 이름은 〈업체별납품금액조회〉로 설정하시오.

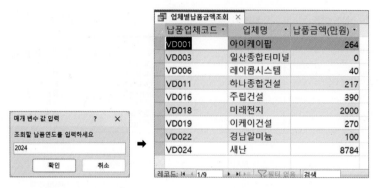

05 업체명, 제품명별로 수량의 합계를 조회하는 〈30%이상할인3월납품제품〉 크로스탭 쿼리를 작성하시오. (7점)

▶ 〈납품업체〉, 〈납품현황〉, 〈제품목록〉 테이블을 이용하시오.

▶ '할인율'이 0.3 이상이고 '납품일자'가 '3월'에 해당한 자료만 표시하시오.

▶ 쿼리 실행 결과 표시되는 필드와 필드명은 〈그림〉과 같이 표시되도록 설정하시오.

문제 ① **DB구축**

01 〈납품현황〉, 〈납품업체〉 테이블

번호	테이블	필드 이름	기본 키, 필드 속성	설정 값
①	납품현황	납품일자 납품업체코드 제품코드	기본 키	납품현황 테이블 필드 이름/데이터 형식: 납품번호 - 일련 번호 납품일자 - 날짜/시간 납품업체코드 - 짧은 텍스트 제품코드 - 짧은 텍스트 수량 - 숫자 할인율 - 숫자 단가(만원) - 숫자
②		납품일자	필수	예
③		수량	유효성 검사 규칙	>=1 And <=1000
			유효성 검사 텍스트	1부터 1000사이의 값을 입력하세요
④	납품업체	사업자번호	입력 마스크	000-00-00000;0;_
⑤		홈페이지주소	데이터 형식	하이퍼링크

02 〈2025년도납품추가〉 추가 쿼리

필드:	납품일자	납품업체코드	제품코드	수량	할인율	
테이블:	추가납품	추가납품	추가납품	추가납품	추가납품	
정렬:						
추가:	납품일자	납품업체코드	제품코드	수량	할인율	
조건:	>=#2025-01-01#					
또는:						

03 〈납품업체〉, 〈납품현황〉, 〈제품목록〉 관계

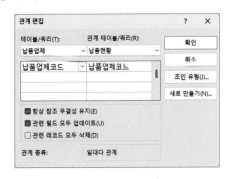

01 〈제품조회〉 폼

번호	개체	속성	설정 값
①	폼	최소화/최대화 단추	최소화 단추만
②	폼 머리글	[양식 디자인] [도구] 탭의 [탭 순서]	Txt조회코드 → Cmd조회 → Cmd인쇄 → Txt제품코드 → Txt제품명 → Txt제조사 → Txt원가 → Txt주문방법
③	하위 폼 만들기	[양식 디자인]– [컨트롤] 탭의 [하위 폼/하위 보고서]	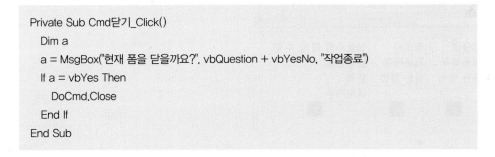

02 〈제품조회〉 폼의 'Cmd닫기' 클릭 이벤트

```
Private Sub Cmd닫기_Click()
    Dim a
    a = MsgBox("현재 폼을 닫을까요?", vbQuestion + vbYesNo, "작업종료")
    If a = vbYes Then
        DoCmd.Close
    End If
End Sub
```

03 〈제품조회〉 폼의 'Txt주문방법' 컨트롤 원본

01 〈납품현황상세〉 보고서

번호	개체	속성	설정 값
①	제품코드 바닥글	컨트롤(모두)	[서식]–[글꼴] 탭의 [굵게]
②	실선 그리기	이름	Line바닥글
③	Txt구매가	컨트롤 원본	=[단가(만원)]*10000
④	Txt누적수량	컨트롤 원본	수량
		누적 합계	그룹
⑤	Txt평균단가	컨트롤 원본	=Avg([단가(만원)])*10000

02 〈제품조회〉 폼 'Cmd조회' 클릭 이벤트

```
Private Sub Cmd조회_Click()
    Me.Filter = "제품코드 = '" & Txt조회코드 & "'"
    Me.FilterOn = True
End Sub
```

문제 ④ 처리 기능 구현

01 〈수량 상위〉 쿼리 작성

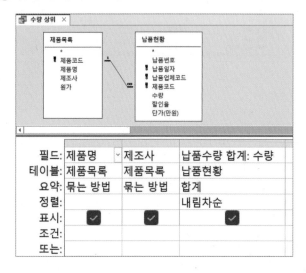

02 〈미구매제품현황〉 쿼리

③ 〈납품단가계산〉 업데이트 쿼리

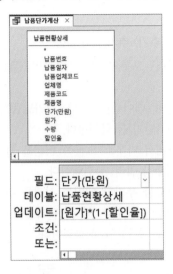

필드:	단가(만원) ∨
테이블:	납품현황상세
업데이트:	[원가]*(1-[할인율])
조건:	
또는:	

④ 〈업체별납품금액조회〉 쿼리

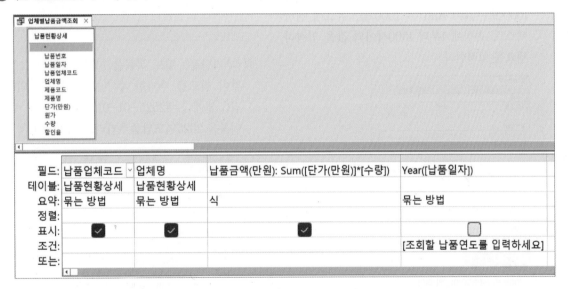

필드:	납품업체코드 ∨	업체명	납품금액(만원): Sum([단가(만원)]*[수량])	Year([납품일자])
테이블:	납품현황상세	납품현황상세		
요약:	묶는 방법	묶는 방법	식	묶는 방법
정렬:				
표시:	☑ ?	☑	☑	☐
조건:				[조회할 납품연도를 입력하세요]
또는:				

⑤ 〈30%이상할인3월납품제품〉 쿼리

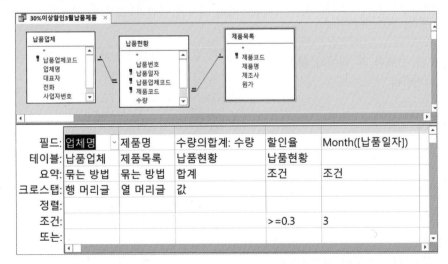

필드:	업체명 ∨	제품명	수량의합계: 수량	할인율	Month([납품일자])
테이블:	납품업체	제품목록	납품현황	납품현황	
요약:	묶는 방법	묶는 방법	합계	조건	조건
크로스탭:	행 머리글	열 머리글	값		
정렬:					
조건:				>=0.3	3
또는:					

문제 ① DB구축

① 〈납품현황〉, 〈납품업체〉 테이블

① 〈납품현황〉 테이블에서 마우스 오른쪽 버튼을 눌러 [디자인 보기](N)를 클릭한다.

② '납품일자' 필드 행 선택기에서 마우스 포인터가 ➡가 될 때 '제품코드' 필드 행까지 드래그하여 세 개의 필드가 선택되도록 한 후 [테이블 디자인]-[도구] 그룹의 [기본 키](🔑)를 클릭한다.

③ '납품일자' 필드를 선택한 후 '필드 속성'의 [일반] 탭에서 필수를 '예'로 지정한다.

④ '수량' 필드를 선택한 후 '필드 속성'의 [일반] 탭에서 유효성 검사 규칙에 Between 1 And 1000(또는 >=1 And <= 1000)을, '유효성 검사 텍스트' 속성에 1부터 1000사이의 값을 입력하세요를 입력한다.

⑤ 〈납품업체〉 테이블을 디자인 보기로 연 후, '사업자번호' 필드를 선택하고 '입력 마스크' 필드에 000-00-00000;0;_(또는 000-00-00000;0)을 입력한다.)

🄵 기적의 TIP

'000-00-0000;0;_'의 의미

입력 마스크에서 세미콜론(;)을 사용하여 문자 저장 여부와 문자를 입력할 때 표시할 표시 문자를 지정할 수 있습니다. '0'을 사용하여 숫자 필수 입력을 지정하고 숫자 사이의 '-' 문자를 함께 기억시키기 위해 첫 번째 세미콜론(;) 다음에 '0'을 사용합니다.

⑥ '홈페이지주소' 필드를 선택한 후 데이터 형식을 '하이퍼링크'로 지정한다.

② 〈2025년도납품추가〉 추가 쿼리 작성

① [만들기]-[쿼리] 그룹의 [쿼리 디자인](▦)을 클릭한다.

② [테이블 추가]의 [테이블] 탭에서 〈추가납품〉을 더블클릭한 후 [닫기]를 클릭한다.

③ 창의 빈 영역에서 마우스 오른쪽 버튼을 눌러 [쿼리 유형]-[추가 쿼리]를 선택한다.

④ [추가]에서 자료를 추가할 테이블 선택을 위해 '테이블 이름'의 목록 단추(⌄)를 클릭하여 '납품현황'을 선택한 후 [확인]을 클릭한다.

⑤ 〈추가납품〉 필드 목록을 더블클릭하여 그림과 같이 필드를 추가한 후 '납품일자' 필드의 '조건:' 셀에 >=#2025-01-01#을 입력하고 쿼리 이름을 2025년도납품추가라고 저장한다.

필드:	납품일자	납품업체코드	제품코드	수량	할인율
테이블:	추가납품	추가납품	추가납품	추가납품	추가납품
정렬:					
추가:	납품일자	납품업체코드	제품코드	수량	할인율
조건:	>=#2025-01-01#				
또는:					

🄵 기적의 TIP

날짜 데이터를 사용할 때는 앞뒤에 '#'을 붙이는 것이 좋습니다. 여기서는 '>=2025-1-1'을 입력하고 Enter를 눌러도 자동으로 '>=#2025-01-01#'로 변경됩니다.

⑥ [쿼리 디자인]-[결과] 그룹의 [실행](❗)을 클릭한다.

⑦ 그림과 같은 대화상자가 표시되면 [예]를 클릭하여 추가 쿼리를 실행한다.

❸ 〈납품업체〉, 〈납품현황〉, 〈제품목록〉 관계

① [데이터베이스 도구]-[관계] 그룹의 [관계](📊)를 클릭한다.

② [관계] 창에서 마우스 오른쪽 버튼을 눌러 [테이블 표시]를 선택한 후 [테이블 추가]의 [테이블] 탭에서 〈납품업체〉, 〈납품현황〉, 〈제품목록〉 테이블을 각각 더블클릭하고 [닫기]를 클릭한다.

③ 〈납품업체〉 테이블의 '납품업체코드'를 〈납품현황〉 테이블의 '납품업체코드' 위로 드래그한다.

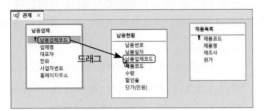

④ [관계 편집] 대화상자를 그림과 같이 지정한 후 [만들기]를 클릭한다.

⑤ 〈제품목록〉 테이블의 '제품코드' 필드를 선택한 다음 〈납품현황〉 테이블의 '제품코드' 필드로 드래그 한다. [관계 편집] 대화상자가 나타나면 그림과 같이 지정한 후 [만들기]를 클릭한다.

문제 ❷ **입력 및 수정 기능 구현**

❶ 〈제품조회〉 폼

① 〈제품조회〉 폼에서 마우스 오른쪽 버튼을 눌러 [디자인 보기](📐)를 클릭한다.

② [폼] 디자인 보기 창에서 '폼 선택기'(■)를 클릭하여 나타난 [폼] 속성 창의 [형식] 탭에서 최소화/최대화 단추를 '최소화 단추만'으로 지정한다.

③ '폼 머리글'을 선택하고 마우스 오른쪽 버튼을 눌러 [탭 순서]를 선택한다.

④ 'Txt조회코드' 행 선택기에서 마우스 포인터 모양이 ➡이 될 때 클릭한 후 목록의 제일 위로 드래그하여 순서를 변경한다.

⑤ ④번과 같은 과정을 반복하여 '사용자 지정 순서'의 컨트롤 순서를 그림과 같이 변경하고 [확인]을 클릭한다.

⑥ [양식 디자인]–[컨트롤] 그룹의 [하위 폼/하위 보고서](🗔)를 클릭하여 본문 영역의 하위 폼이 놓일 위치에 드래그한다.

⑦ [하위 폼 마법사]에서 '기존 폼 사용'을 선택한 후 〈납품현황〉 폼을 선택하고 [다음]을 클릭한다.

⑧ [하위 폼 마법사]에서 '직접 지정'을 선택한 후 '폼/보고서 필드:'와 '하위 폼/하위 보고서 필드:'를 모두 '제품코드'로 지정하고 [다음]을 클릭한다.

⑨ [하위 폼 마법사]에서 **납품현황상세**를 입력하고 [마침]을 클릭한다.

⑩ 삽입된 하위 폼의 레이블 컨트롤 '납품현황상세'를 클릭한 후 Delete 를 눌러 삭제한다.

02 〈제품조회〉 폼의 'Cmd닫기' 클릭 이벤트

① 〈제품조회〉 폼에서 마우스 오른쪽 버튼을 눌러 [디자인 보기](🗐)를 클릭한다.

② [양식 디자인]–[컨트롤] 그룹의 [컨트롤 마법사 사용](🪄)이 선택된 상태에서 [단추](□)를 클릭한 후 [폼 바닥글] 영역의 명령 단추가 놓일 부분을 드래그한다.

③ [명령 단추 마법사]가 나타나면 [취소]를 클릭한다.

④ 작성한 명령 단추를 더블클릭하여 속성 창의 '이름' 속성에 **Cmd닫기**를, '캡션' 속성에 **닫기**를 입력한다.

⑤ 새로 작성한 'Cmd닫기' 컨트롤에서 마우스 오른쪽 버튼을 눌러 [이벤트 작성]을 선택한다.

⑥ [작성기 선택] 대화상자에서 '코드 작성기'를 더블클릭한다.

⑦ [Visual Basic Editor] 창에 'Private Sub Cmd닫기_Click()' 프로시저가 표시되면, 프로시저 안에 다음과 같이 입력하여 완성한다.

```
Private Sub Cmd닫기_Click()
    ① Dim a
    ② a = MsgBox("현재 폼을 닫을까요?", vb-
        Question + vbYesNo, "작업종료")
    ③ If a = vbYes Then
        ④ DoCmd.Close
    ⑤ End If
End Sub
```

① ②에서 MsgBox 함수를 통해 입력한 버튼의 종류를 기억할 변수를 선언한다.

② 문제에 주어진 화면과 같은 대화상자를 표시한다. 'vbQuestion'은 경고 아이콘(❓)을 표시하고 'vbYesNo'는 [예], [아니오] 두 개의 버튼을 표시하도록 지정한다. 두 개의 버튼 중 클릭한 버튼의 번호가 변수 a에 기억된다.

③~⑤ ②에서 표시한 메시지 대화상자에서 [예](vbYes) 버튼을 클릭한 경우에만 현재 폼을 닫는다.

03 〈제품조회〉 폼의 'Txt주문방법' 컨트롤 원본

〈제품조회〉 폼에서 마우스 오른쪽 버튼을 눌러 [디자인 보기]()를 클릭하고 'Txt주문방법' 컨트롤을 더블클릭한 후 컨트롤 원본에 =IIf([원가]>=10,"본사주문","개별주문")을 입력한다.

문제 ❸ 조회 및 출력 기능 구현

01 〈납품현황상세〉 보고서

① 〈납품현황상세〉 보고서에서 마우스 오른쪽 버튼을 눌러 [디자인 보기]()를 클릭한다.
② '제품코드 바닥글'의 모든 컨트롤을 선택한 후 [서식]-[글꼴] 그룹의 [굵게](가)를 클릭한다.

③ 선 컨트롤을 작성하기 위해 [보고서 디자인]-[컨트롤] 그룹의 [선](\)을 클릭하여 '제품코드 바닥글' 영역에서 선이 놓일 위치에 드래그한다.

④ 작성된 선 컨트롤을 선택하여 속성 창의 '이름' 속성에 **Line바닥글**을 입력한다.
⑤ '제품코드 바닥글'과 '페이지 바닥글' 영역의 경계선에서 마우스 포인터 모양이 ♯이 될 때 드래그하여 적당한 크기로 영역을 줄인다.
⑥ 'Txt구매가' 컨트롤을 선택한 후 속성 창의 컨트롤 원본에 **=[단가(만원)]*10000**을 입력한다.

⑦ 'Txt누적수량' 컨트롤을 선택한 후 [데이터] 탭을 선택한 후 컨트롤 원본을 '수량'으로, '누적합계'를 '그룹'으로 지정한다.

⑧ 'Txt평균단가' 컨트롤을 선택한 후 속성 창의 컨트롤 원본에 **=Avg([단가(만원)]) * 10000**을 입력한다.

02 〈제품조회〉 폼의 'Cmd조회' 버튼 클릭 이벤트

① 〈제품조회〉 폼에서 마우스 오른쪽 버튼을 눌러 [디자인 보기](\)를 클릭한다.
② 'Cmd조회' 컨트롤에서 마우스 오른쪽 버튼을 눌러 [이벤트 작성]을 선택한다.
③ [작성기 선택]에서 '코드 작성기'를 더블클릭한다.
④ [Visual Basic Editor] 창에 'Private Sub Cmd조회_Click()' 프로시저가 표시되면, 프로시저 안에 다음과 같이 입력하여 완성한다.

```
Private Sub Cmd조회_Click()
    ① Me.Filter = "제품코드 = '" & Txt조회코드 & "'"
    ② Me.FilterOn = True
End Sub
```

① '제품코드' 필드와 'Txt조회코드' 컨트롤의 내용이 동일한 자료만 표시하도록 필터 조건을 지정한다. '제품코드' 필드가 텍스트 데이터형이기 때문에 'Txt조회코드' 컨트롤의 앞뒤에 작은 따옴표(' ')가 표시되도록 처리해야 한다.
② 현재 폼에 ①에서 지정한 필터 조건을 적용하여 표시한다.

① 〈수량 상위〉 쿼리

① [만들기]-[쿼리] 그룹의 [쿼리 디자인](▦)을 클릭한다.

② [테이블 추가]의 [테이블]에서 〈제품목록〉, 〈납품현황〉을 추가한다.

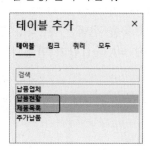

③ '제품명', '제조사', '수량' 필드를 드래한 후 [쿼리 디자인]-[표시/숨기기] 그룹의 [요약]을 클릭한 후 수량은 '합계', '내림차순', 필드명 **납품수량 합계: 수량**으로 수정한다.

필드:	제품명	제조사	납품수량 합계: 수량
테이블:	제품목록	제품목록	납품현황
요약:	묶는 방법	묶는 방법	합계
정렬:			내림차순
표시:	✓	✓	✓
조건:			

④ [쿼리 디자인]-[쿼리 설정] 그룹의 '반환'에 5을 입력한다.

⑤ Ctrl + S 를 눌러 **수량 상위**를 입력하고 [확인]을 클릭한다.

② 〈미구매제품현황〉 쿼리

① [만들기]-[쿼리] 그룹의 [쿼리 디자인](▦)을 클릭한다.

② [테이블 추가]의 [테이블] 탭에서 〈제품목록〉을 더블클릭한 후 [닫기]를 클릭한다.

③ 〈제품목록〉 필드 목록에서 '제품코드', '제품명', '제조사', '원가'를 각각 더블클릭한 후 '제품코드' 열의 '조건:'에 Not In (Select 제품코드 From 납품현황)을 입력한다.

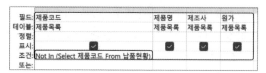

필드:	제품코드	제품명	제조사	원가
테이블:	제품목록	제품목록	제품목록	제품목록
정렬:				
표시:	✓	✓	✓	✓
조건:	Not In (Select 제품코드 From 납품현황)			
또는:				

④ 쿼리 이름을 **미구매제품현황**으로 입력한다.

③ 〈납품단가계산〉 업데이트 쿼리

① [만들기]-[쿼리] 그룹의 [쿼리 디자인](▦)을 클릭한다.

② [테이블 추가]에서 [쿼리] 탭을 선택하여 〈납품현황상세〉를 더블클릭한 후 [닫기]를 클릭한다.

③ 창의 빈 영역에서 마우스 오른쪽 버튼을 눌러 [쿼리 유형]-[업데이트 쿼리]를 선택한다.

④ 〈납품현황상세〉 필드 목록의 '단가(만원)' 필드를 더블클릭한 후 그림과 같이 업데이트 내용을 지정한다.

필드:	단가(만원)
테이블:	납품현황상세
업데이트:	[원가]*(1-[할인율])
조건:	
또는:	

[원가]*(1-[할인율])

⑤ 쿼리 이름을 **납품단가계산**으로 입력한다.

⑥ 쿼리를 실행하기 위해 [쿼리 디자인]-[결과] 그룹의 [실행](▯)을 클릭하여 그림과 같은 대화상자가 표시되면 [예]를 클릭한다.

04 〈업체별납품금액조회〉 쿼리

① [만들기]-[쿼리] 그룹의 [쿼리 디자인](▦)을 클릭한다.
② [테이블 추가]에서 [쿼리] 탭을 선택하여 〈납품현황상세〉를 더블클릭한 후 [닫기]를 클릭한다.
③ 합계 계산을 위해, [쿼리 디자인]-[표시/숨기기] 그룹의 [요약](Σ)을 클릭한다.
④ '납품업체코드', '업체명'을 더블클릭하고 그림과 같이 지정한다.

Year([납품일자])

[조회할 납품연도를 입력하세요]

납품금액(만원): Sum([단가(만원)]*[수량])

> **⑤ 기적의 TIP**
>
> '납품일자' 필드의 연도를 검색하기 위해 'Year([납품일자])' 필드를 이용합니다. 이 필드는 매개변수의 조건으로만 사용되므로 '납품일자' 필드의 '표시:'에서 체크를 해제합니다.

⑤ 쿼리를 실행해 보기 위해 [쿼리 디자인]-[결과] 그룹의 [보기]를 눌러 [데이터시트 보기](▦)를 클릭하여 [매개 변수 값 입력] 대화상자가 표시되면 2024을 입력하고 [확인]을 클릭한다.
⑥ 쿼리 이름을 **업체별납품금액조회**로 입력한다.

05 〈30%이상할인3월납품제품〉 쿼리

① [만들기]-[쿼리] 그룹의 [쿼리 디자인](▦)을 클릭한다.
② [테이블 표시] 대화상자의 [테이블] 탭에서 〈납품업체〉, 〈납품현황〉, 〈제품목록〉 테이블을 추가하고 다음과 같이 필드를 드래그한다.

③ [쿼리 디자인]-[쿼리 유형] 탭의 [크로스탭](▦)을 선택한 후 다음과 같이 선택하고 조건을 입력한다.

필드:	업체명	제품명	수량의합계: 수량	할인율	Month([납품일자])
테이블:	납품업체	제품목록	납품현황	납품현황	
요약:	묶는 방법	묶는 방법	합계	조건	조건
크로스탭:	행 머리글	열 머리글	값		
정렬:					
조건:				>=0.3	3
또는:					

④ 쿼리의 이름을 **30%이상할인3월납품제품**으로 입력하고 [확인]을 클릭한다.

작업파일 [2025컴활1급₩2권_데이터베이스₩기출유형문제] 폴더의 '기출유형문제4회' 파일을 열어서 작업하시오.

문제 ❶ DB구축   25점

02 상품판매 관리를 위하여 데이터베이스를 구축하고자 한다. 다음의 지시사항에 따라 테이블을 완성하시오. (각 3점)

※ 〈판매상세〉 테이블을 사용하시오.

① 기본 키(Primary Key)는 '판매번호', '상품코드'로 구성된다. 기본 키를 설정하시오.

② '상품코드' 필드에는 4글자의 영문 대문자 또는 숫자가 필수 입력되도록 입력 마스크를 설정하시오.

③ '수량' 필드에는 0보다 큰 값만 입력되도록 설정하고, 0 이하의 금액이 입력되는 경우 '수량은 0보다 커야합니다'라는 메시지가 표시되도록 설정하시오.

※ 〈판매내역〉 테이블을 사용하시오.

④ 새로운 레코드가 추가되는 경우 '매출일시' 필드에는 기본적으로 시간을 포함하는 오늘 날짜만 입력되도록 설정하고, '매출일시' 필드를 '년-월-일 시:분:초'가 표시되도록 데이터 형식을 설정하시오.
   ▶ 표시 예 : 2025-01-01 오전 9:06:03

⑤ '비고' 필드를 추가하고 데이터 형식을 '긴 텍스트'로 설정하시오.

02 〈2025년신상품〉 테이블의 데이터를 〈상품정보〉 테이블에 추가하시오. (5점)

▶ 〈2025년신상품〉 테이블의 '발주가능', '납품처' 필드는 추가 대상에서 제외하시오.

▶ '발주가능' 필드가 'Y'인 레코드만 추가하시오.

▶ 추가 쿼리(Insert Query)를 이용하여 처리하고, 쿼리의 이름은 '2025년신상품추가'로 지정하시오.

03 〈판매내역〉 테이블의 '결재수단' 필드에 대하여 다음과 같이 조회 속성을 설정하시오. (5점)

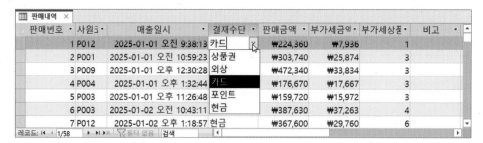

▶ 〈판매내역〉 테이블의 '결재수단' 필드를 콤보 상자의 형태로 나타나도록 설정하시오.

▶ 동일한 값은 중복되지 않게 한 번만 나타나도록 설정하시오.

▶ 목록 값 이외에는 입력될 수 없도록 하시오.

03 상품정보 조회를 위한 〈상품정보〉 폼을 다음의 〈화면〉과 지시사항에 따라 완성하시오. (각 3점)

① '상품정보' 테이블의 모든 자료를 〈상품정보〉 폼의 '레코드 원본'으로 설정하시오.

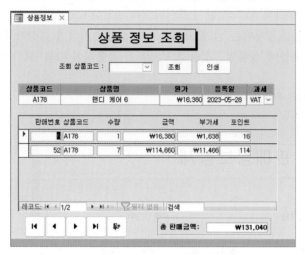

② '과세' 컨트롤을 콤보 상자로 변경하고, 행 원본에 'VAT', 'FRE'만 표시되도록 설정하시오.

③ 〈상품정보〉 폼의 본문 안에 〈판매상세〉 폼을 하위 폼으로 작성하고 다음 사항을 설정하시오.

　▶ '상품코드'를 기준으로 연결할 것

02 〈상품정보〉 폼에 'Txt총판매금액' 컨트롤에는 〈판매상세〉 테이블에서 해당 상품코드에 대한 '금액' 필드의 합계가 표시되도록 구현하시오. (6점)

　▶ DSUM 함수 이용

03 〈판매내역상세〉 폼의 '수량(Txt수량)' 컨트롤의 값을 변경하면 다음과 같은 기능을 수행하도록 이벤트 프로시저를 구현하시오. (5점)

　▶ 'Txt금액' 컨트롤에 'Txt원가 × Txt수량'의 결과 값이 입력되도록 작성하시오.

　▶ 'Txt과세' 컨트롤의 값이 'VAT'이면 'Txt부가세' 컨트롤에 'Txt원가 * Txt수량 × 0.1'의 결과 값이 입력되도록 하고 그 이외의 경우에는 'Txt부가세' 컨트롤에 '0'이 입력되도록 작성하시오.

　▶ After Update 이벤트와 IF 문을 이용

01 다음의 지시사항 및 〈화면〉을 참조하여 〈판매정보상세〉 보고서를 완성하시오. (각 3점)

① 본문의 'Txt판매번호', 'Txt매출일시', 'Txt원가', 'Txt수량', 'Txt금액', 'Txt부가세' 컨트롤은 '판매번호', '매출일시', '원가', '수량', '금액', '부가세' 필드의 값이 표시되도록 설정하시오.

② 본문의 'Txt수량' 컨트롤의 값이 5보다 큰 경우에는 '굵게' 표시하도록 '조건부 서식'을 설정하시오.

③ 상품코드 머리글의 'Txt상품표시' 컨트롤에 '상품명', '상품코드' 필드를 사용하여 다음 [표시 예]와 같이 표시되도록 설정하시오.

▶ 표시 예 : 상품명(상품코드) → 핸디 케어 6(A178)

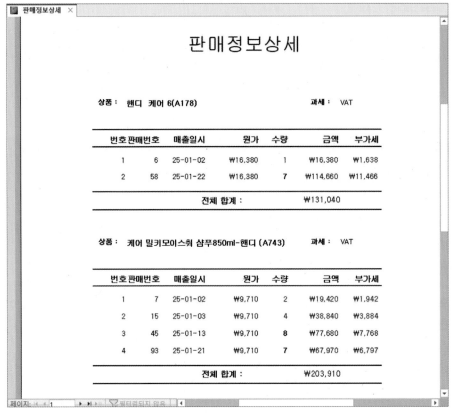

④ 본문의 'Txt번호' 컨트롤은 해당 그룹 내에서의 일련번호를 표시하도록 설정하시오.

⑤ 상품코드 바닥글의 'Txt전체합계' 컨트롤에는 '금액' 필드의 합계를 표시하도록 설정하시오.

02 〈상품정보〉 폼의 '인쇄(Cmd인쇄)' 버튼을 클릭하면 다음과 같은 기능을 수행하도록 매크로를 구현하시오. (5점)

▶ 〈판매정보상세〉를 '미리 보기'의 형태로 여시오.

▶ 매크로 이름은 'M인쇄'로 설정하시오.

▶ 단, 'Txt상품코드'에 입력된 상품코드에 대한 레코드만 조회하시오.

01 〈판매상세〉 테이블의 '포인트' 필드를 '금액 / 1000'의 값으로 변경하는 업데이트 쿼리를 작성하시오. (7점)

▶ '상품코드'는 A~L로 시작하는 경우만 대상으로 하고, INT 함수를 이용하여 작성하시오.

▶ 쿼리를 작성하고 이를 실행하시오.

▶ 쿼리 이름은 '포인트계산'으로 설정하시오.

02 결재수단, 매출일시의 요일별 판매금액의 합계를 조회하는 〈요일별판매금액〉 크로스탭 쿼리를 작성하시오. (7점)

▶ 〈판매내역〉 테이블을 이용하시오.

▶ SWITCH, WEEKDAY 함수를 이용하고, WEEKDAY함수는 옵션 2를 이용하시오.

▶ 쿼리 결과로 표시되는 필드와 필드명은 〈그림〉과 같이 표시되도록 설정하시오.

결재수단	월	화	수	목	금	토	일
상품권		₩409,910	₩953,210	₩875,210	₩1,066,490	₩0	₩652,690
외상	₩1,338,190	₩1,122,980	₩1,336,220	₩279,550		₩185,190	₩213,020
카드			₩873,370	₩60,150	₩252,120	₩141,450	₩826,950
포인트		₩928,230	₩31,950	₩65,520	₩422,000	₩298,780	₩770,000
현금	₩433,710	₩111,810	₩1,209,730	₩657,280	₩69,440	₩209,580	₩1,752,860

레코드: ⏮ ◀ 1/5 ▶ ▶▶ ▷ 필터 없음 검색

03 판매경험이 한 번도 없는 직원의 사원코드와 이름, 입사일을 조회하는 쿼리를 작성하시오. (7점)

▶ 〈사원〉, 〈판매내역〉 테이블을 이용하시오.

▶ 조회 결과는 〈화면〉과 같이 표시할 것

▶ 쿼리 이름은 〈판매미경험사원〉으로 설정하시오.

사원코드	이름	입사일
P005	문혜진	2006-12-01
P011	정유진	2009-01-01
P013	이민호	2009-02-01

레코드: ⏮ ◀ 1/3 ▶ ▶▶ ▷ 필터 없음 검색

04 등록일의 월이 5~6월인 원가의 합계를 계산하는 '5~6월조회' 크로스탭 쿼리를 작성하시오. (7점)

▶ 〈상품정보〉 테이블을 이용하고, 합계는 '원가' 필드를 이용하시오.

▶ 행 머리글은 '상품코드 : 상품명'으로 표시하고, MONTH 함수와 LIKE 연산자 사용하시오.

▶ 쿼리 결과로 표시되는 필드와 필드명은 〈그림〉과 같이 표시되도록 설정하시오.

상품	FRE	VAT
A178 : 핸디 케어 6		₩16,380
B032 : G-7S-N Bundle Pack 2PK		₩12,130
I331 : 복숭아 1BOX(상품)	₩35,000	
L567 : OB아동용칫솔모 4PC		₩15,030
P600 : 오래가는 C SIZE 6PK		₩8,230
Q747 : 핸디 LK 컨디 맨솔 960ML		₩9,920
S036 : 프레쉬레몬그라스컨디 850ml-핸디		₩9,710
S045 : ORALB 아동치약 C21L84P504		₩7,670
W189 : 핸디 엑스트라케어 7/0		₩16,380

레코드: ⏮ ◀ 1/9 ▶ ▶▶ ▷ 필터 없음 검색

05 〈판매내역〉테이블을 이용하여 최근 매출이 없는 사원에 대해 〈사원〉테이블의 '비고' 필드의 값을 '★관리대상'으로 변경하는 〈관리대상사원처리〉업데이트 쿼리를 작성한 후 실행하시오. (7점)

▶ 최근 매출이 없는 사원이란 매출일시가 2025년 1월 20일부터 2025년 1월 25일까지 중에서 〈사원〉테이블에는 '사원코드'가 있으나 〈판매내역〉테이블에는 '사원코드'가 없는 사원임

▶ Not In과 하위 쿼리 사용

※ 〈관리대상사원처리〉의 쿼리를 실행한 후의 〈사원〉테이블

문제 ❶ DB구축

01 〈판매상세〉, 〈판매내역〉 테이블 완성

번호	테이블 이름	필드 이름	기본 키, 필드 속성	설정 값
①	판매상세	판매번호 상품코드	기본 키	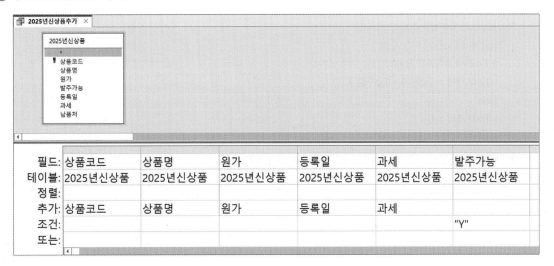
②	판매상세	상품코드	입력 마스크	>AAAA
③	판매상세	수량	유효성 검사 규칙	>0
			유효성 검사 텍스트	수량은 0보다 커야합니다
④	판매내역	매출일시	형식	기본 날짜
			기본값	Now()
⑤	판매내역	비고	[데이터 형식]-[긴 텍스트]	

02 〈2025년신상품추가〉 추가 쿼리

필드:	상품코드	상품명	원가	등록일	과세	발주가능
테이블:	2025년신상품	2025년신상품	2025년신상품	2025년신상품	2025년신상품	2025년신상품
정렬:						
추가:	상품코드	상품명	원가	등록일	과세	
조건:						"Y"
또는:						

03 〈판매내역〉 테이블의 '결재수단' 필드 조회 속성

번호	설정 값
컨트롤 표시	콤보 상자
행 원본	SELECT DISTINCT 판매내역.결재수단 FROM 판매내역;
목록 값만 허용	예

01 〈상품정보〉 폼 완성

번호	개체	속성	설정 값
①	폼	레코드 원본	SELECT 상품정보.* FROM 상품정보;
②	과세	행 원본 유형	값 목록
		행 원본	VAT;FRE
③	폼	하위 폼	

02 〈상품정보〉 폼의 'Txt총판매금액' 컨트롤 원본

속성 시트

선택 유형: 텍스트 상자(T)

Txt총판매금액

형식　데이터　이벤트　기타　모두

컨트롤 원본	=DSum("[금액]","판매상세","[상품코드]='" & [상품코드] & "'")
텍스트 형식	일반 텍스트
입력 마스크	

03 〈판매내역상세〉 폼의 'Txt수량'의 After Update 이벤트

```
Private Sub Txt수량_AfterUpdate()
    Txt금액 = Txt원가 * Txt수량
    If Txt과세 = "VAT" Then
        Txt부가세 = Txt원가 * Txt수량 * 0.1
    Else
        Txt부가세 = 0
    End If
End Sub
```

01 〈판매정보상세〉 보고서 완성

번호	개체	속성	설정 값
①	Txt판매번호	컨트롤 원본	판매번호
	Txt매출일시		매출일시
	Txt원가		원가
	Txt수량		수량
	Txt금액		금액
	Txt부가세		부가세
②	Txt수량	조건부 서식	
③	Txt상품표시	컨트롤 원본	=[상품명] & "(" & [상품코드] & ")"
④	Txt번호	컨트롤 원본	=1
		누적 합계	그룹
⑤	Txt전체합계	컨트롤 원본	=Sum([금액])

02 〈상품정보〉 폼의 'Cmd인쇄' 클릭 이벤트

M인쇄

```
OpenReport                                              ✕
   보고서 이름   판매정보상세                              ∨
   보기 형식    인쇄 미리 보기                             ∨
   필터 이름
   Where 조건문  =[상품코드]=[Forms]![상품정보]![Txt상품코드]   ⚡
   창 모드     기본                                     ∨
                                      매개 변수 업데이트
```

01 〈포인트계산〉 쿼리

02 〈요일별판매금액〉 쿼리

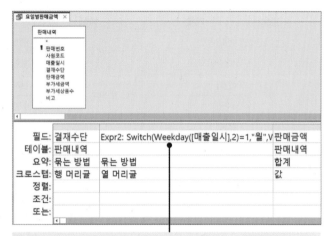

Switch(Weekday([매출일시],2)=1,"월",Weekday([매출일시],2)=2,
"화",Weekday([매출일시],2)=3,"수",Weekday([매출일시],2)=4,
"목",Weekday([매출일시],2)=5,"금",Weekday([매출일시],2)=6,
"토",Weekday([매출일시],2)=7,"일")

03 〈판매미경험사원〉 쿼리

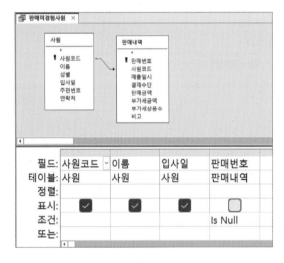

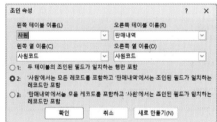

04 〈5~6월조회〉 쿼리

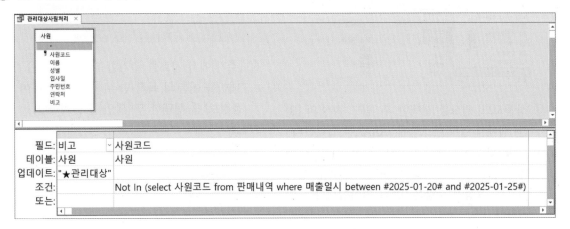

필드:	상품: [상품코드] & " : " & [상품명]	과세	원가의합계: 원가	Month([등록일])
테이블:		상품정보	상품정보	
요약:	묶는 방법	묶는 방법	합계	조건
크로스탭:	행 머리글	열 머리글	값	
정렬:				
조건:				Like "[5-6]"
또는:				

05 〈관리대상사원처리〉 쿼리

필드:	비고	사원코드
테이블:	사원	사원
업데이트:	"★관리대상"	
조건:		Not In (select 사원코드 from 판매내역 where 매출일시 between #2025-01-20# and #2025-01-25#)
또는:		

문제 ① DB구축

01 〈판매상세〉, 〈판매내역〉 테이블

① 〈판매상세〉 테이블에서 마우스 오른쪽 버튼을 눌러 [디자인 보기](📐)를 클릭한다.

② '판매번호' 필드 행 선택기에서 마우스 포인터가 ➡가 될 때 '상품코드' 필드 행까지 드래그하여 2개의 필드가 선택되도록 한 후 [테이블 디자인]–[도구] 그룹의 [기본 키](🔑)를 클릭한다.

③ '상품코드' 필드를 선택한 후 '필드 속성'의 [일반] 탭에서 입력 마스크에 >AAAA를 입력한다.

④ '수량' 필드를 선택한 후 '필드 속성'의 [일반] 탭에서 유효성 검사 규칙에 >0을, '유효성 검사 텍스트' 속성에 **수량은 0보다 커야합니다**를 입력한다.

⑤ 〈판매내역〉 테이블의 디자인 보기로 연 후 '매출일시' 필드를 선택하여 '필드 속성'의 [일반] 탭에서 '기본값' 속성에 Now()를 입력하고, 형식을 '기본 날짜'로 지정한다.

⑥ '비고' 필드 추가를 위해, '부가세상품수' 필드 아래의 빈 행의 '필드 이름'에 **비고**를 입력한 후 데이터 형식을 '긴 텍스트'로 지정한다.

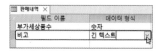

02 〈2025년신상품추가〉 추가 쿼리 작성

① [만들기]–[쿼리] 그룹의 [쿼리 디자인](🖥️)을 클릭한다.

② [테이블 추가]의 [테이블] 탭에서 〈2025년신상품〉을 더블클릭한 후 [닫기]를 클릭한다.

③ 창의 빈 영역에서 마우스 오른쪽 버튼을 눌러 [쿼리 유형]–[추가 쿼리]를 선택한다.

④ [추가]에서 자료를 추가할 테이블 선택을 위해 '테이블 이름'의 목록 단추(✓)를 클릭하여 〈상품정보〉를 선택한 후 [확인]을 클릭한다.

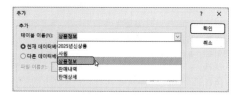

⑤ 〈2025년신상품〉 필드 목록을 더블클릭하여 그림과 같이 필드를 추가한 후 '발주가능' 필드의 '조건:' 속성에 Y를 입력하고 저장한다.

⑥ 쿼리 이름을 **2025년신상품추가**로 입력하고 저장한다.

⑦ 쿼리 실행을 위해 [쿼리 디자인]–[결과] 그룹의 [실행](❗)을 클릭한다.

> **🅑 기적의 TIP**
>
> 레코드 추가 작업이 정상적으로 이루어진 후에는 아무런 메시지가 표시되지 않습니다. 만약, 추가 쿼리를 2번 이상 실행한 경우에는 '...키 위반 때문에 레코드를 추가하지 않았습니다...'라는 대화상자가 표시됩니다. 추가 쿼리, 업데이트 쿼리 등과 같은 실행 쿼리들은 한 번만 실행하세요.

⑧ 그림과 같은 대화상자가 표시되면 [예]를 클릭하여 추가 쿼리를 실행한다.

03 〈판매내역〉 테이블의 '결재수단' 필드 조회 속성

① 〈판매내역〉 테이블에서 마우스 오른쪽 버튼을 눌러 [디자인 보기](🖎)를 클릭한다.
② '결재수단' 필드를 선택한 후 '필드 속성'의 [조회] 탭에서 컨트롤 표시의 목록 단추(☑)를 클릭하여 '콤보 상자'를 선택한다.

③ 필드 속성에서 '행 원본'의 [작성기](⦁)를 클릭한다.
④ [판매내역 : 쿼리 작성기] 창의 [테이블 추가]의 [테이블] 탭에서 〈판매내역〉을 더블클릭한 후 [닫기]를 클릭한다.
⑤ [판매내역 : 쿼리 작성기] 창의 〈판매내역〉 필드 목록에서 '결재수단'을 더블클릭한 후 상단 빈 영역에서 마우스 오른쪽 버튼을 천천히 두 번 클릭하여 [속성]을 선택한다.

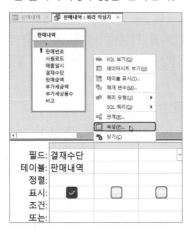

⑥ [쿼리 속성] 창에서 고유 값을 '예'로 지정하고 [닫기]를 클릭한다.

⑦ [판매내역 : 쿼리 작성기] 창의 [닫기](✖)를 클릭하여 'SQL 문의 변경 내용을 저장하고 속성을 업데이트하시겠습니까?'란 대화상자가 표시되면 [예]를 클릭한다.
⑧ '필드 속성'의 '행 원본'에 그림과 같은 SQL 문이 표시된다. '목록 값만 허용' 속성을 '예'로 지정하여 완성한다.

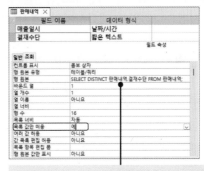

SELECT DISTINCT 판매내역.결재수단 FROM 판매내역;

문제 ② **입력 및 수정 기능 구현**

01 〈상품정보〉 폼

① 〈상품정보〉 폼에서 마우스 오른쪽 버튼을 눌러 [디자인 보기](🖎)를 클릭한다.
② [폼] 디자인 보기 창에서 '폼 선택기'(■)를 더블클릭하여 나타난 [폼] 속성 창의 [모두] 탭에서 '레코드 원본'의 [작성기](⦁)를 클릭한다.
③ 레코드 원본 속성에 이미 지정된 값(상품정보)이 있을 경우 다음과 같은 대화상자가 나타나며 [예]를 클릭한다. 참고로 속성이 빈 경우 곧바로 쿼리 작성기 창이 나타난다.

④ [상품정보 : 쿼리 작성기] 창의 〈상품정보〉 필드 목록에서 '*'을 더블클릭한 후 [닫기]를 클릭한다.

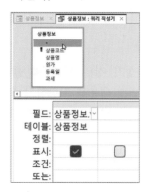

⑤ 'SQL 문의 변경 내용을 저장하고 속성을 업데이트하시겠습니까?'란 대화상자가 표시되면 [예]를 클릭한다.
⑥ [폼] 속성 창의 '레코드 원본'에 'SELECT 상품정보. * FROM 상품정보;'가 표시된다.
⑦ '과세' 컨트롤에서 마우스 오른쪽 버튼을 눌러 [변경]-[콤보 상자]를 선택한다.

⑧ 콤보 상자로 변경된 '과세' 컨트롤을 더블클릭하여 '과세' 속성 창의 [데이터] 탭에서 행 원본 유형을 '값 목록'으로 선택하고, 행 원본에 VAT;FRE를 입력한다.

⑨ [양식 디자인]-[컨트롤] 그룹에서 [컨트롤 마법사 사용](🪄)과 [하위 폼/하위 보고서](▦)를 선택하고 적당한 위치까지 드래그한 후 놓으면 [하위 폼 마법사]가 나타난다.

⑩ [하위 폼 마법사]에서 '기존 폼 사용'을 선택한 후 〈판매상세〉 폼을 선택하고 [다음]을 클릭한다.
⑪ [하위 폼 마법사]에서 '직접 지정'을 선택한 후 '폼/보고서 필드:'와 '하위 폼/하위 보고서 필드:'를 모두 '상품코드'로 지정하고 [다음]을 클릭한다.

⑫ [하위 폼 마법사]에서 **판매상세**를 입력하고 [마침]을 클릭한다.
⑬ 삽입된 하위 폼의 레이블 컨트롤 '판매상세'를 클릭한 후 Delete 를 눌러 삭제한다.

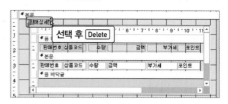

02 〈상품정보〉 폼의 'Txt총판매금액' 컨트롤 계산식

① 〈상품정보〉 폼의 디자인 보기 상태에서 'Txt총판매금액' 컨트롤을 더블클릭한다.
② 'Txt총판매금액' 속성 창이 표시되면 [데이터] 탭의 컨트롤 원본에 =DSum ("[금액]", "판매상세","[상품코드]='" & [상품코드] & "'")를 입력한다.

> **B 기적의 TIP**
>
> DSum 함수는 'DSum("계산 필드", "테이블 이름", "조건식")'형태로 작성합니다. 조건 지정 시 '상품코드' 필드가 텍스트 데이터 형이기 때문에 '[상품코드]' 필드 앞뒤로 작은 따옴표(')가 삽입되도록 작성해야 합니다.

03 〈판매내역상세〉폼의 'Txt수량'의 After Update 이 벤트

① 〈판매내역상세〉폼에서 마우스 오른쪽 버튼을 눌러 [디자인 보기](📐)를 클릭한다.
② 'Txt수량' 컨트롤을 더블클릭하여 'Txt수량' 속성 창의 [이벤트] 탭에서 After Update 속성의 [작성기](⋯)를 클릭한다.

③ [작성기 선택]에서 '코드 작성기'를 더블클릭한다.
④ [Visual Basic Editor] 창에 다음과 같이 입력하여 완성한다.

```
Private Sub Txt수량_AfterUpdate()
    ① Txt금액 = Txt원가 * Txt수량
    ② If Txt과세 = "VAT" Then
        ③ Txt부가세 = Txt원가*Txt수량 * 0.1
    Else
        ④ Txt부가세 = 0
    End If
End Sub
```

① 'Txt금액' 컨트롤에 'Txt원가' 컨트롤의 값과 'Txt수량' 컨트롤의 값을 곱한 결과 값을 입력한다.
② If문을 이용해 'Txt과세' 컨트롤의 값이 'VAT'이면 ③을 실행하고 그 이외의 경우 ④를 실행한다. 이때 주의할 점은 'VAT'는 반드시 대문자로 입력해야 한다. IF문에서 텍스트 비교 시 대소문자를 구별하기 때문이다.
③ 부가세 금액(Txt부가세)를 계산한다.
④ 부가세 금액을 0으로 계산한다.

문제 ❸   **조회 및 출력 기능 구현**

01 〈판매정보상세〉보고서

① 〈판매정보상세〉보고서에서 마우스 오른쪽 버튼을 눌러 [디자인 보기](📐)를 클릭한다.

② 본문의 'Txt판매번호' 컨트롤을 더블클릭한 후 속성 창의 컨트롤 원본을 '판매번호'로 지정한다. 문제에 제시된 나머지 컨트롤들도 같은 방법으로 지정한다.

③ 'Txt수량' 컨트롤을 선택한 후 마우스 오른쪽 버튼을 눌러 [조건부 서식]을 클릭한다.
④ [조건부 서식 규칙 관리자]에서 [새 규칙]을 클릭하고 '다음 값보다 큼'을 선택한 후 조건 입력란에 5를 입력하고 '굵게'를 클릭한 후 [확인]을 클릭한다. 다시 한 번 [확인]을 클릭한다.

⑤ 'Txt상품표시' 컨트롤을 선택한 후 속성 창의 컨트롤 원본에 =[상품명] & "(" & [상품코드] & ")"를 입력한다.
⑥ 'Txt번호' 컨트롤을 선택한 후 속성 창의 [데이터] 탭을 선택하여 컨트롤 원본에 =1을 입력하고 누적 합계를 '그룹'으로 지정한다.

🅱 기적의 TIP

일련번호를 표시하는 방법은 컨트롤 원본에 '=1'을 입력한 후 누적 합계를 '그룹'이나 '모두'로 변경하면 됩니다. '그룹'으로 지정하면 그룹이 변경될 때 '1'부터 다시 시작됩니다.

⑦ 'Txt전체합계' 컨트롤을 선택한 후 속성 창의 컨트롤 원본에 =Sum([금액])을 입력한다.

⑫ 〈상품정보〉 폼의 'Cmd인쇄' 클릭 이벤트

① [만들기]-[매크로 및 코드] 그룹의 [매크로](📋)를 클릭하고 '새 함수 추가' 목록에서 'OpenReport' 매크로 함수를 선택한다.

② 필요한 매크로 함수 인수를 다음과 같이 지정하고 'Where 조건문'의 [작성기](🖉)를 클릭한다.

③ [식 작성기] 대화상자의 식 입력란에 [**상품코드**]=을 입력하고 'Forms → 모든 폼 → 상품정보'를 선택한 후 'Txt상품코드'를 더블클릭하고 [확인]을 클릭한다.

④ Ctrl+S를 누르고, 매크로 이름을 **M인쇄**라고 입력한 후 [확인]을 클릭한다.

⑤ 매크로 작성기 창은 닫고, 〈상품정보〉 폼을 디자인 보기로 열어 'Cmd인쇄'의 'On Click' 속성에 'M인쇄' 매크로를 설정한다.

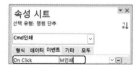

문제 ④ 처리 기능 구현

⑪ 〈포인트계산〉 쿼리

① [만들기]-[쿼리] 그룹의 [쿼리 디자인](📋)을 클릭한다.

② [테이블 추가]의 [테이블] 탭에서 〈판매상세〉를 더블클릭한 후 [닫기]를 클릭한다.

③ 창의 빈 영역에서 마우스 오른쪽 버튼을 눌러 [쿼리 유형]-[업데이트 쿼리]를 선택한다.

④ 〈판매상세〉 필드 목록의 '포인트', '상품코드' 필드를 더블클릭한 후 그림과 같이 업데이트 내용과 조건을 지정한다.

필드:	포인트	상품코드
테이블:	판매상세	판매상세
업데이트:	Int([금액]/1000)	
조건:		Like "[A-L]*"
또는:		

⑤ 쿼리 이름을 **포인트계산**으로 입력한다.

⑥ 쿼리 실행을 위해, [쿼리 디자인]-[결과] 그룹의 [실행](❗)을 클릭한다.

⑦ 대화상자가 표시되면 [예]를 클릭하여 업데이트 쿼리를 실행한다.

⑫ 〈요일별판매금액〉 쿼리

① [만들기]-[쿼리] 그룹의 [쿼리 디자인](📋)을 클릭한다.

② [테이블 추가]의 [테이블]에서 〈판매내역〉을 추가한다.

③ '결재수단', '매출일시', '판매금액' 필드를 드래한다.

④ [쿼리 디자인]-[쿼리 유형] 그룹의 [크로스탭](📋)을 클릭한 후, 행 머리글(결재수단), 열 머리글(매출일시), 값(판매금액-합계)로 지성한다.

필드:	결재수단	매출일시	판매금액
테이블:	판매내역	판매내역	판매내역
요약:	묶는 방법	묶는 방법	합계
크로스탭:	행 머리글	열 머리글	값
정렬:			
조건:			
또는:			

⑤ 매출일시는 Switch(Weekday([매출일시], 2)=1,"월",Weekday([매출일시],2)=2,"화", Weekday([매출일시],2)=3,"수",Weekday([매출일시],2)=4,"목",Weekday([매출일시],2)=5,"금",Weekday([매출일시],2)=6,"토", Weekday([매출일시],2)=7,"일")로 수정한다.

⑥ 열 머리글(매출일시)를 선택한 후 [속성 시트]의 열 머리글에 **"월","화","수","목","금","토", "일"**을 입력한다.

⑦ Ctrl + S 를 눌러 **요일별판매금액**을 입력하고 [확인]을 클릭한다.

03 〈판매미경험사원〉 쿼리

① [만들기]-[쿼리] 그룹의 [쿼리 디자인](⊞)을 클릭한다.
② [테이블 추가]의 [테이블] 탭에서 〈사원〉, 〈판매내역〉을 각각 더블클릭한 후 [닫기]를 클릭한다.
③ 판매내역이 없는 사원을 표시하기 위해, 〈사원〉과 〈판매내역〉 테이블 사이의 관계선을 더블클릭한다.

④ [조인 속성]에서 "사원'에서는 모든 레코드를 포함하고, ..'를 선택한 후 [확인]을 클릭한다.

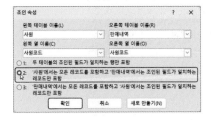

🅱 기적의 TIP

불일치 검색 쿼리 마법사를 사용하여 〈사원〉, 〈판매내역〉 테이블의 '사원코드'를 일치 필드로 지정하여 작성할 수도 있습니다.

⑤ 〈사원〉 필드 목록과 〈판매내역〉 필드 목록 중에서 '사원코드', '이름', '입사일', '판매번호'를 더블클릭한 후 그림과 같이 변경한다.

⑥ 쿼리 이름을 **판매미경험사원**으로 입력한다.

04 〈5~6월조회〉 쿼리

① [만들기]-[쿼리] 그룹의 [쿼리 디자인](⊞)을 클릭한다.
② [테이블 추가]의 [테이블] 탭에서 〈상품정보〉를 추가하고 [닫기]를 클릭한다.
③ 디자인 눈금의 각 필드에 다음과 같이 드래그 해서 놓는다.

④ [쿼리 디자인]-[쿼리 유형] 그룹의 [크로스탭](⊞)을 클릭한다.
⑤ 상품코드는 '행 머리글'을 선택하고 **상품: [상품코드] & " : " & [상품명]**으로 수정하고, 과세는 '열 머리글', 원가는 '합계'와 '값'을 선택한다.
⑥ '등록일' 필드를 추가하여 Month([등록일])로 수정하고 조건을 선택하고, Like "[5-6]"를 입력한다. (또는 Like "[5-6]*" 도 가능)

⑦ `Ctrl`+`S`를 눌러 '다른 이름으로 저장' 대화상자에 **5~6월조회**로 입력하고 [확인]을 클릭하여 저장한다.

05 **〈관리대상사원처리〉 쿼리**

① [만들기]-[쿼리] 그룹의 [쿼리 디자인](▦)을 클릭한다.
② [테이블 표시] 대화상자의 [테이블] 탭에서 〈사원〉 테이블을 추가하고 다음과 같이 필드를 드래그한다.

③ [쿼리 디자인] 탭의 [쿼리 유형]-[업데이트](▨)를 클릭한 후 다음과 같이 입력한다.

> Not In (select 사원코드 from 판매내역 where 매출일시 between #2025-01-20# and #2025-01-25#)

④ 쿼리의 이름을 **관리대상사원처리**로 입력하고 [확인]을 클릭한다.
⑤ [쿼리 디자인] 탭의 [결과]-[실행](❗)을 클릭하면 다음의 메시지가 표시되면 [예]를 클릭한다.

작업파일 [2025컴활1급₩2권_데이터베이스₩기출유형문제] 폴더의 '기출유형문제5회' 파일을 열어서 작업하시오.

문제 ❶ DB구축 · 25점

01 다음 지시사항에 따라 〈고객정보〉 테이블을 디자인하시오. (각 3점)

① '회원번호' 필드를 기본 키(PK)로 설정하시오.
② '성별' 필드는 '남' 또는 '여' 이외의 문자는 입력할 수 없도록 설정하시오.
③ '생년월일' 필드는 반드시 입력되도록 하시오.
④ '이름' 필드에 대해 중복 가능한 색인을 설정하시오.
⑤ '전자우편' 필드는 해당 주소로 링크되도록 데이터 형식을 설정하시오.

02 '2025컴활1급₩2권_데이터베이스₩기출유형문제'에 존재하는 '리스트.xlsx' 파일에 대한 연결 테이블을 작성하시오. (5점)

▶ '회원목록' 시트를 대상으로 하며, 첫 번째 행은 열 머리글의 이름을 나타낸다.
▶ 연결 테이블의 이름은 〈고객리스트〉로 하시오.

03 〈랜탈도서〉 테이블의 '회원번호' 필드는 〈고객정보〉 테이블의 '회원번호' 필드를 참조하며, 테이블 간에 M:1의 관계를 설정하시오. 또한 〈랜탈도서〉 테이블의 '책번호' 필드는 〈도서상세〉 테이블의 '책번호' 필드를 참조하며, 테이블 간에 M:1의 관계를 설정하시오. (5점)

▶ 관계되는 테이블 간에 항상 참조 무결성을 유지하도록 설정하시오.
▶ 〈고객정보〉 테이블의 '회원번호'가 변경되면 이를 참조하는 〈랜탈도서〉 테이블의 '회원번호'가 변경되도록 설정하시오.
▶ 〈도서상세〉 테이블의 한 레코드가 삭제되면, 이와 연관된 〈랜탈도서〉 테이블의 해당 '책번호' 레코드도 삭제되도록 설정하시오.

01 〈도서DB〉 폼을 다음의 지시사항에 따라 완성하시오. (각 3점)

① 본문의 모든 컨트롤의 글꼴을 '굴림'으로 설정하시오.

② 본문의 'txt책번호', 'txt제목', 'txt작가', 'txt장르', 'num대여금액'을 각각 '책번호', '제목', '작가', '장르', '대여금액' 필드에 바운드 시키시오.

③ 'txt작업일자' 컨트롤을 화면과 같은 형식의 오늘 날짜가 표시되도록 설정하시오. (문제 ②–02 화면 참고)

02 〈도서DB〉 폼의 바닥글에 화면과 다음의 지시사항에 따라 명령 단추(CommandButton)를 자동으로 생성하시오. (6점)

| 단추를 누르면 실행될 종류 및 매크로 함수 | 레코드 탐색 | | 폼 작업 |
	이전 레코드로 이동	다음 레코드로 이동	폼 닫기
명령 단추 컨트롤 이름	Cmd이전	Cmd다음	Cmd닫기
캡션 명	이전	다음	닫기

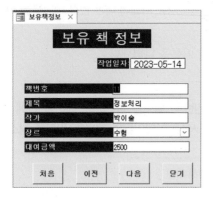

03 〈도서DB〉 폼의 'txt장르' 컨트롤에 대하여 다음의 지시사항을 수행하시오. (5점)

▶ 'txt장르'에 값을 입력할 때 기존의 레코드에 입력된 '장르'에서 선택하거나 새로운 값을 입력받기 위해서 콤보 상자로 변환하시오.

▶ 행 원본 유형을 '테이블/쿼리'로 지정하고 〈도서상세〉 테이블을 이용하여 행 원본을 설정하시오.

▶ 콤보 상자에 표시되는 장르는 중복되지 않게 한 번만 나타나도록 설정하시오.

문제 ❸ 조회 및 출력 기능 구현 **20점**

01 다음의 화면을 참조하여 〈C리포트〉 보고서를 완성하시오. (각 3점)

① 본문의 모든 컨트롤이 위쪽으로 동일한 높이에 위치하도록 설정하시오. (위쪽 맞춤 이용)

② '회원번호' 필드를 기준으로 오름차순 정렬하고, 동일한 회원에 대해서는 '대여번호'를 기준으로 오름차순으로 정렬되어 표시되도록 설정하시오.

③ 본문의 'txt순번' 컨트롤에는 해당 회원의 내역에 대해 일련번호(1,2,3...)가 차례로 표시되도록 설정하시오.

④ 페이지 머리글에 레이블 컨트롤을 만들고 '고객 그룹별 출력'과 같이 제목을 표시하시오.

- ▶ 컨트롤 명 : LBL제목
- ▶ 글꼴 크기 : 20pt
- ▶ 글꼴 두께 : 굵게
- ▶ 글꼴 기울임꼴
- ▶ 문자색 : 파랑색(R:0, G:0, B:255)

⑤ 페이지 바닥글에 'txt페이지' 컨트롤을 만들어 화면과 같이 페이지가 표시되도록 설정하시오.

- ▶ 전체 페이지 수가 3이고 현재 페이지가 1이면 '1 / 3페이지'와 같이 표시

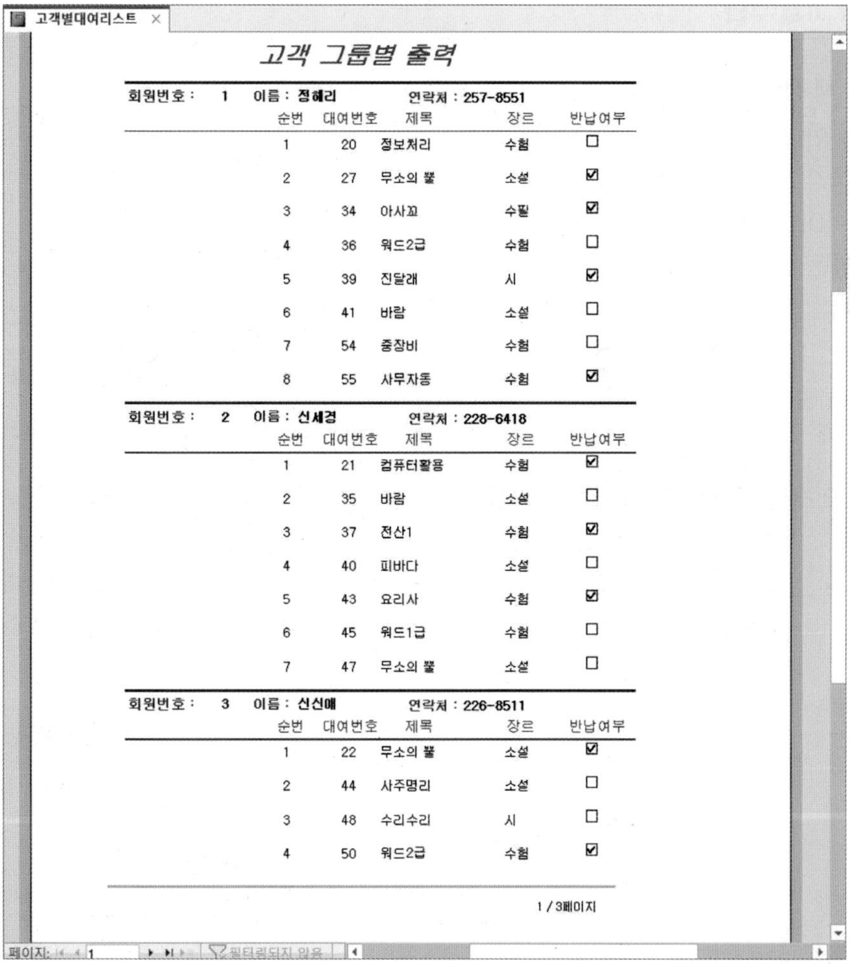

⑫ 〈랜탈정보〉 폼에 대하여 지시사항에 따라 하위 폼을 완성하시오. (5점)

▶ 폼의 본문 영역에 〈세부정보〉 폼을 하위 폼으로 추가하시오.

▶ 기본 폼과 하위 폼을 각각 '책번호' 필드를 기준으로 연결하시오.

▶ 하위 폼의 이름 및 레이블의 캡션은 '세부정보'로 지정하시오.

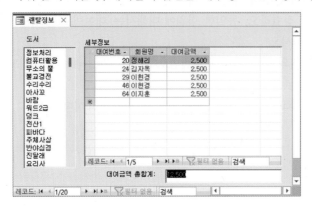

문제 ❹ **처리 기능 구현** 35점

⑪ 특정 작가의 책 정보를 알려주는 매개변수 쿼리를 다음 지시에 따라 작성하시오. (7점)

▶ 작가명을 입력하면 해당 작가가 출간한 책의 책번호, 작가, 제목, 장르, 대여금액, 대여횟수가 표시되도록 하시오.

▶ 〈전체대여DB〉 쿼리를 이용하시오.

▶ 쿼리 이름은 〈W리스트〉로 하고, 매개변수 메시지는 '작가로 검색 할 것'으로 표시하시오.

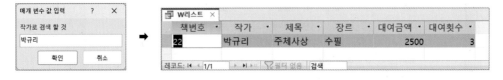

02 회원별, 장르별 대여횟수를 나타내는 크로스탭 쿼리를 작성하시오. (7점)

▶ 쿼리 이름은 〈크로스탭_대여횟수〉로 하시오.
▶ 〈전체대여DB〉 쿼리를 이용하시오.
▶ 각 회원별 대여수의 합계도 나타내되 화면과 필드명을 지정하시오.

이름	총대여수	만화	소설	수필	수험	시
김자옥	2	1			1	
신세경	7		3		4	
신신애	5		2		2	1
이순재	1					1
이지훈	2				2	
이현경	9		2	2	2	3
정보석	2					2
정준혁	3		2		1	
정해리	8		2	1	4	1
줄리엔	4	1	1	1	1	

레코드: I◄ ◄ 1/10 ► ►I ►⸸ 🔽 필터 없음 검색

03 〈고객별대여정보〉 쿼리를 이용하여 생년월일의 년도를 매개변수로 입력받아 70년대생에 해당한 자료를 조회하는 〈70년대생도서대여〉 쿼리를 작성하시오. (7점)

▶ 장르에서 '수험'을 '수험서'로 바꾸어 표시하시오.
▶ 쿼리 실행 결과 표시되는 필드와 필드명은 〈그림〉과 같이 표시되도록 설정하시오.
▶ Replace 함수 사용

제목	작가	도서장르	이름	회원생년
무소의 뿔	신면철	소설	신신애	1979
사주명리	서광호	소설	신신애	1979
수리수리	전보람	시	신신애	1979
워드2급	박은정	수험서	신신애	1979
요리사	티파니	수험서	신신애	1979
컴퓨터활용	서승완	수험서	이지훈	1978
정보처리	박이술	수험서	이지훈	1978
*				

레코드: I◄ ◄ 1/7 ► ►I ►⸸ 🔽 필터 없음 검색

04 〈전체대여DB〉 쿼리를 이용하여 반납여부가 'No'인 자료를 조회하여 새 테이블로 생성하는 〈미반납도서체크〉 쿼리를 작성하고 실행하시오. (7점)

▶ 쿼리 실행 후 생성되는 테이블의 이름은 [미반납도서]로 설정하시오.

▶ 쿼리 실행 결과 생성되는 테이블의 필드는 그림을 참고하여 수험자가 판단하여 설정하시오.

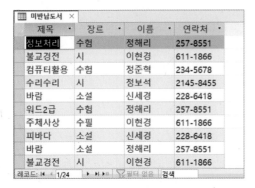

05 〈랜탈도서〉 테이블을 이용하여 회원번호의 횟수가 5회 이상인 회원의 〈고객정보〉 테이블의 '비고' 필드의 값을 '우수회원'으로 변경하는 〈우수회원처리〉 업데이트 쿼리를 작성한 후 실행하시오. (7점)

▶ In 연산자와 하위 쿼리 사용

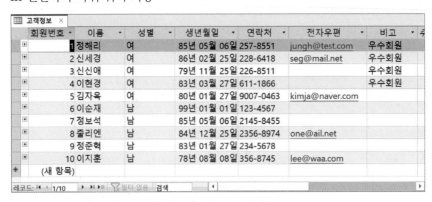

※ 〈우수회원처리〉 쿼리를 실행한 후의 〈고객정보〉 테이블

문제 ❶ DB구축

01 〈고객정보〉 테이블

번호	필드 이름	속성 및 형식	설정 값
①	회원번호	기본 키	
②	성별	유효성 검사 규칙	"남" Or "여"
③	생년월일	필수	예
④	이름	인덱스	예(중복 가능)
⑤	전자우편	데이터 형식	하이퍼링크

02 '리스트.xlsx' 파일 연결 테이블

〈고객리스트〉 테이블 내용

연결된 상태

03 〈고객정보〉, 〈랜탈도서〉, 〈도서상세〉 관계

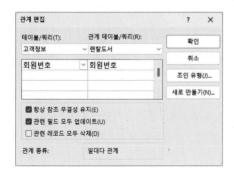

01 〈도서DB〉 폼

번호	개체	속성	설정 값
①	본문 텍스트 상자	글꼴	굴림
②	txt책번호	컨트롤 원본	책번호
	나머지 'txt제목', 'txt작가', 'txt장르', 'num대여금액' 컨트롤도 '제목', '작가', '장르', '대여금액'으로 컨트롤 원본 설정		
③	txt작업일자	컨트롤 원본	=Date( )

02 〈도서DB〉 폼의 바닥글에 명령 단추 만들기

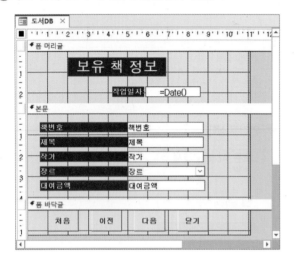

03 〈도서DB〉 폼의 'txt장르' 컨트롤을 콤보 상자로 변환

01 〈C리포트〉 보고서

번호	개체	속성	설정 값
①	본문 컨트롤 위쪽 맞춤		[정렬] – [맞춤] – [위쪽]
②	회원번호, 대여번호 정렬	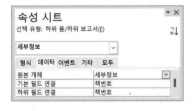	
③	txt순번	컨트롤 원본	=1
		누적 합계	그룹
④	페이지 머리글에 레이블 생성	이름	LBL제목
		캡션	고객 그룹별 출력
		글꼴 크기	20
		글꼴 두께	굵게
		글꼴 기울임꼴	예
		문자색	#0000FF
⑤	페이지 바닥글에 텍스트 상자 생성	이름	txt페이지
		컨트롤 원본	=[Page] & " / " & [Pages] & "페이지"

02 〈랜탈정보〉 폼에 하위 폼 추가

속성 시트

선택 유형: 하위 폼/하위 보고서(F)

세부정보

형식 데이터 이벤트 기타 모두

원본 개체	세부정보
기본 필드 연결	책번호
하위 필드 연결	책번호

01 〈W리스트〉 쿼리

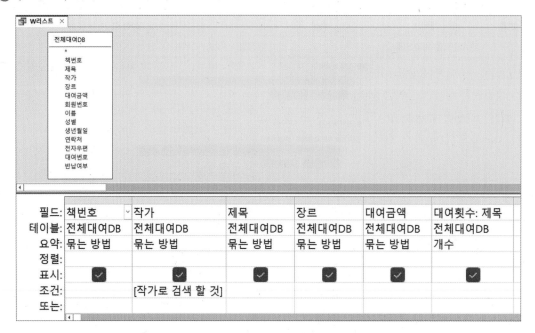

02 〈크로스탭_대여횟수〉 쿼리

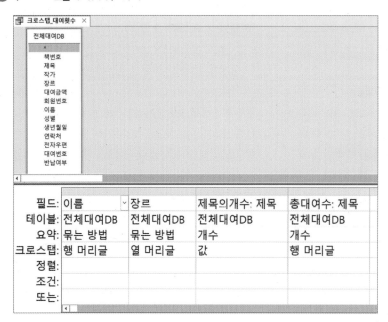

03 〈70년대생도서대여〉 쿼리

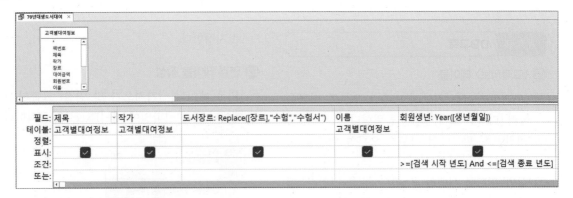

필드:	제목	작가	도서장르: Replace([장르],"수험","수험서")	이름	회원생년: Year([생년월일])
테이블:	고객별대여정보	고객별대여정보		고객별대여정보	
정렬:					
표시:	☑	☑	☑	☑	☑
조건:					>=[검색 시작 년도] And <=[검색 종료 년도]
또는:					

04 〈미반납도서체크〉 쿼리

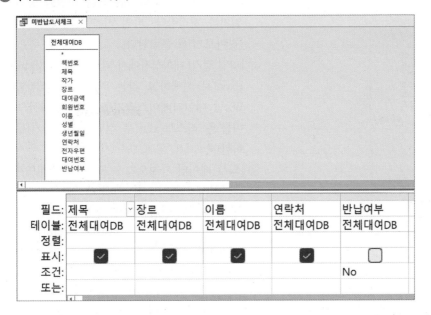

필드:	제목	장르	이름	연락처	반납여부
테이블:	전체대여DB	전체대여DB	전체대여DB	전체대여DB	전체대여DB
정렬:					
표시:	☑	☑	☑	☑	☐
조건:					No
또는:					

05 〈우수회원처리〉 쿼리

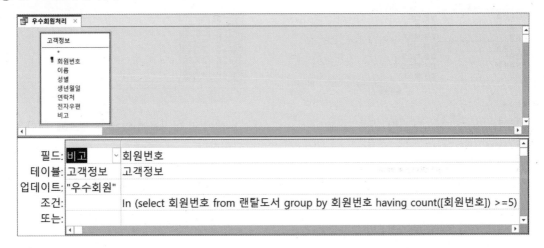

필드:	비고	회원번호
테이블:	고객정보	고객정보
업데이트:	"우수회원"	
조건:		In (select 회원번호 from 랜탈도서 group by 회원번호 having count([회원번호]) >=5)
또는:		

01 〈고객정보〉 테이블

① 〈고객정보〉 테이블에서 마우스 오른쪽 버튼을 눌러 [디자인 보기](N)를 클릭한다.

② '회원번호' 필드에서 마우스 오른쪽 버튼을 눌러 [기본 키](🔑)를 선택한다.

③ '성별' 필드를 선택한 후 '필드 속성'의 [일반] 탭에서 유효성 검사 규칙을 "남" Or "여"로 입력한다.

> 🅕 기적의 TIP
>
> 「남 or 여」로 입력한 후 Enter를 치면 자동으로 ""남" or "여"」로 변경됩니다.

④ '생년월일' 필드를 선택한 후 '필드 속성'의 [일반] 탭에서 필수를 '예'로 지정한다.

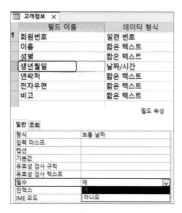

⑤ '이름' 필드를 선택한 후 '필드 속성'의 [일반] 탭에서 인덱스를 '예(중복 가능)'으로 지정한다.

⑥ '전자우편' 필드의 데이터 형식을 '하이퍼링크'

로 지정한다.

02 연결 테이블 작성

① [외부 데이터]-[가져오기 및 연결] 그룹의 [새 데이터 원본]-[파일에서]-[Excel]을 클릭한다.

② 가져올 파일 이름과 데이터를 저장할 방법 및 위치를 지정한다. 파일 이름을 지정하기 위해 [찾아보기]를 클릭한다.

③ [파일 열기] 대화상자에서 '파일 형식'은 'Microsoft Excel'로 선택하고 '찾는 위치'는 '2025컴활1급 ₩2권_데이터베이스₩기출유형문제'에서 '파일 이름'은 '리스트.xlsx'를 선택한 후 [열기]를 클릭한다.

④ [외부 데이터 가져오기 – Excel 스프레드시트] 대화상자로 돌아오면, 연결 테이블을 만들어야 하기 때문에 '연결 테이블을 만들어 데이터 원본에 연결'을 선택하고 [확인]을 클릭한다.

⑤ [스프레드시트 연결 마법사]에서 '회원목록'을 선택하고 [다음]을 클릭한다.

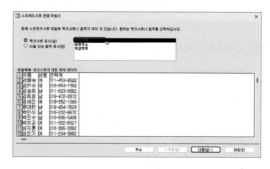

⑥ '첫 행에 열 머리글이 있음'을 체크하고 [다음]을 클릭한다.

⑦ 연결할 테이블의 이름을 고객리스트로 입력하고 [마침]을 클릭한다.

⑧ 액세스에 새롭게 생성된 '고객리스트' 테이블을 '리스트.xlsx' 파일에 연결했다는 메시지가 안내되면 [확인]을 클릭한다.

03 관계 설정

① [데이터베이스 도구]-[관계] 그룹의 [관계](🖼)를 클릭한다.

② [관계] 창에서 바로 가기 메뉴를 불러 [테이블 표시]를 선택한 후 [테이블 추가]의 [테이블] 탭에서 〈고객정보〉, 〈랜탈도서〉, 〈도서상세〉 테이블을 각각 더블클릭하고 [닫기]를 클릭한다.

③ 〈랜탈도서〉 테이블의 '회원번호' 필드를 선택한 다음 〈고객정보〉 테이블의 '회원번호' 필드로 드래그 한다.

④ [관계 편집] 대화상자를 그림과 같이 지정한 후 [만들기]를 클릭한다.

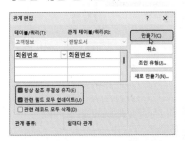

⑤ 〈랜탈도서〉 테이블의 '책번호' 필드를 선택한 다음 〈도서상세〉 테이블의 '책번호' 필드로 드래그 한다.

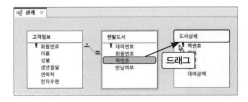

⑥ [관계 편집] 대화상자를 그림과 같이 지정한 후 [만들기]를 클릭한다.

문제 ❷ 입력 및 수정 기능 구현

01 〈도서DB〉 폼

① 〈도서DB〉 폼에서 마우스 오른쪽 버튼을 눌러 [디자인 보기](🖼)를 클릭한다.

② 본문에서 모든 컨트롤을 선택하고 바로 가기 메뉴 중 [속성]을 클릭한다. [여러 항목 선택] 대화상자에서 '글꼴 이름'을 '굴림'으로 설정한다.

③ 'txt책번호' 컨트롤을 클릭하여 컨트롤 원본을 **책번호**로 설정한다. 나머지 'txt제목', 'txt작가', 'txt장르', 'num대여금액' 컨트롤도 더블클릭하여 컨트롤 원본에 **제목, 작가, 장르, 대여금액**으로 설정한다.

④ 'txt작업일자' 컨트롤을 클릭하여 컨트롤 원본에 **=Date()**를 설정한다.

> 📒 기적의 TIP
>
> 현재 시스템 날짜를 표시하려면 =Date()를, 날짜와 시간을 표시하려면 =Now()를 지정합니다.

02 〈도서DB〉 폼의 바닥글에 명령 단추 만들기

① 〈도서DB〉 폼에서 마우스 오른쪽 버튼을 눌러 [디자인 보기](■)를 클릭한다.

② [양식 디자인]-[컨트롤] 그룹의 [단추](□)를 선택하여 단추를 추가할 영역에서 클릭한다.

③ [명령 단추 마법사] 대화상자에서 '이전' 명령 단추를 다음과 같이 설정한다.

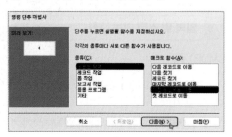

↓

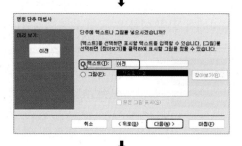

↓

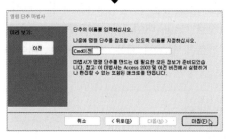

④ [양식 디자인]-[컨트롤] 그룹의 [단추](□)를 선택한 다음, 단추를 추가할 영역에서 클릭하고 [명령 단추 마법사]에서 '다음' 명령 단추를 다음과 같이 설정한다.

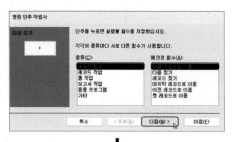

↓

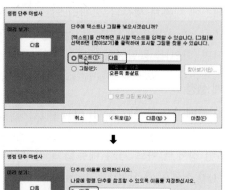

↓

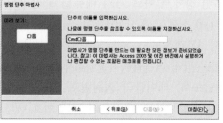

⑤ [양식 디자인]-[컨트롤] 그룹의 [단추](□)를 선택한 다음, 단추를 추가할 영역에서 클릭하고 [명령 단추 마법사]에서 '닫기' 명령 단추를 다음과 같이 설정한다.

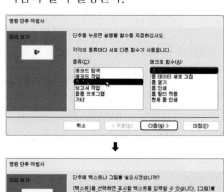

↓

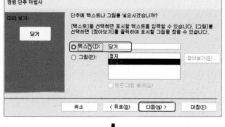

↓

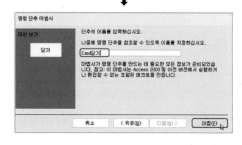

⑥ 추가한 단추의 크기와 배치를 조절한다.

03 〈도서DB〉 폼의 'txt장르' 컨트롤을 콤보 상자로 변환

① 〈도서DB〉 폼에서 마우스 오른쪽 버튼을 눌러 [디자인 보기](📐)를 클릭한다.
② 'txt장르' 컨트롤에서 마우스 오른쪽 버튼을 눌러 [변경]–[콤보 상자]를 선택한다.
③ 'txt장르' 컨트롤의 속성 창에서 행 원본 유형을 '테이블/쿼리'로 지정한 다음, '행 원본'의 [작성기](⋯)를 클릭한다.

④ [테이블 추가]의 [테이블] 탭에서 〈도서상세〉를 추가하고 [닫기]를 클릭한다.
⑤ 디자인 눈금의 필드에 다음과 같이 설정한다.

⑥ [쿼리 디자인]–[표시/숨기기] 그룹의 [요약](Σ)을 눌러 '묶는 방법'이 추가되면 닫고 속성을 업데이트 한다.

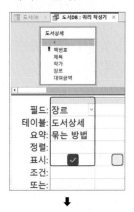

SELECT 도서상세.장르 FROM 도서상세 GROUP BY 도서상세.장르;

문제 ❸ 조회 및 출력 기능 구현

01 〈C리포트〉 보고서

① 〈C리포트〉 보고서에서 마우스 오른쪽 버튼을 눌러 [디자인 보기](📐)를 클릭한다.
② 본문의 모든 컨트롤을 선택한 후 [정렬]–[크기 및 순서 조정] 그룹의 [맞춤]을 눌러 [위쪽](📭)을 클릭한다.

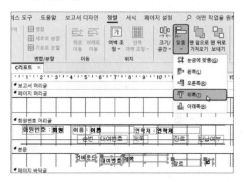

③ '보고서 선택기'(■)의 바로 가기 메뉴에서 [정렬 및 그룹화]를 클릭하여 '회원번호'와 [정렬 추가] 버튼을 클릭하여 '대여번호' 필드를 오름차순 정렬한다.

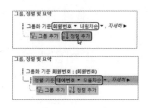

④ 'txt순번' 컨트롤의 컨트롤 원본에 =1을 입력하고 누적 합계를 '그룹'으로 설정한다.

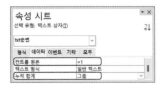

⑤ [보고서 디자인]-[컨트롤] 그룹의 [레이블](가까)을 선택한 후 [페이지 머리글]에 레이블을 추가하고 **고객 그룹별 출력**이라고 입력한 뒤 속성창에서 다음과 같이 설정한다.

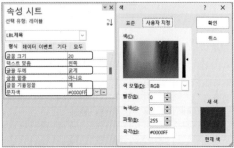

⑥ [보고서 디자인]-[컨트롤] 그룹의 [텍스트 상자](▢)를 선택한 후 [페이지 바닥글]에 추가하고 Lable을 삭제한다. 그리고 '이름'과 컨트롤 원본을 다음과 같이 입력한다.

=[page] & " / " & [pages] & "페이지"

---

02 〈랜탈정보〉 폼에 하위 폼 추가

① 〈랜탈정보〉 폼에서 마우스 오른쪽 버튼을 눌러 [디자인 보기](▧)를 클릭한 후, [양식 디자인]-[컨트롤] 그룹에서 [컨트롤 마법사 사용](◪)과 [하위 폼/하위 보고서](▤)를 선택하고, 적당한 위치에 드래그한 후 놓으면 [하위 폼 마법사]가 나타난다.

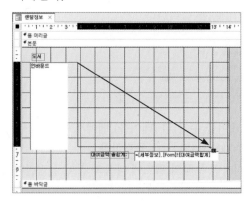

② [하위 폼 마법사]의 '기존 폼 사용'에서 〈세부정보〉 폼을 하위 폼으로 설정하고 [다음]을 클릭한다. '목록에서 선택'을 선택하고 [다음]을 클릭한다.

③ 하위 폼의 이름을 **세부정보**로 입력하고 [마침]을 클릭한다.

문제 ④ 처리 기능 구현

01 〈W리스트〉 쿼리

① [만들기]-[쿼리] 그룹의 [쿼리 디자인](▦)을 클릭한다.

② [테이블 추가]의 [쿼리] 탭에서 〈전체대여DB〉를 추가하고 [닫기]를 클릭한다.

③ 디자인 눈금의 각 필드에 다음과 같이 드래그해서 놓는다.

필드:	책번호	작가	제목	장르	대여금액	제목
테이블:	전체대여DB	전체대여DB	전체대여DB	전체대여DB	전체대여DB	전체대여DB
정렬:						
표시:	☑	☑	☑	☑	☑	☑
조건:						
또는:						

④ [쿼리 디자인]-[표시/숨기기] 그룹의 [요약](Σ)을 클릭한 후 '제목' 필드에 '대여횟수:'를 입력하고, 묶는 방법을 '개수'로 설정하고 **[작가로 검색 할 것]**을 입력한다.

[작가로 검색 할 것]

⑤ 쿼리 이름을 **W리스트**라고 입력하고 [확인]을 클릭한다.

02 〈크로스탭_대여횟수〉 쿼리

① [만들기]-[쿼리] 그룹의 [쿼리 디자인](🔲)을 클릭한다.
② [테이블 추가]의 [쿼리] 탭에서 〈전체대여DB〉를 추가하고 [닫기]를 클릭한다.
③ [쿼리 디자인]-[쿼리 유형] 그룹의 [크로스탭](🔲)을 선택하고 '제목' 필드에 **총대여수:**를 입력하여 필드 이름을 변경하고 '제목' 필드의 묶는 방법을 '개수'로 설정하여 크로스탭 구성 요소를 설정한다.

필드:	이름	장르	제목	총대여수: 제목
테이블:	전체대여DB	전체대여DB	전체대여DB	전체대여DB
요약:	묶는 방법	묶는 방법	개수	개수
크로스탭:	행 머리글	열 머리글	값	행 머리글
정렬:				
조건:				
또는:				

④ 작성한 내용은 쿼리 이름을 **크로스탭_대여횟수**라고 입력하고 [확인]을 클릭한다.

03 〈70년대생도서대여〉 쿼리

① [만들기]-[쿼리] 그룹에서 [쿼리 디자인](🔲)을 클릭한다.
② 〈고객별대여정보〉 쿼리를 더블클릭하여 추가한 후 [닫기]를 클릭한다.
③ 디자인 눈금의 각 필드에 다음과 같이 드래그해서 배치한다.

필드:	제목	작가	도서장르: Replace([장르],"수험","수험서")	이름	회원생년: Year([생년월일])
테이블:	고객별대여정보	고객별대여정보		고객별대여정보	
정렬:					
표시:	■	■		■	
조건:					>=[검색 시작 년도] And <=[검색 종료 년도]
또는:					

>=[검색 시작 년도] And <=[검색 종료 년도]

🅱 기적의 TIP

도서장르: Replace([장르],"수험","수험서")
: [장르] 필드에서 '수험'을 찾아 '수험서'로 바꾸어서 표시

🅱 기적의 TIP

회원생년: Year([생년월일])
[생년월일] 필드에서 년도를 추출

>=[검색 시작 년도] And <=[검색 종료 년도]
: [검색 시작 년도]에서 입력한 년도부터 [검색 종료 년도]에서 입력한 년도까지 표시

④ [저장](🖫)을 클릭한 후 **70년대생도서대여**를 입력하고 [확인]을 클릭한다.

04 〈미반납도서체크〉 쿼리

① [만들기]-[쿼리] 그룹의 [쿼리 디자인](🔲)을 클릭한다.
② [테이블 추가]의 [쿼리] 탭에서 〈전체대여DB〉를 추가하고 [닫기]를 클릭한다.
③ 디자인 눈금의 각 필드에 다음과 같이 드래그해서 놓는다.

필드:	제목	장르	이름	연락처	반납여부
테이블:	전체대여DB	전체대여DB	전체대여DB	전체대여DB	전체대여DB
정렬:					
표시:	☑	☑	☑	☑	☑
조건:					
또는:					

④ 반납여부 필드의 표시 체크를 해제하고, 조건에 **No**를 입력한다.

필드:	제목	장르	이름	연락처	반납여부
테이블:	전체대여DB	전체대여DB	전체대여DB	전체대여DB	전체대여DB
정렬:					
표시:	☑	☑	☑	☑	☐
조건:					No
또는:					

⑤ [쿼리 디자인]-[쿼리 유형] 그룹의 [테이블 만들기](🔲)를 클릭한다.
⑥ 테이블 이름은 **미반납도서**를 입력하고 [확인]을 클릭한다.
⑦ [쿼리 디자인]-[결과] 그룹의 [실행](🔲)을 클릭한다.
⑧ 대화상자가 표시되면 [예]를 클릭하여 새 테이블을 작성한다.
⑨ [Ctrl]+[S]를 눌러 '다른 이름으로 저장' 대화상자에 **미반납도서체크**로 입력하고 [확인]을 클릭한다.

05 〈우수회원처리〉 업데이트 쿼리

① [만들기]–[쿼리] 그룹의 [쿼리 디자인](⊞)을 클릭한다.

② [테이블 표시] 대화상자의 [테이블] 탭에서 〈고객정보〉 테이블을 추가한 후 '비고'와 '회원번호' 필드를 추가한다.

③ [쿼리 디자인] 탭의 [쿼리 유형]–[업데이트](⊞)를 클릭한 후 다음과 같이 입력한다.

In (select 회원번호 from 랜탈도서 group by 회원번호 having count([회원번호]) >=5)

④ 쿼리의 이름을 **우수회원처리**로 입력하고 [확인]을 클릭한다.

⑤ [쿼리 디자인] 탭의 [결과]–[실행](❗)을 클릭하면 다음의 메시지가 표시되면 [예]를 클릭한다.

작업파일 [2025컴활1급₩2권_데이터베이스₩기출유형문제] 폴더의 '기출유형문제6회' 파일을 열어서 작업하시오.

문제 ❶ DB구축   25점

01 교육과정별 교육생 관리를 위한 데이터베이스를 구축하였다. 다음 지시사항에 따라 테이블을 완성하시오. (각 3점)

※ 〈교육신청〉 테이블을 사용하시오.

① '과정코드', '주민등록번호' 필드를 기본 키(Primary Key)로 설정하시오.

② '교육수료' 필드에는 '수료', '미수료', '연기'만 입력되도록 콤보 상자 형태의 조회 속성을 설정하시오.

※ 〈교육과정〉 테이블을 사용하시오.

③ '과정코드' 필드는 공백을 제외한 영문자 또는 숫자로 4자리가 필수 입력되도록 설정하시오.

   ▶ 영문자의 경우 소문자로 입력해도 대문자로 저장되도록 설정하시오.

④ '종료일' 필드는 '시작일'보다 크거나 같은 값만 입력할 수 있도록 테이블 속성을 설정하시오.

⑤ '정원' 필드에는 15 이상 25 이하의 값만 입력될 수 있도록 설정하시오. 만약에 범위에 벗어난 값을 입력하면 "15이상 25이하의 값만 입력가능"이라고 표시하도록 설정하시오.

02 '인적사항.xlsx' 파일의 데이터를 〈강사〉 테이블로 가져오기 하시오. (5점)

   ▶ '강사명단' 워크시트를 대상으로 하며 첫 번째 행은 열 머리글임

   ▶ 기본 키(PK)는 없음으로 설정할 것

03 〈교육과정〉 테이블의 '과목코드' 필드에 대하여 다음과 같이 조회 속성을 설정하시오. (5점)

   ▶ 〈과목〉 테이블의 '과목코드', '과목명' 필드를 콤보 상자의 형태로 나타나도록 설정하시오.

   ▶ '과목코드'가 저장되도록 설정하시오.

   ▶ 열 너비는 각각 2cm, 4cm로 설정하고 목록 값만 입력되도록 설정하시오.

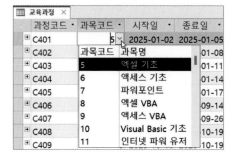

01 수료 교육생 정보를 입력 및 수정하는 〈교육과정〉 폼을 다음의 〈화면〉과 지시사항에 따라 완성하시오. (각 3점)

  ① 폼의 '레코드 원본'을 〈교육과정〉 테이블의 모든 데이터가 '시작일'의 내림차순으로 표시되도록 설정하시오.

  ② 〈화면〉과 같은 형태로 나타나도록 '기본 보기' 속성을 설정하시오.

  ③ 폼의 머리글 제목 레이블(본문 데이터 표제 컨트롤만) 컨트롤의 배경색을 '16764057'로, 특수 효과를 '볼록'으로 설정하시오.

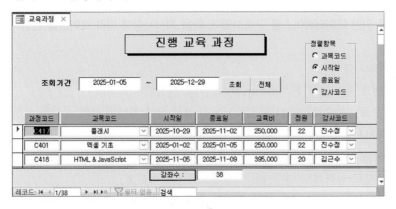

02 〈교육과정〉 폼에서 본문의 모든 컨트롤에 대해 포커스가 이동되면 글꼴 스타일 '굵게', 배경색을 표준 색 '노랑'으로 지정되도록 조건부 서식을 설정하시오. (6점)

03 〈교육과정〉 폼의 '정렬항목(fra정렬)' 컨트롤의 값이 변경되면(After Update) 다음과 같은 기능을 수행하도록 이벤트 프로시저를 구현하시오. (5점)

  ▶ 'fra정렬' 컨트롤 값에 따라 다음 표와 같이 해당 필드를 기준으로 오름차순 정렬되어 표시되도록 설정하시오. (예를 들어, fra정렬 컨트롤 값이 '1'이면 레코드는 '과목코드' 필드의 오름차순으로 정렬하여 표시)

  ▶ Select Case문과 폼의 OrderBy 속성 이용

fra정렬 값	정렬기준	fra정렬 값	정렬기준
1	과목코드	2	시작일
3	종료일	4	강사코드

01 다음의 지시사항 및 〈화면〉을 참조하여 〈출석부〉 보고서를 완성하시오. (각 3점)

① 1차적으로 '과정코드' 필드, 2차적으로 '순번' 필드를 기준으로 오름차순 정렬하시오.

② 본문의 'txt성별' 컨트롤에 '성별' 필드의 값이 −1이면 '남', 0이면 '여' 값으로 표시되도록 설정하시오.
  ▶ IIf 함수 이용

③ 페이지 머리글의 'txt과정코드', 'txt교육기간' 컨트롤을 다음과 같이 설정하시오.
  ▶ 'txt과정코드'는 '과목명(과정코드)'와 같은 형식으로 표시되도록 설정하시오.
  ▶ 'txt교육기간'은 '시작일~종료일'과 같은 형식으로 표시되도록 설정하시오.

④ 과정코드가 바뀌면 새 페이지에 표시되도록 '과정코드 바닥글'을 설정하시오.

⑤ 그룹 바닥글의 'txt인원수' 컨트롤에는 그룹별 인원수가 '0 명'의 형태로 표시되도록 설정하시오.

출석부

과정명 : 엑셀 기초(C401)
과육기간 : 2025-01-02~2025-01-05

순번	과정코드	이름	주민등록번호	성별	핸드폰	회사명	부서명
1	C401	이민수	580302-18152	남	011-542-95	대일건설	총무과
3	C401	권동수	710512-16704	남	017-958-74	영진교육	관리
4	C401	이찬수	640501-19549	남	011-2458-9	TNT 산업	교육
5	C401	도미희	680121-23143	여	018-245-65	한마음은행	금융지원
7	C401	이장수	591211-15452	남	011-1534-9	대일건설	인사기획
8	C401	고창문	670722-11212	남	018-724-54	바스알	관리
9	C401	고영수	631206-17163	남	017-2658-8	영진교육	관리
11	C401	강세라	730519-20246	여	018-2245-9	TNT 산업	인사
12	C401	오동춘	640926-18189	남	016-245-85	ISI	관리
15	C401	조세희	670206-20856	여	017-322-00	바스알	교육
16	C401	주진국	680827-27147	여	011-248-12	대일건설	기획

인원수 :   11 명

02 〈과정별신청자현황〉 폼의 '출석부(cmd출석부)' 버튼을 클릭할 때 다음과 같은 기능을 수행하도록 이벤트 프로시저를 구현하시오. (5점)

  ▶ 〈출석부〉 보고서를 '인쇄 미리보기' 형태로 여시오. 단, '과정코드' 필드가 'txt과정코드' 컨트롤의 값과 동일한 레코드만을 표시하도록 설정하시오.

  ▶ DoCmd 사용

01 〈회원명단〉, 〈교육신청〉 테이블을 이용하여 다음과 같은 기능을 수행하는 쿼리를 작성하시오. (7점)

- ▶ 회사명의 일부를 입력받아 해당 문자가 포함되는 회사들의 '과정코드' 필드 개수가 표시되도록 설정하시오.
- ▶ '회사명'으로 그룹화하여 오름차순으로 나타내시오.
- ▶ 쿼리 이름은 〈회사별수강인원〉으로 설정하시오.

 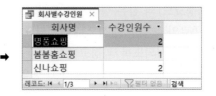

02 〈회원명단〉, 〈교육신청〉 테이블을 이용하여 다음과 같은 기능을 수행하는 쿼리를 작성하시오. (7점)

- ▶ 교육을 전혀 수강하지 않은 회원명단을 표시하도록 설정하시오.
- ▶ 쿼리 이름은 〈수강이력이없는회원〉으로 설정하시오.
- ▶ Is Null 이용

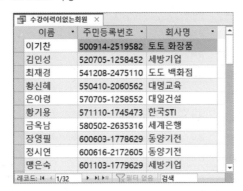

03 〈교육과정〉, 〈교육신청〉 테이블을 이용하고 다음 〈화면〉을 참조하여 크로스탭 쿼리를 작성하시오. (7점)

- ▶ '강사코드'별 '교육수료'별 '과정코드' 필드의 개수를 〈화면〉과 같이 표시하도록 설정하시오.
- ▶ 쿼리 이름은 〈강사별이수현황〉으로 설정하시오.

04 〈과목〉, 〈교육과정〉, 〈교육신청〉 테이블을 정원의 평균이 20명 이상인 과목의 합계를 조회하는 〈과목별합계〉 쿼리를 작성하시오. (7점)

▶ 과목명을 기준으로 내림차순 정렬하여 표시하시오.

▶ 쿼리 실행 결과 표시되는 필드와 필드명은 〈그림〉과 같이 표시되도록 설정하시오.

05 〈교육과정〉 테이블을 이용하여 2025년 10월 교육과정의 강사코드를 이용하여 〈강사〉 테이블의 '비고' 필드의 값을 '10월 특강'으로 변경하는 〈10월교육과정처리〉 업데이트 쿼리를 작성한 후 실행하시오. (7점)

▶ 10월 교육과정이란 시작일이 2025년 10월 1일부터 2025년 10월 31일까지의 〈교육과정〉 테이블에 있는 '강사코드'

▶ In 연산자와 하위 쿼리 사용

01 〈교육신청〉, 〈교육과정〉 테이블

〈교육신청〉 테이블

번호	필드 이름	속성 및 형식	설정 값
①	과정코드, 주민등록번호	기본 키	교육신청 × 필드 이름 / 데이터 형식 순번 / 일련 번호 과정코드 / 짧은 텍스트 주민등록번호 / 짧은 텍스트 교육수료 / 짧은 텍스트
②	교육수료	[조회] 탭	교육신청 × 필드 이름 / 데이터 형식 순번 / 일련 번호 과정코드 / 짧은 텍스트 주민등록번호 / 짧은 텍스트 교육수료 / 짧은 텍스트 납입금액 / 숫자 등록일 / 날짜/시간 비고 / 긴 텍스트 필드 속성 일반 조회 컨트롤 표시 / 콤보 상자 행 원본 유형 / 값 목록 행 원본 / 수료;미수료;연기 바운드 열 / 1 열 개수 / 1 열 이름 / 아니요 열 너비 행 수 / 8 목록 너비 / 자동 목록 값만 허용 / 예 여러 값 허용 / 아니요 값 목록 편집 허용 / 아니요 목록 항목 편집 폼 행 원본 값만 표시 / 아니요

〈교육과정〉 테이블

번호	필드 이름	속성 및 형식	설정 값
③	과정코드	입력 마스크	>AAAA
④	※ 테이블 자체의 속성	유효성 검사 규칙	[시작일]<=[종료일]
⑤	정원	유효성 검사 규칙	>=15 And <=25 또는 Between 15 And 25
		유효성 검사 텍스트	15이상 25이하의 값만 입력가능

02 〈인적사항.xlsx〉 파일을 〈강사〉 테이블로 가져오기

강사코드	강사명	성별	주소	전화번호	휴대전화	전자우편	비고
T0101	진수정	M	인천시 남동구	032-464-1218	017-568-8417	choikm@lycos.co.kr	
T0102	김근수	M	서울시 구로구	02-6346-8751	019-310-3547	kimsw@sec.co.kr	
T0103	김윤희	F	경기도 부천시	032-660-9847	016-355-9857	jyc88@sec.co.kr	
T0104	봉효민	F	서울시 마포구	02-784-5412	019-587-2248	leeks@lycos.co.kr	
T0105	송시경	M	서울시 종로구	02-782-1457	011-987-3467	hongjy@yahoo.co.kr	
T0106	민병호	M	서울시 중구	02-2263-1287	016-252-2357	starkim@daum.net	
T0201	홍민철	M	서울시 강서구	02-625-2128	011-9639-0958	kimstar@daum.net	
T0202	이상문	M	경기도 시흥시	032-542-3257	019-825-4615	choi88@daum.net	
T0203	성미영	F	서울시 종로구	02-2263-4849	017-232-4785	sung1972@yahoo.co.kr	
T0204	정유진	F	경기도 시흥시	031-432-9986	011-857-6623	minjs@lycos.co.kr	
T0205	차수경	F	인천시 남동구	032-463-3196	016-558-2714	ktheon@sec.co.kr	
T0206	신호정	F	경기도 부천시	032-660-2177	019-323-3694	mjwoo@hananet.net	
T0207	이순신	M	서울시 양천구	02-254-2122	016-294-4858	parkminju@daum.net	
T0208	견미리	F	서울시 마포구	02-784-1215	017-554-8796	choi0908@yahoo.co.kr	
T0209	이민영	M	경기도 안양시	031-472-3345	011-584-9812	ujt5432@lycos.co.kr	
T0210	최진수	F	경기도 과천시	02-254-8716	017-545-2457	jangymin@lycos.co.kr	
T0211	임차영	M	서울시 중구	02-2260-3457	011-252-8791	leeys@daum.net	
T0212	김미영	F	서울시 종로구	02-274-4541	011-254-1583	railtae@yahoo.co.kr	

03 〈교육과정〉 테이블의 '과목코드' 필드 조회 속성

필드 이름	데이터 형식
과정코드	짧은 텍스트
과목코드	숫자
시작일	날짜/시간

필드 속성

일반 | 조회

컨트롤 표시	콤보 상자
행 원본 유형	테이블/쿼리
행 원본	SELECT 과목.과목코드, 과목.과목명 FROM 과목;
바운드 열	1
열 개수	2
열 이름	예
열 너비	2cm;4cm
행 수	8
목록 너비	6cm
목록 값만 허용	예
여러 값 허용	아니요
값 목록 편집 허용	아니요
목록 항목 편집 폼	
행 원본 값만 표시	아니요

문제 ② 입력 및 수정 기능 구현

01 〈교육과정〉 폼

번호	개체	속성	설정 값
①	폼	레코드 원본	SELECT 교육과정.* FROM 교육과정 ORDER BY 교육과정.시작일 DESC;
②	폼	기본 보기	연속 폼
③	제목 레이블	배경색	16764057
		특수 효과	볼록

⑫ 〈교육과정〉 폼 본문(조건부 서식)

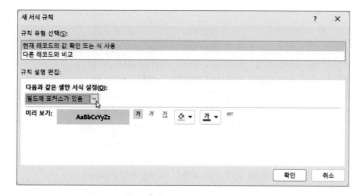

⑬ 〈교육과정〉 폼의 'fra정렬' 컨트롤 After Update 이벤트

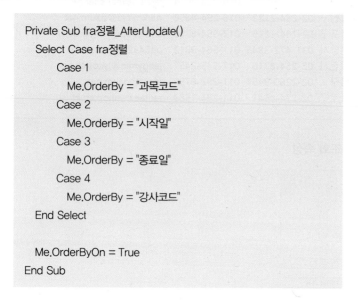

```
Private Sub fra정렬_AfterUpdate()
    Select Case fra정렬
        Case 1
            Me.OrderBy = "과목코드"
        Case 2
            Me.OrderBy = "시작일"
        Case 3
            Me.OrderBy = "종료일"
        Case 4
            Me.OrderBy = "강사코드"
    End Select

    Me.OrderByOn = True
End Sub
```

01 〈출석부〉 보고서

번호	개체	속성	설정 값
①	과정코드, 순번 정렬	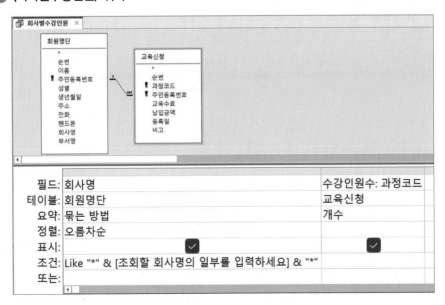	
②	txt성별	컨트롤 원본	=IIf([성별]=-1,"남","여")
③	txt과정코드	컨트롤 원본	=[과목명] & "(" & [과정코드] & ")"
③	txt교육기간	컨트롤 원본	=[시작일] & "~" & [종료일]
④	과정코드 바닥글(그룹 바닥글0)	페이지 바꿈	구역 후
⑤	txt인원수	컨트롤 원본	=Count(*) & " 명"

02 〈과정별신청자현황〉 폼의 'cmd출석부' 버튼 클릭 이벤트

```
Private Sub cmd출석부_Click()
    DoCmd.OpenReport "출석부", acViewPreview, , "과정코드 = '" & txt과정코드 & "'"
End Sub
```

01 〈회사별수강인원〉 쿼리

필드:	회사명	수강인원수: 과정코드
테이블:	회원명단	교육신청
요약:	묶는 방법	개수
정렬:	오름차순	
표시:	✓	✓
조건:	Like "*" & [조회할 회사명의 일부를 입력하세요] & "*"	
또는:		

02 〈수강이력이없는회원〉 쿼리 작성

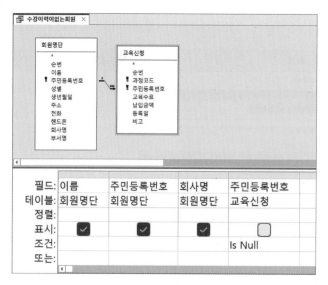

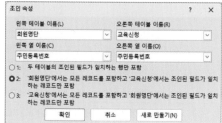

03 〈강사별이수현황〉 크로스탭 쿼리 작성

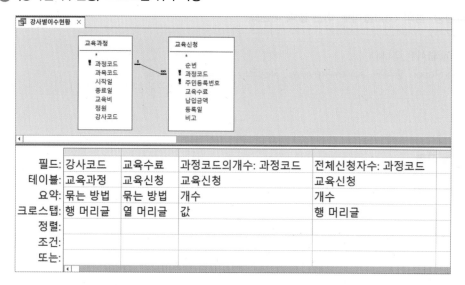

04 〈과목별합계〉 쿼리 작성

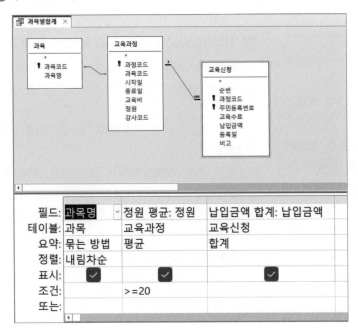

필드:	과목명	정원 평균: 정원	납입금액 합계: 납입금액
테이블:	과목	교육과정	교육신청
요약:	묶는 방법	평균	합계
정렬:	내림차순		
표시:	✓	✓	✓
조건:		>=20	
또는:			

05 〈10월교육과정처리〉 쿼리 작성

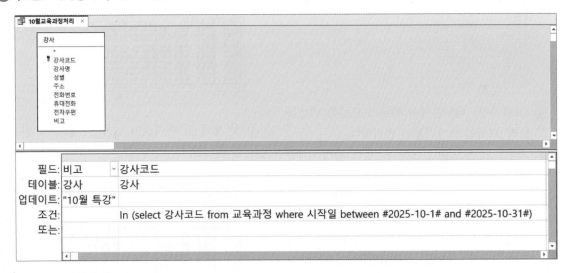

필드:	비고	강사코드
테이블:	강사	강사
업데이트:	"10월 특강"	
조건:		In (select 강사코드 from 교육과정 where 시작일 between #2025-10-1# and #2025-10-31#)
또는:		

문제 ❶ DB구축

❶ 〈교육신청〉, 〈교육과정〉 테이블

① 〈교육신청〉 테이블에서 마우스 오른쪽 버튼을 눌러 [디자인 보기](🔲)를 클릭한다.

② '과정코드' 필드 행 선택기에서 마우스 포인터가 ➡가 될 때 클릭한 후 Ctrl 혹은 Shift 를 누른 채로 '주민등록번호' 필드 행 선택기에서 마우스 포인터가 ➡가 될 때 클릭한다. 키를 계속해서 누른 채 마우스 오른쪽 버튼을 눌러 [기본 키](🔍)를 선택한다.

③ '교육수료' 필드를 선택한 후 '필드 속성'의 [조회] 탭에서 '필드 속성'을 다음과 같이 지정한다.

일반 조회	
컨트롤 표시	콤보 상자
행 원본 유형	값 목록
행 원본	수료;미수료;연기
바운드 열	1
열 개수	1
열 이름	아니요
열 너비	
행 수	8
목록 너비	자동
목록 값만 허용	예
여러 값 허용	아니요
값 목록 편집 허용	아니요
목록 항목 편집 폼	
행 원본 값만 표시	아니요

④ 〈교육과정〉 테이블에서 마우스 오른쪽 버튼을 눌러 [디자인 보기](🔲)를 클릭한다.

⑤ '과정코드' 필드를 선택한 후 '필드 속성'의 [일반] 탭에서 입력 마스크에 〉AAAA를 입력한다.

⑥ 〈교육과정〉 테이블 디자인 보기 상태에서 [테이블 디자인]-[표시/숨기기] 그룹의 [속성 시트](📋)를 클릭한다. [테이블] 속성 창의 유효성 검사 규칙에 [시작일]<=[종료일]을 입력한다.

⑦ '정원' 필드를 선택한 후 '필드 속성'의 [일반] 탭에서 유효성 검사 규칙에 〉=15 And <=25를, '유효성 검사 텍스트' 속성에 **15이상 25이하의 값만 입력가능**을 입력한다.

❷ '인적사항.xlsx' 파일을 〈강사〉 테이블로 가져오기

① [외부 데이터]-[가져오기 및 연결] 그룹의 [새 데이터 원본]-[파일에서]-[Excel](🟩)을 클릭한다.

② 파일 이름을 지정하기 위해 [찾아보기]를 클릭한다.

③ [파일 열기] 대화상자에서 '2025컴활1급W2권_데이터베이스W기출유형문제'에서 파일 이름은 '인적사항.xlsx'를 선택한 후 [열기]를 클릭하고 [외부 데이터 가져오기 – Excel 스프레드시트] 대화상자로 돌아오면 [확인]을 클릭한다.

④ [스프레드시트 가져오기 마법사]에서 〈강사명단〉을 선택하고 [다음]을 클릭한다.

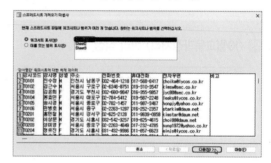

⑤ '첫 행에 열 머리글이 있음'을 체크하고 [다음]을 클릭한다.

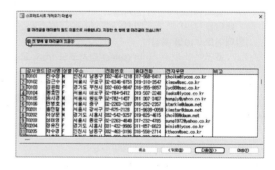

⑥ '강사명단' 시트에서 가져올 각 필드(열)들을 액세스에 맞추어 정보를 가공하여 지정할 수 있다. [다음]을 클릭한다.

⑦ 그림과 같이 '기본 키 없음'을 선택하고 [다음]을 클릭한다.

⑧ 가져올 테이블의 이름을 **강사**라고 입력하고 [마침]을 클릭한다.

⑨ 가져오기 단계 저장 옵션이 해제된 상태에서 [닫기]를 클릭한다.

03 〈교육과정〉 테이블의 '과목코드' 필드 조회 속성

① 〈교육과정〉 테이블에서 마우스 오른쪽 버튼을 눌러 [디자인 보기](▨)를 선택하고 '과목코드' 필드에서 '필드 속성'의 [조회] 탭을 클릭하여 '컨트롤 표시' 속성을 '콤보 상자'로 지정한다.

② 필드 속성에서 '행 원본' 속성의 [작성기](┄)를 클릭한다.

③ [교육과정 : 쿼리 작성기] 창의 [테이블 추가]에서 〈과목〉을 더블클릭한 후 [닫기]를 클릭한다.

④ [교육과정 : 쿼리 작성기] 창에서 그림과 같이 작성한 후 [닫기]를 클릭한다.

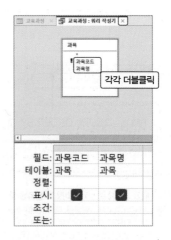

⑤ 'SQL 문의 변경 내용을 저장하고 속성을 업데이트하시겠습니까?'란 대화상자가 표시되면 [예]를 클릭한다.

⑥ '과목코드' 필드의 '필드 속성'을 다음과 같이 지정하여 완료한다.

문제 ❷   입력 및 수정 기능 구현

01 〈교육과정〉, 〈주번〉 폼

① 〈교육과정〉 폼에서 마우스 오른쪽 버튼을 눌러 [디자인 보기](▨)를 클릭한 후 [양식 디자인]-[도구] 그룹의 [속성 시트](▤)를 클릭한다. [폼]의 '레코드 원본'은 작성기를 통해서 속성을 업데이트 하고, 기본 보기는 '연속 폼'으로 설정한다.

SELECT 교육과정.* FROM 교육과정 ORDER BY 교육과정.시작일 DESC;

> **기적의 TIP**
>
> ORDER BY 절은 특정 항목을 기준으로 검색 테이블의 행들을 오름차순(ASC) 또는 내림차순(DESC)으로 정렬할 때 사용됩니다. 생략하면 ASC가 디폴트 값이 되므로 오름차순으로 정렬됩니다.

② 폼 머리글 하단 영역의 제목 레이블을 모두 선택하기 위해 왼쪽 눈금자에서 마우스 포인터 모양이 ➡이 될 때 클릭한다. [여러 항목 선택] 속성 창의 '배경색' 속성에 16764057을 입력하고, '특수 효과' 속성을 '볼록'으로 지정한다.

> **기적의 TIP**
>
> '배경색' 속성에 「16764057」을 입력하면 자동으로 '#99CCFF'로 바뀝니다.

02 〈교육과정〉 폼(조건부 서식)

① 〈교육과정〉 폼에서 마우스 오른쪽 버튼을 눌러 [디자인 보기](🔲)를 클릭한 후 '본문' 왼쪽 눈금자를 클릭하여 컨트롤을 선택한다.

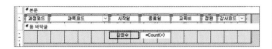

② [서식]–[컨트롤 서식] 그룹에서 [조건부 서식] (🔳)을 클릭한다.
③ [새 규칙]을 클릭하여 '필드에 포커스가 있음'을 선택하고, '굵게', [배경색]에서 '노랑'을 선택하고 [확인]을 클릭한다.
④ [조건부 서식 규칙 관리자]에서 [확인]을 클릭한다.

03 〈교육과정〉 폼의 'fra정렬' 컨트롤 After Update 이벤트

① 〈교육과정〉 폼에서 마우스 오른쪽 버튼을 눌러 [디자인 보기](🔲)를 클릭한 후 'fra정렬' 컨트롤을 클릭하여 속성 창의 [이벤트] 탭에서 'After Update' 속성의 [작성기](··)를 클릭한다.

> **기적의 TIP**
>
> **After Update**
> 컨트롤이나 레코드가 바뀐 데이터로 업데이트된 다음, 컨트롤이나 레코드가 포커스를 잃을 때나 레코드 메뉴에서 레코드 저장을 클릭할 때 발생합니다.

② [작성기 선택] 대화상자가 표시되면 '코드 작성기'를 더블클릭하여 [Visual Basic Editor] 창에 다음과 같이 입력한다.

```
Private Sub fra정렬_AfterUpdate()
 ① Select Case fra정렬
     Case 1
      ② Me.OrderBy = "과목코드"
     Case 2
      ③ Me.OrderBy = "시작일"
     Case 3
      ④ Me.OrderBy = "종료일"
     Case 4
      ⑤ Me.OrderBy = "강사코드"
 ⑥ End Select
 ⑦ Me.OrderByOn = True
End Sub
```

①~⑥ 'fra정렬' 옵션 그룹 컨트롤 값에 따라 1일 때는 ②번을 실행하고, 2일 때는 ③, 3일 때는 ④, 4일 때는 ⑤를 실행한다.
② 현재 폼의 정렬 순서를 '과목코드'의 오름차순으로 지정하며 실제 정렬이 되려면 ⑦번을 실행해야 된다.
⑦ ①~⑥번 과정을 통해 지정된 정렬 필드로 현재 폼을 정렬한다. 만약, 내림차순으로 정렬하려면 [Me.OrderBy = "과목코드 desc"] 형태로 사용한다.

ⓞⓐ 〈출석부〉 보고서

① 〈출석부〉 보고서에서 마우스 오른쪽 버튼을 눌러 [디자인 보기](📑)를 클릭한 후 '보고서 선택기'(■)의 바로 가기 메뉴에서 [정렬 및 그룹화]를 클릭하여 '과정코드'와 [정렬 추가] 버튼을 클릭하여 '순번' 필드를 '오름차순'으로 설정한다.

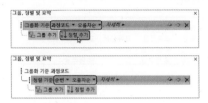

> **기적의 TIP**
>
> 정렬 순서의 디폴트값이 오름차순일 때는 따로 설정할 필요는 없어요.

② 'txt성별' 컨트롤을 클릭하여 컨트롤 원본을 설정한다.

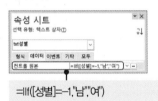

=IIf([성별]=-1,"남","여")

③ 'txt과정코드'와 'txt교육기간' 컨트롤을 클릭하여 컨트롤 원본을 다음과 같이 설정한다.

④ '과정코드 바닥글'의 구역 선택기를 클릭한 후 '페이지 바꿈' 속성을 '구역 후'로 지정한다.

⑤ 'txt인원수' 컨트롤을 클릭하여 그림과 같이 컨트롤 원본을 설정한다.

ⓞⓑ 〈과정별신청자현황〉 폼의 'cmd출석부' 버튼 클릭 이벤트

① 〈과정별신청자현황〉 폼에서 마우스 오른쪽 버튼을 눌러 [디자인 보기](📑)를 클릭한 후 'cmd출석부'의 속성 창에서 'On Click' 입력란의 [작성기](⋯)를 클릭한다.

② [작성기 선택] 대화상자에서 '코드 작성기'를 더블클릭하여 [Visual Basic Editor] 창에 다음과 같이 입력한 후 Alt+Q를 눌러서 VBE를 닫고 액세스로 돌아온다.

```
Private Sub cmd출석부_Click()
    ① DoCmd.OpenReport "출석부", acViewPre-
        view, , "과정코드 = '" & txt과정코드 & "'"
End Sub
```

> ① 〈출석부〉 보고서를 열 되, 'txt과정코드' 컨트롤에 입력된 값과 과정코드가 일치하는 조건으로 연다.

문제 ❹ 　처리 기능 구현

ⓞⓐ 〈회사별수강인원〉 쿼리

① [만들기]-[쿼리] 그룹의 [쿼리 디자인](📊)을 클릭한다.
② [테이블 추가]에서 〈회원명단〉, 〈교육신청〉을 더블클릭한 후 [닫기]를 클릭한다.
③ [쿼리 디자인]-[표시/숨기기] 그룹의 [요약](∑)을 클릭한다.
④ 디자인 눈금 필드를 그림과 같이 작성한다.

Like "*" & [조회할 회사명의 일부를 입력하세요] & "*"

⑤ 쿼리 이름을 **회사별수강인원**으로 입력한다.

⑫ 〈수강이력없는회원〉 쿼리

① [만들기]-[쿼리] 그룹의 [쿼리 디자인](▦)을 클릭한다.

② [테이블 추가]에서 〈회원명단〉, 〈교육신청〉을 더블클릭한 후 [닫기]를 클릭한다.

③ 수강이력이 없는 회원을 표시 하기 위해, '회원명단'과 '교육신청' 테이블 사이의 관계선을 더블클릭한다.

④ [조인 속성] 대화상자에서 '회원명단'에서는 모든 레코드를 포함하고, …'를 선택한 후 [확인]을 클릭한다.

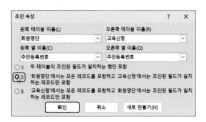

⑤ 디자인 눈금 필드를 그림과 같이 작성한다.

필드:	이름	주민등록번호	회사명	주민등록번호
테이블:	회원명단	회원명단	회원명단	교육신청
정렬:				
표시:	✓	✓	✓	☐
조건:				Is Null
또는:				

> **기적의 TIP**
>
> Is Null을 조건으로 입력하는 필드는 〈교육신청〉 테이블의 임의의 필드를 사용하면 되기 때문에 '주민등록번호' 필드 대신 다른 것을 사용해도 됩니다.

⑥ 쿼리 이름을 **수강이력없는회원**으로 입력한다.

⑬ 〈강사별이수현황〉 쿼리

① [만들기]-[쿼리] 그룹의 [쿼리 디자인](▦)을 클릭한다.

② [테이블 추가]에서 〈교육과정〉, 〈교육신청〉을 각각 더블클릭한 후 [닫기]를 클릭한다.

③ [쿼리 디자인]-[쿼리 유형] 그룹의 [크로스탭](▦)을 선택하고 디자인 눈금 필드를 그림과 같이 작성한다.

필드:	강사코드	교육수료	과정코드	전체신청자수: 과정코드
테이블:	교육과정	교육신청	교육신청	교육신청
요약:	묶는 방법	묶는 방법	개수	개수
크로스탭:	행 머리글	열 머리글	값	행 머리글
정렬:				
조건:				
또는:				

④ 쿼리 이름을 **강사별이수현황**으로 입력한다.

⑭ 〈과목별합계〉 쿼리

① [만들기]-[쿼리] 그룹의 [쿼리 디자인](▦)을 클릭한다.

② [테이블 추가]의 [테이블] 탭에서 〈과목〉, 〈교육과정〉, 〈교육신청〉을 추가하고 [닫기]를 클릭한다.

③ 디자인 눈금의 각 필드에 다음과 같이 드래그해서 놓는다.

필드:	과목명	정원	납입금액
테이블:	과목	교육과정	교육신청
정렬:			
표시:	✓	✓	✓
조건:			
또는:			

④ 과목명은 '내림차순'로 정렬하고, 정원은 **정원 평균:**, 납입금액은 **납입금액 합계:**를 입력하여 별명(Alias)으로 수정하고 정원 필드에 조건 **>=20**을 입력하고, 정원은 '평균', 납입금액은 '합계'로 지정한다.

필드:	과목명	정원 평균: 정원	납입금액 합계: 납입금액
테이블:	과목	교육과정	교육신청
요약:	묶는 방법	평균	합계
정렬:	내림차순		
표시:	■	■	■
조건:		>=20	
또는:			

⑤ '납입금액' 필드에 커서를 두고 [쿼리 디자인] 탭의 [표시/숨기기] 그룹에서 [속성 시트]를 클릭하여 형식은 '표준', 소수 자릿수는 0을 입력한다.

⑥ Ctrl + S 를 눌러 '다른 이름으로 저장' 대화상자에 **과목별합계**로 입력하고 [확인]을 클릭한다.

05 〈10월교육과정처리〉쿼리

① [만들기]−[쿼리] 그룹의 [쿼리 디자인](▦)을 클릭한다.
② [테이블 표시] 대화상자의 [테이블] 탭에서 〈강사〉 테이블을 추가한 후 '비고'와 '강사코드' 필드를 추가한다.
③ [쿼리 디자인] 탭의 [쿼리 유형]−[업데이트] (▦)를 클릭한 후 다음과 같이 입력한다.

In (select 강사코드 from 교육과정 where 시작일 between #2025-10-1# and #2025-10-31#)

④ 쿼리의 이름을 **10월교육과정처리**로 입력하고 [확인]을 클릭한다.
⑤ [쿼리 디자인] 탭의 [결과]−[실행](❗)을 클릭하면 다음의 메시지가 표시되면 [예]를 클릭한다.

▶ 합격 강의

작업파일 [2025컴활1급₩2권_데이터베이스₩기출유형문제] 폴더의 '기출유형문제7회' 파일을 열어서 작업하시오.

문제 ❶ DB구축 25점

01 사내 인사자료를 전산화하기 위해 데이터베이스를 구축하였다. 다음의 지시사항에 따라 테이블을 완성하시오. (각 3점)

※ 〈직무평가〉 테이블을 사용하시오.

① '사번'과 '평가년도' 필드를 기본 키(Primary Key)로 설정하시오.

② '사번' 필드에는 영문 대문자 1자와 숫자 4자로 필수 입력되도록 설정하시오.

③ '직무역량' 필드와 '행동역량' 필드는 0부터 100 사이의 숫자만 입력되도록 설정하시오.

※ 〈사원〉 테이블을 사용하시오.

④ '이름' 필드에 이름 사이의 공백을 입력하지 못하도록 유효성 검사 규칙을 설정하시오.
   ▶ Like 연산자 사용
   ▶ 이름 사이에 공백을 입력한 경우 '이름 사이에 공백을 입력하지 마세요.'라고 메시지를 표시하시오.

⑤ '부서코드' 필드에 대해서는 중복 가능한 인덱스를 설정하시오.

02 〈직무평가〉 테이블의 '사번' 필드는 〈사원〉 테이블의 '사번' 필드를 참조하고 〈사원〉 테이블의 '부서코드' 필드는 〈부서〉 테이블의 '부서코드' 필드를 참고하며 테이블 간의 관계는 M:1이다. 각각의 테이블에 대해 다음과 같이 관계를 설정하시오. (5점)

▶ 각 테이블 간에 참조 무결성이 유지되도록 설정하시오.

▶ 각 테이블의 참조 필드의 값이 변경되면 관련 필드의 값들도 변경되도록 설정하시오.

▶ 각 테이블의 참조 필드의 값이 삭제되면 관련 필드의 값들도 삭제되도록 설정하시오.

03 '직무역량등급.xlsx' 파일에 대한 연결 테이블을 작성하시오. (5점)

▶ '직무역량등급.xlsx' 파일의 첫 번째 행은 필드의 이름이다.

▶ 연결 테이블의 이름은 '직무등급'으로 설정하시오.

01 〈부서별평가입력〉 폼을 다음의 〈화면〉과 지시사항에 따라 완성하시오. (각 3점)

① 〈화면〉과 같은 형태로 나타나도록 '기본 보기' 속성을 설정하시오.

② 본문의 'txt이름', 'txt직급' 컨트롤은 데이터를 편집할 수 없도록 설정하시오.

③ 폼 바닥글의 'txt총인원' 컨트롤에는 전체 인원수가 표시되고, 'txt직무역량평균', 'txt행동역량평균'에는 각 직무역량의 평균, 행동역량의 평균을 계산하시오.

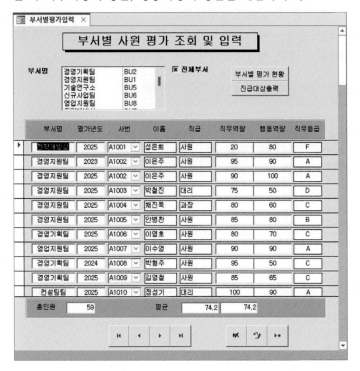

02 〈부서별평가입력〉 폼의 '부서명(lst부서명)' 컨트롤에 대해 다음과 같이 설정하시오(위 〈화면〉 참고). (6점)

▶ 〈부서〉 테이블의 '부서명'과 '부서코드'를 표시하고, '부서명'은 오름차순으로 표시하시오.

▶ '부서명'이 저장되도록 하시오.

▶ 열 너비를 각각 3cm, 2cm로 설정하시오.

03 〈부서별평가입력〉 폼의 '전체부서(chk전체부서)' 컨트롤을 클릭하면 다음과 같은 기능을 수행하도록 이벤트 프로시저를 구현하시오. (5점)

▶ 'chk전체부서' 컨트롤 값이 True이면 부서명(lst부서명)에 Null 값을 대입하고, 필터가 해제되어 전체 사원 명단이 표시되도록 하시오.

▶ IF 문과 FilterOn 속성을 이용하시오.

01 다음의 지시사항 및 〈화면〉을 참조하여 〈부서별평가현황〉 보고서를 완성하시오. (각 3점)

① 〈직무평가정보〉 쿼리를 보고서의 레코드 원본으로 설정하시오.

② '부서코드', '평가년도' 필드 순으로 오름차순 정렬하여 표시되도록 설정하시오.

③ 부서코드 머리글의 'txt부서' 컨트롤에 '부서명(부서코드)' 형태로 표시되도록 설정하시오.

▶ 표시 예 : 부서명이 '경영기획팀', 부서코드가 'BU2'이면 '경영기획팀(BU2)'로 표시

④ 본문의 모든 컨트롤의 테두리 스타일을 '투명'으로 설정하시오.

⑤ 부서코드 바닥글의 'txt인원수' 컨트롤에는 해당 그룹의 인원수가 표시되고, 'txt평균직무역량', 'txt평균행동역량' 컨트롤에 각 직무역량의 평균, 행동역량의 평균을 표시하시오.

부서별 평가 현황

부서: 경영지원팀(BU1)

사번	이름	평가년도	직무역량	행동역량	직무등급
A1002	이은주	2023	95	90	A
A1014	송민희	2025	60	55	F
A1003	박철진	2025	75	50	D
A1002	이은주	2025	90	100	A
A1005	안병찬	2025	85	80	B
A1004	채진욱	2025	80	60	C
인원수 6	평균		80.8	72.5	

부서: 경영기획팀(BU2)

사번	이름	평가년도	직무역량	행동역량	직무등급
A1021	서옥유	2009	0	0	
A1021	서옥유	2024	50	65	F
A1022	안지연	2024	55	85	C
A1008	박형주	2024	95	50	C
A1009	김영철	2025	85	65	C
A1006	이영호	2025	80	70	C
A1019	황미희	2025	50	50	F

23년 05월 14일　　　　　　　　　　　　　　　　　　　　1 / 5

02 〈부서별평가입력〉 폼의 '부서명(lst부서명)' 컨트롤을 클릭하면 다음과 같은 기능을 수행하도록 이벤트 프로시저를 구현하시오. (5점)

▶ 'lst부서명' 컨트롤에서 선택한 부서명에 대한 사원 명단이 표시되도록 한 후, 'chk선체부서'의 값이 False로 되도록 구현하시오.

▶ Filter, FillterOn 속성을 이용하시오.

01 〈사원〉, 〈직무평가〉 테이블을 이용하여 직무등급 필드가 비어 있는 사원을 조회하는 〈직무등급오류〉 쿼리를 작성하시오. (7점)

▶ 쿼리 실행 결과 표시되는 필드와 필드명은 〈그림〉과 같이 표시되도록 설정하시오.

▶ Is Null 사용

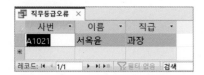

02 〈직무평가정보〉 쿼리를 이용하여 다음과 같은 기능을 수행하는 테이블 만들기 쿼리를 작성하시오. (7점)

▶ '평가년도'가 '2025'년이고 '직무등급'이 'A'인 자료들이 〈2026년진급대상자〉란 이름의 테이블로 만들어지도록 설정하시오.

▶ 필드명은 '사번', '이름', '부서명', '직급'을 사용하고, '사번' 필드의 내림차순으로 표시하시오.

▶ 쿼리를 작성하고 이를 실행하시오.

▶ 쿼리의 이름은 〈2026년진급대상자출력〉으로 설정하시오.

03 〈화면〉을 참조하여 다음과 같은 기능을 수행하는 쿼리를 작성하시오. (7점)

▶ 〈직무평가정보〉 쿼리를 이용하여 이름을 매개 변수로 입력받아 해당 이름의 사번, 이름, 부서명, 직무역량의 평균, 행동역량의 평균을 나타내시오.

▶ 쿼리의 이름은 〈사원별평균평가점수〉로 설정하시오.

 ➡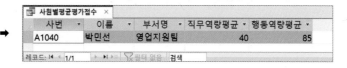

04 부서별, 직책별 평균을 조회하는 〈부서별직책별점수〉 크로스탭 쿼리를 작성하시오. (7점)

  ▶ 〈부서〉, 〈사원〉, 〈직무평가〉 테이블을 이용하시오.

  ▶ 평균은 '행동역량' 필드를 이용하시오.

  ▶ 쿼리 실행 결과 표시되는 필드와 필드명은 〈그림〉과 같이 표시되도록 설정하시오.

05 〈직무평가〉 테이블을 이용하여 직무등급이 'D' 또는 'F'가 아닌 사원에 대해 〈사원〉 테이블의 '비고' 필드의 값을 '평가통과'로 변경하는 〈평가처리〉 업데이트 쿼리를 작성한 후 실행하시오. (7점)

  ▶ Not In 연산자와 하위 쿼리 사용

사번	부서코드	이름	년차	직급	비고	주
A1001	BU7	성은희	3	사원		
A1002	BU1	이은주	4	사원	평가통과	
A1003	BU1	박철진	2	대리		
A1004	BU1	채진욱	2	과장	평가통과	
A1005	BU1	안병찬	3	사원	평가통과	
A1006	BU2	이영호	7	사원	평가통과	
A1007	BU8	이수영	4	사원	평가통과	
A1008	BU2	박형주	2	사원	평가통과	
A1009	BU2	김영철	2	사원	평가통과	
A1010	BU3	정성기	8	대리	평가통과	
A1011	BU4	도우리	5	대리	평가통과	
A1012	BU4	최은실	9	과장	평가통과	
A1013	BU8	성지희	6	과장	평가통과	
A1014	BU1	송민희	5	사원		
A1015	BU5	백현	4	사원	평가통과	
A1016	BU8	송인영	6	사원	평가통과	
A1017	BU5	두병빈	3	사원		
A1018	BU5	조태현	4	사원		

레코드: I◀ ◀ 1/57 ▶ ▶I ▶* 필터 없음 검색

  ※ 〈평가처리〉 쿼리를 실행한 후의 〈사원〉 테이블

기출 유형 문제 07회 / 정답

문제 ❶ **DB구축**

01 〈직무평가〉, 〈사원〉 테이블

〈직무평가〉 테이블

번호	필드 이름	속성 및 형식	설정 값
①	사번, 평가년도	기본 키	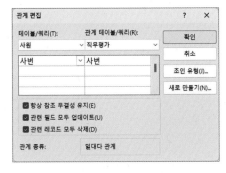
②	사번	입력 마스크	>L0000
③	직무역량, 행동역량	유효성 검사 규칙	>=0 And <=100 또는 Between 0 And 100

〈사원〉 테이블

번호	필드 이름	속성 및 형식	설정 값
④	이름	유효성 검사 규칙	Not Like "* *"
		유효성 검사 텍스트	이름 사이에 공백을 입력하지 마세요.
⑤	부서코드	인덱스	예(중복 가능)

02 〈직무평가〉, 〈사원〉, 〈부서〉 관계

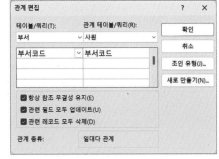

03 '직무역량등급.xlsx' 파일 연결 테이블

– 〈직무등급〉 테이블 내용

– 연결된 상태

01 〈부서별평가입력〉 폼

번호	개체	속성	설정 값
①	폼	기본 보기	연속 폼
②	txt이름, txt직급	잠금	예
③	txt총인원	컨트롤 원본	=Count(*)
	txt직무역량평균		=Avg([직무역량])
	txt행동역량평균		=Avg([행동역량])

02 〈부서별평가입력〉 폼의 'lst부서명' 컨트롤 목록 상자 속성

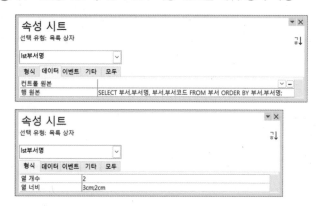

03 〈부서별평가입력〉 폼의 'chk전체부서' 컨트롤 클릭 이벤트

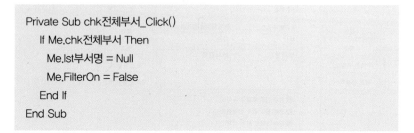

```
Private Sub chk전체부서_Click()
    If Me.chk전체부서 Then
        Me.lst부서명 = Null
        Me.FilterOn = False
    End If
End Sub
```

01 〈부서별평가현황〉 보고서

번호	개체	속성	설정 값
①	보고서	레코드 원본	직무평가정보
②	부서코드, 평가년도 정렬		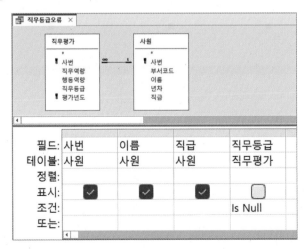
③	txt부서	컨트롤 원본	=[부서명] & "(" & [부서코드] & ")"
④	본문 모든 컨트롤	테두리 스타일	투명
⑤	txt인원수	컨트롤 원본	=Count(*)
	txt평균직무역량		=Avg([직무역량])
	txt평균행동역량		=Avg([행동역량])

02 〈부서별평가입력〉 폼의 'lst부서명' 컨트롤 클릭 이벤트

```
Private Sub lst부서명_Click()
    Me.Filter = "부서명 = '" & lst부서명 & "'"
    Me.FilterOn = True
    Me.chk전체부서 = False
End Sub
```

문제 ④ 처리 기능 구현

01 〈직무등급오류〉 쿼리

02 〈2026년진급대상자출력〉 쿼리

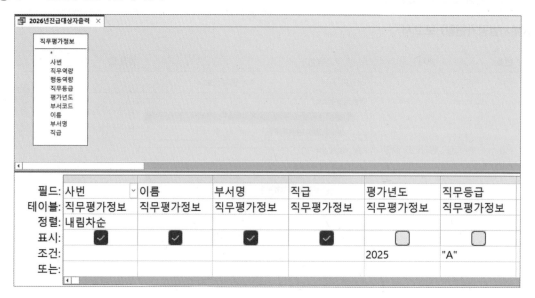

03 〈사원별평균평가점수〉 쿼리

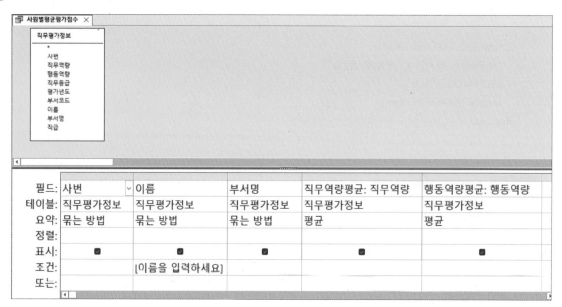

04 〈부서별직책별점수〉 쿼리

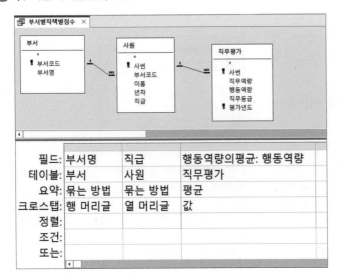

필드:	부서명	직급	행동역량의평균: 행동역량	
테이블:	부서	사원	직무평가	
요약:	묶는 방법	묶는 방법	평균	
크로스탭:	행 머리글	열 머리글	값	
정렬:				
조건:				
또는:				

05 〈평가처리〉 쿼리

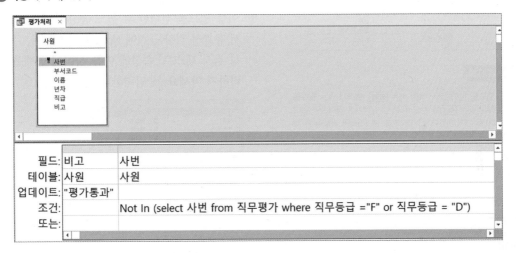

필드:	비고	사번
테이블:	사원	사원
업데이트:	"평가통과"	
조건:		Not In (select 사번 from 직무평가 where 직무등급 ="F" or 직무등급 = "D")
또는:		

문제 ❶ DB구축

01 〈직무평가〉, 〈사원〉 테이블

① 〈직무평가〉 테이블에서 마우스 오른쪽 버튼을 눌러 [디자인 보기](▣)를 클릭한다.

② '사번' 필드 행 선택기에서 마우스 포인터가 ➡가 될 때 클릭한 후 Ctrl 을 누른 채로 '평가년도' 필드 행 선택기에서 마우스 포인터가 ➡가 될 때 클릭한다. [테이블 디자인]-[도구] 그룹에서 [기본 키](🔍)를 클릭한다.

🅑 기적의 TIP

연속된 필드를 한꺼번에 선택할 때는 Shift , 떨어져 있는 필드를 따로 선택할 때는 Ctrl 을 누른 채로 행 선택기를 클릭하면 됩니다. 만약 바로 가기 메뉴에서 '기본 키'를 선택하려면 키를 누른 채로 작업해야 합니다.

③ '사번' 필드를 선택한 후 '필드 속성'의 [일반] 탭에서 입력 마스크에 >L0000을 입력한다.

④ '직무역량' 필드를 선택한 후 '필드 속성'의 [일반] 탭에서 유효성 검사 규칙에 >=0 And <=100을 입력한다. 같은 방법으로 '행동역량' 필드를 선택한 후 '필드 속성'의 [일반] 탭에서 유효성 검사 규칙에 >=0 And <=100을 입력한다.

⑤ 〈사원〉 테이블에서 마우스 오른쪽 버튼을 눌러 [디자인 보기](▣)를 클릭한다.

⑥ '이름' 필드를 선택한 후 '필드 속성'의 [일반] 탭에서 유효성 검사 규칙에 Not Like " * *"를, '유효성 검사 텍스트' 속성에 이름 사이에 공백을 입력하지 마세요.를 입력한다.

⑦ '부서코드' 필드를 선택한 후 '필드 속성'의 [일반] 탭에서 인덱스에 '예(중복 가능)'을 선택한다.

02 〈직무평가〉, 〈사원〉, 〈부서〉 관계

① [데이터베이스 도구]–[관계] 그룹의 [관계](📇)를 클릭한다.

② [관계] 창에서 마우스 오른쪽 버튼을 눌러 [테이블 표시]를 선택한 후 [테이블 추가]의 [테이블] 탭에서 〈직무평가〉, 〈사원〉, 〈부서〉 테이블을 각각 더블클릭하고 [닫기]를 클릭한다.

③ 〈직무평가〉 테이블의 '사번'을 〈사원〉 테이블의 '사번' 위로 드래그한다.

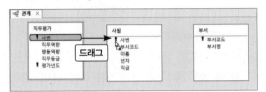

④ [관계 편집] 대화상자를 그림과 같이 지정한 후 [만들기]를 클릭한다.

⑤ 〈사원〉 테이블의 '부서코드'를 〈부서〉 테이블의 '부서코드' 위로 드래그한 후 [관계 편집] 대화상자를 그림과 같이 지정하고 [만들기]를 클릭한다.

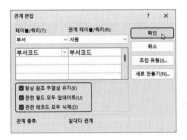

⑥ [관계] 창에 각 테이블의 관계가 그림과 같이 표시된다.

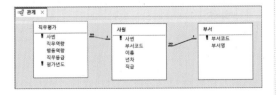

03 '직무역량등급.xlsx' 파일 연결 테이블 작성

① [외부 데이터]–[가져오기 및 연결] 그룹의 [새 데이터 원본]–[파일에서]–[Excel](📊)을 클릭한다.

② 가져올 파일 이름과 데이터를 저장할 방법 및 위치를 지정한다. 파일 이름을 지정하기 위해 [찾아보기]를 클릭한다.

③ [파일 열기] 대화상자에서 '파일 형식'은 'Microsoft Excel'로 선택하고 '찾는 위치'는 '2025컴활1급₩2권_데이터베이스₩기출유형문제'에서 '파일 이름'은 '직무역량등급.xlsx'를 선택한 후 [열기]를 클릭한다.

④ [외부 데이터 가져오기 – Excel 스프레드시트] 대화상자로 돌아오면, 연결 테이블을 만들어야 하기 때문에 '연결 테이블을 만들어 데이터 원본에 연결'을 선택하고 [확인]을 클릭한다.

⑤ [스프레드시트 연결 마법사]에서 '직무역량등급'을 선택하고 [다음]을 클릭한다.

⑥ '첫 행에 열 머리글이 있음'을 체크하고 [다음]을 클릭한다.

⑦ 연결할 테이블의 이름을 **직무등급**이라고 입력하고 [마침]을 클릭한다.

⑧ 액세스에 새롭게 생성된 '직무등급' 테이블을 '직무역량등급.xlsx' 파일에 연결했다는 메시지가 안내되면, [확인]을 클릭한다.

문제 ❷ 입력 및 수정 기능 구현

01 〈부서별평가입력〉 폼 완성

① 〈부서별평가입력〉 폼에서 마우스 오른쪽 버튼을 눌러 [디자인 보기](📐)를 클릭한 후 [양식 디자인]–[도구] 그룹의 [속성 시트](📋)를 누른 후 [폼] 속성 창의 기본 보기를 '연속 폼'으로 지정한다.

② 'txt이름'과 'txt직급' 컨트롤을 각각 클릭하여 잠금을 '예'로 지정한다.

③ 'txt총인원', 'txt직무역량평균', 'txt행동역량평균' 컨트롤을 더블클릭하여 컨트롤 원본을 다음과 같이 설정한다.

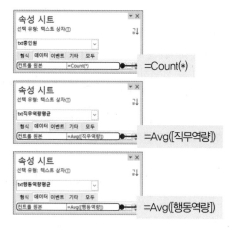

② 〈부서별평가입력〉 폼의 'lst부서명' 컨트롤 목록 상자 속성

① 〈부서별평가입력〉 폼에서 마우스 오른쪽 버튼을 눌러 [디자인 보기](▣)를 클릭한 후 'lst부서명' 컨트롤을 클릭하여 속성 창의 행 원본에서 [작성기](⬚)를 클릭한다.
② [부서별평가입력 : 쿼리 작성기] 창에 [테이블 추가] 대화상자가 표시되면 〈부서〉를 더블클릭한 후 [닫기]를 클릭한다.
③ 문제지의 〈화면〉과 지시사항을 참고하여 디자인 눈금 필드를 그림과 같이 작성한다.

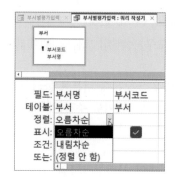

④ [부서별평가입력 : 쿼리 작성기] 창의 [닫기]를 클릭한 후 업데이트 여부를 묻는 대화상자에서 [예]를 클릭한다.
⑤ 작성된 SQL 문이 행 원본에 표시되면 '필드 속성'의 '열 개수' 속성에 2를, '열 너비' 속성에 3;2를 입력하여 완성한다.

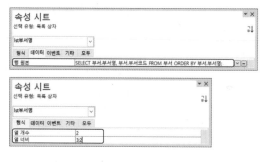

ⓑ 기적의 TIP

'열 너비'에 '3;2'를 입력하고 Enter 를 누르면 자동으로 '3cm;2cm'로 표시됩니다.

③ 〈부서별평가입력〉 폼의 'chk전체부서' 컨트롤 클릭 이벤트

① 〈부서별평가입력〉 폼에서 마우스 오른쪽 버튼을 눌러 [디자인 보기](▣)를 클릭한 후 'chk전체부서' 컨트롤을 클릭하여 속성 창의 [이벤트] 탭에서 On Click의 [작성기](⬚)를 클릭한다.

ⓑ 기적의 TIP

'chk전체부서' 컨트롤 선택

☑를 클릭하거나 [속성] 창의 개체 목록에서 'chk전체부서'를 선택하세요.

② [작성기 선택] 대화상자에서 '코드 작성기'를 더블클릭하여 [Visual Basic Editor] 창에 다음과 같이 입력한다.

```
Private Sub chk전체부서_Click()
    ① If Me.chk전체부서 Then
        ② Me.lst부서명 = Null
        ③ Me.FilterOn = False
    End If
End Sub
```

① 확인란을 클릭하는 경우라도 선택을 하는 경우와 선택을 해제하는 경우가 있기 때문에 True 값인지 False 값인지를 판단해야 한다. 확인란 컨트롤 값은 그 자체가 True/False 값을 가지기 때문에 [Me.chk전체부서 = True]라고 하지 않고 [Me.chk전체부서]만 사용해도 된다.
② 확인란 값이 선택된 경우에 목록 상자(Me.lst부서명) 목록에서 선택한 행을 해제하기 위해 Null 값을 대입한다.
③ 목록 상자에 적용된 필터 기능을 해제한다.

문제 ❸   조회 및 출력 기능 구현

01 〈부서별평가현황〉 보고서

① 〈부서별평가현황〉 보고서에서 마우스 오른쪽 버튼을 눌러 [디자인 보기](🔲)를 클릭한 후 [보고서 디자인]-[도구] 그룹의 [속성 시트](🔲)를 눌러 [보고서] 속성 창의 '레코드 원본' 속성을 '직무평가정보'로 지정한다.
② '보고서 선택기'(■)에서 마우스 오른쪽 버튼을 눌러 [정렬 및 그룹화]를 클릭하여 '부서코드'를 '오름차순'으로 설정하고 '정렬 추가'를 클릭하여 '평가년도'를 선택한 후 '평가년도' 필드를 '오름차순'으로 설정한다.

③ 'txt부서' 컨트롤을 클릭하여 컨트롤 원본을 다음과 같이 설정한다.

=[부서명] & "(" & [부서코드] & ")"

④ 본문의 모든 컨트롤을 선택하기 위해 '본문' 영역 왼쪽 눈금자에서 마우스 포인터 모양이 ➡ 일 때 클릭한다. 속성 창에서 '테두리 스타일' 속성을 '투명'으로 설정한다.

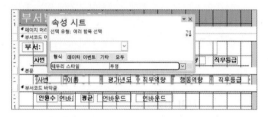

⑤ 'txt인원수', 'txt평균직무역량', 'txt평균행동역량' 컨트롤을 클릭하여 컨트롤 원본을 다음과 같이 설정한다.

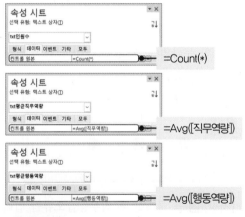

=Count(*)

=Avg([직무역량])

=Avg([행동역량])

🅱 기적의 TIP

전체 레코드(행)의 개수를 계산하기 위해 『Count(*)』을 입력합니다.

02 〈부서별평가입력〉 폼의 'lst부서명' 컨트롤 클릭 이벤트

① 〈부서별평가입력〉 폼에서 마우스 오른쪽 버튼을 눌러 [디자인 보기](🔲)를 클릭한 후 'lst부서명' 컨트롤을 클릭하여 속성 창의 [이벤트] 탭에서 On Click의 [작성기]( )를 클릭한다.

② [작성기 선택] 대화상자에서 '코드 작성기'를 더블클릭하여 [Visual Basic Editor] 창에 다음과 같이 입력한다.

```
Private Sub lst부서명_Click()
    ① Me.Filter = "부서명 = '" & lst부서명 & "'"
    ② Me.FilterOn = True
    ③ Me.chk전체부서 = False
End Sub
```

① 현재 폼의 필터 조건을 '부서명' 필드가 'lst부서명' 목록 상자에서 선택한 행(값)과 동일한 레코드로 설정한다.
② ①의 필터 조건을 폼에 적용하여 조건에 맞는 자료만 표시한다.
③ 'chk전체부서' 확인란 컨트롤을 선택 해제한다.

문제 ④ 처리 기능 구현

01 〈직무등급오류〉 쿼리

① [만들기]-[쿼리] 그룹에서 [쿼리 디자인](▦)을 클릭한다.
② 〈직무평가〉, 〈사원〉 테이블을 더블클릭하여 추가한 후 [닫기]를 클릭한다.
③ 디자인 눈금의 각 필드에 다음과 같이 드래그해서 배치한다.

필드:	사번	이름	직급	직무등급
테이블:	사원	사원	사원	직무평가
정렬:				
표시:	☑	☑	☑	☐
조건:				Is Null
또는:				

④ [저장](▣)을 클릭한 후 **직무등급오류**를 입력하고 [확인]을 클릭한다.

02 〈2026년진급대상자출력〉 쿼리

① [만들기]-[쿼리] 그룹의 [쿼리 디자인](▦)을 클릭한다.
② [테이블 추가]에서 [쿼리] 탭을 선택한 후 〈직무평가정보〉를 더블클릭하고 [닫기]를 클릭한다.

③ [쿼리 디자인]-[쿼리 유형] 그룹의 [테이블 만들기](▦)를 선택한다.
④ [테이블 만들기] 대화상자의 테이블 이름 입력란에 직접 **2026년진급대상자**를 입력하고 [확인]을 클릭한다.
⑤ 디자인 눈금 필드를 그림과 같이 작성한다.

필드:	사번	이름	부서명	직급	평가년도	직무등급
테이블:	직무평가정보	직무평가정보	직무평가정보	직무평가정보	직무평가정보	직무평가정보
정렬:	내림차순					
표시:	☑	☑	☑	☑	☐	☐
조건:					2025	"A"
또는:						

⑥ [쿼리 디자인] 창의 [닫기]를 클릭하여 창을 닫으면, 저장 확인 대화상자에서 '예'를 클릭한 후 [다른 이름으로 저장] 대화상자에서 **2026년진급대상자출력**을 입력하고 [확인]을 클릭한다.
⑦ 디자인 보기 상태에서 쿼리를 실행하기 위해, [쿼리 디자인]-[결과] 그룹의 [실행](❗)을 클릭하여 대화상자가 표시되면 [예]를 클릭한다.

03 〈사원별평균평가점수〉 쿼리

① [만들기]-[쿼리] 그룹의 [쿼리 디자인](▦)을 클릭한다.
② [테이블 추가]에서 [쿼리] 탭을 선택한 후 〈직무평가정보〉를 더블클릭하고 [닫기]를 클릭한다.
③ [쿼리 디자인]-[표시/숨기기] 그룹의 [요약](Σ)을 클릭한다. 디자인 눈금 필드를 다음과 같이 작성한 후 '요약:' 속성을 그림과 같이 변경한다.

필드:	사번	이름	부서명	직무역량평균: 직무역량	행동역량평균: 행동역량
테이블:	직무평가정보	직무평가정보	직무평가정보	직무평가정보	직무평가정보
요약:	묶는 방법	묶는 방법	묶는 방법	평균	평균
정렬:					
표시:	■	■	■	■	■
조건:		[이름을 입력하세요]			
또는:					

④ [쿼리 디자인] 창의 [닫기]를 클릭하여 창을 닫으면, 저장 확인 대화상자에서 '예'를 클릭한 후 [다른 이름으로 저장] 대화상자에서 **사원별평균평가점수**를 입력하고 [확인]을 클릭한다.

04 〈부서별직책별점수〉 쿼리

① [만들기]-[쿼리] 그룹의 [쿼리 디자인](📊)을 클릭한다.

② [테이블 추가]의 [테이블] 탭에서 〈부서〉, 〈사원〉, 〈직무평가〉를 추가하고 [닫기]를 클릭한다.

③ 디자인 눈금의 각 필드에 다음과 같이 드래그해서 놓는다.

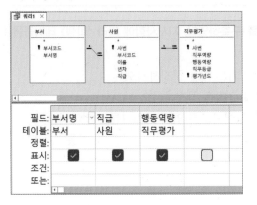

④ [쿼리 디자인]-[쿼리 유형] 그룹의 [크로스탭](📊)을 클릭한다.

⑤ 부서명은 '행 머리글', 직급은 '열 머리글', 행동역량은 '평균'과 '값'을 선택한다.

⑥ 행동역량 필드에서 마우스 오른쪽 버튼을 눌러 [속성]을 클릭한다.

⑦ [속성 시트]에서 형식은 '표준', 소수 자릿수는 0을 입력한다.

⑧ 쿼리 창에서 마우스 오른쪽 버튼을 눌러 [속성]을 클릭하여 '열 머리글'에 **"사원","대리","과장","차장"**을 입력한다.

⑨ Ctrl+S를 눌러 '다른 이름으로 저장' 대화상자에 **부서별직책별점수**로 입력하고 [확인]을 클릭하여 저장한다.

05 〈평가처리〉 쿼리

① [만들기]-[쿼리] 그룹의 [쿼리 디자인](📊)을 클릭한다.

② [테이블 표시] 대화상자의 [테이블] 탭에서 〈사원〉 테이블을 추가한 후 '비고'와 '사번' 필드를 추가한다.

③ [쿼리 디자인] 탭의 [쿼리 유형]-[업데이트](📊)를 클릭한 후 다음과 같이 입력한다.

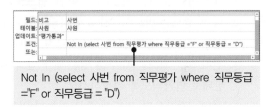

Not In (select 사번 from 직무평가 where 직무등급 ="F" or 직무등급 = "D")

④ 쿼리의 이름을 **평가처리**로 입력하고 [확인]을 클릭한다.

⑤ [쿼리 디자인] 탭의 [결과]-[실행](❗)을 클릭하면 다음의 메시지가 표시되면 [예]를 클릭한다.

기출 유형 문제 08회

시험 시간	풀이 시간	합격 점수	내 점수
45분	분	70점	점

▶합격 강의

작업파일 [2025컴활1급₩2권_데이터베이스₩기출유형문제] 폴더의 '기출유형문제8회' 파일을 열어서 작업하시오.

문제 ❶ DB구축   25점

01 편리한 학사 업무를 위해서 다음과 같이 데이터베이스를 구축하였다. 지시사항에 따라 〈학생〉 테이블을 완성하시오. (각 3점)

① 이 테이블의 기본 키(PK)는 '학번' 필드로 구성된다. 기본 키를 설정하시오.

② '학번' 필드는 반드시 7자로 입력되도록 유효성 검사 규칙을 설정하시오.

③ '성명' 필드는 공백 없이 최소 2글자, 최대 4글자가 들어가도록 입력 마스크를 설정하시오.

④ '전자우편' 필드는 대부분 영문자가 입력된다. 해당 필드에 데이터가 입력될 때 자동으로 영문 입력 상태로 변환되도록 설정하시오.

⑤ '성명', '전자우편' 필드에 중복 가능한 인덱스를 설정하시오.

02 〈학생〉 테이블의 '지도교수코드' 필드는 〈교수〉 테이블의 '교수코드' 필드를, 〈학생〉 테이블의 '학과' 필드는 〈학과〉 테이블의 '학과코드' 필드를 참조하며, 각각 테이블 간의 관계는 M:1이다. 세 테이블에 대해 다음과 같이 관계를 설정하시오. (5점)

▶ 테이블 간에 항상 참조 무결성을 유지하도록 설정하시오.

▶ 〈교수〉 테이블의 '교수코드' 필드의 값을 변경하면 이를 참조하는 〈학생〉 테이블의 '지도교수코드'도 따라서 변경되도록 설정하고, 〈학과〉 테이블의 '학과코드' 필드의 값을 변경하면 이를 참조하는 〈학생〉 테이블의 '학과'도 따라서 변경되도록 설정하시오.

▶ 〈학생〉 테이블에서 참조하고 있는 〈교수〉 테이블의 레코드와 〈학과〉 테이블의 레코드는 각각 삭제할 수 없도록 설정하시오.

03 〈학생〉 테이블의 '학과' 필드에 값을 입력할 때 콤보 상자의 형태로 값을 선택하여 입력할 수 있도록 구현하시오. (5점)

▶ 〈학과〉 테이블의 '학과코드', '학과명'을 가져와서 목록으로 나타나도록 하시오.

▶ 테이블 필드에는 '학과코드'가 저장되도록 하시오.

▶ '학과코드'와 '학과명'의 열 너비를 각각 2cm, 목록 너비를 4cm로 설정하시오.

▶ 목록 이외의 값은 입력되지 않도록 하시오.

03 〈지도학생〉 폼을 다음의 지시사항에 따라 완성하시오. (각 3점)

① 폼의 제목 표시줄의 최대화 단추는 표시되지 않도록 설정하시오.
② 'txt개수'에 모든 레코드의 개수가 표시되도록 계산 컨트롤로 작성하시오.
③ '전화번호'와 '보호자연락처'는 암호 형식으로 표시되도록 작성하시오.

02 〈교수별담당학생〉 폼의 본문 영역에 다음과 같이 〈지도학생〉 폼을 하위 폼으로 추가하시오. (6점)

▶ 하위 폼/보고서 컨트롤의 이름은 '지도학생'으로 하시오.
▶ 기본 폼의 '교수코드'와 하위 폼의 '지도교수코드' 필드를 기준으로 연결하시오.

03 〈학생검색〉 폼의 머리글에 다음의 지시사항에 따라 명령 단추(command button)를 생성하되 '학과별 목록' 버튼 오른쪽에 만드시오. (5점)

▶ 컨트롤의 이름은 'cmd닫기'로 설정할 것
▶ 캡션은 '닫기'로 설정할 것
▶ 버튼을 클릭하면 현재 폼을 닫도록 구현할 것

01 다음의 지시사항 및 화면을 참조하여 〈교수별 지도학생 리스트〉 보고서를 완성하시오. (각 3점)

① 〈교수별 학생지도〉 쿼리를 보고서의 레코드 원본으로 설정하시오.

② '교수코드' 필드를 기준으로 오름차순으로 정렬하고, 그룹 머리글만 나타나도록 설정하시오.

③ 페이지 바닥글의 'txt날짜' 컨트롤에 시스템의 현재 날짜가 표시되도록 하시오.

▶ 현재 날짜가 2023년 05월 16일이면 '2023年 5월 16日'과 같이 표시할 것

④ 페이지 바닥글의 'txt페이지' 컨트롤에 〈화면〉과 같이 페이지가 표시되도록 하시오.

▶ 전체 페이지 수가 3이고 현재 페이지가 1이면 '1쪽 / 3쪽 중'과 같이 표시할 것

⑤ 보고서 머리글의 'Lbl_제목' 컨트롤에 〈화면〉과 같은 특수 효과를 설정하시오.

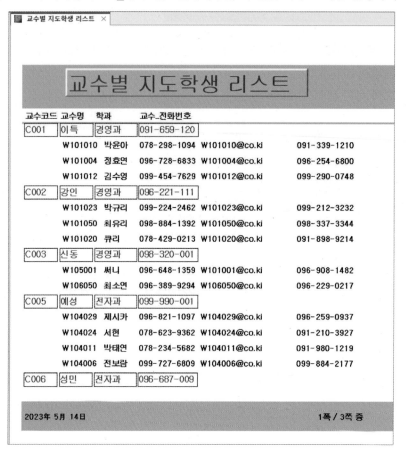

02 〈학생검색〉 폼의 '학과별 목록(cmd출력)' 버튼을 클릭할 때 다음과 같은 기능을 수행하도록 구현하시오.
(5점)

▶ 〈교수별 지도학생 리스트〉 보고서가 인쇄 미리보기 상태로 열리도록 할 것

▶ 'txt찾기' 컨트롤에 입력된 학과명에 해당하는 정보로만 열리도록 할 것

▶ DoCmd 개체를 이용할 것

01 학과별 교수명별 인원수를 인원수를 계산하는 크로스탭 쿼리를 작성하시오. (7점)

▶ 〈학과〉, 〈교수〉 테이블을 이용하시오.

▶ 쿼리의 이름은 '학과별교수인원수'로 하시오.

02 다음과 같은 기능을 수행하는 〈학과별학생수조회〉 쿼리를 작성하시오. (7점)

▶ 〈학과〉, 〈학생〉 테이블을 이용하시오.

▶ 쿼리의 이름은 '학과별학생수조회'로 하시오.

03 다음과 같은 기능을 수행하는 〈학생제일많은교수〉 쿼리를 작성하시오. (7점)

▶ 〈학생〉, 〈교수〉 테이블을 이용하시오.

▶ 학생수가 제일 많은 교수명이 나타나도록 정렬하시오.

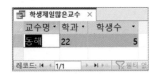

04 〈교수〉, 〈학과〉, 〈학생〉 테이블을 이용하여 지도교수명을 입력받아 학생을 조회하는 〈지도교수〉 매개변수 쿼리를 작성하시오. (7점)

▶ '성명' 필드를 기준으로 오름차순 정렬하여 표시하시오.

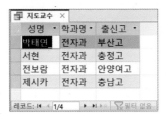

05 〈학생〉 테이블을 이용하여 출신고가 '경기고' 또는 '경기여고' 학생의 지도교수코드의 〈교수〉 테이블의 '비고' 필드의 값을 '경기도 학생 지도'로 변경하는 〈경기고학생지도〉 업데이트 쿼리를 작성한 후 실행하시오. (7점)

▶ In 연산자와 하위 쿼리 사용

※ 〈경기고학생지도〉 쿼리를 실행한 후의 〈교수〉 테이블

문제 ① DB구축

01 〈학생〉 테이블

번호	필드 이름	기본 키, 필드 속성	설정 값
①	학번	기본 키	학생 × 필드 이름 | 데이터 형식 학번 | 짧은 텍스트 성명 | 짧은 텍스트
②		유효성 검사 규칙	Len([학번])=7
③	성명	입력 마스크	LL??
④	전자우편	IME 모드	영숫자 반자
⑤	성명 전자우편	인덱스	예(중복 가능)

02 〈학과〉, 〈교수〉, 〈학생〉 관계

 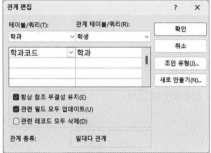

03 〈학생〉 테이블의 '학과' 필드에서 콤보 상자의 형태로 값을 선택하여 입력

속성	설정 값
컨트롤 표시	콤보 상자
행 원본	SELECT 학과.학과코드, 학과.학과명 FROM 학과;
바운드 열	1
열 개수	2
열 너비	2cm;2cm
목록 너비	4cm
목록 값만 허용	예

01 〈지도학생〉 폼

번호	개체	속성	설정 값
①	폼	최소화/최대화 단추	최소화 단추만
②	txt개수	컨트롤 원본	=Count(*)
③	전화번호 보호자연락처	입력 마스크	Password

02 하위 폼 추가

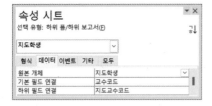

03 〈학생검색〉 폼의 머리글에 명령 단추 만들기

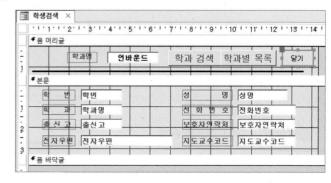

---

01 〈교수별 지도학생 리스트〉 보고서

번호	개체	속성	설정 값
①	보고서	레코드 원본	교수별 학생지도
②	정렬 및 그룹화	교수코드	오름차순 바닥글 구역 표시 안함
③	txt날짜	컨트롤 원본	=Date()
		형식	yyyy年 m月 dd日
④	txt페이지	컨트롤 원본	=[Page] & "쪽 / " & [Pages] & "쪽 중"
⑤	Lbl_제목	특수 효과	볼록

02 〈학생검색〉 폼의 '학과별 목록(cmd출력)' 버튼 클릭 이벤트

```
Private Sub cmd출력_Click()
    DoCmd.OpenReport "교수별 지도학생 리스트", acViewPreview, ,"학과명 = '" & Txt찾기 & "'"
End Sub
```

01 〈학과별교수인원수〉 쿼리

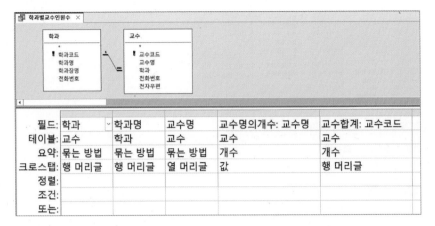

필드:	학과	학과명	교수명	교수명의개수: 교수명	교수합계: 교수코드
테이블:	교수	학과	교수	교수	교수
요약:	묶는 방법	묶는 방법	묶는 방법	개수	개수
크로스탭:	행 머리글	행 머리글	열 머리글	값	행 머리글
정렬:					
조건:					
또는:					

02 〈학과별학생수조회〉 쿼리

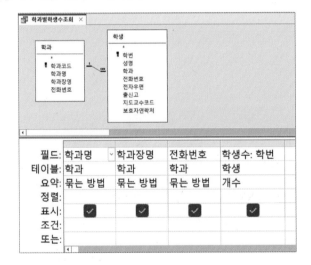

필드:	학과명	학과장명	전화번호	학생수: 학번	
테이블:	학과	학과	학과	학생	
요약:	묶는 방법	묶는 방법	묶는 방법	개수	
정렬:					
표시:	✔	✔	✔	✔	
조건:					
또는:					

03 〈학생제일많은교수〉 쿼리

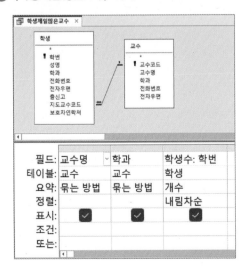

필드:	교수명	학과	학생수: 학번
테이블:	교수	교수	학생
요약:	묶는 방법	묶는 방법	개수
정렬:			내림차순
표시:	✔	✔	✔
조건:			
또는:			

04 〈지도교수〉 쿼리

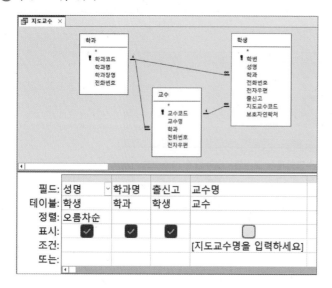

필드:	성명	학과명	출신고	교수명
테이블:	학생	학과	학생	교수
정렬:	오름차순			
표시:	☑	☑	☑	☐
조건:				[지도교수명을 입력하세요]
또는:				

05 〈경기고학생지도〉 쿼리

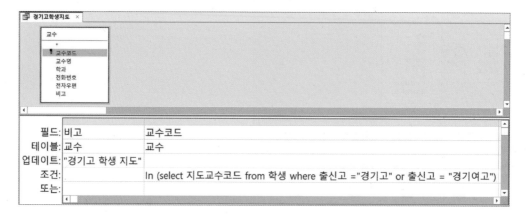

필드:	비고	교수코드
테이블:	교수	교수
업데이트:	"경기고 학생 지도"	
조건:		In (select 지도교수코드 from 학생 where 출신고 ="경기고" or 출신고 = "경기여고")
또는:		

문제 ① DB구축

01 〈학생〉 테이블

① 〈학생〉 테이블에서 마우스 오른쪽 버튼을 눌러 [디자인 보기](📐)를 클릭한다.

② '학번' 필드에서 마우스 오른쪽 버튼을 눌러 [기본 키](🔍)를 선택한다.

③ '학번' 필드를 선택한 후 '필드 속성'의 [일반] 탭에서 유효성 검사 규칙을 Len([학번])=7로 입력한다.

④ '성명' 필드를 선택한 후 '필드 속성'의 [일반] 탭에서 입력 마스크를 LL??로 입력한다.

> **🎯 기적의 TIP**
>
> L은 A~Z까지의 영문자 필수 입력을, ?는 A~Z까지의 영문자 선택 입력을 의미합니다.

⑤ '전자우편' 필드를 선택한 후 '필드 속성'의 [일반] 탭에서 IME 모드를 '영숫자 반자'로 설정한다.

⑥ '성명', '전자우편' 필드를 선택한 후 '필드 속성'의 [일반] 탭에서 인덱스를 '예(중복 가능)'으로 설정한다.

02 〈학과〉, 〈교수〉, 〈학생〉 관계

[관계] 창에 필요한 테이블을 추가한 다음, 각 필드 간의 관계를 다음과 같이 설정한다.

〈학생〉 ↔ 〈교수〉

〈학생〉 ↔ 〈학과〉

03 콤보 상자의 형태로 값을 선택하여 입력

① 〈학생〉 테이블에서 마우스 오른쪽 버튼을 눌러 [디자인 보기](📐)를 클릭한다.

② '학과' 필드의 [조회] 탭에서 '컨트롤 표시'를 '콤보 상자'로 바꾸고, '행 원본'에서 [작성기](📖)를 클릭한다.

③ [테이블 추가]의 [테이블] 탭에서 〈학과〉를 추가하고 [닫기]를 클릭한다.

④ 디자인 눈금에 '학과코드'와 '학과명'을 드래그해서 놓은 다음 닫는다.

⑤ '바운드 열', '열 개수', '열 너비', '목록 너비', '목록 값만 허용' 속성을 다음과 같이 설정한다.

SELECT 학과.학과코드, 학과.학과명 FROM 학과;

01 〈지도학생〉 폼

① 〈지도학생〉 폼에서 마우스 오른쪽 버튼을 눌러 [디자인 보기](🔲)를 클릭한다.

② '폼 선택기'(■)를 클릭하여 '최소화/최대화 단추' 속성을 설정한다.

③ 'txt개수'의 컨트롤 원본을 설정한다.

④ '전화번호'와 '보호자연락처'의 입력 마스크를 'Password'로 설정한다.

02 하위 폼 추가

① 〈교수별담당학생〉 폼에서 마우스 오른쪽 버튼을 눌러 [디자인 보기](🔲)를 클릭한 후 [컨트롤 마법사 사용](🪄)과 [하위 폼/하위 보고서](▦)를 선택하고 적당한 위치까지 드래그한 후 놓으면 [하위 폼 마법사]가 나타난다.

② [하위 폼 마법사]의 '기존 폼 사용'에서 '지도학생' 폼을 하위 폼으로 설정하고 [다음]을 클릭한다.

③ '목록에서 선택'을 선택하고 [다음]을 클릭한다.

④ 하위 폼의 이름을 **지도학생**으로 입력하고 [마침]을 클릭한다.

03 〈학생검색〉 폼의 머리글에 명령 단추 만들기

① 〈학생검색〉 폼에서 마우스 오른쪽 버튼을 눌러 [디자인 보기](🔲)를 클릭한다.

② [양식 디자인]−[컨트롤] 그룹의 [컨트롤 마법사 사용](🪄)이 선택된 상태에서 [단추](▭)를 선택하여 적당한 위치에 드래그한다.

③ [명령 단추 마법사] 대화상자에서 '종류(폼 작업)'와 '매크로 함수(폼 닫기)'를 선택하고 [다음]을 클릭한다.

④ [텍스트]를 **닫기**로 입력한 후 [다음]을 클릭한다.

⑤ 단추의 이름(Cmd닫기)을 입력하고 [마침]을 클릭한다.

01 〈교수별 지도학생 리스트〉 보고서

① [데이터베이스] 탐색 창의 〈교수별 지도학생 리스트〉 보고서의 바로 가기 메뉴에서 [디자인 보기](🔲)를 클릭한다.

② '보고서 선택기'(■)를 클릭하여 레코드 원본을 '교수변 학생지도'로 설정한다.

③ '보고서 선택기'(■)의 바로 가기 메뉴에서 [정렬 및 그룹화]를 선택한 후 '교수코드' 필드의 정렬과 그룹 바닥글을 표시하지 않도록 설정한다.

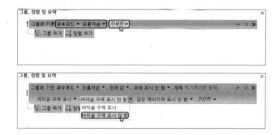

④ 'txt날짜'의 '컨트롤 원본'과 형식을 설정한다.

yyyy年 m月 dd日

⑤ 'txt페이지'의 컨트롤 원본을 설정한다.

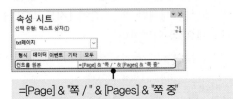

=[Page] & "쪽 / " & [Pages] & "쪽 중"

⑥ '보고서 머리글'의 'Lbl_제목'을 클릭하여 특수 효과를 '블록'으로 설정한다.

02 〈학생검색〉 폼의 '학과별 목록' 버튼

① 〈학생검색〉 폼의 바로 가기 메뉴에서 [디자인 보기](🖺)를 클릭한다.
② '학과별 목록(cmd출력)' 버튼을 클릭한 후 [이벤트] 탭에서 On Click의 [작성기](🔲)를 클릭한다.
③ [작성기 선택] 대화상자에서 '코드 작성기'를 선택한다.
④ VBE의 '코드 창'에 다음과 같이 코딩하고 Alt +Q를 눌러서 VBE를 닫고 액세스로 돌아온다.

```
Private Sub cmd출력_Click()
① DoCmd.OpenReport "교수별 지도학생 리스트",
   acViewPreview, ,"학과명 ="& Txt찾기 & """
End Sub
```

① 〈교수별 지도학생 리스트〉 보고서를 열 되 'Txt찾기' 컨트롤에 입력된 값과 '학과명'이 일치하는 조건으로 연다. 보기 형식인 acViewPreview는 인쇄 미리 보기 상태를 의미한다.

01 〈학과별교수인원수〉 쿼리

① [만들기]–[쿼리] 그룹의 [쿼리 디자인](🖾)을 클릭한다.
② [테이블 추가]의 [테이블] 탭에서 〈학과〉와 〈교수〉를 추가한다.
③ 창의 빈 영역에서 마우스 오른쪽 버튼을 눌러 [쿼리 유형]–[크로스탭 쿼리]를 선택한 후 다음과 같이 설정한다.

필드:	학과	학과명	교수명	교수명 ∨	교수합계: 교수코드
테이블:	교수	학과	교수	교수	교수
요약:	묶는 방법	묶는 방법	묶는 방법	개수	개수
크로스탭:	행 머리글	행 머리글	열 머리글	값	행 머리글
정렬:					
조건:					
또는:					

④ 쿼리의 이름을 **학과별교수인원수**로 입력한다.

02 〈학과별학생수조회〉 쿼리

① [만들기]–[쿼리] 그룹의 [쿼리 디자인](🖾)을 클릭한다.
② [테이블 추가]의 [테이블] 탭에서 〈학과〉와 〈학생〉을 추가한다.
③ 디자인 눈금의 각 필드에 다음과 같이 드래그해서 놓는다.

필드:	학과명	학과장명	전화번호	학번 ∨
테이블:	학과	학과	학과	학생
정렬:				
표시:	✓	✓	✓	✓
조건:				
또는:				

④ [쿼리 디자인]–[표시/숨기기] 그룹의 [요약](Σ)을 클릭한 후 '학번' 필드의 묶는 방법을 '개수'로 설정하고, '학번' 필드에 **학생수:**를 입력하여 필드 이름을 변경한다.

필드:	학과명	학과장명	전화번호	학생수: 학번
테이블:	학과	학과	학과	학생
요약:	묶는 방법	묶는 방법	묶는 방법	개수
정렬:				
표시:	✓	✓	✓	✓
조건:				
또는:				

⑤ 쿼리의 이름을 **학과별학생수조회**로 입력한다.

⓭ 〈학생제일많은교수〉 쿼리

① [만들기]-[쿼리] 그룹의 [쿼리 디자인](▦)을 클릭한다.
② [테이블 추가]의 [테이블] 탭에서 〈학생〉과 〈교수〉를 추가한다.
③ 디자인 눈금의 각 필드에 다음과 같이 드래그해서 놓는다.

④ [쿼리 디자인]-[표시/숨기기] 그룹의 [요약](Σ)을 클릭한 후 '학번' 필드를 '개수'로 설정하고, '내림차순'으로 정렬한다. '학번' 필드에 **학생수:**를 입력하여 필드 이름을 변경한다.

⑤ 쿼리 디자인 창의 빈 영역에서 바로 가기 메뉴를 불러 [속성]을 클릭한다. 상위 값을 1로 입력한다.

속성 시트	▼ ×
선택 유형: 쿼리 속성	
일반	
모든 필드 출력	아니요
상위 값	1
고유 값	아니요

⑥ 쿼리 디자인 창을 닫고 변경한 내용은 저장하되, 쿼리의 이름을 **학생제일많은교수**로 입력한다.

⓮ 〈지도교수〉 쿼리

① [만들기]-[쿼리] 그룹의 [쿼리 디자인](▦)을 클릭한다.
② [테이블 추가]의 [테이블] 탭에서 〈교수〉, 〈학과〉, 〈학생〉를 추가하고 [닫기]를 클릭한다.

③ 디자인 눈금의 각 필드에 다음과 같이 드래그해서 놓는다.

필드:	성명	학과명	출신고	교수명
테이블:	학생	학과	학생	교수
정렬:				
표시:	✓	✓	✓	✓
조건:				
또는:				

④ 성명은 '오름차순'으로 정렬하고, '교수명'은 표시의 체크를 해제한 후 조건에 **[지도교수명을 입력하세요]**를 입력한다.

⑤ [Ctrl]+[S]를 눌러 '다른 이름으로 저장' 대화상자에 **지도교수**로 입력하고 [확인]을 클릭하여 저장한다.

⓯ 〈경기고학생지도〉 업데이트 쿼리

① [만들기]-[쿼리] 그룹의 [쿼리 디자인](▦)을 클릭한다.
② [테이블 표시] 대화상자의 [테이블] 탭에서 〈교수〉 테이블을 추가한 후 '비고'와 '교수코드' 필드를 추가한다.
③ [쿼리 디자인] 탭의 [쿼리 유형]-[업데이트](▦)를 클릭한 후 다음과 같이 입력한다.

In (select 지도교수코드 from 학생 where 출신고 ="경기고" or 출신고 = "경기여고")

④ 쿼리의 이름을 **경기고학생지도**로 입력하고 [확인]을 클릭한다.
⑤ [쿼리 디자인] 탭의 [결과]-[실행](❙)을 클릭하면 다음의 메시지가 표시되면 [예]를 클릭한다.

시험 시간	풀이 시간	합격 점수	내 점수
45분	분	70점	점

▶ 합격 강의

기출 유형 문제 09회

작업파일 [2025컴활1급₩2권_데이터베이스₩기출유형문제] 폴더의 '기출유형문제9회' 파일을 열어서 작업하시오.

문제 ❶ DB구축   25점

01 전국에 산재해 있는 각 지국 업무를 관리하기 위해 데이터베이스를 구축하였다. 다음 지시사항에 따라 〈신상 정보〉 테이블을 완성하시오. (각 3점)

① '순번' 필드를 기본 키(PK)로 설정하시오.

② '부서코드' 필드는 'A-001'와 같은 형태로 영어 대문자 1개, 숫자 3개를 반드시 입력되도록 입력 마스 크를 설정하시오.

    ▶ 첫 번째 문자는 반드시 대문자로 입력될 수 있도록 설정할 것

    ▶ 숫자 입력은 0 ~ 9까지의 숫자만 입력할 수 있도록 설정할 것

    ▶ "-" 문자도 같이 저장될 수 있도록 설정하고, 입력하는 동안 *로 표시되도록 할 것

③ '근속년수' 필드는 0~255 사이의 숫자가 입력될 수 있도록 속성을 설정하시오.

④ '부서코드'와 '지국코드' 필드의 기본 입력 시스템 모드를 영문으로 설정하시오.

⑤ '지국코드' 필드에 대해서 인덱스(중복 가능)를 설정하시오.

02 〈신상정보〉 테이블의 '부서코드'와 '지국코드' 필드에 대해서 다음과 같이 조회 속성을 설정하시오. (5점)

    ▶ '부서코드' 필드에는 〈부서코드〉 테이블의 '부서코드'와 '부서명'을 콤보 상자 형태로 나타낼 것

    ▶ '지국코드' 필드에는 〈표준단가〉 테이블의 '지국코드'와 '지국위치'를 콤보 상자 형태로 나타낼 것

    ▶ 컨트롤에는 '부서코드'와 '지국코드'가 저장되도록 설정할 것

    ▶ 각각의 열 너비를 1cm, 2cm로 설정할 것

03 〈신상정보〉 테이블의 '부서코드'는 〈부서코드〉 테이블의 '부서코드'를 참조하며 〈신상정보〉 테이블의 '지국코드' 는 〈표준단가〉 테이블의 '지국코드'를 참조한다. 테이블 간의 관계는 M:1이다. 두 테이블에 대해 다음과 같이 관 계를 설정하시오. (5점)

    ▶ 테이블 간에 항상 참조 무결성을 유지하도록 설정하시오.

    ▶ 〈부서코드〉 테이블의 '부서코드'가 변경되면 〈신상정보〉 테이블의 '부서코드'도 변경되도록 설정하시 오.

문제 ② 입력 및 수정 기능 구현 **20점**

01 전국에 산재해 있는 각 지국의 현황을 입력 및 수정하는 〈지국현황〉 폼에 대해 다음의 작업을 수행하시오. (각 3점)

① 폼 머리글의 '부서코드_Label' 컨트롤에 대해서 다음과 같이 설정하시오.

▶ 컨트롤을 클릭하면 '한방에합격.html' 문서가 열리도록 하이퍼링크 주소를 설정하시오. '2025컴활1급₩2권_데이터베이스₩기출유형문제'에 존재하는 '한방에합격.html'을 이용할 것

▶ 하이퍼링크 주소에 마우스 포인터를 위치시킬 경우 '클릭하세요!'가 출력되도록 컨트롤 팁 텍스트를 설정하시오.

② 폼 바닥글의 'txt_평균근속년수' 컨트롤에는 근속년수의 평균이 소수 자릿수 이하가 표시되지 않도록 설정하시오.

③ 본문의 컨트롤에 대해서 다음과 같이 탭 순서를 설정하시오.

▶ 부서코드, 지국코드, 직급, 이름, 근속년수

02 〈지국관리〉 폼의 본문 영역에 〈지국현황〉 폼을 하위 폼으로 추가하시오. (6점)

▶ 하위 폼/보고서 컨트롤의 이름은 '영진_지국현황'으로 하시오.

▶ 기본 폼의 '지국코드'와 하위 폼의 '지국코드' 필드를 기준으로 연결하시오.

03 〈지국관리〉 폼의 '검색(cmd_검색)' 버튼을 클릭하면 다음과 같은 기능을 수행하도록 구현하시오. (5점)

▶ 'cmb_지국코드' 컨트롤에서 선택한 값으로 조회되도록 할 것

▶ DoCmd 개체의 ApplyFilter 메서드를 이용하여 이벤트 프로시저로 작성할 것

문제 ③ 조회 및 출력 기능 구현 **20점**

01 다음의 지시사항을 참조하여 〈지국현황보고서〉 보고서를 완성하시오. (각 3점)

① 다음과 같은 필드 순으로 정렬 및 그룹화 하시오.

▶ 부서코드, 지국코드, 직급, 이름순으로 정렬(오름차순)

② 부서코드 바닥글의 'txt_평균'에 근속년수의 평균이 표시되도록 설정하시오.

③ 부서코드 바닥글의 'txt_인원' 컨트롤에 부서별 총 인원이 표시되도록 설정하시오.

④ 페이지 바닥글의 'txt_날짜' 컨트롤은 다음과 같이 시스템의 현재 날짜가 표시되도록 설정하시오.

▶ 표시 예 : '2025년 8월 28일'이면 '2025년 8월 28일 일요일'과 같이 표시

⑤ 페이지 바닥글의 'txt_페이지' 컨트롤에 전체 페이지에 대한 현재 페이지 정보를 〈화면〉과 같은 형태로 설정하시오.

▶ 표시 예 : '현재 페이지 / 전체 페이지'와 같은 형식

부서코드	지국코드	직급	이름	근속년수
지국 현황				
A-001	G-002			
		사원	김태희	4
		사원	이다혜	7
		사원	장나라	4
		사원	장희진	5
평균				5
인원				4
A-002	F-002			
		사원	간미연	1
		사원	김민정	3
		사원	아이비	4
		사원	한채영	5
평균				3.25
인원				4
B-001	G-001			
		팀장	박한별	3
		팀장	서인영	4
		팀장	손예진	3
		팀장	한효주	2
평균				3
인원				4
B-002	F-003			
		사원	구혜선	3
		사원	서민정	5
		사원	한가인	2
		사원	홍수아	4
평균				3.5
인원				4
C-001	A-002			
		사원	강정화	2

2023년 5월 14일 일요일   1 / 2

❷ 〈지국조회〉 폼의 '조회(cmd_조회)' 버튼을 클릭하면 다음과 같은 기능이 수행되도록 구현하시오. (5점)

▶ 지국코드를 선택하여 입력하는 'cmb_지국코드' 컨트롤에 저장된 지국코드에 해당하는 정보를 표시하시오.

▶ 필터(Filter) 기능을 이용하여 작성하시오.

※ Filter, FilterOn 속성을 이용하여 이벤트 프로시저로 작성할 것

❶ 다음과 같은 기능을 수행하는 '인사고과입력' 업데이트 쿼리를 작성하시오. (7점)

- ▶ 매개변수를 이용하여 인사고과에 인사고과입력 값 만큼 '★'을 반복하여 표시하시오.
- ▶ 〈신상정보〉 테이블을 이용하고 STRING 함수 사용하시오.
- ▶ 쿼리를 작성하고 이를 실행하시오.

❷ 〈부서코드〉, 〈신상정보〉, 〈표준단가〉 테이블을 이용하여 다음과 같은 기능을 수행하는 〈부서임금지급〉 테이블을 생성하는 〈임금지급〉 쿼리를 작성하시오. (7점)

- ▶ 부서명의 일부를 입력받아 부서코드, 지국코드, 직급, 이름, 근속년수, 임금지급을 조회하시오.
- ▶ '임금지급' 필드 : 근속년수 × 년차지급 + 일당지급 + 추가지급

 ➡

❸ 부서별, 직급별 일당의 합계를 구하는 〈부서별직급별〉 크로스탭 쿼리를 작성하시오. (7점)

- ▶ 〈부서코드〉, 〈신상정보〉, 〈표준단가〉 테이블을 이용하시오.
- ▶ 합계는 '일당지급' 필드를 이용하시오.
- ▶ 쿼리 실행 결과 표시되는 필드와 필드명은 〈그림〉과 같이 표시되도록 설정하시오.

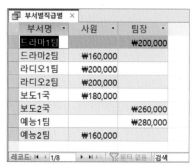

④ 〈신상정보〉, 〈표준단가〉 테이블을 이용하여 직급이 '팀장' 중에서 근속년수에 따른 승진대상을 파악하는 〈지국별승진대상〉 쿼리를 작성하시오. (7점)

- ▶ 지국위치를 기준으로 오름차순 정렬하여 표시하시오.
- ▶ 근속년수가 6 이상 "승진대상", 4 이상 "승진가능", 2 이상 "조기승진가능", 2 미만이면 공백 표시 (SWITCH 함수 이용)
- ▶ 쿼리 실행 결과 표시되는 필드와 필드명은 〈그림〉과 같이 표시되도록 설정하시오.

⑤ 〈신상정보〉 테이블을 이용하여 근속년수가 6년인 사원이 있는 부서코드에 대해 〈부서코드〉 테이블의 '비고' 필드의 값을 '6년차 직원근무'로 변경하는 〈6년차직원〉 업데이트 쿼리를 작성한 후 실행하시오. (7점)

- ▶ In과 하위 쿼리 사용

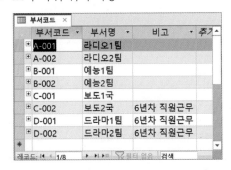

01 〈신상정보〉 테이블

번호	필드 이름	기본 키, 필드 속성	설정 값
①	순번	기본 키	**신상정보** × 필드 이름 | 데이터 형식 순번 | 일련 번호
②	부서코드	입력 마스크	>L-000;0;*
③	근속년수	필드 크기	바이트
④	부서코드	IME 모드	영숫자 반자
	지국코드	IME 모드	영숫자 반자
⑤	지국코드	인덱스	예(중복 가능)

02 조회 속성 설정

〈신상정보〉 테이블의 '부서코드' 필드

속성	설정 값
컨트롤 표시	콤보 상자
행 원본	SELECT [부서코드].[부서코드], [부서코드].[부서명] FROM 부서코드;
열 개수	2
열 너비	1cm;2cm

〈신상정보〉 테이블의 '지국코드' 필드

속성	설정 값
컨트롤 표시	콤보 상자
행 원본	SELECT [표준단가].[지국코드], [표준단가].[지국위치] FROM 표준단가;
열 개수	2
열 너비	1cm;2cm

03 〈부서코드〉, 〈신상정보〉, 〈표준단가〉 관계

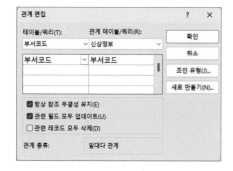

01 〈지국현황〉 폼

번호	필드 이름	기본 키, 필드 속성	설정 값
①	부서코드_Label	하이퍼링크 주소	한방에합격.html
		컨트롤 팁 텍스트	클릭하세요!
②	txt_평균근속년수	컨트롤 원본	=Avg([근속년수])
	txt_평균근속년수	형식	표준
		소수 자릿수	0
③	폼	탭 순서	

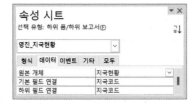

탭 순서
구역:　폼 머리글　/　본문　/　폼 바닥글
사용자 지정 순서: 부서코드 / 지국코드 / 직급 / 이름 / 근속년수

02 하위 폼

속성 시트
선택 유형: 하위 폼/하위 보고서(F)
영진_지국현황
형식　데이터　이벤트　기타　모두
원본 개체　지국현황
기본 필드 연결　지국코드
하위 필드 연결　지국코드

03 'cmd_검색' 버튼 클릭 이벤트

```
Private Sub cmd_검색_Click()
  DoCmd.ApplyFilter , "지국코드 = '" & cmb_지국코드 & "'"
End Sub
```

01 〈지국현황보고서〉 보고서 완성

번호	개체	속성	설정 값
①	정렬 및 그룹화	부서코드	오름차순
		지국코드	
		직급	
		이름	
②	txt_평균	컨트롤 원본	=Avg([근속년수])
③	txt_인원	컨트롤 원본	=Count(*)
④	txt_날짜	형식 컨트롤 원본	=자세한 날짜 Date( )
⑤	txt_페이지	컨트롤 원본	=[Page] & " / " & [Pages]

```
Private Sub cmd_조회_Click()
    Me.Filter = "지국코드 = '" & cmb_지국코드 & "'"
    Me.FilterOn = True
End Sub
```

문제 ❹ 처리 기능 구현

⓵ 〈인사고과입력〉 쿼리

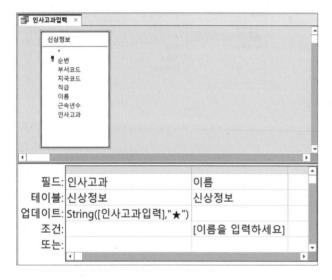

⓶ 〈임금지급〉 쿼리

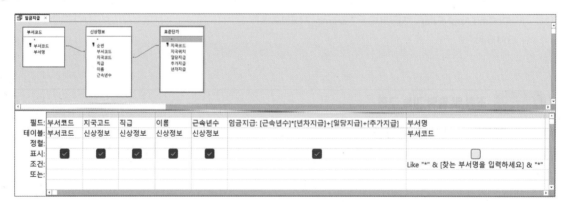

③ 〈부서별직급별〉 쿼리

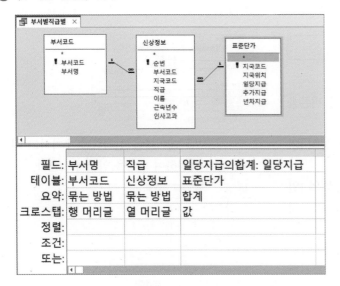

필드:	부서명	직급	일당지급의합계: 일당지급
테이블:	부서코드	신상정보	표준단가
요약:	묶는 방법	묶는 방법	합계
크로스탭:	행 머리글	열 머리글	값
정렬:			
조건:			
또는:			

④ 〈지국별승진대상〉 쿼리

필드:	지국위치	근속년수	비고: Switch([근속년수]>=6,"승진대상",[근속년수]>=4,"승진가능",[근속년수]>=2,"조기승진가능",[근속년수]<2,"")	직급
테이블:	표준단가	신상정보		신상정보
정렬:	오름차순			
표시:	✓	✓	✓	☐
조건:				"팀장"
또는:				

⑤ 〈6년차직원〉 쿼리

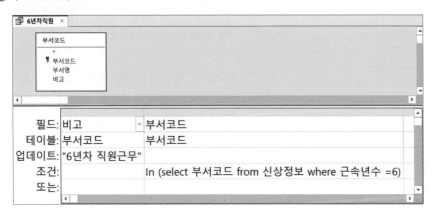

필드:	비고	부서코드
테이블:	부서코드	부서코드
업데이트:	"6년차 직원근무"	
조건:		In (select 부서코드 from 신상정보 where 근속년수 =6)
또는:		

문제 ① DB구축

01 〈신상정보〉 테이블

① 〈신상정보〉 테이블에서 마우스 오른쪽 버튼을 눌러 [디자인 보기](⊞)를 클릭한다.

② '순번' 필드에서 마우스 오른쪽 버튼을 눌러 [기본 키](🔑)를 선택한다.

③ '부서코드' 필드를 선택한 후 '필드 속성'의 [일반] 탭에서 입력 마스크를 〉L-000;0;*으로 지정한다.

④ '근속년수' 필드를 선택한 후 '필드 속성'의 [일반] 탭에서 '필드 크기' 속성을 '바이트'를 선택한다.

⑤ '부서코드' 필드를 선택한 후 '필드 속성'의 [일반] 탭에서 IME 모드를 '영숫자 반자'로 설정한다.

⑥ '지국코드' 필드를 선택한 후 '필드 속성'의 [일반] 탭에서 IME 모드를 '영숫자 반자'로, 인덱스를 '예(중복 가능)'으로 지정한다.

02 조회 속성 설정

① 〈신상정보〉 테이블에서 마우스 오른쪽 버튼을 눌러 [디자인 보기](⊞)를 클릭한 후 '부서코드' 필드의 [조회] 탭에서 '컨트롤 표시'를 '콤보 상자'로 설정한 후 '행 원본'에서 [작성기](⋯)를 클릭한다.

② 〈부서코드〉 테이블을 선택하여 추가하고 다음과 같이 지정하여 속성을 업데이트 한다.

SELECT 부서코드.부서코드, 부서코드.부서명 FROM 부서코드;

③ '지국코드' 필드의 [조회] 탭에서 컨트롤 표시를 '콤보 상자'로 설정한 후 '행 원본'에서 [작성기](⋯)를 클릭한다.

④ 〈표준단가〉 테이블을 선택하고 다음과 같이 지정하여 속성을 업데이트 한다.

SELECT 표준단가.지국코드, 표준단가.지국위치 FROM 표준단가;

03 〈부서코드〉, 〈신상정보〉, 〈표준단가〉 관계

① [데이터베이스 도구]-[관계] 그룹의 [관계](📇)를 클릭한다. 〈부서코드〉, 〈신상정보〉, 〈표준단가〉 테이블을 선택하고 추가한 후 [닫기]를 클릭한다.

② 두 테이블의 '부서코드' 필드끼리 참조 관계를 설정하기 위해 〈부서코드〉 테이블의 '부서코드' 필드를 선택한 후 〈신상정보〉 테이블의 '부서코드' 필드로 드래그한다.

③ [관계 편집]에서 다음과 같이 설정한 후 [만들기]를 클릭한다.

④ 두 테이블의 '지국코드' 필드끼리 참조 관계를 설정하기 위해 〈표준단가〉 테이블의 '지국코드' 필드를 선택한 다음 〈신상정보〉 테이블의 '지국코드' 필드로 드래그한다. [관계 편집]에서 다음과 같이 설정한 후 [만들기]를 클릭한다.

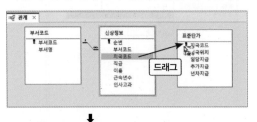

문제 ❷ 입력 및 수정 기능 구현

01 〈지국현황〉 폼

① '부서코드_Label' 컨트롤을 선택하여 속성 창에서 '하이퍼링크 주소'와 '컨트롤 팁 텍스트' 속성을 다음과 같이 설정한다.

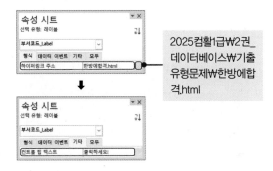

2025컴활1급₩2권_데이터베이스₩기출유형문제₩한방에합격.html

② 'txt_평균근속년수' 컨트롤을 선택하여 속성 창에서 '컨트롤 원본', '형식', 소수 자릿수를 다음과 같이 설정한다.

③ [본문] 구역 선택기를 클릭한 후 바로 가기 메뉴에서 [탭 순서]를 선택하여 그림과 같이 컨트롤 순서를 설정한다.

⑫ 하위 폼 만들기

① 〈지국관리〉 폼에서 마우스 오른쪽 버튼을 눌러 [디자인 보기](🔳)를 클릭한 후, [양식 디자인]-[컨트롤] 그룹에서 [컨트롤 마법사 사용](🔧)과 [하위 폼/하위 보고서](🔲)를 선택하고 본문의 적절한 위치에 드래그한 후 놓으면 [하위 폼 마법사]가 나타난다.

② [하위 폼 마법사]의 '기존 폼 사용'에서 〈지국현황〉 폼을 하위 폼으로 설정하고 [다음]을 클릭한다.

③ '직접 지정'을 선택한 후 그림과 같이 지정하고 [다음]을 클릭한다.

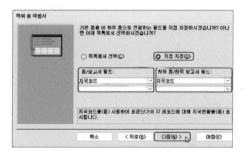

④ 하위 폼의 이름을 **영진_지국현황**으로 입력하고 [마침]을 클릭한다.

⑬ 'cmd_검색' 버튼 클릭 이벤트

① 〈지국관리〉 폼의 'cmd_검색' 버튼 속성 중 'On Click' 입력란의 [작성기](⋯)를 클릭한다.

② '코드 작성기'를 선택한 후 '코드 창'에 다음과 같이 코딩하고 Alt + Q 를 눌러서 VBE를 닫고 액세스로 돌아온다.

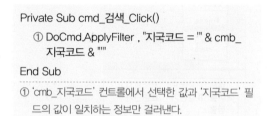

```
Private Sub cmd_검색_Click()
    ① DoCmd.ApplyFilter , "지국코드 = '" & cmb_
        지국코드 & "'"
End Sub
```

① 'cmb_지국코드' 컨트롤에서 선택한 값과 '지국코드' 필드의 값이 일치하는 정보만 걸러낸다.

문제 ❸ **조회 및 출력 기능 구현**

⑪ 〈지국현황보고서〉 보고서

① 〈지국현황보고서〉 보고서에서 마우스 오른쪽 버튼을 눌러 [디자인 보기](🔳)를 클릭한 후 '보고서 선택기'(■)의 바로 가기 메뉴에서 [정렬 및 그룹화]를 클릭하여 '부서코드' 및 정렬 추가하여 '지국코드', '직급', '이름' 필드를 '오름차순'으로 설정한다.

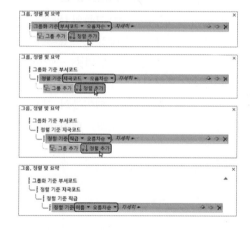

② 'txt_평균' 컨트롤을 선택하여 속성 창에서 컨트롤 원본을 설정한다.

=Avg([근속년수])

③ 'txt_인원' 컨트롤을 선택하여 속성 창에서 컨트롤 원본을 설정한다.

④ 'txt_날짜' 컨트롤을 선택하여 속성 창에서 컨트롤 원본을 설정한다.

⑤ 'txt_페이지' 컨트롤을 선택하여 속성 창에서 컨트롤 원본을 다음과 같이 입력한다.

=[Page] & " / " & [Pages]

02 〈지국조회〉 폼의 '조회(cmd_조회)' 버튼 클릭 이벤트

① 〈지국조회〉 폼에서 마우스 오른쪽 버튼을 눌러 [디자인 보기](■)를 클릭한 후, [양식 디자인]-[컨트롤] 그룹에서 'cmd_조회' 버튼 속성 중 'On Click' 입력란의 [작성기](■)를 클릭한다.

② '코드 작성기'를 선택한 후 '코드 창'에 다음과 같이 코딩하고 Alt+Q를 눌러서 VBE를 닫고 액세스로 돌아온다.

```
Private Sub cmd_조회_Click()
    ① Me.Filter = "지국코드 = '" & cmb_지국코드
      & "'"
    ② Me.FilterOn = True
End Sub
```

① 'cmb_지국코드' 콤보 상자 컨트롤에서 선택한 값과 '지국코드'가 동일한 레코드를 현재 폼(Me)의 Filter 속성에 정의한다.
② 현재 폼 개체의 Filter 속성에 정의된 Filter를 적용한다.

문제 ④ 처리 기능 구현

01 〈인사고과입력〉 쿼리

① [만들기]-[쿼리] 그룹의 [쿼리 디자인](■)을 클릭한다.
② [테이블 추가]의 [테이블]에서 〈신상정보〉를 추가한다.
③ [쿼리 디자인]-[쿼리 유형] 그룹의 [업데이트](■)를 클릭한다.
④ '인사고과', '이름' 필드를 드래한 후 다음과 같이 업데이트와 조건을 입력한다.

필드:	인사고과	이름
테이블:	신상정보	신상정보
업데이트:	String([인사고과입력],"★")	
조건:		[이름을 입력하세요]
또는:		

⑤ Ctrl+S를 눌러 **인사고과입력**을 입력하고 [확인]을 클릭한다.
⑥ [쿼리 디자인]-[결과] 그룹의 [실행](!)을 클릭한다.
⑦ 대화상자가 표시되면 [예]를 클릭하여 업데이트 쿼리를 실행한다.

02 〈임금지급〉 쿼리

① [만들기]-[쿼리] 그룹의 [쿼리 디자인](■)을 클릭한다.
② [테이블 추가]에서 〈부서코드〉, 〈신상정보〉, 〈표준단가〉 테이블을 추가하고 [닫기]를 클릭한다.
③ 디자인 눈금의 각 필드에 '부서코드', '지국코드', '직급', '이름', '근속년수', '근속년수', '부서명'을 드래그해서 놓는다.

필드:	부서코드	지국코드	직급	이름	근속년수
테이블:	부서코드	신상정보	신상정보	신상정보	신상정보
정렬:					
표시:	☑	☑	☑	☑	☑
조건:					
또는:					

④ 필드에 **임금지급 : [근속년수] * [년차지급]+[일당지급]+[추가지급]**을 입력한다.

⑤ 조건에 '부서명' 필드의 선택을 해제하고, 조건에 Like "*" & [찾는 부서명을 입력하세요] & "*"를 입력한다.

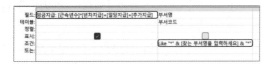

⑥ [쿼리 디자인]-[쿼리 유형] 그룹에서 [테이블 만들기]를 클릭하여 **부서임금지급**을 입력하고 [확인]을 클릭한다.

⑦ 쿼리 이름을 **임금지급**으로 입력하고 [확인]을 클릭한다.

03 〈부서별직급별〉 쿼리

① [만들기]-[쿼리] 그룹의 [쿼리 디자인](▦)을 클릭한다.
② [테이블 추가]의 [테이블] 탭에서 〈부서코드〉, 〈신상정보〉, 〈표준단가〉를 추가하고 [닫기]를 클릭한다.
③ 디자인 눈금의 각 필드에 다음과 같이 드래그 해서 놓는다.

필드:	부서명	직급	일당지급
테이블:	부서코드	신상정보	표준단가
정렬:			
표시:	✓	✓	✓
조건:			
또는:			

④ [쿼리 디자인]-[쿼리 유형] 그룹의 [크로스탭] (▦)을 클릭한다.
⑤ 부서명은 '행 머리글', 직급은 '열 머리글', 일당 지급은 '합계', '값'을 선택한다.

필드:	부서명	직급	일당지급
테이블:	부서코드	신상정보	표준단가
요약:	묶는 방법	묶는 방법	합계
크로스탭:	행 머리글	열 머리글	값
정렬:			
조건:			
또는:			

⑥ Ctrl + S 를 눌러 '다른 이름으로 저장' 대화상 자에 **부서별직급별**로 입력하고 [확인]을 클릭 하여 저장한다.

04 〈지국별승진대상〉 쿼리

① [만들기]-[쿼리] 그룹의 [쿼리 디자인](▦)을 클릭한다.
② [테이블 추가]의 [테이블] 탭에서 〈신상정보〉, 〈표준단가〉를 추가하고 [닫기]를 클릭한다.
③ 디자인 눈금의 각 필드에 다음과 같이 드래그 해서 놓는다.

필드:	지국위치	근속년수	직급
테이블:	표준단가	신상정보	신상정보
정렬:			
표시:	✓	✓	☐
조건:			
또는:			

④ '직급' 필드를 선택한 후 [쿼리 디자인]-[쿼리 설정] 그룹의 [열 삽입]을 클릭한다.

⑤ 비고: Switch([근속년수]=6,"승진대상",[근속 년수]>=4,"승진가능",[근속년수]>=2,"조기승진 가능",[근속년수]<2,"")을 입력하고, 지국위치 는 '오름차순'으로 지정하고, 직급은 조건에 **팀 장**을 입력한다.

비고: Switch([근속년수]=6,"승진대상",[근속년수]=4, "승진가능",[근속년수]=2,"조기승신가능",[근속년수]<2,"")

IIF 함수 사용 → IIF([근속년수])=6,"승진대상", IIF([근속년수])=4,"승진가능", IIF([근속년수])=2,"조기승진가능", "")))

IIF 함수와 SWITCH 함수의 차이점은

1. IIF 함수는 조건마다 IIF 함수를 사용, SWITCH 함수는 처음 한번만 사용
2. IIF 함수는 마지막 조건은 작성하지 않고, SWITCH 함수는 마지막 조건까지 작성

⑥ Ctrl + S 를 눌러 [다른 이름으로 저장]에 **지국별승진대상**으로 입력하고 [확인]을 클릭한다.

05 〈6년차직원〉 업데이트 쿼리

① [만들기]-[쿼리] 그룹의 [쿼리 디자인](📰)을 클릭한다.

② [테이블 표시] 대화상자의 [테이블] 탭에서 〈부서코드〉 테이블을 추가한 후 '비고'와 '부서코드' 필드를 추가한다.

③ [쿼리 디자인] 탭의 [쿼리 유형]-[업데이트](📑)를 클릭한 후 다음과 같이 입력한다.

In (select 부서코드 from 신상정보 where 근속년수 =6)

④ 쿼리의 이름을 **6년차직원**으로 입력하고 [확인]을 클릭한다.

⑤ [쿼리 디자인] 탭의 [결과]-[실행](❗)을 클릭하면 다음의 메시지가 표시되면 [예]를 클릭한다.

작업파일 [2025컴활1급₩2권_데이터베이스₩기출유형문제] 폴더의 '기출유형문제10회' 파일을 열어서 작업하시오.

문제 ❶ DB구축   25점

01 지하철 분실물 센터 관리를 위해 데이터베이스를 구축하였다. 다음의 지시사항에 따라 〈리스트_Q〉 테이블을 완성하시오. (각 3점)

① 기본 키(PK)는 '아이디'로 구성된다. 기본 키를 설정하시오.

② '아이디' 필드에는 반드시 4개의 문자 값이 입력되도록 유효성 검사 규칙을 설정하시오.

③ '이름' 필드는 빈 문자열을 허용하지 않으며, 중복 가능한 인덱스를 설정하시오.

④ '이름', '전자우편' 필드는 반드시 입력되도록 설정하시오.

⑤ '전자우편' 필드에는 대부분 영문자가 입력된다. 따라서 해당 필드에 데이터를 입력할 때(포커스가 옮겨갈 때) 자동으로 '영문 입력 상태'로 변환되도록 설정하시오.

02 〈입고물품〉 테이블의 '아이디' 필드는 〈리스트_Q〉 테이블의 '아이디' 필드를 참조하고, 〈입고물품〉 테이블의 '물품코드' 필드는 〈분실물품〉 테이블의 '물품코드' 필드를 참조하며 〈리스트_Q〉, 〈입고물품〉, 〈분실물품〉 테이블 간의 관계는 1:M:1 이다. 각각의 테이블에 대해 다음과 같이 관계를 설정하시오. (5점)

▶ 각 테이블 간에 항상 참조 무결성을 유지하도록 설정하시오. (입고물품 ↔ 리스트_Q, 입고물품 ↔ 분실물품)

▶ 〈리스트_Q〉 테이블의 '아이디' 필드와 〈분실물품〉 테이블의 '물품코드' 필드가 변경되면 이를 참조하는 〈입고물품〉 테이블의 '아이디' 필드와 '물품코드' 필드가 따라 변경되도록 설정하시오.

▶ 〈입고물품〉 테이블에서 참조하고 있는 〈리스트_Q〉 테이블과 〈분실물품〉 테이블의 레코드를 삭제할 수 없도록 하시오.

03 〈입고물품추가〉 테이블의 레코드를 〈입고물품〉 테이블에 추가하시오. (5점)

▶ 일련번호 필드는 자동으로 증가되도록 추가하시오.

▶ 추가 쿼리를 작성하여 추가하시오.

▶ 추가 쿼리명은 〈입고추가쿼리〉로 설정하시오.

01 다음 지시사항에 따라 〈입고물품_리스트〉 폼을 완성하시오. (각 3점)

① 폼이 '연속 폼'의 형태로 표시되도록 설정하시오.

② 폼의 크기를 조정할 수 없도록 설정하시오.

③ 폼 바닥글의 'txt개수' 컨트롤에는 입고품 개수가 표시되도록 설정하시오.

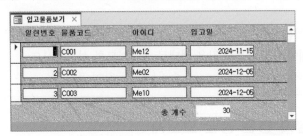

02 〈입고물품_상세〉 폼에 〈분실물품_리스트〉 폼을 하위 폼으로 지정하여 입고물품에 따른 분실물품의 상세한 정보가 보이도록 설정하시오. (6점)

▶ 하위 폼/보고서 컨트롤의 이름은 '분실물품'으로 하시오.

▶ 기본 폼과 하위 폼을 각각 '물품코드' 필드를 기준으로 연결하시오.

03 〈입고물품_상세〉 폼에 다음과 같은 기능을 수행하도록 구현하시오. (5점)

▶ '아이디(txt아이디)' 컨트롤을 더블클릭하는 경우 〈리스트_명단〉 폼이 나타나서 해당 고객에 대한 상세 정보를 표시하도록 하시오.

▶ 'txt아이디'에 입력된 '아이디'와 동일한 정보만 표시하도록 하시오.

01 다음의 지시사항 및 화면을 참조하여 〈분실자명단〉 보고서를 완성하시오. (각 3점)

① 〈분실자명단총괄〉 쿼리를 보고서의 원본으로 하여 작성하시오.

② 보고서 본문 영역의 전체 항목을 그림과 같이 '실선'으로 테두리를 설정하시오.

③ 1차적으로 '이름', 2차적으로 '입고일', 3차적으로 '물품명'을 오름차순으로 정렬하시오. (이름은 이미 정렬 및 그룹화 되어 있음)

④ [이름 바닥글]의 'txt소계'에는 해당 이름에 대한 보관료의 총액을 표시하시오. (형식은 통화)

⑤ [페이지 바닥글]의 'txt페이지'에는 페이지를 다음과 같은 형태로 표시하도록 설정하시오.

▶ 전체 페이지수가 3이고 현재 페이지가 1이면 '총 3 page 중 / 1 page' 같이 표시

▲ **1**번 〈분실자 명단〉 참조 그림

02 〈리스트_명단〉 폼에 다음과 같은 기능을 수행하도록 구현하시오. (5점)

▶ 미리보기 버튼을 클릭하면 〈분실자명단〉 보고서를 '인쇄 미리 보기'의 형태로 열도록 이벤트 프로시저로 작성하시오.

01 〈리스트_Q〉 테이블과 〈입고물품〉 테이블을 이용하여 다음과 같은 기능을 수행하는 쿼리를 작성하고 저장하시오. (7점)

▶ 입고 내역이 없는 이름, 전화번호, 휴대전화, 전자우편을 조회하시오.

▶ NOT IN 예약어를 사용하여 작성하시오.

▶ 쿼리의 이름을 〈입고오류신청자〉로 하시오.

02 〈분실물품〉 테이블과 〈입고물품〉 테이블을 이용하여 다음과 같은 기능을 수행하는 쿼리를 작성하고 저장하시오. (7점)

▶ 물품명을 기준으로 각 물품별 보관금액과 입고회수를 조회하시오.

▶ 입고회수에 대하여 내림차순 정렬하여 나타내시오.

▶ 결과 필드의 이름은 그림과 같이 '물품이름', '보관금액', '입고회수'로 하시오.

▶ 쿼리의 이름은 〈물품별보관내역〉으로 하시오.

03 〈분실자명단총괄〉 쿼리를 이용하여 보관료의 합계를 구하는 〈물품보관료〉 쿼리를 작성하시오. (7점)

▶ 물품명을 기준으로 오름차순 정렬하여 표시하시오.

▶ 쿼리 실행 결과 표시되는 필드와 필드명은 〈그림〉과 같이 표시되도록 설정하시오.

물품명	보관료합계
가방(구찌)	2000
노트북(S-100)	3000
상의(프라다)	3000
서류(대출)	2400
우동	2400
전투기(F22)	2000
주류(30년산)	1000
카메라(E18)	4000
캐릭터(여우)	3200
토마호크	1000
현금(백억)	2400

04 〈분실물품〉, 〈입고물품〉, 〈리스트_Q〉 테이블을 이용하여 〈분실물품조회〉 테이블을 생성하고, 매개변수를 이용하여 〈물품코드조회〉 쿼리로 작성하시오. (7점)

▶ 보관료가 800 이상인 레코드만 '이름' 필드를 기준으로 오름차순 정렬하여 표시하시오.

05 〈입고물품〉 테이블을 이용하여 입고일이 2024년에 해당한 자료에 대해 〈리스트_Q〉 테이블의 '비고' 필드의 값에 '입고물품 24'로 변경하는 〈24년입고물품〉 업데이트 쿼리를 작성한 후 실행하시오. (7점)

▶ 입고일이 2024년 1월 1일부터 2024년 12월 31일까지 중에서 〈입고물품〉 테이블과 〈리스트_Q〉 테이블에 있는 아이디

▶ In과 하위 쿼리 사용

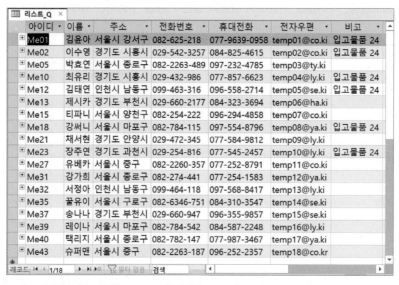

※ 〈24년입고물품〉 쿼리를 실행한 후의 〈리스트_Q〉 테이블

01 〈리스트_Q〉 테이블

번호	필드 이름	기본 키, 필드 속성	설정 값
①	아이디	기본 키	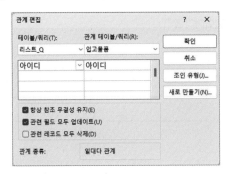
②		유효성 검사	Len([아이디])=4
③	이름	빈 문자열 허용	아니요
		인덱스	예(중복 가능)
④	이름 전자우편	필수	예
⑤	전자우편	IME 모드	영숫자 반자

리스트_Q

필드 이름	데이터 형식
아이디	짧은 텍스트
이름	짧은 텍스트

02 〈리스트_Q〉, 〈입고물품〉, 〈분실물품〉 관계

03 테이블 추가

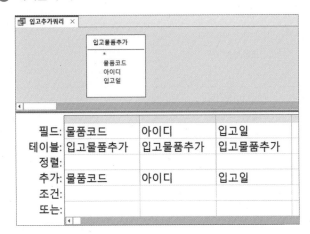

01 〈입고물품_리스트〉 폼

번호	개체	속성	설정 값
①	폼	기본 보기	연속 폼
②	폼	테두리 스타일	가늘게
③	txt개수	컨트롤 원본	=Count(*)

02 하위 폼 추가

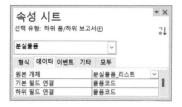

03 〈입고물품_상세〉 폼의 '아이디(txt아이디)' 컨트롤 더블클릭 이벤트

```
Private Sub txt아이디_DblClick(Cancel As Integer)
    DoCmd.OpenForm "리스트_명단", acNormal, ,"아이디 = '" & txt아이디 & "'"
End Sub
```

01 〈분실자명단〉 보고서

번호	개체	속성	설정 값
①	보고서	레코드 원본	분실자명단총괄
②	본문 영역	테두리 스타일	실선
③	정렬 및 그룹화	이름	오름차순
		입고일	
		물품명	
④	txt소계	컨트롤 원본	=Sum([보관료])
		형식	통화
⑤	txt페이지	컨트롤 원본	="총 " & [Pages] & " page 중 / " & [Page] & " page"

03 〈리스트_명단〉 폼의 '미리보기' 버튼 클릭 이벤트

```
Private Sub Cmd미리보기_Click()
    DoCmd.OpenReport "분실자명단", acViewPreview
End Sub
```

문제 ④ **처리 기능 구현**

01 〈입고오류신청자〉 쿼리

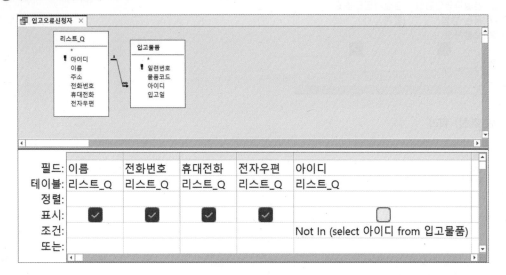

02 〈물품별보관내역〉 쿼리

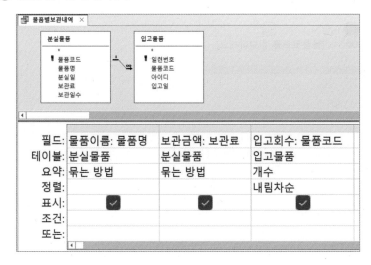

03 〈물품보관료〉 쿼리

04 〈물품코드조회〉 쿼리

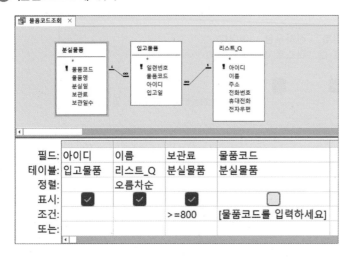

05 〈24년입고물품〉 쿼리

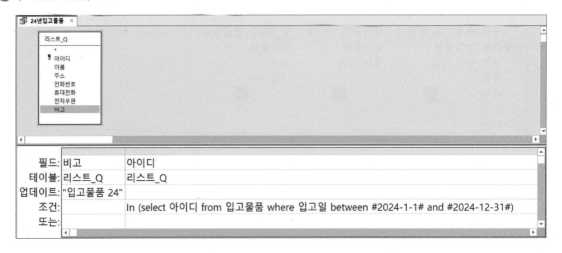

기출 유형 문제 10회 / 해설

문제 ❶ DB구축

01 〈리스트_Q〉 테이블

① 〈리스트_Q〉 테이블에서 마우스 오른쪽 버튼을 클릭하고 [디자인 보기](📐)를 클릭한다.

② '아이디' 필드에서 마우스 오른쪽 버튼을 클릭하고 [기본 키](🔑)를 선택한다.

③ '아이디' 필드를 선택한 후 '필드 속성'의 [일반] 탭에서 유효성 검사 규칙에 Len([아이디])=4로 입력한다.

> **🅱 기적의 TIP**
>
> Len은 텍스트 길이를 알기 위한 함수로, 공백도 문자로 계산됩니다.

④ '이름' 필드를 선택한 후 '필드 속성'의 [일반] 탭에서 빈 문자열 허용을 '아니요', 인덱스를 '예(중복 가능)'으로 설정한다.

⑤ '이름'과 '전자우편' 필드를 각각 선택한 후 '필드 속성'의 [일반] 탭에서 필수를 '예'로 설정한다.

⑥ '전자우편' 필드를 선택한 후 '필드 속성'의 [일반] 탭에서 IME 모드를 '영숫자 반자'로 설정한다.

02 관계 설정

[관계] 창에 필요한 테이블을 추가한 다음, 각 필드 간의 관계를 다음과 같이 설정한다.

〈입고물품〉 ↔ 〈리스트_Q〉

〈입고물품〉 ↔ 〈분실물품〉

03 테이블 추가

> **🅱 기적의 TIP**
>
> ※ 데이터 형식이 일련번호이므로 새로운 레코드가 추가될 때마다 자동으로 1씩 증가되는 고유의 일련번호가 부여됩니다.

① [만들기]-[쿼리] 그룹의 [쿼리 디자인](📊)을 클릭한다.

② [테이블 추가]의 [테이블] 탭에서 〈입고물품추가〉를 추가한다.

③ 디자인 눈금의 각 필드에 다음과 같이 드래그해서 놓는다.

필드:	물품코드	아이디	입고일
테이블:	입고물품추가	입고물품추가	입고물품추가
정렬:			
표시:	✓	✓	✓
조건:			
또는:			

④ 창의 빈 영역에서 마우스 오른쪽 버튼을 눌러 [쿼리 유형]-[추가 쿼리]를 선택한다. [추가]에서 〈입고물품〉 테이블을 선택하고 [확인]을 클릭한다.

↓

필드:	물품코드	아이디	입고일
테이블:	입고물품추가	입고물품추가	입고물품추가
정렬:			
추가:	물품코드	아이디	입고일
조건:			
또는:			

⑤ 쿼리 이름을 **입고추가쿼리**라고 입력한다.
⑥ 작성된 쿼리를 실행시켜 〈입고물품〉 테이블에 2행을 추가한다.

문제 ❷ 입력 및 수정 기능 구현

① 〈입고물품_리스트〉 폼

① 〈입고물품_리스트〉 폼에서 마우스 오른쪽 버튼을 클릭하여 [디자인 보기](🔲)를 클릭한다.
② '폼 선택기'(■)를 클릭하여 기본 보기는 '연속 폼', 테두리 스타일은 '가늘게'로 설정한다.

③ 'txt개수'의 컨트롤 원본을 설정한다.

② 하위 폼 추가

① 〈입고물품_상세〉 폼에서 마우스 오른쪽 버튼을 눌러 [디자인 보기](🔲)를 클릭한 후, [양식 디자인]-[컨트롤] 그룹에서 [컨트롤 마법사 사용](🖉)과 [하위 폼/하위 보고서](🖭)를 선택하고 적당한 위치까지 드래그한 후 놓으면 [하위 폼 마법사]가 나타난다.
② [하위 폼 마법사]의 '기존 폼 사용'에서 〈분실물 품_리스트〉 폼을 하위 폼으로 설정하고 [다음]을 클릭한다.
③ '목록에서 선택'을 선택하고 [다음]을 클릭한다.
④ 하위 폼의 이름을 **분실물품**으로 입력하고 [마침]을 클릭한다.

③ 〈입고물품_상세〉 폼의 '아이디(txt아이디)' 컨트롤 더블클릭 이벤트

① 〈입고물품_상세〉 폼의 바로 가기 메뉴에서 [디자인 보기](🔲)를 클릭한다.
② '아이디(txt아이디)' 컨트롤을 클릭한 후 [이벤트] 탭에서 'On Dbl Click' 속성의 [작성기](⬜)를 클릭한다.

③ [작성기 선택]에서 '코드 작성기'를 선택한다.
④ VBE의 '코드 창'에 다음과 같이 코딩하고 [Alt]+[Q]를 눌러서 VBE를 닫고 액세스로 돌아온다.

```
Private Sub txt아이디_DblClick(Cancel As Integer)
    ① DoCmd.OpenForm "리스트_명단", acNormal,
    ,"아이디 = '" & txt아이디 & "'"
End Sub
```

① 〈리스트_명단〉 폼을 열 되 '아이디' 컨트롤에 입력된 값과 'txt아이디'가 일치하는 조건으로 연다.

문제 ❸ 조회 및 출력 기능 구현

① 〈분실자명단〉 보고서

① 〈분실자명단〉 보고서에서 마우스 오른쪽 버튼을 클릭하여 [디자인 보기](🔲)를 클릭한다.
② '보고서 선택기'(■)를 클릭하여 레코드 원본을 **분실자명단총괄**로 설정한다.

③ 보고서의 [본문] 영역의 전체 항목을 선택하고 속성 창에서 테두리 스타일 '실선'으로 설정한다.

④ '보고서 선택기'(■)에서 마우스 오른쪽 버튼을 눌러 [정렬 및 그룹화]를 선택한 후 '이름' 및 [정렬 추가]를 통해 '입고일', '물품명'을 오름차순으로 정렬한다. 만약 '레코드 원본'이 반영되어 있지 않다면 [정렬 및 그룹화]를 다시 선택해본다.

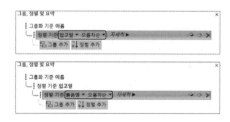

⑤ 'txt소계'의 '컨트롤 원본'과 형식을 설정한다.

⑥ 'txt페이지'의 컨트롤 원본을 설정한다.

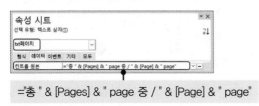

="총 " & [Pages] & " page 중 / " & [Page] & " page"

02 〈리스트_명단〉 폼의 '미리보기' 버튼 클릭 이벤트

① 〈리스트_명단〉 폼의 바로 가기 메뉴에서 [디자인 보기](📄)를 클릭한다.
② '미리보기' 버튼을 클릭한 후 [이벤트] 탭에서 On Click의 [작성기](⋯)를 클릭한다.
③ [작성기 선택] 대화상자에서 '코드 작성기'를 선택한다.
④ VBE의 '코드 창'에 다음과 같이 코딩하고 Alt +Q를 눌러서 VBE를 닫고 액세스로 돌아온다.

```
Private Sub Cmd미리보기_Click()
    DoCmd.OpenReport "분실자명단", acViewPre-
    view
End Sub
```

문제 ④ 처리 기능 구현

01 〈입고오류신청자〉 쿼리

① [만들기]-[쿼리] 그룹의 [쿼리 디자인](🖼)을 클릭한다.
② [테이블 추가]의 [테이블] 탭에서 〈리스트_Q〉 와 〈입고물품〉을 추가한다.
③ 관계선을 더블클릭하여 [조인 속성]에서 '왼쪽 외부 조인'을 선택하고 [확인]을 클릭한다.

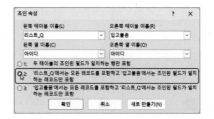

④ 디자인 눈금의 각 필드에 다음과 같이 드래그해서 놓는다.

필드:	이름	전화번호	휴대전화	전자우편
테이블:	리스트_Q	리스트_Q	리스트_Q	리스트_Q
정렬:				
표시:	✓	✓	✓	✓
조건:				

⑤ '아이디' 필드에서 '표시' 속성의 체크를 해제하고, '조건' 속성을 그림과 같이 입력한다.

필드:	이름	전화번호	휴대전화	전자우편	아이디
테이블:	리스트_Q	리스트_Q	리스트_Q	리스트_Q	리스트_Q
정렬:					
표시:	✓	✓	✓	✓	☐
조건:					Not In (select 아이디 from 입고물품)
또는:					

Not In (select 아이디 from 입고물품)

⑥ 쿼리의 이름을 **입고오류신청자**로 입력한다.

02 〈물품별보관내역〉 쿼리

① [만들기]-[쿼리] 그룹의 [쿼리 디자인](🖼)을 클릭한다.
② [테이블 추가] 대화상자가 나오면 〈분실물품〉 과 〈입고물품〉 테이블을 추가한 다음, 대화상자를 닫는다.
③ 관계선을 더블클릭하여 '왼쪽 외부 조인'을 선택한다.

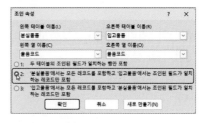

🅑 기적의 TIP

LEFT OUTER JOIN(왼쪽 외부 조인)으로, 왼쪽 테이블의 레코드는 모두 포함하고, 오른쪽 테이블의 레코드에서는 일치하는 것만 포함합니다. 왼쪽 테이블을 기준으로 오른쪽 테이블에 존재하지 않는 값은 NULL로 추출됩니다.

④ 디자인 눈금의 각 필드에 다음과 같이 드래그 해서 놓는다.

필드:	물품명	보관료	물품코드
테이블:	분실물품	분실물품	분실물품
정렬:			
표시:	☑	☑	☑
조건:			
또는:			

⑤ [쿼리 디자인]-[표시/숨기기] 그룹의 [요약](Σ)을 클릭한 후 '물품코드' 필드의 묶는 방법을 '개수'로 설정하고, '내림차순'으로 정렬한다.

필드:	물품명	보관료	물품코드
테이블:	분실물품	분실물품	분실물품
요약:	묶는 방법	묶는 방법	개수
정렬:			내림차순
표시:	☑	☑	☑
조건:			
또는:			

⑥ '물품명' 필드에 **물품이름:**을, '보관료' 필드에 **보관금액:**을, '물품코드' 필드에 **입고회수:**를 입력하여 필드 이름(별명)을 변경한다.

필드:	물품이름: 물품명	보관금액: 보관료	입고회수: 물품코드
테이블:	분실물품	분실물품	입고물품
요약:	묶는 방법	묶는 방법	개수
정렬:			내림차순
표시:	☑	☑	☑
조건:			
또는:			

⑦ Ctrl + S를 눌러 '다른 이름으로 저장' 대화상 자에 쿼리 이름을 **물품별보관내역**으로 입력 한다.

03 〈물품보관료〉 쿼리

① [만들기]-[쿼리] 그룹의 [쿼리 디자인](▦)을 클릭한다.
② [테이블 추가]의 [쿼리] 탭에서 〈물품보관료〉를 추가하고 [닫기]를 클릭한다.
③ 디자인 눈금의 각 필드에 다음과 같이 드래그 해서 놓는다.

필드:	물품명	보관료
테이블:	분실자명단총괄	분실자명단총괄
정렬:		
표시:	☑	☑
조건:		
또는:		

④ [쿼리 디자인]-[표시/숨기기] 그룹에서 [요약] (Σ)을 클릭한다.
⑤ 물품명은 '오름차순'로 정렬하고, 보관료는 **보관료합계:** 별명(Alias)으로 수정하고, 요약은 '합계'를 입력한다.

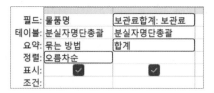

필드:	물품명	보관료합계: 보관료
테이블:	분실자명단총괄	분실자명단총괄
요약:	묶는 방법	합계
정렬:	오름차순	
표시:	☑	☑
조건:		

⑥ Ctrl + S를 눌러 '다른 이름으로 저장' 대화상자 에 **물품보관료**로 입력하고 [확인]을 클릭한다.

04 〈물품코드조회〉 쿼리

① [만들기]-[쿼리] 그룹의 [쿼리 디자인](▦)을 클릭한다.
② [테이블 추가]의 [테이블] 탭에서 〈분실물품〉, 〈입고물품〉, 〈리스트_Q〉를 추가하고 [닫기]를 클릭한다.
③ 디자인 눈금의 각 필드에 다음과 같이 드래그 해서 놓는다.

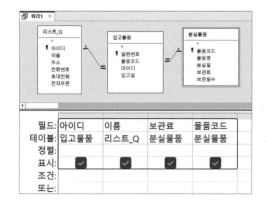

필드:	아이디	이름	보관료	물품코드
테이블:	입고물품	리스트_Q	분실물품	분실물품
정렬:				
표시:	☑	☑	☑	☑
조건:				
또는:				

④ 이름은 '오름차순'으로 정렬하고, 보관료 조건 에 >=800을 입력하고, 물품코드는 표시 체크 를 해제하고 조건에 [물품코드를 입력하세요] 를 입력한다.
⑤ [쿼리 디자인]-[쿼리 유형] 그룹에서 [테이블 만들기]를 클릭하여 **분실물품조회**를 입력하고 [확인]을 클릭한다.

⑥ Ctrl+S를 눌러 '다른 이름으로 저장' 대화상자에 **물품코드조회**로 입력하고 [확인]을 클릭하여 저장한다.

05 〈24년입고물품〉 쿼리

① [만들기]-[쿼리] 그룹의 [쿼리 디자인](圖)을 클릭한다.

② [테이블 표시] 대화상자의 [테이블] 탭에서 〈리스트_Q〉 테이블을 추가한 후 '비고'와 '아이디' 필드를 추가한다.

③ [쿼리 디자인] 탭의 [쿼리 유형]-[업데이트](圖)를 클릭한 후 다음과 같이 입력한다.

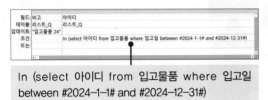

In (select 아이디 from 입고물품 where 입고일 between #2024-1-1# and #2024-12-31#)

④ 쿼리의 이름을 **24년입고물품**으로 입력하고 [확인]을 클릭한다.

⑤ [쿼리 디자인] 탭의 [결과]-[실행](圖)을 클릭하면 다음의 메시지가 표시되면 [예]를 클릭한다.

자격증은
이기적